启真馆 出品

"意识与脑科学"丛书

Consciousness Essays

意识论集

唐孝威　张静　谢小平 编

ZHEJIANG UNIVERSITY PRESS
浙江大学出版社
·杭州·

图书在版编目（CIP）数据

意识论集 / 唐孝威，谢小平，张静编. —杭州：浙江大学出版社，2022.9
（"意识与脑科学"丛书）
ISBN 978-7-308-22634-9

I.①意… II.①唐… ②谢… ③张… III.①意识论 IV.① B016.98

中国版本图书馆 CIP 数据核字（2022）第 083564 号

意识论集

唐孝威　谢小平　张　静　编

责任编辑　叶　敏

文字编辑　李　卫　叶　敏

责任校对　张培洁

装帧设计　罗　洪

出版发行　浙江大学出版社
　　　　　（杭州天目山路 148 号　邮政编码 310007）
　　　　　（网址：http://www.zjupress.com）

排　　版　北京大有艺彩图文设计有限公司

印　　刷　北京中科印刷有限公司

开　　本　710mm×1000mm　1/16

印　　张　27.25

字　　数　363 千

版 印 次　2022 年 9 月第 1 版　2022 年 9 月第 1 次印刷

书　　号　ISBN 978-7-308-22634-9

定　　价　128.00 元

浙江大学出版社市场运营中心联系方式：(0571) 88925591；http://zjdxcbs.tmall.com

前言

自古以来，意识一直是人类探究的自然之谜。在漫长的历史时期中，由于缺乏实验研究的手段，意识只是哲学家议论的问题。19 世纪后期，詹姆斯（James）（1890）、冯特（Wundt）（1896）和弗洛伊德（Freud）（1900）开始把意识作为自然科学的问题进行探讨，心理学家通过心理实验和病例观察得到一些初步的资料。20 世纪末，神经生物学、实验心理学和医学等领域出现了许多新的实验技术，特别是无损伤脑功能成像等技术的发展为意识的实证研究提供了实验手段。用现代自然科学方法系统地研究意识问题已经被提到科学研究的日程上。

克里克（Crick）积极倡导意识的自然科学研究，他指出：过去生命科学的发展破除了对生命的"活力论"解释，现在脑科学的发展正在揭开关于意识的神秘面纱。就像其他领域的科学问题那样，意识问题完全可以用科学实验的方法进行研究，并且最终我们将得到正确的答案。

自然科学中的许多未知问题是关于客观世界规律的，但意识问题则是关于主观世界规律的，因此意识的研究有它的特点。作为自然科学的研究，我们对意识问题首要进行的是实证研究。意识研究必须基于科学实验，而不是靠思辨或猜测，这样才能使意识成为一门科学。

目前意识的实验研究已经有不少进展。医学着重研究不同的意识状态，以及对意识障碍疾病的诊断与治疗；心理学着重研究意识体验的内容与特性，以及有意识活动与无意识活动的关系；神经生物学着重对意识的神经相关物与神经相关活动进行实验研究，意识的神经相关物是指参与意识活动的相关脑区及脑区间的连接和脑内网络，意识的神经相关活动则是指参与意识活动的脑区及脑内网络上的相关活动过程；分子生物学着重在基因和分子水平上对意识进行实验研究，包括对脑内能量消耗与生物化学过程等的研究。

意识研究要不断发展新的实验技术，为意识的实证研究提供更多的实验手段；要对各种意识现象进行更广泛、更系统的实验测量，取得关于意识的更多方面的实验事实；要整理各种意识现象的实验资料，用理论模型解释这些现象，并且提出新的实验方案，通过新的实验来进行检验。

为了更好地开展意识的科学研究，了解意识的基础知识，开展意识的理论研究也是一个必要的前提。本书的编写旨在为更深入的意识研究提供多维度的视角，书中介绍了意识的基础理论、意识的神经基础、意识的异常现象、机器意识、动物意识以及意识的实验研究等。本书分为五部分，每一部分各自包含当前意识研究领域一些有代表性的观点和研究，分别由国内高校、医院、研究所等机构的意识研究领域的学者撰稿或编写。

本书前期由唐孝威、谢小平、周昌乐等组稿，后期由李恒威等组稿，张静等进行编辑。本书的编辑工作得到了胡楠荼、陈巍、武锐、陈飞燕、潘一骁等人的协助。

本书的写作和出版得到了浙江大学物理学院交叉学科实验室及浙江大学语言与认知研究中心的支持和浙江省科技厅的资助。

唐孝威　张　静　谢小平

作者/译者一览表

意识现象

　　唐孝威（浙江大学物理学院交叉学科实验室，浙江大学语言与认知研究中心）

第一部分　理论基础

　　唐孝威（浙江大学物理学院交叉学科实验室，浙江大学语言与认知研究中心）

　　谢小平（浙江大学物理学院）

　　曹志彤（浙江大学物理学院）

　　【美】克里斯蒂安·德昆西（美国约翰肯尼迪大学哲学与意识研究中心）；董达 [译]、唐娟红 [译]、李恒威 [审校]（浙江大学哲学学院）

　　陈向群（南昌大学人文学院）

第二部分　意识起源／神经基础

　　何洁（浙江大学心理与行为科学系）

　　孙达（浙江大学附属第二医院核医学科）

　　【英】尼古拉斯·汉弗莱（英国剑桥大学达尔文学院）；李恒威 [译]、董自立 [译]、董达 [译]（浙江大学哲学学院）

　　陈巍（绍兴文理学院心理学系）

谢小平（浙江大学物理学院）

第三部分　意识异常

狄海波（杭州师范大学基础医学院）

胡楠荼（杭州师范大学基础医学院）

唐孝威（浙江大学物理学院交叉学科实验室，浙江大学语言与认知研究中心）

第四部分　机器意识／动物意识

周昌乐（厦门大学智能科学与技术系，厦门大学哲学系）

汪云九（中国科学院生物物理研究所脑和认知科学国家重点实验室）

第五部分　意识的实验研究

宋晓兰（浙江师范大学心理系）

张静（杭州电子科技大学哲学研究所）

陈巍（绍兴文理学院心理学系）

汪云九（中国科学院生物物理研究所脑和认知科学国家重点实验室）

目　录

意识现象

唐孝威

　　意识是复杂的心智现象，我们对意识的理解通常是觉醒和觉知。在心理状态方面，意识是指个体的清醒和警觉；在心理活动方面，意识是指个体对内外环境的觉知和体验。意识包括有意识活动和无意识活动，其中有意识的活动在心理内容上指可以用语言报告出来的内容，在行为水平上指受意愿支配的动作或活动（唐孝威，2003，2004，2016；Crick & Koch，2003；Edelman，2003）。

　　为了了解复杂的意识现象，我们需要对意识的内部结构、意识的神经基础、意识的动态过程、意识的演化和发展等问题进行全面的研究。本文拟从意识状态、意识体验和意识变更这三个方面对意识现象进行简单的介绍[*]。

　　医学和心理学对意识现象有过广泛的实验研究，取得了许多进展。医学对意识的研究集中在临床和康复方面，侧重于从生理活动和临床诊断的角度进行研究。例如：考察人在不同的生理状态下的意识表现，考察疾病或外伤引起的意识障碍以至意识丧失等。心理学对意识的研究集中在认知和意向方面，侧重于从心理活动和心理过程的角度进行研究。例如：考察不同种类和不同强度的物理刺激引起的意识体验，考察阈下的物理刺激导致的无意识活动等。医学研究和心理学研究

---

[*]　关于意识现象，我们还可以参考以下文献：James（1890）、Dennett（1991）、Block，et al.（1997）、Crick & Koch（1998）、Tononi & Edelman（1998）、Metzinger（1999）、Weiskrantz（1999）、Kandel（2000）等。

的侧重点有所不同，考察的意识现象也有所不同，但它们所考察的意识现象之间有紧密的联系。

一、意识状态

一个人的意识状态通常是指他是否觉醒。比如清醒的正常人是有意识的，这种意识状态主要是由人的生理状况决定。人可以处于各种不同的意识状态，包括正常的意识状态，如清醒状态、瞌睡状态、睡眠状态等，以及不正常的意识状态，如麻醉状态、昏迷状态、植物人状态等。在各种不同的意识状态下，人的觉醒程度不同，或者说意识水平不同，表现为对内外环境觉知的敏感程度不同。比如与正常清醒时相比，人在入睡时或高烧时，意识状态会发生明显的变化。

卢里亚（Luria）对大量的脑损伤病人进行过临床观察和康复训练，观察到脑的一定部位的损伤会引起一定的心理功能的障碍，但脑的一种功能并不只和脑的某一个部位相联系，脑的各个部位之间有紧密的联系。他根据实验事实，把脑分为三个紧密联系的功能系统，并且提出脑的三个功能系统学说（Luria，1973）。后来，我们根据新的实验事实，在这个理论的基础上进行扩展，提出脑的四个功能系统学说（唐孝威、黄秉宪，2003）。

在卢里亚的学说以及我们的学说中，脑的第一功能系统是保证、调节紧张度和觉醒状态的注意—唤醒系统；脑的第二功能系统是接受、加工和储存信息的信息加工系统；脑的第三功能系统是制定程序、调节和控制心理活动与行为的调节控制系统；脑的第四功能系统是评估信息和产生情绪的评估情绪系统。意识状态主要是由脑的第一功能系统的活动决定的，相关的脑结构是脑干网状结构和边缘系统等。

个体的意识觉醒程度有昼夜节律性的变化。睡眠是普通的生理现象，正常人的意识状态可分为清醒状态和睡眠状态两种，在一天24小时中，个体大约有三分之一时间处于睡眠状态，其余约三分之二时间处于清醒状态。在清醒时和睡眠时，个体的觉醒程度不同。睡眠时脑也在活动，根据睡眠中脑电和眼动的情况，我们常把睡眠过程分为慢波睡眠和快眼动睡眠，其中慢波睡眠又分为若干期。慢波睡眠和快眼动睡眠在一夜之内多次交替进行。人在睡眠中会做梦，若在快眼动期唤醒受试者，受试者常报告正在做梦，做梦时人有意识体验。

洛雷（Laureys）等人从临床医学的角度指出，意识包括觉醒和觉知两种成分，它们具有不同的脑基础。觉醒成分主要是脑的第一功能系统的功能，常以睡眠—觉醒周期为标志；觉知成分主要是脑的第二功能系统的功能，常以对内外环境刺激的反应性为标志。实验表明，脑的第一功能系统和第二功能系统是相对独立而又相互影响的，在一定情况下，觉醒成分和觉知成分会分离，如植物状态病人通常有觉醒而无觉知（Laureys，et al.，2004；狄海波，2009）。

按照洛雷的定义，正常人清醒时、正常人睡眠时、昏迷状态、麻醉状态、严重意识障碍病人等不同的意识状态有以下区别：正常个体的睡眠—觉醒周期是完好的，正常人清醒时有完好的觉醒和觉知，对内外环境刺激的反应性都是完好的；正常人睡眠时无觉醒而有微弱觉知，即个体是不清醒的，但对内外环境刺激会有微弱的反应；昏迷与麻醉状态的人无觉醒又无觉知，即个体既没有睡眠—觉醒周期，又没有对内外环境刺激的反应性；严重意识障碍病人可以细分为植物状态与最小意识状态，植物状态病人有觉醒而无觉知，即个体有睡眠—觉醒周期，但是没有对内外环境刺激的反应性；最小意识状态病人有觉醒并且有极低的觉知，即个体有睡眠—觉醒周期，对内外环境刺激有极低的反应性，并有相应的行为表现。

实验表明，人即使在没有认知任务的静息态情况下，脑也不停息地活动着并且消耗大量能量。当个体处于不同的意识状态时，脑内代谢活动的水平不同。许多文章介绍过脑内能量消耗与意识状态的关系（例如：Raichle，et al.，2006；胡玉正等，2009）。

二、意识体验

一个人的意识体验通常是指他主观上体验到什么。意识体验都有内容，如一个人看红色的物体，会有红色的主观体验；一个人受到针刺，会有疼痛的主观体验。人有许多不同种类的主观体验，包括认知方面的主观体验、情感方面的主观体验、意向方面的主观体验等。对于不同强度的刺激，个体会有不同强度的主观体验。意志和自我控制是意识的一个重要方面。

在《脑功能原理》一书中，我们对意识体验的实验事实进行归纳，得到意识体验的一些规律，如关于意识体验的涌现条件、意识体验的激活表达、意识体验的强度变化、意识体验的注意控制等规律，并且用脑的四个功能系统学说来说明这些规律的脑基础（唐孝威，2003）。

意识体验的涌现条件的规律指出：在其他脑区的共同作用下，当大脑皮层某个专一性脑区的激活水平达到意识临界条件时涌现意识。意识阈值是脑区激活水平的临界值。少数心智活动可以被个体意识到，而多数心智活动则不被个体意识到。那些被个体觉知的心智活动是有意识的，而那些个体未觉知的心智活动称为无意识活动。无意识活动有多种不同的情况，如阈下刺激，即强度在意识阈值以下的物理刺激引起的心智活动，以及自动化的行为等。无意识活动是大量存在和并行加工的。有意识活动和无意识活动在一定条件下可以互相转变（唐孝威，2008；宋晓兰等，2009；胡楠茶，2009；周仁来，2009）。

意识体验是脑内四个功能系统联合活动的结果，被觉知的内容是由脑的第二功能系统中大脑皮层的一些专一性脑区表达的。穆图西和泽基（Moutoussis & Zeki，2002）的实验表明，一个专一性脑区的激活水平增高后产生觉知。我们可以认为，当大脑皮层的某个脑区的激活水平达到意识阈值时，这个脑区相应的信息加工就进入意识。但意识涌现不只依赖于大脑皮层某个专一性脑区的激活，还要有其他脑区活动的支持和调控（Clark & Squire，1998）。

在迪昂（Dehaene）等人的实验中，他们用字作为视觉刺激，测量脑区激活情况。实验的结果表明，个体在对刺激进行无意识加工时，视觉皮层被激活，而个体在对刺激进行有意识加工时，除视觉皮层外还有顶叶和额叶等脑区被激活（Dehaene, et al., 2001）。

瑟金特（Sergent）等人进行过视觉意识的脑电实验，实验中给受试者以极短的时间间隔先后呈现两幅画面。如果时间间隔非常短，受试者集中注意分辨第一幅画面。受试者面对第二幅画面时，时而看到，即对所见产生意识体验；时而没有看到，即对所见没有意识体验。实验的结果是，在第二幅画面呈现后 96ms 的时间段内，对所见产生意识体验与对所见没有意识体验这两种情况，视觉皮层都出现兴奋。这说明在无意识体验的情况下，脑可以处理视觉刺激的信息。但是从 276ms 起，这两种情况出现了很大的区别。在对所见没有意识体验的情况下，脑区兴奋程度随时间迅速降低，而且兴奋区域并不蔓延。而在对所见产生意识体验的情况下，脑的兴奋区域蔓延开来，激活区域从视觉皮层转移到额叶皮层，随后转移到额叶前部皮层以及前扣带回，在 436ms 时达到最高值，再过 140ms 后激活区域转移到顶叶皮层，同时视觉皮层又再次激活。这个实验表明，额叶—顶叶—前扣带回皮层网络是否被激活，决定了视觉刺激是否被意识体验到，因此，有意识体验的心智活动涉及额叶—顶叶—前扣带回皮层网络的激活（Sergent, et al., 2005）。

意识体验的激活表达的规律是：意识体验的内容由大脑皮层专一性脑区的激活来表达。脑功能成像的许多实验表明，某种确定的认知功能定位于大脑皮层特定的区域，不同种类的认知功能分别定位于大脑皮层的不同区域（Posner & Raichle, 1997）。人体的感觉功能在大脑皮层上有精确的定位，躯体各个部分的感受器分别投射到大脑皮层感觉区的特定区域。与此类似，人体的运动功能在大脑皮层上也有精确的定位，大脑皮层有与运动有关的特定区域，分别控制躯体各个部分的运动。

大脑皮层的不同脑区是不同的意识体验内容的代表区，而这些功能专一性的脑区并不是孤立的，它们之间的相互联结构成脑内复杂的网络。脑内网络激活的动态模式（pattern）相应于意识体验内容的变动，多个脑区的协调整合活动导致全局性的意识体验（Baars，1997；宋晓兰、唐孝威，2008）。

意识体验的强度变化的规律是：意识体验的强度随着大脑皮层专一性脑区激活水平的提高而增加。外界环境的物理刺激信号引起个体神经兴奋和脑区激活。环境中不同强度的物理刺激，引起个体脑内相关脑区发生不同程度的激活，同时个体产生不同强度的主观体验。在一定范围内，脑区激活水平超过意识阈值越大，个体对意识内容的体验强度也越大。然而意识体验有适度性，如果脑区的激活水平反常的高，如癫痫病人发作时的情况，那么个体就没有正常的意识体验（汪云九等，2011）。

当激活水平低于意识阈值的脑区活动没有进入意识时，它们是脑内的无意识活动。对于同一个脑区来说，脑区的激活水平不同，无意识活动的程度也不同（唐孝威，2008）。

意识体验的注意控制的规律是：注意的作用是增强大脑皮层有关脑区的激活水平，使相应的脑区信息加工进入意识，同时抑制其他脑区的活动。人在同一时刻选择性地注意感兴趣的事物而不注意其他，同一时刻大量的输入信息并不都产生意识体验，只有少数被选择注意的信息产生意识体验。

脑电实验表明，注意使与个体注意内容相应的脑电信号得到加强；脑功能成像实验也表明，注意使与注意内容相关的脑区的激活水平提高。原来激活水平较低的脑区，当其相应的内容受到注意时，脑区的激活水平提高（Corbetta，et al.，1993，1995），在受到注意时，基底神经节和前扣带回脑区也会激活（Posner & Raichle，1997）。

一定脑区的激活水平除取决于相应刺激的强度外，还受到注意的控制。在通常情况下，大脑皮层许多脑区的激活水平较低，这些脑区的信息加工不会进入意识。只有那些激活水平高而且达到意识阈值的相应的信息加工才能进入意识。注意的作用是使与注意内容相关的一定脑区的激活水平得到提高，从而使其信息加工进入意识，并且产生意识体验；同时注意的作用还会使不被注意的其他项目相关脑区的激活受到抑制，不能进入意识，它们不产生意识体验（Desimone & Duncan，1995）。

以上我们讨论了意识体验的一些规律，下面再指出意识体验的一个特点——主观性。意识体验的内容来源于客观环境，但是意识体验是个体的主观体验。个体对自己意识体验的内容有直接的感受，而对别人意识体验的内容则只能通过间接方法来了解。个体主观的意识体验不仅有对事物或事件的感知，而且有对事物或事件意义的理解。个体对自我的意识体验包括过去经历的回忆、当前活动的认知及未来发展的预测等。

脑的活动机制有物质输运、能量代谢、信息传递等过程。脑内信息加工的基础是神经电活动和化学反应，它们产生电信号和化学信号。脑内物质输运过程、能量代谢过程、神经电活动、化学反应等都是物理学、化学、生物学过程，它们是客观的事件。脑内的物理学、化学、生物学过程为什么会引起意识体验？脑内这些客观事件是怎样引起主观的意识体验的？这些问题还有待研究。有些学者把脑活动的客观性和意识的主观性的关系问题称为意识的难问题（Chalmers，1996）。

意识现象包括意识状态和意识体验，它们都具有多样性。在意识状态方面，随着人的生理状况的改变，意识状态也会发生变化，比如正常老年人在睡眠—觉醒周期中处于不同的意识状态，而脑的疾病又会导致不正常的意识状态（Hobson，1999）。在意识体验方面，千变万化的外界刺激产生丰富多彩的意识体验，这些意识体验存在个体差异和情境差异。不同的个体对同样的物理刺激产生的主观体验可以有很大差别，在不同的情境下，同一个个体对同样的物理刺激产生的主观体验也有很大的、依赖于情境的差别。这些都说明意识现象是非常复杂的。

三、意识变更 *

除了熟知的常规意识状态外，我们有时还会遇到意识的变更状态。这种非常规的意识状态被美国著名心理学家詹姆斯（W. James）归入"意识的其他形式"，我们通常称其为"意识变更状态"（altered states of consciousness，简记为 ASCs）。ASCs 是一种比较难以界定的概念，但我们似乎都可以了解意识状态发生的种种变更。比如喝醉酒的醉态并因此发生种种不同于常态的感受与行为；再如自己处于催眠状态而记不住自己的所作所为、进入梦乡甚至发生梦游，以及更为少见的濒死体验（near death experiences，简称 NDEs）、脱体体验（out of body experiences，简称 OBEs）、冥想体验等。在所有这些场合下，我们的意识显然有着明显的改变，但我们却难以说清到底改变了什么。确实，一旦我们开始深入地思考这种意识变更状态，问题就变得十分困难。

首先就是意识变更状态的界定问题。我们如何从科学研究的角度来界定这种意识变更状态呢？目前我们通常有三种方式来给出意识变更状态的说明。第一种说明方式是从引起这种意识现象的起因来定义 ASCs，比如由药物引起的、由催眠引起的、由过度放松引起的、由其他罕见的原因引起的意识变更。确实，意识变更状态往往是由一些内外部刺激或作用因素引起的。比如不同的药物，像酒精、致幻剂、毒品等可以引发不同的 ASCs 状态。

第二种界定的方式是基于心理与行为测量来定义 ASCs，比如心率、大脑皮层耗氧程度、直线行走能力、情感表现等。我们可以借助于一些先进的仪器来进行测量和定量、定性分析，从而给出一种比较客观的 ASCs 定义。

前两种定义的方式虽然可操作性比较强，也比较客观，但都有一个缺陷，就是根据起因或测量结果，我们并不能清楚地区别所引发的不同主观体验本身。因此，为了更好地把握这种 ASCs 的实质内容，我们也可以采用第三种界定方式，

---

* 有关资料由周昌乐教授提供。

即主观性的定义方式，就是以第一人称的自观去看是否存在，从一种正常心理功能图式向另一种似乎完全不同的个人体验的转变。如果有，我们就定义为意识变更状态。这是一种最普通的做法，问题是如何界定什么是正常的心理功能。

除了意识变更状态界定的困难外，我们对于"意识变更状态到底变更了什么"这一问题，也存在着研究的困难。我们说某一个体发生了意识变更，那么意识变更的内容又是什么呢？或者说，个体在意识变更状态中到底心理功能的哪些方面发生了变更？目前初步考察的结果发现，变更的内容涉及心理功能的众多方面，包括注意、知觉、想象、内部语言、记忆、高级思维、意义获取、情感感受、情感表达、失语症、自控能力、自我认知等。

英国超验心理学家吉尼斯（Guinness）认为："意识变更状态的特点有思维改变、受扰乱的时间体验、对自我和现实失去控制的情感、情绪表达的改变、知觉的歪曲、身体意象的改变，偶尔还伴有一种人格解体的情感（我不是我自己），要不然就伴有一种意识的无限膨胀、与宇宙的神秘结合的感觉。"（Guinness，1988）由此可见，意识变更与精神分裂、脱体经验、大脑分裂、多重人格等相互牵连。

目前，科学家们将意识变更状态大致分为三类。第一类是由药物引起的意识变更状态，这些药物主要包括镇静药物、麻醉药物、抗忧郁剂、抗精神病药物、催眠药物、致幻药物、大麻等毒品等；第二类是由睡眠或催眠引起的意识变更状态，各种奇异的梦境体验、催眠引起的虚幻经历等；第三类属于非常罕见的人类体验，如脱体体验、濒死体验，以及一些奇妙体验，如美妙深刻的情感体验、静虑顿悟的冥想体验等。

意识变更状态的存在充分说明意识现象的复杂性，显然，有关意识变更现象的科学研究才刚刚开始，其中有许多未解的谜团等待科学家们去探索解决，也许它们也是揭示意识本质的一个重要突破口。我们从意识现象的复杂性可以看到，意识科学的研究任重道远。

参考文献

程邦胜，唐孝威.2003.意识问题的研究与展望 [J].自然科学进展，14: 241.

狄海波.2009.植物状态患者的意识评估 [M]// 唐孝威，黄华新.语言与认知研究（第四辑)[M].北京：社会科学文献出版社.

Guinness, I. 1988.心灵学——现代西方超心理学 [M].张燕云，译.沈阳：辽宁人民出版社.

胡楠茶.2009.从意识论到扩展的全局工作空间理论 [M]// 唐孝威，黄华新.语言与认知研究（第四辑）[M].北京：社会科学文献出版社.

胡玉正等.2009.脑内能量消耗及其与意识状态的关系 [M]// 唐孝威，黄华新.语言与认知研究（第四辑）[M].北京：社会科学文献出版社.

宋晓兰，唐孝威.2008.意识全局工作空间的扩展理论 [J].自然科学进展,18 (6):622.

宋晓兰，陶丽霞.2009.冰山下的力量——无意识加工浅析 [M]// 唐孝威，黄华新.语言与认知研究（第四辑）[M].北京：社会科学文献出版社.

唐孝威.2003.脑功能原理 [M].杭州：浙江大学出版社.

唐孝威.2004.意识论——意识问题的自然科学研究 [M].北京：高等教育出版社.

唐孝威.2008.心智的无意识活动 [M].杭州：浙江大学出版社.

唐孝威，黄秉宪.2003.脑的四个功能系统学说 [J].应用心理学，9(2):3.

唐孝威，孙复川.2001.脑激活水平和主观体验程度的定量关系 [J].应用心理学, 7: 41.

汪云九，等.2001.意识的计算神经科学研究 [J].科学通报，46: 1140.

周仁来.2009.阈下知觉研究中觉知状态测量方法的发展与启示 [M]// 唐孝威，黄华新.语言与认知研究（第四辑）[M].北京：社会科学文献出版社.

Baars, B. 1997. *In the theater of consciousness*[M]. New York: Oxford University. Press.

Block, N., et al. 1997. *The nature of consciousness*[M]. Cambridge MA: MIT Press.

Chalmers, D. 1996. *The conscious mind: In search of a fundamental theory*[M]. Oxford: Oxford University. Press.

Clark, R., Squire, L. 1998. Classical conditioning and brain system, the role of awareness[J]. *Science*, 280:77.

Corbetta, M., et al. 1993. A PET study of visuospatial attention[J]. *Journal of Neuroscience*, 13:1202.

Corbetta, M., et al. 1995. Superior parietal cortex activation during spatial attention shifts and visual feature conjunction[J]. *Science*, 270: 802.

Crick, F., Koch, C. 2003. A framework for consciousness[J]. *Nature Neuroscience*, 6: 119.

Crick, F., Koch, C. 1998. Consciousness and neuroscience[J]. *Cerebral Cortex*, 8: 97.

Dehaene, S., et al. 2001. Cerebral mechanisms of word masking and unconscious repetition priming[J]. *Nature Neuroscience*, 4: 752.

Dennett, D. 1991. *Consciousness explained*[M]. New York: Little Brown.

Desimone, R., Duncan, J. 1995. Neural mechanisms of selective visual attention[J]. *Annual Review of Neuroscience*, 18: 193.

Edelman, G. 2003. Neutralizing consciousness: A theoretical framework[J]. *Proc. Natl. Acad. Sci. USA*, 100: 5520.

Hobson, J. 1999. *Consciousness*[M]. New York: Scientific American Library/ Freeman.

James, W. 1890. *The principles of psychology*[M]. New York: Henry Holt.

Kandel, E. 2000. From nerve cells to cognition: the internal cellular representation required for perception and action[M]//Kandel, E., et al. *Principles of Neural Science*. 4th ed. New York: Mc Graw-Hill.

Laureys, S., et al. 2004. Brain function in coma, vegetative state, and related disorders[J]. *Lancet Neurol*, 3 (9): 537.

Luria, A. 1973. *The working brain: an introduction to neuropsychology*[M]. New York: Basic Books.

Metzinger, T. 1999. *The neuronal correlates of consciousness*[M]. Cambridge MA: MIT Press.

Moutoussis, K., Zeki, S. 2002. The relationship between cortical activation and perception investigated with invisible stimuli[J]. *Proc. Natl. Acad. Sci. USA*, 99: 9517.

Posner, M., Raichle, M. 1997. *Images of mind*[M]. 2nd ed. New York: Freeman.

Raichle, M., Mintun, M. 2006. Brain work and brain imaging[J]. *Annu. Rev. Neurosci*, 29: 449.

Schwartz, J. 2000. Consciousness and the neurobiology of the twenty-first century[M]//Kandel, E., et al. *Principles of Neural Science*. 4th ed. New York, Mc Graw-Hill.

Sergent, C., et al. 2005. Timing of the brain events underlying access to consciousness during the attentional blink[J]. *Nature Neuroscience*, 8:1391.

Tang Xiaowei. 2016. *Brain, mind and consciousness*[M]. Hangzhou: Zhejiang University. Press.

Tononi, G., Edelman, G. 1998. Consciousness and complexity[J]. *Science*, 282:1846.

Weiskrantz, L. 1999. *Consciousness lost and found*[M]. Oxford: Oxford University. Press.

第一部分

理论基础

意识定律 *

唐孝威

意识是自然科学的基本问题之一。近年来，脑科学实验技术进一步发展，使得对意识定律的研究也成为可能。本文基于意识的经验事实，提出意识三定律。第一定律阐述意识的神经四要素。第二定律说明意识涌现的必要与充分条件。第三定律给出意识体验强度与相应脑区激活水平之间相关性的心脑关系式。

一、意识第一定律

意识第一定律是意识的神经四要素定律。我们曾经从神经生物学层面阐述过脑的四个功能系统（唐孝威、黄秉宪，2003），基于对意识神经网络的探讨，涉及意识的四个神经生物学的要素是：觉醒活动、信息加工、注意增强、全局广播。

觉醒是意识的要素之一。意识的觉醒程度与脑干等基础的脑结构有关。脑内意识觉醒的支持系统的活动度用参数 α 来表示。α 是关于意识觉醒程度的指标，它是可以量化的。平时我们讲觉醒的程度就用 α 来表示。

意识的内容涉及脑内的信息加工。意识的信息加工由大脑皮层中一些专一性

* 本文原刊于《应用心理学》2017 年第 23 卷第 3 期。

的脑区负责，它们分别处理各种特定的信息，比如视觉里某一种颜色的加工，或运动里某一种动作的加工。不同种类用 i 表示，i 可以从 1 到 n，有很多种，不同的内容由不同的对应脑区加工。信息加工时，大脑皮层专一性脑区激活，脑内信息加工的专一性脑区的激活水平用参数 A 来表示。

注意增强也是重要的机制。注意不同于意识，但是注意增强是意识的一个要素。脑内注意控制系统对脑区激活的增强系数用参数 γ 来表示。脑内注意对脑区激活有一个增强的过程，这个过程对加工的信息进入意识是必需的。

加工的信息还必须进到脑内全局广播。巴尔斯（Baars，1997）和迪昂（Dehaene，2014）的全局广播理论指出，意识活动要有大量的反馈过程。埃德尔曼（Edelman，2000）也讲信息的重入（reentry）过程。汉弗莱的意识理论（Humphrey，2011）也强调回路（loop）。在丘脑、前额叶和顶叶间有很多来回的信息交流，所以只是信息加工脑区参与还不够，还要进入这个回路，要有全局广播的机制，这是比较重要的。迪昂（2014）指出，全局广播系统是一个大范围的活动，这是一种信息的交流和整合，它的活动在脑成像和脑电中都会有反应。脑内意识全局传播系统的全局传播度用参数 β 来表示。

第一定律指出，神经四要素并不是独立无关的，它们通过各种相互作用而紧密联系，并协同活动。从神经网络来看，觉醒活动、信息加工、注意增强、全局广播，四个要素缺一不可。这几个部分要集成起来，一部分是达不到意识的。

二、意识第二定律

意识第二定律是意识涌现定律。意识不是静止的状态，而是不断变动着的动态过程。平常脑内大量的活动都是在进行着信息加工，它们都是属于心智活动，而且无意识的活动数量比有意识的活动数量多得多，但是它们没有进入意识。通过许多脑区的激活和它们之间的相互作用，大脑皮层一定脑区的信息加工可以从无意识的加工转变为有意识的加工，这种动态的转变过程就是意识的涌现。当脑的活动满足了意识涌现的必要和充分条件之后，加工的信息就进入意识了。

意识涌现过程不是孤立的单个脑区的活动，而是脑内四个功能系统及它们内部多个脑区相互作用下发生的集体活动。因此我们要从多个脑区集体相互作用的观点来考察意识涌现的动力学过程。意识涌现定律是：在意识的神经四要素相关脑区的共同作用下，当大脑皮层加工信息的一定脑区的激活水平达到临界的意识阈值 Ac 时涌现意识，这被称为 α-β-γ-A 机制。引入的一些参数不同于要素本身，它们是从功能活动的角度表示相关脑系统的活动程度。

定量地说，脑内意识觉醒的支持系统的活动程度必须大于 0。同时，全局的广播系统即传播系统中，信息全局广播的程度 β 必须大于 0。当然，脑内信息加工专一性脑区的激活水平要大于 0，但是只大于 0 还是不够的，它的信息加工可能仍然是无意识的，不一定是有意识的，激活水平需要超过一个阈值 Ac，信息加工才能进入意识。考虑意识的涌现，就一定要考虑意识的阈值。脑内激活水平 A 经过注意的增强达到意识的阈值之后，才能进入意识，这个时候才能有意识的通达（access）。我们可以通过改变条件，观测受试者脑活动在达到意识阈值时，脑内出现全局广播的点火（ignition）信号，来确定意识阈值。总之，意识涌现的必要和充分条件是：$\alpha > 0$；$\beta > 0$；$\gamma > 1$；$\gamma A \geq Ac$。Ac 是意识阈值，$\alpha > 0$ 就是有觉醒活动。$\beta > 0$ 就是全局广播的系统回路要进行活动，丘脑、前额叶、顶叶回路里有很多信息的整合。γ 就是注意增强，加工信息的专一性脑区原来的激活水平经过 γ 增强超过意识阈值，激活水平超过阈值后信息就进入意识。

综上所述，当一个脑区的激活水平低于这个脑区的意识阈值时，个体没有关于激活脑区信息加工内容的意识体验；当激活水平超过意识阈值时，并且有觉醒系统、调控系统和全局广播系统的脑区参与活动时，个体就有激活脑区的加工信息内容的意识体验，并且意识体验的强度随着脑区激活水平的提高而增加。在无梦睡眠的时候 $\alpha = 0$，做梦的时候 α 值比较低，但是不等于 0。在清醒但无意识信息加工的时候，A>0，$\alpha > 0$，$\beta = 0$，$\gamma < 1$，即虽然因为个体是清醒的，α 大于

0，但是 β 没有作用，因为没有全局广播，虽然脑区有激活 A，但是由于 β 等于 0，所以信息加工不能进入意识。

三、意识第三定律

意识第三定律是有意识活动的心脑关系定律。意识问题的特殊性决定了我们不能只关注意识涌现的客观神经生物学条件，还需要重视有意识活动所带来的主观体验。第三人称的神经网络的激活是如何与我们第一人称的主观体验内容和强度联系起来的呢？意识内容具有多样性。人有很多种不同类型的感知觉，例如听觉、视觉、触觉等，个体分别有不同内容的主观体验，并且在同一种感觉，比如视觉中，还可以细分为颜色视觉、空间视觉、形状视觉等很多不同的内容。因此，我们可以用 i 来表示某一种感觉的内容，并且 i 所包含的种类有很多，从 1 到 n，有很多种。对于其中每种感官体验而言，主观体验都有内容和强度之分，体验的程度是讨论意识量化的前提。这种主观的体会和体验所对应的脑的基础，就在于大脑皮层专一性脑区的激活。脑区有不同的回路，它们分别加工不同的内容信息，比如在视觉里，某一个视觉内容就会有专门的脑回路来激活和表征它。生理的脑的激活是可以量化的，因为有不同的激活水平，而心理的主观水平也是有不同的程度可以量化的。我们要把生理的客观激活和心理的主观体验联系起来，把第三人称的描述和第一人称的描述联系起来。在这个联系的过程中，因为这两个方面涉及不同的量纲，特别是意识过程是一个相对的过程，所以我们把这两者联系起来时，需要应对的问题之一是量纲的变换。

我们把主观体验的强度叫 C。用 C 来表示主观体验的强度，说明主观体验有一定数量，它的值有大有小。第一人称的体验也是有大有小的，而且是可以量化的，并不只是等于 1 或者 0。同时，C 可以有不同的内容，对其中每一种特殊信息 i 来说，叫作 C_i，C_i 就是对特殊信息 i 的主观体验的强度。下面用一个简单的公式把 C 和 A 联系起来。当 α>0 和 γA≥Ac 时（Ac 是意识临界阈值），主观体验的强度和脑内信息加工专一性脑区的激活水平的关系式，即心脑关系式是：

C＝a·A

C 是主观体验强度，A 是信息加工脑区的激活水平，比例系数 a 和上述参数有关。

a=α·β·γ·ν（a 包含了量纲转换，其中 ν 是量纲和单位变换系数）

C 和 A 具有不同的量纲，所以中间需要用 ν 进行量纲的转换。

对某一种特殊的信息内容 i 的主观体验强度 Ci，Ci＝a·Ai。

早年费希纳（Fechner）在创立心理物理学时，提出过外部的心理物理学和内部的心理物理学等概念。外部物理世界各种物理刺激作用于人的感官，引起人的内部物理世界的活动，即脑的活动，从而产生内部心理世界的感觉体验。费希纳（1860）认为，人的感觉过程既涉及外部物理世界的物理刺激，又涉及内部物理世界的脑活动过程，还有内部心理世界的感觉体验。他认为，外部的心理物理学研究外部物理刺激强度和内部心理世界感觉体验强度之间的关系，而内部的心理物理学则研究内部物理世界即脑活动强度和内部心理世界感觉体验强度之间的关系。

我们在上面讨论的心脑关系，即人的脑区激活水平和人的主观体验强度的定量关系，就是内部的心理物理学的定量定律（唐孝威，2003）。

我们用 S 表示外界物理刺激强度，已知脑内信息加工的专一性脑区的激活水平 A 正比于 logS，把这个关系代入上面 C＝a·A 式中，可以得到 C＝klogS 这个公式，它就是 150 多年前费希纳的公式。就此而言，我们的心脑关系式即内部的心理物理学定律是和费希纳公式即外部的心理学定律相互联系的。

意识是非常复杂的现象，本文只是一种简化的处理。有关参数的量化有待专门的研究。在量化参数的基础上，我希望意识定律能得到实验检验。

参考文献

唐孝威 . 2003. 论外部的心理物理学和内部的心理物理学 [J]. 应用心理学，9（1）: 54–56.

唐孝威，黄秉宪 . 2003. 脑的四个功能系统学说 [J]. 应用心理学，9(2): 3–5.

Baars, B. 1997. *In the theater of consciousness: The workspace of the mind*[M]. New York: Oxford University Press.

Dehaene, S. 2014. *Consciousness and the brain*[M]. New York: Penguin Group.

Edelman, G., Tononi, G. 2000. *A universe of consciousness: How matter becomes imagination*[M]. New York: Basic Books.

Fechner, G. 1860. *Elements of psychophysics*[M]. New York: Holt, Rinehart and Winston.

Humphrey, N. 2011. *Soul dust: The magic of consciousness*[M]. Princeton: Princeton University Press.

一些有代表性的意识理论

谢小平　曹志彤

　　意识是自然科学的一个基本问题。研究意识就是研究人类自己，了解意识就是了解人类自己。在自然科学中，许多未知的基本问题是关于客观世界的，而意识问题则要涉及主观世界。意识既是研究的客体，同时又是研究的主体，也就是说，我们必须通过意识本身来探索意识，这就增加了研究意识问题的难度。因此对于意识的研究，与其他的客观世界未知问题的研究方法不同，意识研究需要有新的实验技术和新的思维方式，对意识的了解必定伴随着实验研究技术的创新和人类思维方式的革命。

　　20 世纪中后期，神经科学和脑科学取得突飞猛进的发展，电生理学的研究已经记录到单个神经细胞乃至单个离子通道上的电活动，解剖显示技术在综合放射免疫技术的基础上发现了许多神经回路和网络，分子生物学基因也与神经科学连接上关系。但是，意识问题的研究，毕竟是人脑的各个部位整体功能的发挥，需要在人清醒状态下观察脑的活动。功能磁共振成像 fMRI、正电子发射断层成像 PET、脑电 EEG、脑磁 MEG，以及侵入性的细胞电记录等实验技术的发展，使得人们有可能通过实验研究意识问题，并且在实验基础上进行意识的理论研究。正如克里克所呼吁的"现在应该从科学的角度来思考意识问题，而且最重要的是，现在是开始严肃而精心地设计实验来研究意识问题的时候了"（Crick，1994；汪云九，2001）。

21

意识研究一方面存在着客观的需要，另一方面具有技术上实现的可能性，意识被纳入自然科学研究范畴已经势在必行（Bourget，2004；Penrose，1996；Tegmark，1999）。20 世纪 90 年代，意识再度成为科学研究的热点之一（汪云九，2001，2003，2006；Solso，2002，2003；曾向阳，2003；Chalmers，1996a，1996b，1998，2000；Eccles，1991，1994，1996a，1996b），一批著名的科学家，包括诺贝尔奖获得者、生命遗传物质 DNA 双螺旋分子结构的发现者之一克里克（F.Crick），生物免疫系统中抗体的化学结构发现者之一埃德尔曼（G. M. Edelman）、著名数理科学家彭罗斯（Penrose），人工智能创始人明斯基（Minsky），心理学家巴尔斯（Baars）等，都投身于意识研究领域。克里克在 1994 年出版了《惊人的假说》（*Astonishing Hypothesis*）一书，此书成为人类探索意识世界的敲门砖。

意识体验的定性性质、主观性质、统一性质和流动性质（Searle，2000）构成了意识的本质特性。正是意识具有的这种特殊性质，意识现象的复杂性对科学研究构成了重大挑战。意识的实验和理论研究，需要多学科的交叉融合。意识问题类似于其他领域的科学问题，通过自然科学的方法，如实验设计、数学建模、信息处理、成像与仿真等进行研究。

目前，意识科学研究还处于起步阶段，由于受到现有实验技术的限制，我们对大脑这个极度复杂的神经系统的结构和运作原理的了解还非常有限，难以对意识现象给出确实的理论图像。因此，现有的关于意识研究的理论框架在很大程度上都由一系列带有推测性的原理构成，并且，研究者基于自身不同领域的学科背景，所关注的焦点不同，导致意识的各个理论框架做出的基本假定也不尽相同，对意识问题提出了各自的理论假设和推论，从而形成了不同的理论框架，形成了对意识科学解释的多样性。

阿特金森等（Atkinson et al., 2000）提出了意识理论的两个分水岭：一是脑中是否存在专门的"意识模块"负责意识产生和加工；二是意识的产生是源于信息在脑中神经表达本身的性质，还是源于在这些神经表达的基础之上进行的信息加工过程所具有的性质，他将意识理论分成了四个不同种类：意识的专门表达理论、意识的专门过程理论、意识的非专门表达理论、意识的非专门过程理论。泽曼（Zeman，1997，2001）则按照意识理论所基于的不同科学背景将它们分成了三类：基于神经生物学的意识理论、基于信息加工的意识理论和基于社会学的意识理论。

　　本文对当前一些有代表性的意识理论做简要介绍，其中有巴尔斯的意识全局工作空间理论（Baars，1988，1997a，1997b，1997c，2002a，2002b；Dehaene，1998，2001，2003，2005；Sergent，2005）、克里克的意识还原理论（Crick，1990，1995，1996，2002，2003，2004）、埃德尔曼的意识的神经达尔文主义理论（Edelman，1988，1989a，1989b，1992，2000，2003，2004，2011；Tononi，1998），以及唐孝威的意识论（唐孝威，2004，2008a，2008b，2009，2016；程邦胜，2004）。这些意识研究理论框架，对于指导相关领域的研究是非常有价值的，推动了意识科学的发展，但同时它们只是理论框架，有待于大量实验证据的充实，随着实验事实的积累，这些意识研究理论框架也会不断得到修正和发展。

一、巴尔斯意识全局工作空间理论

　　伯纳德·巴尔斯（Dr. Bernard J. Baars），1946 年生于荷兰阿姆斯特丹，童年

移居美国。他是美国圣地亚哥神经科学研究所理论神经生物学领域的资深研究员，1986 年进入加利福尼亚州伯克利的莱特研究所从事研究工作至今。他的研究方向为人类语言、意识、意志和各种相关课题的脑基础。他还是《意识与认知》国际刊物的最早发起编辑之一，意识科学联合会（Association for the Scientific Study of Consciousness，ASSC）的首任主席（ASSC 是致力于意识和相关领域理论和实验研究的唯一科学组织）。巴尔斯撰写了大量有关意识与认知的书和期刊论文，著名的有：《意识的发现：穿越心灵剧场》《意识的认知理论》《认知、脑和意识：认知神经科学简介》。1988 年，他创建了综合的全局空间理论（Global Workspace Theory，GWT），这个理论作为人类脑意识和无意识模型，广泛被哲学和科学期刊源收录，被誉为意识认知领域的先锋。

1. 意识全局工作空间理论

巴尔斯在 1988 年从意识的科学纷争中提出了人脑中意识与无意识加工的理论框架——全局工作空间理论（Global Workspace Theory，GWT）（Baars，1988，1997）。他认为，GW 是意识的计算基础，信息一旦在其中得到表达，就可以被下层的理性行为访问，从而形成意识。在这个模型中，GW 可以把意识的内容传播到广泛分布的神经系统，意识的作用是把分散而独立的各种脑功能整合起来。在任一时刻存在于 GW 内的信息都是意识的内容，作为中央信息交换的工作空间，它与许多无意识的接受处理器相联系。这些专门的处理器只在自己的领域之内具有效率，此外，它们还可以通过协作和竞争获得工作空间。GWT 主要有三个理论构架：专门处理器（specialized processors）、全局工作空间（global workspace）和背景（contexts）。

专门处理器是分布式的专门化网络（distributed specialized networks），搜集和处理某类信息的无意识结构。意识系统中存在着大量这样的"专家"，它们可能是一些单一的神经元细胞群，如对颜色或形状这些物理特征进行检测的感觉皮层，也可能是一些复杂的神经元网络或神经系统，如布洛卡（Broca）区或威尔尼克（Wernicke）区这样的皮层功能柱或功能区等。和人类专家一样，这些专门处理器在它们的专门化任务中有很高的计算效率，但加工范围就很有限，它们可以独立而自动化地进行并行式加工，无需意识的参与，也可以与其他专门处理器进行合作，并和与之相抗衡的处理器竞争进入意识全局空间的机会，或是接受全局空间的信息，动员其他专门处理器参与合作，进行信息交互并协同工作。专门处理器不像有意识的加工那样容量有限，由于可以同时进行并行加工，所以，所有专门处理器合在一起容量十分巨大。

全局工作空间是一个意识形成和加工的模块，信息在这里完成系统化的整合和散播。"工作空间"被称为是一个操作平台，"全局"则是说这一平台中聚焦的内容可以广泛地向许多无意识的专门网络处理器"传播"，反之，也可以集成来自多个适宜的、协调的专门网络处理器的输入。意识与大脑的全局工作空间相关联。巴尔斯使用了一个形象化的比喻来描述全局工作空间，他将全局工作空间比作一个科学会议的讲台，会场中的各位专家可以对某个专题进行交流，但如果面对一个新问题，已有的团队不足以应付，专家组就必须把自己的观点在全场公布，然后与"志同道合"者形成新的交流网络，解决新异问题，此时不同专家就需通过合作与竞争，争取走上讲台将自己的信息向全局广播。

背景是可以引起或塑造意识体验的无意识网络，也可以说是由于先天和后天因素而形成的个人图式。它包括知觉/表象背景、概念思维背景、内在目标背景以及社会文化背景等，当然，这些背景本身也是相互影响、相互作用的。背景过程共同参与或者抑制意识事件的工作。在某种意义上，背景可以看成是神经系统已经建立好的联系，是新的事件得以构建的基础。反之，意识的事件也会为背景提供信息，以降低其不确定性，从而使其稳定。如脑顶部无意识网络映射为调节视觉特征的细胞，成为感知视觉流中的颜色基础。有时，意识塑造也需要多种背景参与，如意识情感、动机和执行可能要以全局层次上的背景为基础。

背景是专家处理器稳定合作的产物，当前的强势背景会限制什么样的无意识可以转化为有意识，但背景又不会完全约束意识体验。背景的影响可能是瞬间的，比如我们所熟悉的"启动效应"，具体来说，对于"book"一词，如果它前面出现了"volume"（卷、册）一词，我们会将它理解为书籍；而如果它前面出现的是"arrest"（拘留），我们就会理解它为立案控告。虽然我们在看到"book"这个词时前面出现的内容可能不处于我们的意识中心，但它们却影响了我们对后面这个词的理解。背景还可能有长程的效应，比如我们通常所说的"定式思维"，以前的经验、习惯往往也是在不知不觉中影响着我们认识事物或解决问题的方式。

巴尔斯全局工作空间理论主要基于信息处理的框架，从意识的功能性角度来理解意识现象。GWT实质上与许多学者的提议是一致的（Crick，1984，1990；Damasio，1989；La Berge，1997；Edelman，1989，2000；Daniel，2001；Kanwisher，2001；Dehaene，2001；Llinas，1992，1998），它允许对工作记忆（Working Memory，WM）理论做出合理的脑解释，对意识产生提出明确的、可测试的假设。巴尔斯与孟菲斯大学富兰克林（Stan Franklin）教授、伦敦帝国理工学院沙纳汉（Murray Shanahan）教授，以及在埃尔德曼领导的神经达尔文主义的美国神经科学研究所工作的科学家一起继续发展GWT，在1997年，《在意识的剧院中：记忆工作空间》（*In the Theater of Consciousness: the Workspace of the Mind*）一书经牛津大学出版社正式出版。与此同时，许多神经科学家都从各自的背景改进GWT，值得注意的有巴黎的迪昂（Stan Dehaene）教授以及他的研究组（Dehaene，1998，2001）。

2. 意识剧院模型

巴尔斯在1988年提出全局工作空间理论后，与孟菲斯大学富兰克林教授、伦敦帝国理工学院沙纳汉教授以及埃德尔曼神经达尔文主义的美国神经科学研究所的科学家们共同合作，不断地发展着这一理论。1997年，他们提出了意识剧院模型（Baars，1997a，2002；耿海燕，2003），对 GWT 做了很好的诠释。剧院模型形象地阐述了意识、注意、工作记忆等概念间的联系和区别。剧院的舞台好比工作记忆，而注意的作用就如同一个聚光灯，舞台上被聚光灯照亮的部分就是意识内容。

人们想象一个剧院，可以看到舞台、聊天的观众和一些通向后台的侧门。当剧院里的灯开始变暗，观众们安静下来，一个聚光灯穿透黑暗照射在舞台上，形成一个可见的区域亮点。这时的观众、演员、舞台管理员、聚光灯操作者等在剧本的引导下，在不被看到的地方一起工作，才得以呈现舞台上发生的一系列事件。当剧院里的灯光暗下来时，只有意识的焦点内容保留下来，其他处于黑暗中的所有事情都是无意识的。

"工作记忆"就如同剧院的舞台。工作记忆是一个内心的领域，我们通常认为它包括内部言语和视觉表象。内部言语就如同我们默读一段文章时，所听到的是自己说的话，包含听、说和理解的成分。言语工作记忆似乎和外部言语及听觉使用了相同的皮层区域。视觉表象帮助人们呈现和解决空间问题，如果你想象一个情景：在下班回家的路上，你在一家杂货店停下来，想起给猫买一些牛奶……此时，我们在头脑中"看到"的这一情景就是视觉表象。这一过程所涉及的皮层区域与看外部世界时所使用的皮层区域似乎相同。工作记忆是按序列方式操作的，一个时刻只能进行一件事情。就如同聚光灯照射在剧院的舞台上，每一时刻只能显现明亮区演员的表演。

工作记忆是与意识过程紧密相连的，意识类似工作记忆剧院舞台上的一个亮点。工作记忆的组成成分中有些是处于意识焦点之中的（聚光灯照亮的部分），有些是处于边缘意识状态的（明亮区周围的半阴影），而舞台上其他的工作记忆成分则是无意识的。工作记忆中的内容比工作记忆之外的内容更容易进入意识状态，正如只有登上舞台的演员才有可能被照亮一样。

台上的表演者表象为意识体验的内容，也就是意识表现为不同"表演者"的竞争和协作，不同来源的意识体验争相上台。例如在一个嘈杂的酒会上与人交谈，你需要识别对方的口型，将视觉和听觉信息结合起来才能够与对方进行正常交谈。这是两个感觉通道的信息协作的一个例子。但是在观看一部电影的时候，如果声音比演员的嘴动滞后 0.5s，这时眼睛和耳朵就开始竞争，在某一时刻只能一个通道获胜。人们的意识体验总是协作的各种成分的一致性。

注意的聚光灯在剧院模型中扮演着至关重要的角色，因为只要它照到某个演员，就可以进入意识。聚光灯中的演员在剧院模型中是享有特权的，是唯一可以向观众散布信息的人，而观众代表了记忆、知识和自动化程序的无意识资源。随后观众可以给予喝彩或嘘声，要求这一演员继续表演或下台。观众的内部成员间也可以交流信息，汇总后带给舞台其他信息。但是要通达作为整体的观众，唯一的途径必须通过舞台上聚光灯中的演员。

台上聚光灯照射的亮点被一圈朦胧的半阴影包围着，这代表了一种非常有趣的现象，即詹姆斯（William James）以为的焦点意识（focal consciousness）。它可以通达一些信息，但是不能在细节上外显地体验它们。即使体验是模糊的，但它暗示了一些精确的事情在发生。

幕后的背景系统（contextual systems）在无意识的情况下塑造了台上的意识体验，无意识的背景操作者为演员表演角色创设背景，他们在幕后不能被看到，但却对意识产生深刻影响。它形成意识内容，但现时还不能进入意识。背景作用普遍存在，而且是有力的。在这些幕后操作者中，导演具有执行功能，即詹姆斯所谓的"自我是执行官和观察者"。人们可以对工作记忆的各部分进行主动控制，有时还可以控制接下来让什么进入意识，当紧急事情发生时，也可以控制是否重新定向当前的意识流。

无意识的观众是整个剧院模型存在的目的和理由。人们做很多事情都是无意识的，执行无意识功能的神经网络遍布于整个大脑。如果把大脑看作一个具有数百万种特异化能力的分布式系统，问题就变成：在人类活动中，怎样动员所有的特异化的无意识网络。这大概就是大脑的无意识需要一个舞台、一个聚光灯和一个导演的原因。从这个观点看，意识的作用在于将一小部分信息散布到大脑中的大量无意识观众中去，这是相对分离的、特异化的和协同的，即一些自动化的程序。分离的自动化单元之间现在的程序性协作，是过去在意识的帮助下形成的，今天的自动化过程产生于昨天的精细的意识加工。观众成员之间有广泛的电话网络联系，能够执行无意识的程序任务。无意识的观众似乎是由功能性网络和程序构成的大量神经元一起工作来完成某个任务，具有重要的局部专业功能。如观众就是一个立法机构，对于来自舞台的信息报以嘘声或喝彩，或者联合起来帮助他们喜欢的演员与其他演员竞争以登上舞台。

这种剧院模型的结构性研究方法导致专门的神经假定。对于感觉意识，舞台上的亮点类似于要求背景相应感觉的发射区域。感觉背景能够在内心及外表被瞬间激活，导致意识内在的言语和图像。一旦意识内容被建立，它会由皮层和丘脑神经纤维，广泛地传播到专门分布网络的"观众"处，这些观众坐在剧院的暗处。在背景后面的专家是自治系统，它被认为是从亮点形成和接收信息的一种背景数据结构。

注意和刺激特性是影响意识的两个非常重要的因素，在剧院模型中，我们可以认为注意不是一个固定亮度的聚光灯，而是可以变化强度的。注意是产生意识的一个必要条件，但不是充分条件。当一个刺激非常微弱（例如只呈现几毫秒）的时候，不管怎样提高注意水平，它都不可能被觉知到。剧院模型提到，不同来源的信息相互竞争，都想登上工作记忆的舞台，但由于容量限制，只允许一部分信息进入，那么，哪些信息容易在竞争中获胜？刺激特性是非常重要的一个决定因素，一个强的刺激更容易在竞争中获胜。就如同在舞台上，一个演员的表演非常出色，即使聚光灯灯光很弱，也会成为人们的意识焦点。又如同视觉意识，后部皮层投射区可能提供了某种"剧院舞台"，它会由于注意的激活而"照亮"起来，从而"显示"连贯的意识信息，这些信息可以被散布到前部和皮层下。研究发现，初级视觉皮层投射区——V1是产生视觉意识的关键的结构区域，它的损伤会导致"盲视"，即视野内的刺激可以被感知，但却不伴随意识体验（conscious experience），造成颜色、客体等意识体验的选择性损伤，因此，要产生更多水平视觉内容的意识体验，必须保证V1—V5以及IT（interotemporal cortex）区的完好。剧院模型也可以产生关于知觉捆绑、工作记忆、选择性注意、丘脑和皮层交互作用等可验证的理论假设，这是非常有价值的。

也有一些实验结果是剧院模型目前难以做出解释的。例如，当观看一个两可图形（如Rubin著名的面孔／花瓶两可图）的时候，人的知觉意识是在两种不同的状态间交替转换的，即同一个刺激有时被看作一个客体（如面孔），有时又被看作另一个客体（如花瓶）。在这里，刺激本身没有发生变化，注意的聚光灯也没有发生变化，但意识的内容却发生了变化。双眼竞争的研究也得到了类似的结果。可见，随着实验事实的不断积累，剧院模型也需要得到进一步充实和修正。

二、克里克的意识还原理论

弗朗西斯·克里克（Francis H. C. Crick，1916—2004），英国物理学家、生物化学家，生命遗传物质DNA双螺旋分子结构的发现者之一，现代生命科学的奠基

人，诺贝尔奖获得者。1953 年，他在剑桥大学获得哲学博士学位。第二次世界大战期间，他从事雷达研究工作。然而，在分子生物学领域开始出现革命性变化时，克里克则转向分子生物学研究，他认识到遗传生理特征的工具是核酸，而不是蛋白质，染色体的脱氧核糖核酸是生命的关键件化合物。20 世纪 70 年代，在把世界万物的复杂生命现象还原为基因分子的行为之后，并且在分子生物学中的一些基本问题已经大体得到解决后，他把兴趣转向神经科学，以意识作为研究目标。克里克还是一位还原理论大师，他认为意识问题过于复杂，与其指望一下子解决它的全部秘密，倒不如选择一些最有希望突破的领域来加以研究。他选择的是视觉意识，与长期合作者，美国加州理工学院的克里斯托弗·科赫（Christof Koch）开始了长达几十年的探索，直至 2004 年逝世。他还在 1994 年提出了一个基于还原理论的"惊人的假说"，成为探索人类意识世界的敲门砖，自 20 世纪 90 年代以来影响了许多年轻人关注或进入意识研究领域。克里斯托弗·科赫（加州理工学院的教授）就是其中之一，他长期从事计算和神经网络领域的研究，其目标是试图弄清脑的意识产生机制。2004 年，科赫发表了专著《寻求意识》（*The Quest for Consciousness: A Neurobiologica Approach*）（Koch，2004）。

1. 惊人的假说

克里克坚持朴素的唯物主义思想，提出了一个基于"还原理论"的惊人假说：人的精神活动完全由神经细胞和胶质细胞的行为构成，以及由影响它们的原子、离子和分子的性质所决定。在他的著作《惊人的假说：对灵魂的科学探索》（*The Astonishing Hypotheses: The Scientific Search for the Soul*）（Crick，1994）中，克里克表示，人的喜悦、悲伤、记忆和抱负，人的本体感觉和自由意志，实际上都只是人的大脑中一大群神经细胞及其相关分子的集体行为。人的感动只不过是大脑中一些神经细胞在活动，而人的欢乐则是另外一群神经细胞在活动。如果说人类肉体的生长受控于基因分子的行为，那么人的灵魂世界则受控于大脑神经元（细胞）的行为。人的梦想、希望、追求以及行为不过是人的大脑中这一大群神经元的活动罢了。对大多数人而言，这实在是一个惊人的概念，很难令人相信。我们自己仅是一群神经细胞的精确行为，即便这种细胞是大量的，但它们的相互作用也是极其复杂的。

为什么惊人的假说如此令人惊讶呢？克里克认为主要有三个原因：首先是许多人还不愿意接受被称作"还原理论"的研究方法，即复杂系统可以通过它的各个部分的行为及其相互作用加以解释。对于一个具有多种活动层次的系统来说，这一还原过程将不止一次地加以重复。也就是说，某一特定部分的行为可能需要用它的各个组成部分及其相互作用加以解释。例如，为了理解大脑，我们需要知道神经细胞的各种相互作用，而且每个细胞的行为又需要用组成它的离子和分子的行为来解释。这种还原过程在哪里终止呢？幸运的是，还原过程存在一个自然的中断点，这发生在（化学）原子的阶段。惊人的假说令人感到惊奇的第二个原因是意识的本质。如感受性（qualia）问题，怎样解释红的程度和痛的程度，这是一个非常棘手的问题。在通常情况下，不管我们自己感受到红色多么鲜艳，都无法与其他人进行准确的交流。倘若不能以确定的方式描述一个物体的特性，那么我们使用还原理论解释这些特性时，就可能遇到某些困难。当然这并不是说，我们在适当的时候无法解释看到红色时的神经相关物。换言之，我们有可能说，只有头脑中一定的神经元和（或）分子以确定方式活动时，才能感受到红色。因此，要想了解不同形式的意识，我们首先就要知道它们的神经相关物。第三个原因是，我们无法否认意志（will）是自由的这种感觉。两个相关的问题立刻就会产生：我们能够发现表现为自由意志事件的神经相关物吗？意志并不仅仅表现为自由意志吗？克里克坚信，只要首先解决意识问题（problem of awareness or consciousness），再解释自由意志就会比较容易了。

然而，人类意识是一个极其复杂的自然现象。对于探索意识科学新大陆的先驱者来说，选择合适的研究方法和突破口是巨大的挑战。面对意识如此复杂和宽广的新科学，我们与其希望一开始就揭开它的全部秘密，还不如选择最有希望突破的部分领域进行研究，一旦基本解决了该部分领域的谜团，并以此为据点，再进一步向意识科学的深度和广度进军，这是克里克所想的，也是他所做的。他主张用神经科学方法来解决意识问题，将普遍的大问题分解为特定的小问题，然后分而治之。他认为意识问题的哲学层面应该留待未来再考虑，自我意识是意识的一个特别案例，也应该暂不考虑。他与合作者，即美国加州理工学院的科赫，选择了人类视觉意识作为探索意识科学的突破口，希望以此为开端拉开从科学上揭开意识之谜的序幕。

人类是非常视觉化的动物，视觉对象生动活泼而有丰富信息，视觉信息在人类从外界获取的感觉信息中占有很大的比重。外界的光波信号通过人的眼睛到达眼后部的视网膜，在此处光波信号转化为神经电信号通过视觉神经传输到大脑的初级视觉皮层做进一步处理，然后传输到更高级的大脑皮层系统进行处理。在这个过程中，人就可以产生关于外部世界的印象，应承视觉意识。所以，视觉信号的输入通常高度结构化，在实验中易于控制。视觉意识是人类意识当中比较初级的意识，它不像自我意识和语言概念意识那样涉及大脑高级皮层系统的处理。因此，视觉意识研究虽然复杂，但比起自我意识一类的高级意识，应该是研究意识科学的一个好的突破方向，并且目前已经建立起视觉心理学、视觉生理学和视觉分子及细胞生物学等与视觉相关的学科，这些学科的发展给视觉意识的研究提供了重要的基础。这就是克里克将研究视觉意识作为研究意识科学突破口的原因。

惊人的假设面临的关键问题是，要建立一种神经机制，研究在脑的哪个部位以何种方式产生特定的意识体验，比如视觉意识。克里克在他的著作《惊人的假设：对灵魂的科学探索》中，仔细讨论了大脑及其神经系统的各个部分，从视网膜上的细胞层经过光学神经纤维到初级视觉皮层，再经过放射状光学神经纤维到达大脑如 V1 和 V2 等区视觉皮层。他希望能够弄清楚大脑的哪个区的哪个皮层负责视觉的表征，因为大脑中有大量的神经元事件在发生，显然并非每个部分都是有意识的。他所面临的最艰难的问题是：那些物理的、客观的、可量化的、可公共观察的神经元之间的放电活动是如何产生精神的、主观的、定性的、私密的体验的？这是克里克想要以科学的方法破解意识的奥秘时所面临的科学问题。

克里克对意识科学探索所做出的"惊人的假设"的意义在于：勾画了意识问题的本质，提出了特定的研究策略。意识成为能够被科学研究所把握的研究对象，我们能够采用自然科学方法，通过各种实验和理论手段进行研究。正如生命科学的发展破除了对生命的"活力论"解释，脑科学的发展也正在揭开意识的神秘面纱。"精神"现象和主观感受被纳入自然科学的范畴已经势在必行。正如克里克所说，现在应该从科学的角度来思考意识问题，而且最重要的是，现在是开始严肃而精心地设计实验来研究意识问题的时候了。

2. 意识的还原理论（reductionism）

克里克的《惊人的假说：对灵魂的科学探索》一书出版后，经过十多年的探索研究，克里克和科赫于 2003 年在《自然－神经科学》（*Nature-Neur.Science*）上发表了题为《意识的框架》（*A Framework for Consciousness*）的重要论文，提出了研究意识的理论框架（Crick，2003）。

克里克和科赫认为，研究意识最困难的是"感受性"问题，人如何感受到红颜色、痛苦和感觉等。在《惊人的假说：对灵魂的科学探索》一书中，克里克定义感受性，就像神经试验中被试的感受，如鲜艳的红色或者痛苦的疼痛。科赫在《寻求意识》一书中定义感受性为神经感受和意识实验的感觉，简单来说，感受性是大量的外部和内在信息的表征……，满足于一个实际对象的意识知觉。

由于意识存在着人的主观性和不可表达性。因而，克里克和科赫提出了研究意识的神经相关物（Neural Correlates of Consciousness，NCC）的理论框架，从某些神经活动的一般性质来研究意识，关系到意识活动的神经本质和部位，弄清楚脑内哪些神经元承担着专一性的意识感受，它们如何接受输入、又投射到何处、它们的神经发放有哪些特征、主观感受是在何种条件下产生的，以及意识的神经相关物如何随个体发育的历史。所以，NCC 可以理解为：与意识活动相关的那部分神经系统，即意识从一个状态映射（mapping）到另一状态的转化过程所必需的最少神经系统份额。

他们还列举了意识研究中 NCC 的十条框架（汪云九，2006；顾凡及，2007）。

（1）无意识的侏儒（homunculus）

考虑整体的工作方式，脑中有一个"侏儒的假设"，大脑的前部注视着感觉系统，感觉系统的主要工作是在脑的后部进行。而人们并不直接知道他们自己的想法，而只知道意象中的感觉表象。这时，前脑的神经活动是无意识的。

（2）刻板模式（zombie）

对于感觉刺激，许多反应是快速的、瞬时的、刻板的和无意识的，而意识处理的东西更慢、更广，且需要更多时间决定合适的想法和更好的反应。进化上发展出两个策略以相互补充，视觉系统的背侧道路（大细胞系统）执行的是刻板的快速反应；腹侧系统（小细胞系统）执行的是有意识的识别任务。

（3）神经元协作体（coalition）

协作体是赫布（Hebb）的群体加上它们之间的竞争。协作体中的神经元并非固定不变，而是动态的。竞争中获得优势的协作体会保持一段时间占据统治地位，这就是我们会意识到什么东西的时候。这个过程犹如国家的选举，选举中获胜的政党会执政一段时间，并影响下一个阶段的政局。"注意"机制相当于舆论界和选举预测者的作用，试图左右选举形势。皮层第 V 层上的大锥体细胞好像是选票。但是，每次选举之间的时间间隔并不是有规律的。当然这仅仅是比喻。

协作体的大小和特性方面是有变动的。清醒时的意识协作体与做梦时不一样，闭眼想象时与睁眼观看时也不一样。脑前部分协作体可能反映"快感""统治感"等自由意志方面的意识，而后脑部的协作体可能以不同方式产生，前后脑的协作体可能不止一个，它们会相互影响和作用。

（4）外显表达（explicit）

视场中某一部分的外显性表达意味着存在一组神经元，它们对应着可以像检测器那样做出反应而无须复杂加工的特性。在一些病例中，某些外显神经元的缺失造成某种功能的丧失。如颜色失认症（Achromatopsia），面孔失认症（Prosopagnosia），运动失认症（Akinetopsia）。这些患者视觉的其他功能仍保持正常。我们必须注意，外显表达是意识神经相关物的必要条件而非充分条件。

（5）高层次优先

一个新的视觉输入来到后，神经活动首先快速地且无意识地上行到视觉系统的高层，可能是前脑，然后信号反馈到低层，所以，达到意识的第一阶段在高层，再把意识信号发送到额叶皮质，随后在较低层上引起相应活动，当然，这是过于简单的描述，整个系统中还有许多横向联系。

（6）驱动性和调制性联结

了解神经联结的本质是很重要的，不能认为所有兴奋性联结都是同一类型，可以把皮层神经元的联结粗略地分为两大类：一类是驱动性的，另一类是调制性的。对皮层锥体细胞而言，驱动性联结多半来自基底树突，而调制性输入来自丛状树突，它们包括反向投射、弥散状透射，特别是丘脑的层间核。

（7）快照（snapshots）

神经元可能以某种方式超过意识的阈值，或保持高发放率，或是某种类型的同步振荡，或某种簇发发放。这些神经元可能是锥体细胞，它可以透射到前脑。

如何维持高于阈值的神经活动呢？这涉及神经元的内部动力学，如 Ca^{*2} 等化学物质的积累，或者皮质系统中再入（reentrant）线路的作用，也可能是正反馈环的作用使得神经元的活性不断增加，达到阈值，并维持高活性一段时间。关于阈值问题也可能出现某种复杂性，它可能依赖于达到阈值的速率，或者输入维持多长时间。

视觉觉知过程由一系列静态的快照组成，也就是感知出现在离散的时间内，视皮质上有关神经元的恒定发放率，代表有某种运动发生。运动发生在一个快照与另一个快照之间，每个快照停留的时间并不固定。快照的停留时间依赖于 on 信号、off 信号、竞争和适应等因素。

（8）注意和绑定（binding）

把注意分成两类是有用的：一类是快速的、显著型驱动的、自下而上的；另一类是缓慢的、自主低控制的、自上而下的。注意的作用是左右那些正在竞争的活跃联盟。自下而上的注意从皮质第 V 层的神经元出发，透射到丘脑和上丘。自上而下的注意从前脑出发，分散性地透射到皮质 I，II 和 III 层上的神经元顶树突，可能途经丘脑的层间核。学术界普遍认为丘脑是注意的器官。丘脑的网状核功能在于从一个宽广的对象中做出选择。注意的作用是在一群竞争的联盟中起到倾向性作用，从而感受到某个对象和事件，而不被注意的对象却瞬间消逝了。

什么是绑定？所谓绑定是把对象或事件的不同方面，如形状、颜色和运动等联系起来。绑定可能有几种类型。如果它是后天造成的，或者经验学得的，它可能具体化在一个或几个结点（nodes）上，而不需要特殊的绑定机制。如果需要的绑定是新的，那么那些分散的基本结点的活动需要联合起来一起活动。

（9）发放方式（styles）

同步振荡可以在不影响平均发放率的情况下增加效能。同步发放的意义和程度仍有争议，其效果取决于输入的相关程度。同步振荡（如 40Hz）不能作为 NCC 的足够条件。同步发放的目的可能是在于支持竞争中的一个新生联盟。如果视觉刺激非常简单，如空场上一个条形物，此时不存在有意义的竞争，同步发放可能不出现。同样，一个成功的联盟达到意识状态，这种发放也可能不必要了。在一个基本结点上，一个先期到达的脉冲可能获得的好处大于随后的脉冲，换言之，脉冲的准确时间可能影响到竞争的结果。

（10）边缘效应（penumbra）及意义

考虑到一小群神经元，它们对特征的某些方面有反应。实验者可以知道这一小群细胞的视觉特性，但是大脑怎么知道这些发放代表的是什么呢？这就是"意义"问题。NCC只是直接关系到所有锥体细胞的一部分，但是它会影响到许多其他神经元，这就是边缘效应。边缘效应由两部分组成，一是突触效应，二是发放率。边缘效应并不是每个基本结点效应的总和，而是作为NCC整体的结果。边缘效应包括NCC神经元过去的联合、NCC期望的结果、与NCC神经元有关的运动等。按定义，边缘效应本身不能被意识到，虽然它的一部分可能变为NCC的一部分。边缘效应神经元的某些成员可能反馈透射到NCC的部分成员，支持NCC的活动。边缘神经元可能是无意识启动的部位。

我们从中可以发现克里克意识研究理论框架的核心要素是，大脑内部存在着与人所感知的外界世界各种特性相对应的神经团体，它们组成大脑皮层的一个个神经功能柱，被称为基本节点（essential node）。这些神经节点是大脑对外部世界各种特性的显式神经表达。外部世界的某个特性要被人们意识到，就必须有对应于该特性的显式神经表达。如人要意识到红色，必须在大脑中有相应于红色的显式神经表达，如果不存在与红色相对应的显式神经表达，或者表达红色的神经节点被破坏，人们将意识不到红色。克里克认为一个外部特性被人们意识到的必要条件是该外部特性在人大脑中有专门的神经节点来表达它，一旦该节点处于激活状态，并且满足一些其他条件，则该神经节点所标志的特性就会进入人的意识，从而产生意识体验。

一个被激活了的神经节点所表达的特性怎样才能进入意识？克里克认为它们必须进入更大的神经团体，此团体被称为神经细胞协作体（coalition）。神经细胞协作体由一系列神经节点构成，它们在一定的时间内互相支持，形成稳定的激活状态，构成人的意识内容。大脑中的神经细胞协作体是在外界的感觉刺激下，大脑皮层的神经节点通过兴奋性神经连接和抑制性神经连接的整合竞争，在动态变化中形成在一定时间内处于较稳定的激活状态的神经团体，以反映外界刺激的各种特性（如颜色、运动、形状），从而构成人所意识到的内容。这些神经细胞协作体是各神经节点在竞争中形成的，竞争中获胜的神经细胞协作体将维持自己的激活状态一段时间，然后让位于下一个胜利的神经细胞协作体，从而构成了一个动态的意识流。这些动态的神经细胞协作体构成了大脑对外部世界意识经验的一系列连续的神经快照（snapshot），意识经验的所有方面（如颜色、运动）都被刻画在这些快照上，表现为神经细胞协作体中的对应于各种感知特性的神经节点。

竞争性的神经细胞协作体在克里克关于意识的理论框架中起着核心作用，它联系着该理论框架中所有其他理论要素。神经细胞协作体的活动模式与人的意识状态的产生直接相关，决定着人的意识体验内容。虽然目前决定每个神经细胞协作体的形成、发展和消失的具体神经机制还不太清楚，但克里克还是给出了一个基本画面，其各个细节还需要实验验证。

例如，当外界视觉信息进入人的大脑时，将引发大脑内神经节点的活动，这些神经节点监测着视觉场景的各种视觉特征（如颜色、形状），为了进入人的意识层次，它们就必须互相竞争整合，以形成一个神经细胞协作体。为了在竞争中获得胜利，一些神经节点就要开始互相合作，形成同步振荡，以便于击败其他参与竞争的神经节点，形成自己的神经细胞协作体。与此同时，注意力系统则对这些神经节点的神经连接进行调制，以加强它所偏向的神经节点，削弱其余节点的神经活动，从而控制神经细胞协作体，构成人的意识体验内容。在同一时刻，大脑中可能存在多个竞争成功的神经细胞协作体，它们共同构成了大脑关于外界环境和自身本体意识体验的快照。这些神经细胞协作体可以形成于前脑（front brain），也可以形成于后脑（back brain）。克里克认为，形成于前脑的神经细胞协作体反映出与自由意志相关的意识体验（如幸福感和归属感），它比在后脑所形成的神经细胞协作体具有更广泛的影响以及更长久的持续时间。因此，前脑和后脑不应该作为一个单一的神经协作体被看待。前脑部分涉及更高层次意识体验，可以认为前脑在查看着后脑的活动。前脑的活动是不能被我们意识到的，或者说我们不能直接意识到我们的思维本身，而只能通过想象中的感知表达来间接地意识到它。

大脑不仅仅处于有意识的神经活动，还处于大量无意识的神经活动。同有意识的神经活动比较起来，无意识的神经活动对感觉输入的反应更加快速、敏捷，但也更加程式化。我们可以把无意识的神经活动看作是大脑皮层的条件反射。大脑中间同时存在有意识的神经活动和无意识的神经活动，使得生物具有进化论上的优势。无意识的神经反应可以快速地应付紧急或者程式化的任务。而反应速度较慢的有意识的神经活动则让我们能够思考和计划更加复杂的行为模式，从而使我们能够处理复杂的任务，适应复杂的环境。

三、埃德尔曼的神经达尔文主义

杰拉尔德·埃德尔曼（Dr. Gerald M. Edelman），1929 年 6 月出生于美国纽约。1950—1954 年，他在宾夕法尼亚大学医学院学习，获得医学博士学位。1966年后，他任洛克菲勒大学教授，美国科学院院士，美国神经科学研究所所长（The Neurosciences Institute，San Diego，CA，USA）。他是生物免疫系统中抗体的化学结构发现者之一，现代免疫学的奠基人，1972 年，他获得诺贝尔生理学或医学奖。1972 年之后，他转入更具有挑战性的神经生物学领域，进而涉足意识科学研

究。与克里克一样，埃德尔曼也是在科学界普遍对意识的科学研究持怀疑和排斥态度时，涉足意识科学新领域。因此，埃德尔曼是探索意识科学新领域的先驱者之一。埃德尔曼在这方面出版了至少六本专著，其中最著名的是三部曲：《神经元达尔文主义》(1987)、《拓扑生物学》(1988) 和《对现在的记忆》(1989)，神经达尔文主义是当今有关意识脑功能最有影响力的学说之一。2012 年 10 月，他受聘为浙江大学名誉教授。

1. 神经细胞群选择理论——神经达尔文主义

埃德尔曼试图从整体上把握意识的规律，建立一个包括认知、记忆、学习、语言、意识的统一理论。埃德尔曼在 2003 年 4 月的《美国科学院院报》上发表了"*Naturalizing consciousness: A theoretical framework*" 一文 (Edelman，2003)，强调意识的复杂多样性和整体统一性并存，提出了意识研究的理论框架。埃德尔曼首先提出神经元群选择理论 (theory of neuronal group selection，TNGS)，又称为神经达尔文主义 (Neural Darwinism)，作为意识理论的基础。他将大脑视为在生物进化中发展出来的一个选择性系统。他的著作被译成中文，在 2004 年出版，题为《意识的宇宙——物质如何转变为精神》(Edelman，2001)。他的意识理论有两个基本点。

第一，人的大脑是在生物进化中发展起来的一个选择系统 (selectional system) ——发展选择被誉为神经达尔文主义的第一原则。这个系统存在着大量变异的神经回路 (激励神经元之绑定)，它是在基因的控制之下后天发育而成的。虽然这些回路的构成存在许多遗传约束，但许多后生过程导致了大量独特的变化，并且这些变异神经回路是简并的 (degenerate)。也就是说，在这个选择系统中，结构不同的变异神经回路可任意担负相同的神经功能，或者产生相同的神经输出。这些大量的变异神经回路构成了对进一步选择所需的一个初级庞大后备库，以满足人类复杂的认知功能的需求。

在认知的发展和大脑的发育过程中，随着外部经验的输入，那些同外界信号相匹配的变异神经回路通过改变自己的神经连接强度而被选择出来担负特定的认知功能，这种突触强度的变化导致各种各样的神经团簇的进一步选择。这些神经团簇具有独特经历的特征，组成了二级后备库。这些重要特征不仅受先天影响，而且受随着时间演化而选择产生各种神经模式——多种多样神经回路系统制约，称为经历选择，被誉为神经达尔文主义的第二原则。这种选择性神经系统具有显著的多样性，为解释大脑中意识事件的复杂性和多样性提供了神经生物学基础。

对某种意识体验从中选出特定变异的神经回路，其余的变异神经回路就退化了，即意识依赖于引发意识的神经系统的自然选择（神经变异选择的有利性），意识神经系统具有适应性功能，能够整合大量并列发生的感觉输入和运动神经的反应。这些神经系统把感觉、记忆、想象结合起来，把复杂的感觉输入与过去所学到的和将来需要的相联系，并根据个人过去历史进行整合。这种分辨多种输入信号的能力提供了一种适应有利性。

如果说，克里克关注的是"捆绑问题"，即单个的神经元放电活动合在一起是如何产生视觉意识的，埃德尔曼关注的则是知觉的范畴化问题。大脑本身从一开始是没有被分类或被范畴化的，它预先也没有任何程序来指导其发展过程。当大脑接收到大量某一类型刺激的时候，某一特定的神经元群体模式就被选择出来。某些模式被感觉经验所加强，而其他模式被取消，这是一个类似于进化的选择过程。埃德尔曼的神经元群体选择理论说明大脑在不具备大量天生的模式类型范畴情况下，在没有任何程序的控制下，能够识别来自外部世界的客体。此外，还存在着一个重新范畴化的可能性，这又说明了大脑的可塑性，如大脑的一个半球或部分被摘除之后，它的某些功能可以通过另外一个半球或其余部分逐渐地得到部分的恢复。

神经达尔文主义的第二个要点是，大脑中复杂的神经活动是通过"重入"（reentry）的神经处理过程达到脑区长期的、相互的、大量的并行连接，以形式团簇环路提供动力学时间上和空间上的协调，这对集成适应性意识行为是必需的。发展选择、经历选择、"重入"被誉为神经达尔文主义三原则（three tenets）。"重入"过程是神经细胞群之间通过大规模的互相连接而形成的在大脑不同功能皮层区域之间产生的一种递归式激发过程，是一种平行发生的选择性神经过程（selectional process），是在神经元群间来回发放信号的行进过程，它交叉发生在大量平行交互的脑皮层区域。通过这种"重入"过程，竞争性的神经细胞群之间通过一系列的交互作用产生了相互关联的活动，从而使得那些能够在广泛分布的脑区之间产生同步活动的神经回路被选择出来，即脑区同步激活回路被选择，实现各个功能上独立脑区的绑定。"重入"耦合是导致同步激活、时间锁相必不可少的模式，构成了连接和集成不同脑区的特有功能。选择性控制绑定对于感觉归类是至关重要的，使得人的意识体验呈现一种整体统一的性质。"重入"激活允许最初来自感觉输入所唤起的响应脑区当没有输入时也会给出类似的响应，脑自身用这种方法形成了对记忆和思维的必要基础。埃德尔曼较早（1989）就提出，后来形成的特殊皮层区和之前有关记忆以及执行功能皮层区之间的"重入"给予了一种意识进程的机制，"重入"神经处理过程对意识涌现起着核心作用。

埃德尔曼还认为，选择性还受神经调节值系统的约束。大脑中存在着上行阈值传播系统（diffuse ascending value system），它包括：蓝斑（locus coeruleus）、缝核（the raphe nucleus）、胆碱能、多巴胺能、组胺能核。脑选择性受到上行阈值传播系统的控制，因为神经结构被激活的阈值受控于上行阈值传播系统，它们通过调制或者改变神经连接的性质对大脑中发生的选择性神经事件产生影响，从而偏向于一些选择性神经事件，进而在进化过程中偏向于一些特定种类的行为。这些神经上行阈值传播系统同样影响着大脑的学习和记忆。例如，丘脑控制着意识的水平，借助于髓脑内核子的输入来改变脑皮层活动的阈值。上行阈值传播系统会随过去感觉类别的个体神经组群中的动态突触的变化而变化，这种突触的变化汇集到被称为阈值分类记忆（value-cotegory memory）的区域而保留下来，它包括大脑的额叶、顶叶和颞叶这几个主要皮层区域。这种传播的上行系统在情绪响应、意识非凡经历等关键方面起到特别重要的作用（Damasio & Dolan，1999）。

意识经历的整合动力学显示，丘脑皮层的运作如同一个功能团簇——它主要表征自身相互作用，当然它也存在与其他脑系统的相互作用。注意力对意识的调整是通过基本神经中枢网络和丘脑皮层系统之间的相互作用（到皮层的输入门控）产生的，在学习行为期间，通过发射信号到神经中枢和接收来自神经中枢的信号，自动影响神经活动的进程。它以这种方式，依据前后发生的情况，处于意识和无意识活动的神经区域的相互影响，自动转换为注意或无意识。

神经达尔文主义提出的选择性神经系统和"重入"的神经处理过程为解释意识现象的复杂性和整体性提供了理论基础，TNGS和"重入"是埃德尔曼关于意识理论框架的核心，对于说明意识经历的基本特性是非常重要的。选择性神经系统是多样的，这是脑意识复杂性的基础。"重入"提供了判断方法，将分散的多个脑区的活动绑定起来，在感觉识别时动态地随时间变化。

"重入"神经处理过程导致形成意识的机制主要有两种信号：一种是自身的信号，构成阈值系统和大脑与自身感觉的调整，它们与个体意识过去的学习有关；还有一种是外部信号，外部信号具有一定值的分类信号或与记忆相联系的信号，这就是概念化分类。阈值类别系统记忆能力通过"重入"回路与当前外部信号的感觉类别相连接，"重入"连接对于导致基本意识的发展起主导作用，当它与多种感受形式（视觉、嗅觉等等）交叉发生作用时，基本意识通过阈值变化体验与记忆，导致产生高级意识（超越基本意识记忆的限制，不仅可以获取个体过去的体验，还可以获取现存意识和将来打算）。

2. 意识经历的神经感知

埃德尔曼和加拿大学者托诺尼（G. Tononi）合著的《意识世界》（Edelman，2001）一书指出，尽管各个脑区间存在分布广泛的联系，但功能团簇仍将会出现，就是正常脑在认知和行为过程中也会出现表现活跃的脑区。他们在1998年科学杂志上发表的《意识与复杂性》(Tononi, 1998a)一文中，认为表明与意识经历相关联的神经过程的神经生物数据既有高度整体性，又有高度多样性。意识的多变性和差异性表征了意识神经过程是短时间脑内多信号整合，也表征了意识状态的专一性。意识的这种统一要求显示了意识具有结构特性，将不同感官形态绑定在一起。意识机能与脑活动理论相一致，意识具有广泛的通道和联想性，以及复杂分布特性。意识具有中心界限、周围和边缘部分，是从中心到周围部分的弥散，并取决于注意力的调控。意识是普遍存在的，但并非总是针对具体事物或者事件，意识反映主观感情与意图，具有很强的记忆与想象能力，并与外界刺激密切相关。

意识不是单个脑区或某些类型神经元的性质，而是广泛分布的神经元群体中动态相互作用的结果。神经元通过紧密互联组成的神经元群（簇）是脑内神经联结结构和功能模式选择性活动的主体。对意识活动起主要作用的系统是丘脑——皮质系统。意识体验的动态整合性认为，丘脑——皮质系统的行为像一种功能性团簇，其相互作用发生在其本身。当然，它与其他系统也有一些相互作用，例如，它会与基底核产生相互作用。这些神经结构中活动的阈值受到上行阈值系统的支配，如中脑的网状系统与丘脑层间核的相互作用。

丘脑掌握了意识状态的水平，来自层间核的输入改变皮质活动的阈值。此外，在睡眠时，脑干对丘脑的作用影响意识状态起重要作用。在某种特殊状态下，意识的内容取决于各脑区的活动。一个经典的例子是，VI区严重受损会造成失明。

埃德尔曼着重探索一种意识经历的神经感知研究方法，不是去争论意识是否存在一块特殊脑区或神经组织，而是采取一种能够表征神经处理的策略，这种处理能够计及意识经历的关键特性。意识经历分布神经过程在功能上必须具备两个关键特性：首先，意识经历是整体集成的（每个意识场景都是被统一起来的），在感知时，它不能再被分割为独立成分；其次，意识经历又具有高度多样性（differentiated，在短时间内，能够经历大量不同意识状态中的任意一个），在感知时，它有可能在短时间内从大量的不同意识状态中进行选择。正如詹姆斯所指出的，意识不是一件物品，而是一个过程或流，被称为"意识流"（stream of consciousness，James，1890），它按照几分之一秒的时间改变着。意识流的一个基本特征是有高度的统一性或整体性。

整体性　整体性计及许多意识体验本身具体内容所反映出来的一个共有特点：各个意识状态都只有一个单一场景，它不能再被分解为独立分量。也就是说，意识体验是统一的，且协调一致的，不能被整体集成的意识是不可能存在的，整体性最有意义的是不能从单一观点去试验。对脑分裂症患者进行空间记忆测试，测试的是两个可见空间位置的独立序列，一个出现在左半脑，另一个在右半脑。在这类病人中，各个半脑觉察到个别简单可见的场景。一般主体不能同时处理两个独立可见的序列，除非其中一个是高度自动的，不需要进入意识。如著名的"是一个花瓶还是两个人脸的侧面轮廓"交变图（ambiguous figure），如果缺乏必要的约束，同一幅画就会有两种不同的解释。第一眼看来，它像个花瓶，但继续观察就可能堪称两张脸的侧视图。本来花瓶是图形，而现在人脸的轮廓线成了图形，原先的花瓶就成为背景了。但是，在某一瞬间，人们只能感受到其中之一，不可能同时看到两种不同的图形。

多样性　各个意识状态被集成为整体时，也许，最值得注意的意识经历特性是它非凡的多样性和复杂性，在很短时间内能够被访问的不同意识状态的数量是非常大的。呈现某一特定意识状态，就是在所有可能的意识状态的清单（repertoire）中，以极快的速度选中其中之一。例如，我们考察一幅可视图像，很容易在几分之一秒内从无数感知中加以区别。一般来讲，一个给定意识出现，意味着迅速地从可能的全部意识状态中得到选择。全部可能意识的多样性构成了信息（information）。经常发生的是，在超过十亿个意识状态中出现一个特殊意识状态，相应构成了大量信息。进一步，信息经过思考或者行动，导出不同的推理。

46

3. 整体性和复杂性的定量指标

既然产生意识的神经活动必须在功能上是高度整合的，同时又是高度分化的，那么如何定量地刻画这种整体性和分化性呢？埃德尔曼和托诺尼 1998 年在 *NeuroImage* 上发表了"功能团簇：辨识在神经成像数据中强关联脑区"的论文（Tononi，1998b），文中引入了多测量的统计关系，对神经团簇整合性和复杂性提出了两个定量指标——功能团簇指数（functional cluster index）和神经复杂度（neural complexity），这两个指标提供了测量整体性（称为功能团簇）和多样性（称为神经复杂性）的工具，系统、明确地对神经元簇的动态过程进行定量刻画，用于实际神经处理。

（1）功能团簇指数

人们如何知道是否存在着一个神经过程的统一，还是简单独立或近似独立的几个子过程的集成？如果在给定的时间里，系统内的分布元素子集在其自身间的相互作用变得比其与系统的其他部分相互作用强得多，那么这个子集合构成一个整体性的过程。这种在功能上可以从系统其余部分分离出来，并且相互作用很强的元素形成了功能团簇，那么这些元素子集就会产生聚集过程。这个推断由引入功能团簇的直接测量而形成。

若 X 为一个由 N 个神经元素 $\{x_i\}$ 组成的孤立神经系统。设系统 X 分成两部分：X_j^k 为 X 中由 k 个元素组成的第 j 个子集，$(X-X_j^k)$ 为该子集的补集。如果这些单元孤立的话，那么系统的熵 $H(X)$ 就是各个单元熵的总和 $\sum_i H(x_i)$。而另一方面，如果在系统内部有任何相互作用，那么整个系统的熵就要小于它各个单元的熵之和。所以，定义整合函数为：

$$I(X) = \sum H(x_i) - H(X) \tag{1}$$

此地 $H(x_i)$ 是各个相互独立元素 x_i 的熵。式（1）为用熵表示的 X 集内部元素自关联强度，度量了集内信息综合的统计关系，被称为整体性。

如果考察孤立神经系统 X 的任意一个有 k 个元素的子集合 j，整体性 $I(X_j^k)$

度量了这个子集合内部总体上的统计依存性，也可以度量子集合X_j^k和系统其余部分$(X-X_j^k)$之间的统计依存性，通常有互信息来表示这种依存性。定义互信息函数为：

$$MI\ (X_j^k;\ X-X_j^k) = H\ (X_j^k) + H\ (X-X_j^k) - H\ (X) \tag{2}$$

式（2）为用熵表示的子集X_j^k与系统其余部分$(X-X_j^k)$之间的互关联强度，度量了该子集与系统其余部分间相互作用的统计关系。若 $MI\ (X_j^k;\ X-X_j^k) = 0$，两者间就不存在互信息。定义团簇函数为：

$$CI\ (X_j^k) = I\ (X_j^k)\ /MI\ (X_j^k;\ X-X_j^k) \tag{3}$$

式（3）表示子集X_j^k内部元素自关联强度与它跟其余部分$(X-X_j^k)$之间互关联强度之比，即在该子集内部统计关系和该子集与系统其他部分之间的统计关系之比。当子集X_j^k内部元素自关联强度与它与其余部分$(X-X_j^k)$之间互关联强度相当，$CI=1$；当子集X_j^k内部元素自关联强度远大于它与其余部分$(X-X_j^k)$之间互关联强度，即子集X_j^k内部元素自关联强度很强，而它与其余部分的交互作用很弱，团簇函数 $CI \gg 1$。根据团簇函数定义，$CI \gg 1$，并且自身又不含有更高 CI 值的任何更小子集，子集X_j^k构成了功能团簇。这是一个聚集神经过程，它不能再分出独立或近似独立成分。神经功能簇定义了在其自身内部神经元之间具有强烈交互作用而与系统的其余部分交互作用较弱的神经元子集，所以，团簇函数 CI 定量刻画了脑神经系统激活功能区的整合，宏观上描述了脑神经信息整合机制。

（2）复杂度

一旦定义了一个聚集神经过程，我们需要决定区分各个过程的量。这个量是否具有能够完成区分不同活动模式和神经状态的全部功能？它是否考虑了活动模式间的区分本质？

对于在一个整体神经系统内做出区分的多样性度量的研究方法是，我通过把系统（其中假定含有一个功能团簇）分为两个子集，然后测量它们的互信息。独立系统 X 的第 j 个子集X_j^k和它的补集$(X-X_j^k)$间互信息值$MI\ (X_j^k;\ X-X_j^k)$，若子集X_j^k可以取各种不同状态，并且这些状态对系统的其余部分是不一样的。于是X_j^k和$(X-X_j^k)$二者有许多状态，X_j^k和$(X-X_j^k)$状态存在统计上的依赖（X_j^k的熵很大程度上由与$(X-X_j^k)$相互作用来计及，反之亦然），那么互信息值会高。因此，互信息$MI(X_j^k; X-X_j^k)$反映$(X-X_j^k)$状态变化的多少，以显示出对X_j^k状态的区分，反之亦然。因此，$MI(X_j^k; X-X_j^k)$刻画了脑神经系统子集X_j^k与其余部分$(X-X_j^k)$状态发生变化的量，反映了意识的复杂性。为了获取一个普遍的区分各个系统的度量，人们考虑不只是其组成元素的单一子集，而是所有可能子集，定义复杂度为：

$$C_N(X) = \frac{1}{2}\sum \langle MI(X_j^k; X-X_j^k)\rangle \tag{4}$$

其中算子$\langle \cdot \rangle$表示对不同大小k所组成各个子集X_j^k的互信息函数值取平均，复杂性是各个子集与系统其他部分间平均互信息的函数，它反映了系统中元素相互作用引出的状态数。

我们可以看出，复杂度$C_N(X)$一方面包含了系统的子集合可以取许多不同的状态，这意味着各个子集合在功能上是分离的或者说是特异化的；而另一方面，系统子集合的不同状态对其补集如果不一样，这意味着这个系统是一个整体。所以，复杂度$C_N(X)$综合反映了系统的高度多样性以及它与功能团簇整合的共存性，正如脑系统出现的情况。例如，含有数千自发活动神经元群皮层区的动态行为，类似于唤醒状态的低电压、快活动的 EEG 信号，具有较高的复杂性。这种系统在皮层中会发现其联系的是大量不同活动模式（元素的相互作用）。如果联系的密度减小，模式的动态行为就类似 TV 屏幕的杂音，具有最小的复杂性。如果在皮层区的联系是随机分布的，系统产生超同步 EEG，它类似睡着的迟缓波或一般癫痫症的高压波。系统访问非常窄的活动模式指令，它的复杂性也是较低的。

（3）动态核假设

考虑到神经过程能够计及意识经历的关键特性，应用神经整体集合性

（integration）和复杂性（complexity）的测量，结合巨量神经逻辑数据分析，埃德尔曼提出了一种关于意识的神经感知特性可试验的方法——动态核假说。有关脑皮层、丘脑皮层，以及丘脑的连接提供了在皮层以及皮层和丘脑之间的动力学重入，信息相互不断演变的一种必需的组织基础构成动态核（Edelman，2000）。

一个复杂系统具有许多不同类别的小区域，这些区域能够类似独立运行，但也能彼此间相互结合形成更大的整体，产生整合功能。神经元集群具有高度的整合性，又有高度的多样性和复杂性，这种随时间而变化不定的神经元群被定义为动态核。我们可以理解动态核是一个分布性的功能团簇，它组成的神经组元自身相互作用比其与脑其他部分的相互作用要强得多，实现了高度整体性。动态核也必须具有高度的复杂性，它的全部活动模式必须在极短时刻内从极多的所有模式中被选出来。动态核是用随时间而变化的神经元群相互作用来表征的，而不是用事物或位置所表征的。动态核是一个过程，在极短（几分之一秒）的时间内形成的一个统一的高度复杂性的神经过程，动态核的这种演变过程构成大量神经信息。因此，虽然动态核有一定的空间范围，但是一般说来它在空间上是分布性的，同时其组成是一直在变化的，即它不能被局域化于脑中的某个单独的位置。在意识整合进程中，一部分在广泛分布的脑区发生整合和联结作用，而另一部分脑区成为功能退化系统。系统整合回路的重入事件是亚稳态的，在500ms或更短的时期内，让位于另一新的整合回路。从时间进程上说，作为一个主要与它自身相互作用的功能团簇——重入动态核（reentrant dynamic core），产生了不同的然而又是专一状态的复杂系统特性。所以，同一群神经元有可能在某个时刻是动态核的一部分，并且对意识体验起作用；而在另一时刻就不是动态核的一部分，从而不被包含在意识过程中。动态核假说把动态核与神经过程的全局特性连接在一起，反映了意识经历的基本特性。然而，由于动态核的组成取决于神经元群间的快速变化的功能联系性，而不取决于解剖上的接近性，动态核的组成能够超越传统解剖上的界限。

许多试验问题和联想预测都可以用这种假设来概括，如被试出现双眼竞争，即仅仅一只眼睛感知被意识到，对另一只眼睛的感知要每经几个间隔才被意识到。它们是交替进行的，在短时期内要整合大量信息的动态核。由于核的重入关联作用（包括感觉识别和阈值记忆之间的相互关联）不可避免地受到很小时间间隔内新信号的影响，尽管动态核是自身相互作用，但活动同时，它还与基本神经中枢和丘脑核相互作用着，先前不在动态核内的神经元群会进入动态核，而有一些神经元群则离开了这个核。依赖于动态核的重入相互作用的分级递归映射，提供了从分布皮层得到的多种不同信号进行整合的机制——神经活动的整合模式。核中的动态变化导致一连串相关联的识别，这种识别网络的一连串整合活动引起统一的意识场景（Edelman，1992），持续不断地接受一系列来自身心和脑系统关于运动行为和平衡控制的信号，输入存在的动态核，这意味着信息整合程度可以说明出现的意识经历（Tononi，1998），它们为意识主观性和自我提示等提供了一个基本依据。

埃德尔曼于 2011 年 1 月在《心理学前沿》(*Frontiers in Psychology*) 发表了《意识生物学》(Biology of Consciousness) (Edelman，2011) 一文，指出动态核和全局空间假设独立地从机械和生物学对脑如何产生意识这一内容进行了解释。神经达尔文主义理论提出了由神经过程、重入所产生的动态核功能，动态核与分散的皮层和丘脑区域相关联，重入丘脑、皮层系统的神经活动导致产生意识经历。全局空间理论多数从认知心理学观点出发，假设脑的许多组成部分构建了一个综合工作空间，这个空间提供了意识内涵的细微短时能力，并与无意识脑功能的广泛补充相一致，包括长期记忆。现在，认知和神经科学证据的增加，以及综合结果，明显显示出全局空间理论与动态核假说之间的紧密关联，它们又是互补的。

动态核论述必然涉及广泛分布皮层被激活区域的整合，给予非凡经历和演示实验证据相一致的生物学解释，这与全局空间概念相一致。全局空间理论的提出对意识整合的限制具有补偿性的优势。在任何片刻的动态核内，单个意识感知可能会激活许多脑功能。

动态核的概念为全局空间事件提供了一种重入性伸展的并遍及皮层的神经信号机制。将一路神经信号遍及地伸展到皮层，被称为分布式神经活动，它会同步引发意识内容。这种分布广泛的皮层神经簇群间的活性定向传播是与事件有关的可能性反应，提示全局空间概念与具有特定内涵——例如一幅特定心理图像动态核的短暂激活模式——即刻激活多个皮层区域的观点相一致。

全局空间理论与动态核假说是互补的。全局空间理论使瞬间意识内容的有限能力与长期记忆大量剧目相一致，被聚焦的意识内容的整体播放能够被看作是动态核活动的瞬间快照。

意识由统一的神经构建流组成。意识是在一个构成全局空间的、复杂的、分布广泛的、互相连接的神经网络里，发出信号的动力学重入模式的伴随物。

四、唐孝威的意识论

唐孝威，物理学家和脑科学家，1980 年当选为中国科学院数学物理学部委员

(中国科学院院士)，2001年后任浙江大学教授。他在核探测器、原子核物理实验、高能物理实验、核技术应用、生物物理学、核医学、脑科学、认知科学以及神经信息学等领域取得了重要成就。

他先后参加了我国第一颗原子弹和第一颗氢弹的研制工作，带领实验团队进行了中子点火实验、原子弹爆炸测试和氢弹原理实验，为我国原子弹、氢弹的研制工作做出了突出贡献。他还带领实验团队进行了我国第一颗返回式人造地球卫星舱内空间辐射剂量的测量工作。其后，他长期进行高能物理实验，带领中国实验组参加国际合作实验组，合作组在实验上发现传递强相互作用的基本粒子——胶子。20世纪90年代，他转入生物学和核医学的研究领域，进而研究脑科学和认知科学，大力推动我国交叉学科、脑科学与认知科学的发展。他是我国涉足意识科学领域的探索者之一，力图用科学原理和科学实验方法解释意识科学的各种现象。2003年3月，他出版了专著《脑功能原理》一书，从系统层面探讨脑功能基本原理（唐孝威，2003）。2004年，他出版了《意识论——意识问题的自然科学研究》一书，在归纳和分析意识实验资料的基础上，结合自己的物理学背景，构建了关于意识科学的总体理论框架（唐孝威，2004）。《脑与心智》《心智的无意识活动》和 *Brain, Mind and Consciousness* 三本书收录了近年来他在意识科学研究领域的结晶和成果。唐孝威的意识理论包括：意识的四个要素理论；脑的四个功能系统学说；脑区激活与相互作用定律；脑区能态理论；有意识、无意识、潜意识统一理论；意识体验定律；意识涌现理论；意识流的动力学理论；意识发展历史的理论；意识全局工作空间的扩展理论；无意识活动的理论框架等（唐孝威，2008a，2008b，2009，2016）。

1. 脑区激活与相互作用理论

首先，唐孝威（2004）根据大量的脑科学和神经科学的实验结果，提出了脑功能的知因假说，建立了"脑功能因子"的概念。从系统层面上讲，脑功能由高度分离又复杂整合的基本功能单元组成，这些基本功能单元被称为"脑功能因子"，简称"知因"。"知"是知识与认知，即心智或智慧；"因"是因子或单位。"知因"的神经物质基础是脑内担负特定功能的专一性神经细胞群。知因不是孤立的，而是结构复杂的回路和网络，意识也应该以知因为基础得以实现。意识的物质基础是脑及其激活态，脑功能子系统处于激活态是意识的必要条件之一。意识不仅是特定脑区神经元簇被激活的产物，而且更应该是广泛分布的神经元簇之间动态关联作用的结果。

唐孝威指出，在脑的系统水平上，脑功能活动是脑整体网络中大量功能子系统分工与整合的动态过程。脑功能活动的实质是脑功能子系统相关脑区的激活与相互作用。脑区激活与相互作用理论的要素为：神经元簇层次性编码假说、脑区激活与相互作用定律。

神经元簇的层次性联合编码假说揭示了神经信息在脑内的编码、表达和加工。该假说指出，神经编码的基本单元是神经元簇。神经元簇是在一定时间窗口（例如 100ms），由一群功能及定位（内部神经元共同活动，即发放速率同时增加）都比较接近或相关的神经元构成。神经元簇具有选择性的专一特征表达，它对该特征刺激反应最强烈，而对其他刺激的反应随该刺激和产生最强刺激间的差距增长而减弱。神经元簇编码具有层次性联合表征的基本性质，即存在编码抽象概念的神经元簇及编码具体特征的神经元簇，不同层次的神经元簇可以被绑定在一起共同表达复杂刺激。这种特征绑定的一个可能机制是更高级脑区的选择性注意机制。

唐孝威进一步将脑区激活与相互作用理论提升为系统学说，脑内大量神经元簇回路组成了具有不同功能的、相对独立而互相连接的功能子系统，功能子系统由完成同一功能的相关脑区构成。因此，脑是由大量的功能子系统组成的，它们相对独立地进行信息加工，功能子系统处于激活态，脑功能子系统之间互相连接而形成整体的神经网络，如图 1-1 所示。脑的整体功能依赖于功能子系统之间的相互作用。而这些相互作用是通过以大量神经通道为基础的等效通道表现出来，功能子系统以不同方式的连接而形成脑的整体网络。

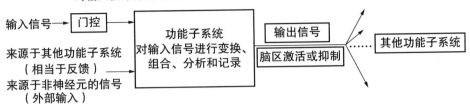

图 1-1　脑功能子系统之间的相互作用

　　唐孝威等人在心理学家、神经心理学的创始人鲁利亚的脑的三个功能系统的基础上，进一步提出了脑的四个功能系统的学说，认为脑内存在四个相对独立而又紧密联系的脑功能系统。

　　脑的四个功能系统分别是：脑的第一功能系统是保证调节紧张度和觉醒状态的功能系统，这个功能系统的相关脑区是脑干网状结构和边缘系统；脑的第二功能系统是接受、加工和储存信息的功能系统，这个功能系统的相关脑区是大脑皮层的枕叶、颞叶、顶叶等；脑的第三功能系统是制定程序、调节和控制心理及行为的功能系统，这个功能系统的相关脑区是大脑皮层的额叶等；脑的第四功能系统是评价信息和产生情绪体验的功能系统，这个功能系统的相关脑区有杏仁核、边缘系统等脑结构和前额叶的一部分。这四个脑功能系统间存在着复杂的联系通道：脑功能系统之间互相联系，形成脑内整体的神经网络，脑的整体功能依赖于脑功能系统之间的相互作用。脑的复杂活动是通过脑内功能系统来实现的，这些脑功能系统既有分工又有整合，人的心理和行为是脑的多功能系统协同活动的结果。

　　虽然各个功能子系统的脑区部位和主要功能各不相同，但是脑区激活及相互作用的特性服从普遍的规律。在现有实验资料基础上，可以归纳为脑区激活与相互作用四定律，它给出了脑功能特性参量的定量描述。

　　第一定律称为激活衰减律，它说明了脑区维持激活的特性。未激活脑区在不接受输入信号时，保持其原来状态；激活脑区在不接受输入信号时，其激活水平随时间衰减。在简单情况下，我们可假设脑区激活水平随时间以指数方式衰减。如果脑区原有激活水平是 A_0，在时间 $t=0$ 后，脑区不接受输入信号，脑区激活水平 A 随时间 t 衰减的关系是：

$$A=A_0e^{-t/\tau} \tag{5}$$

式中 τ 是衰减特征时间。对于不同的脑区，衰减特征时间的数值不同，其数量级估计为数百毫秒至数十秒。

第二定律称为输入激活律，它说明了脑区产生激活的特性。输入信号使脑区激活，脑区激活水平随输入信号强度的增大而提高。假设在适当范围内，脑区激活水平与输入信号强度的大小成正比，而超出范围后就不保持线性关系。如果输入信号强度是 I，脑区激活水平 A 和 I 的关系是：

$$A=kI \tag{6}$$

式中 k 是线性范围内的比例系数。对于不同的脑区，比例系数的数值也不同。

第三定律称为输出作用律，它说明了脑区激活对其连接脑区的作用。激活脑区输出信号到达其连接脑区，其强度随脑区激活水平的提高而增大，并随连接通道效能的提高而增大。若一个脑区（用 i 表示）和其他 N 个脑区相连接，i 脑区和 j 脑区间的连接通道是 i–j 连接，$j=1$，…，N。假设在适当范围内 i 脑区输出到达 j 脑区的信号强度的大小和 i 脑区激活水平成正比，而超出范围后就不保持线性关系。如果 i 脑区激活水平是 A_i，连接通道效能是 C_{ij}，到达 j 脑区的信号强度 J_i 和 A_i 的关系是：

$$J_i=C_{ij}A_i$$

当考虑两个子系统时，可以略去下标：

$$J=CA \tag{7}$$

对于不同的连接通道，效能 C 的数值不同。

第四定律称为易化与反作用律，它说明了脑区激活作用引起连接通道性质的改变以及连接脑区对前面脑区的反作用。激活脑区对连接脑区产生作用，使它们连接通道的效能提高，连接脑区又反作用于前面脑区。假设在适当范围内，连接通道的易化过程服从幂定律。如果连接通道原有效能为 C_0，那么连接通道效能 C 随连接通道导通次数 n 易化的关系是：

$$C=C_0 n^\gamma \tag{8}$$

式中 γ 是幂指数，$1>\gamma>0$。对于不同的连接通道，C_0 和 γ 的数值不同。

脑区激活与相互作用的理论观点，对感觉、知觉、动作、注意、学习、记忆、意识等脑功能将产生统一的理解。从信息观点分析，在脑系统水平上，脑内信息的载体是脑功能子系统的脑区及其激活态，信息产生、获取、编码、储存、提取、传递、变换等过程都是通过脑区激活与相互作用实现的。

2. 意识涌现理论

唐孝威意识理论框架的核心主要是指意识的四个规律（唐孝威，2004，2008a，2009b，2016）。意识的第一个规律是意识要素律。在意识的结构方面，意识分为意识觉醒、意识内容、意识指向和意识情感四个基本要素，而这四个要素又都分别拥有各自的类别和特征。意识四要素的联系紧密不可分割，正是这四个要素和它们之间的相互作用构成了意识的整体。

作为第一要素的意识觉醒会使个体具有各种主观体验，而个体觉醒才会有各种主观体验。意识觉醒可以处于不同状态，也就是说，意识觉醒有不同的程度，它反映了一定时刻个体意识的总体强度。个体不但能够体验到自己是否觉醒，而且能够体验到自己不同的觉醒程度。一定的觉醒是意识活动的基础。意识具有整体性，意识觉醒描述了个体意识的整体状态。意识又具有流动性，个体意识觉醒程度是变动的。某一时刻的觉醒程度，实际上是这一时刻的一定时间间隔内觉醒程度的平均水平。个体意识觉醒程度存在昼夜节律型变化，在活动时和睡眠时个体的觉醒程度不同。觉醒程度还受到个体生理状况的制约。

个体能够知道自己觉知到的是什么或觉知了什么，还能够进一步知道觉知内容所具有的意义，这种被觉知的事件或知识等就是意识内容。个体体验的具体内容是多种多样的：或者是体验到某种情景、某种过程，或者是体会某种观念、某种思想。无论感知的是事件还是知识，它们都有具体内容。意识是不断变动的，意识内容也不断变动，它表示在某一时刻进入个体意识的内容，也就是在这一时刻个体意识到的具体内容。意识内容是信息，意识内容的变动就形成了信息流，意识内容主要包括脑内加工的各种信息，也包括脑接受的信息，即感知的内容，以及脑发出的输出信息，即动作的内容。

意向有指向性或意向性。个体的体验总是使个体有进一步的意向，特别是在对所体验的内容意义了解的基础上，个体意向性更为明显。意识是不断流动的。意识指向导致意识的定向流动，使在这一时刻的意识内容转到下一个时刻的内容。正是这些意向，使个体给自己提出各种目标，并且保证个体实现能动的活动。

个体不但有感觉方面的体验，而且有情绪和情感方面的体验。每个时刻的意识总会包含情绪和情感。情绪和情感方面的主观体验构成意识的重要组成部分，它是普遍存在的。

意识第二个规律是意识基础律。在意识的脑机制方面，唐孝威认为脑是意识的物质基础，脑具有觉醒系统、信息加工系统、调控系统和评估情绪系统四个功能系统，与意识的四个要素分别对应，表明了意识结构与脑功能系统组织的统一性。这四个功能系统相互协调、分工合作，形成了意识活动的脑机制。

意识觉醒、意识内容、意识指向和意识情感四个要素，分别对应脑的第一、第二、第三和第四功能系统的活动，意识活动是脑的四个功能系统有关的多脑区相互作用和协同工作的结果。

意识第三个规律是意识过程律。在意识的过程方面，唐孝威提出了意识涌现模型以及意识体验的四定律。意识涌现模型认为，脑内各个脑区具有不同的激活水平，处于不同的能态，不同脑区的信息加工的不同加工水平对应于不同的能态，也就有了有意识、无意识和潜意识等不同的意识状态。当一定脑区的激活态激活水平达到意识涌现的临界条件时，这时出现脑内意识的涌现，出现对应于脑区激活态的主观体验。

意识活动需要两类的脑区参与，一类是表征被觉知内容的相应脑区，另一类是负责维持觉醒水平的相应脑区，此外还需要其他脑区的支持与调控。被觉知内容是由脑皮层专一性脑区来表征，所以当该脑区激活水平达到临界条件后，出现相应内容的主观体验，进入意识。脑内激活水平的临界值受脑内调节觉醒状态的系统（包括脑干网状结构和丘脑等部位）的调节，脑区激活水平还受注意（包括前扣带回等部位）的控制。意识涌现理论认为，意识表征的内容不但由大脑皮层局域性的、专一性的脑区的激活，而且还要有与调节系统、控制系统脑区联合活动的支持和调控。

意识涌现是脑功能活动的重要现象。各个脑区处于不同水平的激活状态，并且不断变化，此起彼伏，它们在意识涌现的过程中竞争注意资源。各个脑区的激活存在着竞争，而不是各自独立无关的。意识涌现过程是竞争资源和选择与淘汰的动态过程。在某一时刻，某个脑区在输入信号的作用下处于较高的激活水平，若同时受到维持觉醒的脑区和进行调控的脑区的作用而进一步增强，使它的激活水平超过其他脑区的激活水平，从而在竞争中处于优势，而其他脑区则受到抑制，一旦这一激活水平超过了意识阈值，该脑区的信息加工就可以进入意识。而其他脑区的信息加工则不能进入意识。意识涌现过程是随着时间不断进行的，到了下一个时刻，该脑区由于不再受到输入信号的作用和调控，其激活水平就自发衰减，直到意识阈值以下，于是新一轮的竞争与选择过程再次上演，出现新一轮的意识涌现过程。从能态理论的观点来看，意识涌现就是脑区能态跃迁和许多脑区激发态之间不断竞争和选择的结果。

选择性注意是重要的脑功能之一，各种有意识的认知活动都需要选择性注意参与。唐孝威等在研究选择性注意机制各种模型（过滤器模型、注意探照灯模型、偏置竞争模型）的基础上建立了选择性注意统一模型。选择性注意统一模型指出，当不同项目具有不同强度的输入刺激，它们之间会发生竞争，在竞争中取得优势的项目，原因在于在不同项目中它具有的强度最大，引起脑激活水平最高。注意的作用是使被注意的项目增强，使其在竞争中占优势，同时使不受注意的其他项目被抑制，这样一个正反馈的过程可以使得被注意项目脑区的无意识加工转变为有意识加工，而其他脑区的活动则是无意识的。大量的、激活水平低的脑活动，由于激活水平未达到意识涌现的临界条件，即未达到意识阈值，该脑区的信息加工是无意识状态的，这些不进入意识的脑区激活态也是脑功能活动的重要部分——内隐的脑激活态。

脑内信息加工模式分为受控加工模式与自动加工模式，受控加工模式是受控的、有注意参与的加工模式，自动加工模式是不受控的、不需要注意参与的加工模式，两种加工模式之间会发生转变，加工模式的转变对了解意识和无意识活动具有重要意义。如原先自动加工的项目，由于注意快速指向，在短时程内变成注意目标，对原先项目加工很快转变为受控加工，产生注意指向。原先受控加工的项目，由于注意快速转移，在短时程内从受注意目标变成不受注意，对这个项目加工很快转变为自动加工，当注意对新的目标起增强作用时，原先的目标受到抑制，产生注意转移。

意识涌现具有突变的性质。从无意识加工转变为有意识加工，或者从有意识加工转变到无意识加工都是不连续的。一定脑区的活动要么进入意识，要么不进入，不能模棱两可。可以把无意识活动看作是一个相，把有意识活动看作是另一相，把无意识和有意识之间的转变称为相变，意识是一个相变过程。

意识第四个规律是意识发展律。在意识的发展方面，唐孝威认为脑和意识是进化的产物，脑是意识的基础，脑的可塑性是个体意识发展的基础，随着脑的形成、发育、衰老和死亡，意识也经历着产生、发展、衰退和终止的发展历程。意识涌现过程伴随着脑内网络的变动，脑内每一次意识涌现，都是脑内网络的一次重新塑造，并且在脑内形成新的记忆。

唐孝威在总结意识的四个规律的同时，从研究意识体验的特性出发得到意识体验四定律：

（1）意识体验第一定律——涌现条件律

当大脑皮层某个激活脑区的激活水平达到意识临界条件时涌现意识，用公式表示为：

当 $A < A_C$ 时，$S = 0$

当 $A \geqslant A_C$ 时，$S > 0$

其中 A 是相关脑区激活水平，A_C 是达到意识阈值时这个脑区的激活水平，S 是意识体验的强度。$S = 0$ 时，个体没有激活脑区的信息加工内容的意识体验，$S > 0$ 时，个体有激活脑区的信息加工内容的意识体验。

（2）意识体验第二定律——激活表征律

意识体验的内容由大脑皮层专一性脑区的激活来表征。如果用 A_i 表示大脑皮层某个脑区 i 的激活水平，用 S_i 表示与这个脑区激活的表达相应的专一性意识体验，一定脑区激活和一种意识体验之间的对应可写为：

$A_i \longleftrightarrow S_i$

（3）意识体验第三定律——体验强度律

意识体验的强度随着大脑皮层专一性脑区的激活水平的提高而增加。可近似表示为：

$S = a\,(A - A_C)$

式中 A 是某个专一性脑区的激活水平，A_C 是达到意识阈值时这个脑区的激活水平的临界值，S 是对应于这个脑区的意识体验的强度，a 是和许多因素有关的比例系数。

（4）意识体验第四定律——注意控制律

注意的作用是增强大脑皮层有关脑区的激活水平，使相应的脑区活动进入意识，同时抑制其他脑区的活动。注意的作用可用公式表示：

$A'=KA$

式中 A 是某个脑区原来的激活水平，A' 是这个脑区在受到注意控制时的激活水平，K 是注意控制系数。$K>1$ 表示激活受到增强，$K<1$ 表示激活受到抑制，实际上，注意控制作用是非线性的，系数 K 并不是常数。

3．意识定律

根据意识的经验事实，唐孝威于 2017 年提出了意识三定律（唐孝威，2017）。意识第一定律说明意识的神经四要素。它指出，觉醒活动、信息加工、注意增强和全局广播是意识的神经四要素。这四个意识的神经生物学要素之间并不是独立无关的，而是通过各种相互作用而紧密联系，协同活动，缺一不可。这几个部分必须集成起来，仅一部分是达不到意识的。

意识第二定律阐述意识涌现的必要与充分条件。当一个脑区的激活水平低于该脑区的意识阈值时，个体没有关于激活脑区信息加工内容的意识体验；只有当激活水平超过意识阈值时，同时有觉醒系统、调控系统和全局广播系统的脑区参与活动时，个体就有激活脑区信息加工内容的意识体验，而且意识体验的强度随着脑区激活水平的提高而增加。

意识第三定律则给出了意识体验强度与相应脑区激活水平之间相关性的心脑关系式。主观体验的强度 C 和信息加工脑区的激活水平 A 之间可以用一个简单的公式联系起来。当 $a>0$ 和 $\gamma A \geq Ac$ 时，心脑关系式为：

$C=a \cdot A$

其中 a 为比例系数，它包含了量纲转换。

4．意识论与巴尔斯的全局工作空间理论

纵观唐孝威的意识论和巴尔斯的 GW 理论，我们可以发现很多异曲同工之处。

在唐孝威的意识论中，他认为意识活动至少有两类脑区的参与：一类是表征觉知内容的相应脑区，另一类是负责觉醒、调节、控制功能的相应脑区。这些脑区的内部有大量神经元簇组成的网络，脑区内部神经元簇的活动造成脑区的激活。对于第一类脑区，它们在解剖上具有局域性，在功能上具有专一性，专门针对某类意识内容进行信息加工，这和巴尔斯的 GW 理论中阐述的专门处理器十分相似，它们都有专门化、独立并行式加工以及相互协作竞争等特征。对于第二类脑区，它主要在意识涌现的过程中，通过影响和调控第一类脑区中神经元的激活水平和意识阈值，来选择可以转变为有意识加工的无意识加工脑区，这和巴尔斯的 GW 理论中提出的全局工作空间也有类似之处，全局工作空间为不同的专门处理器进入该空间设定了不同的阈值和优先级，从而调控这些专门处理器进入全局工作空间。

唐孝威的意识论所描绘的意识涌现过程和 GW 理论中意识的形成过程也有共同之点。首先，两种理论都认为无意识加工模块需要通过竞争来争取进入意识的机会，只有当它们的激活水平达到一定的阈值才能够进入意识，而且它们的激活程度还受到过去的经验、当前的需要和注意的选择等多方面因素的影响。其次，意识论认为意识涌现过程伴随着脑内网络的变动，脑内每一次意识涌现，都是脑内网络一次新的塑造。而 GW 理论也提出了类似的描述，认为进入全局工作空间的信息可以广播到下层的其他无意识模块，使得相对独立的无意识模块间可以进行信息交互，从而形成新的网络连接。再有，意识论认为意识阈值是由许多因素决定的，由于因素的不同，如整体脑的觉醒程度的变化，就会使意识阈值发生变化。与此相应，GW 理论也认同全局工作空间不是固定的，而是处于一种动态的模式。另外，两种理论都强调在某一时刻只有一个项目可以进入意识，不管是因为它达到了某个意识阈值还是因为它进入了全局工作空间，两者都认同意识加工的有限性。

近年来，很多的研究发现，当个体处于闭眼的静息状态，或仅仅被动注视屏幕时，被试的某些脑区较完成外界刺激任务时更为活跃（Shulman，1997；Raichle，

2001，2007；Greicius，2003；Fransson，2005），或者说在进行各种外界任务时，这些脑区均会表现为负激活。而且，静息状态下，用 fMRI 检测到脑区间的自发低频 BOLD（Blood Oxygenation Level Dependent）信号有较强的时间相关性，它们是以功能连接的方式形成网络（Varela，2001，Raichle，2001，2007；Greicius，2003；Fransson，2005），即称为默认活动网络（default mode network）。对于不同的任务状态，表现为负激活的脑区较为一致，即具有非任务依赖的特征，主要包括扣带回前部、扣带回后部、两侧顶下小叶及内侧前额叶（Raichle，2007）。

默认活动网络的提出，提示了人脑不仅仅是一个只对外界刺激起反应的系统，它还可能涉及大量的与外部环境无关的内部信息的加工。基于默认活动网络的发现，唐孝威及其合作者把默认活动网络整合进 GW 理论，提出了扩展的全局工作空间理论（宋晓兰，唐孝威，2008）。

扩展全局工作空间理论——注意资源的内-外分工假说，将注意资源分为"外投"的和"内投"的两种。"外投"就是说当前全局工作空间的内容是对外部信息的表征，而"内投"则是说当前全局工作空间的内容是与外部环境无关的内部已有信息的表征或在此基础上形成的对未来的预测和想象等。扩展全局工作空间理论将传统的全局工作空间和默认活动网络看成是意识活动统一系统的两个不同状态，它们的区别就在于注意资源投射的方向。默认活动网络属于统一系统——扩展全局工作空间，个体清醒时全局工作空间会在这两种状态间转换。当外界刺激使得某些专门处理器在竞争中获胜而进入全局工作空间，此时注意资源外投，传统的全局工作空间参与意识的形成。而当环境逐渐稳定、不需要关注即时环境刺激，或出于其他原因而使某些内部信息加工的无意识加工单元取得了竞争优势时，它也可以进入扩展全局工作空间，此时激活默认网络，注意资源内投。

结合能态的概念，将意识活动统一系统——扩展全局工作空间的两个状态归为"稳态"和"亚稳态"，这是一个相对的概念。当个体未进行外界的刺激—反应任务时，脑处于意识活动统一系统的"稳态"，此时注意资源内投；当注意资源投向即时环境刺激时，意识活动由"稳态"进入激发的"亚稳态"，这时全局工作空间中的意识内容为即时环境刺激的心理表征。

扩展全局工作空间理论，既综合了意识论，又增加了默认活动网络在 GW 理论框架上的定位，形成了一个内外信息意识觉知的统一机制。

5. 意识论与克里克还原理论、埃德尔曼神经达尔文理论

纵观唐孝威的意识论和克里克的还原理论与埃德尔曼神经达尔文进化理论，我们同样可以发现它们之间存在许多相似之处。首先，克里克还原理论认为，在大脑的内部，存在着与人所感知的外界世界各种特性相对应的神经团体——基本节点（essential node），构成了大脑对外部世界各种特性的显式神经表达。埃德尔曼神经达尔文理论认为，大脑是在生物进化中发展出来的一个选择系统，在这个系统中存在大量变异神经回路，变异神经回路通过改变自己的神经连接强度而被选择出来担负特定的认知功能。这与唐孝威的"知因"的概念相一致，"知因"是脑内担负特定功能的专一性神经细胞群。

一个被激活了的神经节点所表达的特性怎样才能进入意识？克里克、埃德尔曼和唐孝威对意识动态经历描绘得都非常清楚，而且基本观点是一致的。

唐孝威指出进入意识的脑活动必定是脑区激活态，但是，脑区激活态中多数由于激活水平低而不能进入意识，只有激活水平达到临界条件的激活态才能进入意识。意识是脑激活态的激活水平达到临界条件时涌现的，这时产生主观觉知与体验，这个过程需要其他脑区的支持与调控。大量的、激活水平低的脑活动是无意识的，这些不进入意识的脑区激活态是脑功能活动的重要部分——内隐的脑激活态。注意是脑内控制系统的功能，它的作用是增强某一功能子系统相关脑区的激活，同时抑制其他不受注意的脑区。注意与意识是密切相关的，原来不能达到临界条件的、激活水平较低的激活态，在注意参与下得到增强，进入意识。意识论还认为，意识涌现过程伴随着脑内网络的变动，脑内一次意识涌现，都是脑内

网络一次新的塑造，是处于一种动态模式过程。

竞争性的神经细胞联盟在克里克意识理论框架中起着核心作用。大脑中的神经细胞联盟是在外界的感觉刺激下，大脑皮层的神经节点通过兴奋性神经连接和抑制性神经连接的整合竞争，在动态变化中形成的在一定时间内处于较稳定的激活状态的神经团体，以反映外界刺激的各种特性（如颜色、运动、形状），从而构成人所意识到的内容。这些神经细胞联盟是各神经节点在竞争中形成的，竞争中获胜的神经细胞联盟将维持自己的激活状态一段时间，然后让位于下一个胜利的神经细胞联盟，从而构成了一个动态的意识流。这些动态的神经细胞联盟构成了大脑对外部世界意识经验的一系列连续的神经快照（snapshot），意识经验的所有方面（如颜色、运动）都被刻画在这些快照上，表现为神经细胞联盟中的对应于各种感知特性的神经节点。与此同时，注意力系统则对这些神经节点的神经连接进行调制，以加强它所偏向的神经节点，削弱其余节点的神经活动，从而控制神经细胞联盟，构成人的意识体验的内容。大脑中不仅仅存在有意识的神经活动，还存在大量无意识的神经活动。与有意识的神经活动比较，无意识的神经活动对感觉输入的反应更加快速、敏捷，但也更加程式化。无意识的神经反应可以快速地应付紧急的或者程式化的任务。而反应速度较慢的有意识的神经活动让我们能够个思考和计划更加复杂的行为模式，从而使我们能够处理复杂的任务，适应复杂的环境。

埃德尔曼认为，在意识整合进程中，一部分在广泛分布的脑区内发生整合和联结作用，而另一部分脑区成为功能退化系统。系统整合回路的关键性重入事件是亚稳态的，并且在500ms或更短的时期内，让位于一套新的整合回路。从时间进程上说，作为一个发生于脑区的主要与它自身相互作用的功能团簇——重入动态核，产生不同的然而又是专一状态的复杂系统特性。在短时期内整合大量信息的动态核，由于核的重入关联作用，包括感觉识别和阈值记忆之间的相互关联，不可避免地受到很小时间间隔内新信号的影响，尽管核主要是自身相互作用，但与其活动同时，它还与基本神经中枢和丘脑核相互作用着，先前不在动态核内的神经元群会进入动态核，而有一些神经元群则离开这个核。持续不断地接受一系列来自身和脑系统关于运动行为及平衡控制的信号，输入普遍存在的动态核，它们为意识主观性和自我提示等提供了一个基本依据。

埃德尔曼在《意识与复杂性》（Tononi，Edelman，1998）论文中指出，意识就是发生在动态核基础之上，在极短时间内，从无数场景中，通过分异、选择和整合，出现意识。唐孝威则指出，意识经历是脑神经活动的动态过程，其关键特性是意识经历的整合——意识专一性，意识经历的高度分异性——短时间内，意识经历大量不同的神经状态。埃德尔曼认为意识是时间上有序、连续和可改变的，但唐孝威对詹姆斯信息流思维的连续论提出挑战，提出信息加工的不连续性假说——脑内信息加工的普遍性原则，脑内各个层次的信息加工都存在这种不连续现象，信息加工要分成一步一步去完成。

在意识研究中，关于还原论方法和整合论方法存在许多争论。还原论方法是对所研究的客观事物进行还原，研究它们的基本成分和结构，从而得到对客观事物的深刻认识。整合论方法认为，与物理现象的客观性不同，意识存在主观体验，主观体验具有主观性和整体性。意识的主观性表现在个体意识是个体私密性的，意识的整体性表现在个体把多种感觉的主观体验融合为整体。虽然意识的神经机制可以从神经生物学方面进行还原论研究，但属于个体主观的、具有整体性的主观体验是不能还原的。

唐孝威的看法则是还原与整合的集成论，他提出的适度还原和系统整合的观点是相当精辟的。唐孝威认为还原论方法是基本的科学方法，无论是客观的物理现象的研究，还是作为主观心理活动的意识现象的研究，都需要还原论方法。必须改变那种否认还原论方法的态度，才能够对意识现象进行深入的研究。当然，意识现象是非常复杂的，对于非常复杂的事物，需要采用的不是一般的还原论方法，而要求采用称之为合理的还原论方法。什么是合理的还原论方法呢？首先是要进行还原，其次是要还原到合理的层次。合理的还原也是适度的还原：坚持还原方法，但是还原要适度。首先，要对复杂的事物进行分解、分析，把事物还原为基本组成、基本结构和基本功能，对它们分别进行具体的研究，这样来对复杂事物取得深入的理解。对意识是应该而且是可以进行还原的，意识是由多种要素所组成的，还原方法就是要把它分解为它组成的要素以及这些要素之间的相互作用，并对它们分别进行具体的研究。其次，要把这种分解、分析进行到基本层次，这些层次是对于所考察的问题有意义的层次，但是不必还原到"最小"的结构层次。对于意识的还原，要使还原的结果保留心理学的意义，也就是还原到的基本要素的层次应当是具有心理学意义的层次。这是适度的还原，而不是无限制的还原。

人脑是一个极其复杂的系统。系统论的精髓在于系统的功能不能完全还原成组成单元，特别是非线性系统，其复杂性远非个别单元可预测的，系统的组织结构、层次关系对系统的功能起重要作用。研究复杂的事物只用合理还原的方法还不够，还不能得到对复杂事物的全面认识。正确的研究方法应该是合理还原与系统整合相结合的方法。什么是系统整合的方法呢？就是在对复杂事物进行合理还原的基础上，进一步了解还原要素之间的有机联系，再把各个要素有机地结合起来，得到对复杂事物的整体认识。这种整合是在合理还原基础上的有机整合。因此，用合理还原方法分解意识，可以了解意识的各个基本要素和其相互作用。这些要素不是孤立的，它们通过相互作用有机地形成整体的意识。

唐孝威用合理还原和系统整合的方法研究意识结构和意识基础。在意识结构方面，用还原方法分析意识要素及其相互作用，这些要素及其相互作用都具有心理学的意义。然后用有机整合方法把意识要素按它们之间有机的相互作用整合起来，得到对意识的整体认识。在意识基础方面，用合理还原方法分析意识的脑机制，研究相关的各个脑功能系统及其相互作用，这些功能系统及其相互作用都有相应的心理功能，然后用有机整合方法把各个功能系统按它们之间的相互作用整合起来，得到对意识脑机制的整体认识。

继"脑的十年"之后，美国科学家们又提出了"心智的十年"这一倡议，对意识的科学研究正在进入一个崭新的阶段。不过，意识的科学研究刚起步不久，人们对意识现象本质的认识尚不成熟，只能根据已有实验得出的初步假设，所以，现阶段构建意识研究的理论框架的多极化是必然的，各种框架所持的观点不尽相同，所用的术语也没有一个统一的标准，各种框架具有各自优势的一面，但也存在一定的简化性、假设性和局限性，这是理论发展初期的必经之路。巴尔斯的剧院模型、克里克的惊人的假说、埃德尔曼的神经细胞群选择理论、唐孝威的意识涌现模型，都是当前有关意识研究的崭新理论框架，意识理论框架多样性说明意识问题十分复杂，不同领域的学者基于自身的科学背景来构建不同的意识理论模型，但人们还是可以达成很多共识。从不同的意识理论框架中也看到很多共同点，这是意识理论发展的一个基础，随着更多意识现象的挖掘和新的实验技术的进步，这些理论框架将会得到不断的完善和融合，使研究意识理论的图景更加清晰，最终形成一个更加合理的综合的意识理论模型。

参考文献

Baars, B. 2008. 认知、脑与意识认知神经科学导论 [M]. 北京：科学出版社.

Baars, B. 2002a. 在意识的剧院中心灵的工作空间 [M]. 王翠，等译. 北京：高等教育出版社.

程邦胜，唐孝威. 2004. 意识问题的研究与展望 [J]. 自然科学进展，14(3): 241—248.

耿海燕. 2003. Baars 的意识剧院模型 [J]. 北京大学学报（自然科学版），39(6): 901—907.

顾凡及，梁培基. 2007. 神经信息处理 [M]. 北京：北京工业大学出版社.

宋晓兰，唐孝威. 2008. 意识全局工作空间的扩展理论 [J]. 自然科学进展，

18(6): 622—627.

Solso, R. 2003. 意识科学导论 [M]. 大连：大连出版社.

Solso, R. 2002. 21 世纪的心理科学与脑科学 [M]. 朱滢，陈烜之，译. 北京：北京大学出版社.

唐孝威. 2003. 脑功能原理 [M]. 杭州：浙江大学出版社.

唐孝威. 2004. 意识论——意识问题的自然科学研究 [M]. 北京：高等教育出版社.

唐孝威. 2008a. 脑与心智 [M]. 杭州：浙江大学出版社.

唐孝威. 2008b. 心智的无意识活动 [M]. 杭州：浙江大学出版社.

唐孝威. 2009. 心智的定量研究 [M]. 杭州：浙江大学出版社.

唐孝威. 2017. 意识笔记 [M]. 杭州：浙江大学出版社.

唐孝威. 2017. 意识定律 [J]. 应用心理学，23(3): 283—286.

汪云九，杨玉芳，等. 2003. 意识与大脑——多学科研究及其意义 [M]. 北京：人民出版社.

汪云九，等. 2001. 意识的计算神经科学研究 [J]. 科学通报，46(13): 1140—1144.

汪云九，等. 2006. 神经信息学——神经系统的理论和模型 [M]. 北京：高等教育出版社.

曾向阳. 2003. 塞尔的进化论自然主义意识理论述评 [J]. 自然辩证法研究，19(10): 24-28.

Atkinson, A., et al. 2000. Consciousness: mapping the theoretical landscape[J]. *Trends in Cognitive Sciences*, 4 (10): 372—382.

Baars, B. 1997c. Some Essential Differences between Consciousness and Attention, Perception, and Working Memory[J]. *Consciousness and Cognition*, 6: 363—371.

Baars, B. 1988. *A cognitive theory of consciousness*[M]. New York: Cambridge University Press.

Baars, B. 1997a. In the theatre of consciousness: global workspace theory, a rigorous scientific theory of consciousness[J]. *Journal of Consciousness Studies*, 4: 292—309.

Baars, B. 1997b. *In the Theater of Consciousness: The Workspace of the Mind*[M]. New York: Oxford University Press.

Baars, B. 2002b. The conscious access hypothesis: Origins and recent evidence[J]. *Trends in Cognitive Sciences*, 6(1): 47—52.

Baars, B., et al. 2003. *Essential Sources in the Scientific Study of Consciousness* [M]. Cambridge: MIT Press.

Bourget, D. 2004. Quantum Leaps in Philosophy of Mind[J]. *Journal of Consciousness Studies*, 11 (12): 17—42.

Chalmers, D. 1996a. *The Conscious Mind: In Search of a Fundamental Theory* [M]. Ocford: Oxford University Press.

Chalmers, D. 1996b. Facing up to the problem of consciousness[J]. *Journal of Consciousness Studies*, 2(3): 200—219.

Chalmers, D. 1998. On the search for the neural correlate of consciousness[J]. Toward *a Science of Consciousness II: The Second Tucson Discussions and Debates*, 219—229.

Chalmers, D. 2000. What is a neural correlate of consciousness[J]. *Neural correlates of Consciousness - Empirical and Conceptual Questions:* 17—39.

Crick, F. 1984. Function of the thalamic reticular complex: the searchlight hypothese[J]. *Proceedings of National Academy of Sciences USA*, 81: 4586—4590.

Crick, F., et al. 2003. A framework for consciousness[J]. *Nature Neuroscience*, 6: 119—126.

Crick, F., Koch, C. 1990. Towards a Neurobiological Theory of Consciousness[J]. *Seminars in Neuroscience*, 2: 263—275.

Crick, F., Koch, C. 1995. Are we aware of neural activity in primary visual cortex? [J]. *Nature*, 375: 121—123.

Crick, F., Koch, C. 1996. Visual Perception: Rivalry and Consciousness[J]. *Nature*, 379:485—486.

Crick, F., Koch, C. 2002. The Problem of Consciousness, The Hidden Mind[J].

Scientific American Special Issue, 11—17.

Crick, F. 1994. *The Astonishing Hypothesis: The Scientific Search for the Soul*[M]. New York: Charles Scribner's Sons.

Damasio, A., Dolan, R. 1999. The feeling of what happens[J]. *Nature*, 401: 847—848.

Damasio, A. 1989. Time-locked multiregional retroactivation: a systems-level proposal for the neural substrates of recall and recognition[J]. *Cognition*, 33(1—2): 25—62.

Dehacne, S., et al. 2003. A neuronal network model linking subjective reports and objective physiological data during conscious perception[J]. *Proceedings of the National Academy of Sciences*, 100: 8520—8525.

Dehaene, S., et al. 1998. A neuronal model of a global workspace in effortful cognitive tasks[J]. *Proceedings of the National Academy of Science United States of America*, 95(24): 14529—14534.

Dehaene, S., Naccache, L. 2001. Towards a cognitive neuroscience of consciousness: basic evidence and a workspace framework[J]. *Cognition*, 79: 1—37.

Dehaene, S., Changeux, J. 2005. Ongoing spontaneous activity controls access to consciousness: A neuronal model for inattentional blindness[J]. *PLoS Biology*, 3: 910—927.

Dennett, D. 2001. Are we explaining consciousness yet?[J]. *Cognition*, 79: 221—237.

Eccles, J., Popper, K. 1996a. *The Self and Its Brain*[M]. New York: Springer-Verlag.

Eccles, J. 1991. *Evolution of the Brain: Creation of the Self* [M]. London and New York: Routledge.

Eccles, J. 1994. *How the Self Controls Its Brain*[M]. Berlin: Springer-Verlag.

Eccles, J. 1996b. *Brain and Conscious Experience*[M]. New York: Springer-Verlag.

Edelman, G., Tonomi, G. 2000. *A Universe of Consciousness: How Matter Becomes*

Imagination[M]. New York: Basic Books.

Edelman, G. 1988. *Topobiology*[M]. New York: Basic Books.

Edelman, G. 1989b. *The Remembered Present: A Biological Theory of Consciousness*[M]. New York: Basic Books.

Edelman, G. 1992. *Bright Air, Brilliant Fire*[M]. New York: Basic Books.

Edelman, G. 2003. Naturalizing consciousness: A theoretical framework[J]. *Proceedings of the National Academy of Sciences of the United States of America*, 100(9): 5520—5524.

Edelman, G. 2004. *Wider than the Sky: The Phenomenal Gift of Consciousness* [M]. New Haven and London: Yale University Press.

Edelman, G., et al. 2011. Biology of consciousness[J]. *Frontiers in Psychology*, 2: 4.

Edelman, G. 1989a. *Neural Darwinism*[M]. New York: Basic Books.

Fransson, P. 2005. Spontaneous low-frequency BOLD signal fluctuations: an fMRI investigation of the resting-state default mode of brain function hypothesis[J]. *Human Brain Mapping*, 26: 15—29.

Greicius, M., et al. 2003. Functional connectivity in the resting brain: a network analysis of the default mode hypothesis[J]. *Proceedings of the National Academy of Sciences*, 100: 253—258.

James, W. 1890. *The Principles of Psychology*[M]. Vol. 1. New York: Henry Holt and Company the Principles of Psychology.

Kanwisher, N. 2001. Neural events and perceptual awareness[J]. *Cognition*, 79: 89—113.

Koch, C. 2004. *The Quest for Consciousness: A Neurobiological Approach*[M]. Colorado: Roberts and Company Publishers.

LaBerge, D. 1997. Attention, awareness, and triangular circuit[J]. *Consciousness and Cognition*, 6 (2—3): 149—181.

Llinas, R., et al. 1998. The neuronal basis for consciousness[J]. *Philos Trans R Soc Lond B Biol Sci* 353: 1841—1849.

Penrose, R., Hameroff, S. 1996. Conscious Events as Orchestrated Space-Time Selections[J]. *Journal of Consciousness Studies*, 3(1): 36—53.

Raichle, M., et al. 2001. A default mode of brain function[J]. *Proceedings of the National Academy of Sciences*, 98: 676—682.

Raichle, M., Snyder, A. 2007. A default mode of brain function: a brief history of an evolving idea[J]. *NeuroImage*, 37:1083—1090.

Searle, J. 2000. Consciousness[J]. *Ann Rev Neurosci*, 23: 557—578.

Sergent, C., et al. 2005. Timing of the brain events underlying access to consciousness during the attentional blink[J]. *Nature Neuroscience*, 8(10): 1391—1400.

Shulman, G., et al. 1997. Common blood flow changes across visual tasks: II. Decreases in cerebral cortex[J]. *Journal of Cognitive Neuroscience*, 9: 648—663.

Tang Xiaowei. 2016. *Brain, Mind and Consciousness*[M]. Hangzhou: Zhejiang Univ. Press.

Tegmark, M. 1999. The importance of decoherence in brain processes[J]. *Physical Review E*, 61: 4194—4206.

Tononi, G., Edelman, G. 1998a. Consciousness and complexity[J]. *Science*, 282: 1846.

Tononi, G., et al. 1998b. Functional clustering: identifying strongly interactive brain regions in neuroimaging data[J]. *NeuroImage*, 7: 133—149.

Varela, F., et al. 2001. The brain web: Phase synchronization and large-scale integration[J]. *Nature Reviews – Neuroscience*, 2: 237.

Zeman, A. 2001. Consciousness[J]. *Brain*, 124(7): 1263—1289.

Zeman, A., et al. 1997. Contemporary theories of consciousness[J]. *Journal of Neurology, Neurosurgery and Psychiatry*, 62:549—552.

实在泡沫：我们能认知物理世界吗？ *

克里斯蒂安·德昆西著；董达、唐娟红译，李恒威审校

从柏拉图的形式（eidos），到笛卡儿的我思，再到康德的物自体，我们关于实在的理解在一个似乎行不通的双重困境处畏缩不前。首先，一个存在论的"难问题"（hard problem）是：如果心智与物质是如此彻底不同且相互分离，那么它们如何相互作用？其次，一个相关的认识论难题（conundrum）是：心智如何可能认知物质——包括物质是否真的存在？接着到怀特海这里。通过把心智－物质关系从空间中实体的交互转变为过程中互补的相（phases），怀特海提供了一条越过或者至少绕过康德困境的出路。他的泛心论的存在论与一种主体间性的认识论密切配合：我们可以认知客观的物理世界，因为现实世界不仅是物理的，而且因为它必然且亲密地知会（inform）并构成我们的主观体验。但是这是泛心论或观念论吗？而它又是如何避免困扰二元论的交互作用问题，或者是如何避免困扰物质论的涌现问题的？

"思想与存在同一"——巴门尼德

---

* 译自：De Quincey, C. 2008. Reality bubbles: can we know anything about the physical world? [J]. *Journal of Consciousness Studies*, 15(8): 94–101。

这始于柏拉图以及他把实在划分为超越的形式（transcendental forms）或理念（ideas）与内在的质料（immanent matter）。这一形而上学在西方哲学中分裂进而被勒内·笛卡儿（René Descartes）的心身二元论（mind-body dualism）牢固地确立下来，它留给世界一个具有深刻挑战性的难题："思想的东西"（thinking stuff）如何可能认知物质的"广延的东西"（extended stuff）——这就是那个长期无法解决的交互作用问题。笛卡儿分裂（Cartesian split）本质上是存在论的，但是它播下了一个后来被称为"康德困境"（Kantian impasse）认识论难题的种子：如果我们认知的一切均是意识中的事件或现象，那么，我们如何可能认知所声称的心智外世界的物质，即物自体（numenon）。

沿着柏拉图、笛卡儿和康德的路线，我们对实在的理解始终伴随着二元论这把双刃剑。现在，"罪魁祸首"通常被认定是可怜的笛卡儿。他因其惹来麻烦的二元论而背负了很多恶名（事实上，多数负面报道完全冤枉了他）。他竟敢将物质与心智分离，留下这个祛魅的和世俗的世界！他在想什么？难道他预见不到终有一天物质论（materialism）通过砍掉实在的一半而取代二元论——留给我们另一个同样困难的问题：解释心智如何能从完全非心智的物质中涌现？是的，他没有。他的思想关注于别处。"我思故我在"（I think, therefore, I am）这一深刻见解本身不是二元论，甚至不是二元论的必然资源，尽管它可以导致这样的结论。实质上，这确证了一个不可否认的确定性——意识。通过认识到即便怀疑（或否定）意识也因而必然确证和揭示意识，笛卡儿得到了这一陈述。意识显然存在（consciousness obviously is），其他一切事物皆可以被怀疑。"我思"（cogito）这一见解是康德超越的（认识论的）观念论的一个先驱，即认识到：我们所认知的一切只是在心智中被认知。我们在意识之外一无所知，而且不可能认知意识及其内容之外的其他事物。即便是"物质"或"能量"的观念也只是在心智中被认知。我们没有也不可能认识事物自身，或者即便它作为非形式的事物在意识中存在。

顺便来讲，这对物质论者而言确实是一个窘境，或者这至少应该是一个窘境。物质论的根本形而上学假定（这个假定是一切现代科学的指明灯）是：实在的终极是物质或物理能量。但是，正如康德指出的，除了心智中的形式或观念，我们无法认识所谓物理世界的任何东西。对于物质的知识，科学所传递的始终，并且不可避免地只是心智的知识，或者更准确地说，是心智内容（mental contents）。但那是另外一个要讲的故事。

回到笛卡儿：出于复杂的原因，包括宗教裁判所的隐约迫近的危险，他没有继续探寻认识论和观念论的启示。相反，他选择关注存在论，以及应用勉为其难的（和卡死的）逻辑来确证独立于心智的物质实体的存在。于是，这形成了他现在著名的笛卡儿二元论。

一、从实体到过程

直到怀特海出现，西方哲学才有了摆脱（究竟能否认知物理领域的）笛卡儿－康德困境以及禁锢住形而上学二元论的无法克服的交互作用问题的出路。怀特海不是尝试理解物质与心智（能量与意识）如何可能在空间中相互关联和相互作用，而是改变了整个争论，并提出一个革命性的、后现代的解决方案：心智与物质作为过程中的相（phases）而相关。怀特海认为，我们探寻心智与物质之间神秘关系的线索是时间而不是空间。

他的存在论基于一个根本观念：实在由"现实际遇"（actual occasions）构成，而这些现实际遇是"体验际遇"（occasions of experience）。在技术上，怀特海的"体验际遇"等价于笛卡儿的"我思"。两者均断定体验是知识和存在的首要成分。笛卡儿的形而上学陷入困境，因为他提出心智（体验）是与物质并存的"实体"（substance），是另一种与物质彻底不同的实体类型。

术语"实体"最早为中世纪经院哲学家采用，意指"自存"（self-subsistent）的存在模式。因此，一个实体是完全凭借自身存在或可能存在的事物。对笛卡儿而言，这意味着心智和物质的实体可以分别完全独立存在。进而，它包含这样一个想法：一个实体在每一瞬间（instant）完全作为自身存在。换句话说，即使我们以某种方式可以终止时间，实体依然可以在空间中安然存在。

怀特海说明了（也为康德所假定的）笛卡儿的实体观念是不融贯的（incoherent）。简言之，他说明一个世界可以并非由作为一连串非持续的"瞬间"组成。如果时间的确是由（没有任何持续的）纯粹瞬间组成，那么将不存在使任一瞬间连接或沟通任一相继瞬间的方式。这也将不可能存在诸瞬间之间的任何因果连接（causal connection）。所以在存在中，从一瞬间到另一瞬间没有任何东西可以持有一个"实体"。

二、时间与体验

通过提出实在是由过程中持续的瞬间组成，怀特海革新了形而上学，取代了从瞬间到瞬间存在的实体。

"持续"（duration）意指从一瞬间（moment）到下一瞬间存在或持续的某事物，即一瞬间知会（informs）下一瞬间。瞧！我们有了因果性。我们有一个连续瞬间之间的连接。不只那样，要想有意义，就要持续蕴涵着连续瞬间之间的一个区分，即已经发生的瞬间（过去）、正在发生的瞬间（现在）与尚未发生的瞬间（未来）之间的一个区分。任何这样的区分必然需要一个检测或关注（或感受）现在、过去或未来瞬间之间差别的一个进行体验的存在（experiencing being）。[怀特海关于"感受"的技术术语是"摄受"（prehension）。]

通过用过程替代中世纪的"实体"，怀特海不仅为我们提供了绕开"心－身"问题的路径，他同样为我们提供了摆脱康德困境的策略。在《过程与实在》（*Process and Reality*）中，他为心－物关系提供了一个非笛卡儿理解的详尽解释。本质上，过程观点统一了心智与物质，并没有把一个还原为另一个，而且这个统一发生于时间之中，而不是作为空间中的实体。

每一现实（actuality）是一个体验的际遇或瞬间。每一瞬间在完成自身并过期而成为一个过去的瞬间之前，都短暂地作为"现在"（now）而持续。然后它会立即被一个新的"现在"瞬间继承。怀特海用一个著名的措辞概括了这一过程："现在主体，然后客体（now subject，then object）。"每一体验瞬间是一个主体现在（subject now），而一旦完成自身并过期，它会在下一个现在瞬间成为主体的一个过去的客体。在《彻底的自然》（*Radical Nature*）中，我指这一过程为"过去物质，现在心智"（past matter，present mind）。

因此，怀特海心－身问题的解决方案向我们显示了我们已知为客观的、物质的世界是过期的体验瞬间，而那些为体验主体所认识的则存在于当下瞬间。简言之，怀特海向我们表明，现实、现实世界作为过程中的瞬间而存在，而过程中的每一瞬间则由两极构成——一个物理极（physical pole）（过期的体验瞬间）和一个心智极（mental pole）（当下的体验主体）。通过这样做，怀特海在客观物理世界与心智事件的体验世界之间做出了范畴区分。每一现实同时由物理极和心智极构成。物质与心智总是一并出现。体验、意识始终是现在，而物质始终是"过去"，或者是过去的一个瞬间，或者是亿万年间累积的过期体验。

三、超越康德困境

由于认识到每一体验的当前瞬间必然并且在因果上由（客观）过去的在场和压力（pressure）所知会，于是康德困境（即我们只能认知显示在心智中的事物，而无法认知任何超越我们心智的实在）就迎刃而解了。

例如，就人类意识而言，每一心智事件受发生在其相关脑中的物质事件知会，并且以该物质事件为因果条件，而这些物质事件则由过期的体验构成。换句话说，我们可以认知事物本身（物质或某一瞬间的物理极），因为它们知会并且部分构成了每一认知活动。因此认知可以发生，只是因为过去流入当下，形成它、塑造它、构成它。

当前主体现存的现在的作用就是，有目的地选择将过去的（可能）无限领域的哪些方面带入它自身的存在。这就是怀特海的摄受。于是，每一现实际遇同时由（来自"之前"的）物理原因和自我创造、自我更新的主体所构成和决定。而这个主体选择自身的过去（也因此对自身的过去负责），并且在每一瞬间也在适用的潜在（potentials）和可能（possibilities）中选择，依此又在时间上决定其未来。

简言之，我们可以认知客观物质世界，因为事实上它在当下瞬间构成并知会了我们（我们的主观体验）。以这种方式，怀特海克服了二元论，克服了分离的心智与物质的交互作用问题，以及康德困境，即究竟能否认知超越心智的物质世界的存在或本性的困境。（正如观念论所坚持的那样）不存在超越心智的物理世界。

但是这不是说物理世界"只在心智之中"。物理世界是客观实在的，但是这种客观实在在每一当下瞬间只存在于，与一个体验的认知主体的呼应中。由于心智与物质是单一体验过程的脉冲（pulses）或相，这样心－身问题就得到了解决。心智与物质是不可分离的，虽然在范畴上不同，就像现在与过去是不可分离的且不同的——因为现在的每一瞬间只持续一个存在论的"闪烁"（blink），在过期之前以及成为知会下一体验瞬间的过去中的一个客体之前，等等。

四、实在泡沫

考虑实在是由不可计数的"泡沫瞬间"（bubble moments）组成的，每一泡沫既是物理的也是心智的——一个感知能量（sentient energy）的泡沫或量子。不过，不要尝试把这些泡沫描绘成存在于或者充满空间。如果可以的话，尝试把它们想象为"时间泡沫"——过程的泡沫，或者行动的量子泡沫。

每一泡沫存在于一个瞬间，然后，砰（pops）！而作为结果的"水雾"（spray）是构成下一瞬间泡沫的物理极的客观材料。每一泡沫存在于现在，并持续一个刹那（split moment），直到它再次，砰！在每一新泡沫的形成与其砰地破裂之间的时间量子是一个主观体验瞬间的"一生"（life time）。这一瞬间主体（心智极）即由过期的过去泡沫的"水雾"（客观物理极）所知会。

因此，正如泛心论告诉我们的，每一泡沫既是心智的，又是物理的。这些心智－物理－心智的振荡极——在时间上蛙跳式地跃过彼此——是实在的根本成分：有感知的能量或有目的行动（purposeful action）的泡沫或量子。

时间是我们对砰地进出（popping in and out）当下瞬间的这些相继进行的存在的瞬间泡沫的体验。我们把这种瞬间的相继感受为现在滑入过去之流（flow of the present slipping into the past），它总是被来自我们客体化为未来（future）的不竭之源的"现在"（now）的新瞬间重新充满。

但是不存在未来，未来并不存在，除了作为当下瞬间（体验）中的潜在或可能，而它们始终被过去（物理世界）的客观压力所限制。主体性（意识、觉知）就是体验这些可能像是什么（what-it-feels-like），并从它们中选择去创造下一个新的体验瞬间（此外，它始终受客观过去知会和限制）。

五、时间、空间、物质与心智

世界、实在并不是由存在于空间中的"事物"组成的，怀特海的深刻见解是——它是由"现实际遇"组成的。每一现实事件——感知能量的"量子泡沫"——既是心智的，又是物理的，既是有目的的，也是被决定的。

我们所认知或体验为"空间"的东西是无数泡沫的同时存在及其关系。德国哲学家莱布尼茨（Leibniz）称它们为"单子"（monads）。于是，空间即是这些泡沫－单子之间的嵌套层级（nested hierarchies）关系。而我们所知为"物质"的东西就是由这些已然砰地形成的单子的嵌套层级组成，即当下共存的所有泡沫－单子的客观原料。

而时间是这些泡沫－单子的砰的有顺序进出。空间在本质上是体验中的同时关系，而物质是过期的单子或体验瞬间的嵌套层级。我们把过去的压力感受为"物质"，而这就是我们关于因果性（causality）的体验和观念的来源。心智或者意识，既是对砰的有顺序出现的单子的体验（时间），也是对同时存在的单子之间关系的体验（空间），以及对过期单子的嵌套层级（物质和物理因果性）的体验。

但那不是全部，我们不仅是被引起的，还同样是原因——或者更准确地说，我们是"引起者"（causers）。心智或者意识不仅是体验时间、空间和物质的被动能力，同样是主动地选择可能性的能力，从而参与到如其所是的以及将要成为的世界之中。

六、完整的存在论

怀特海泛心论、存在论的一大吸引之处在于它吸收了二元论、物质论和观念论的核心见解。它认识到心智与物质共在（正如二元论直觉到的那样），强调物理与心智之间的区别和不可还原性（尽管并非可分离的）。它承认客观的物理过去决定了现在（正如物质论直觉到的那样），强调物质的实在性及其对心智的因果影响。对怀特海而言，物质（由过去体验瞬间构成的物理极）是每一现实际遇的一个必要成分。过去的物质持续进入当下瞬间，被当下主体体验为物理客观世界。

是的，客观的过去是当下的条件，但这不是全部。在每一新的瞬间，体验主体从过去的原生质料和现在的成熟潜在性中选择并创造自身。

于是，怀特海的过程泛心论承认两种形式的观念论——流溢论（emanationism）和非物质论（immaterialism）——的见解。一方面，通过认识到实在的终极成分是体验"瞬间"或"际遇"，怀特海肯定了流溢论的直觉：实在内在地是心智的或体验的，而这些体验瞬间在它们过期时则产生了物理的或物质的世界。另一方面，泛心论承认这样的想法：除了体验瞬间——现在或过期［非物质论或玛雅观念论

(maya idealism)] ——一无所有。

泛心论的根本见解就是将这些多重直觉结合在一个整合的过程中。

概括一下：我们可以认知物理世界，因为我们的认知活动（意识）主动参与了创造这个世界，而且因为物理世界不可避免和普遍地决定、塑造和知会了我们认知的一切。认知与存在彼此在因果上相耦合——这是世界上的长期存在的神秘主义或灵性传统［(还有古希腊的巴门尼德（Parmenides)]的一个共同见解。后现代形而上学兜了一圈又回到原地。*

参考文献

Cornford, F. 1957. *Plato and Parmenides* [M]. New York: The Liberal Arts Press.

De Quincey, C. 2002. *Radical Nature: Rediscovering the Soul of Matter* [M]. Montpelier, VT: Invisible Cities Press.

Descartes, R. 1952. *Descartes' Philosophical Writings* [M]. Boston, MA: Little Brown & Co.

Kant, I. 1977. *Critique of Pure Reason* [M]. New York: St. Martin's Press; originally published 1781.

Whitehead, A. 1978. *Process and Reality: An Essay in Cosmology* [M]. New York: The Free Press; originally published 1929.

---

* 本文观点受益于彼得·罗素（Peter Russell）的启发、交流和推进。

开启意识：澄清它的意义 *

克里斯蒂安·德昆西著；董达、唐娟红译，李恒威审校

乔治·布什（George Bush）是有意识的吗？好吧，这完全取决于我们所谓的"意识"（consciousness）是指什么。我们是在问，他是僵尸（zombie）？他醒着？还是他在灵性上是开悟的？我认为可以肯定地说，他至少符合其中一种意义。但是，是哪一种呢？

关于意识的困惑普遍存在——甚至在对研究意识的专业人士那里也是如此。在开始上关于意识的大多数课程时，我通常会问学生这个词对他们而言意指什么。在约半小时后，黑板上往往会列满很多意义彼此矛盾的词语（例如，"觉知""自我""觉醒""感受""主体性""心智""脑的一种属性""能量""灵性的""一切"，等等）。我接着会用这一串紊乱的意义来指出，人们在谈论意识时往往表现出的那些无可奈何的混淆是不足为奇的。

"意识"的不同用法和意义会使出于好意的人们各说各话，有时甚至会导致让人激动的误解。毕竟，意识是一个重要的话题——它对每个人的生活和自我感（sense of self）至关重要。可以理解，我们等同于意识，并且我们非常依恋它之于我们的意义。

---

* 译自：De Quincey, C. 2006. Switched-on consciousness-clarifying what it means [J]. *Journal of Consciousness Studies*, 13(4):7—12.

我小心避免学生去定义"意识"，我问这个词对他们而言意味着什么。在我作为教师和作家的工作中，我避免在意识定义上陷入泥淖。取而代之的是，我尝试澄清它的意义。我出于若干理由避免定义"意识"。首先，定义某个事物就是去限定（limit）它，并且鉴于研究意识的递归性——唯有意识方能研究意识——我认为了解意识的限定可能是什么还为时过早。其次，或许更重要的是，一个"定义"（例如，正如在词典中找到的）通常蕴含了"对的"或"正确的"意义或用法。我并不认为这是关于意识讨论或争论的有益出发点。除此之外，谁又能决定哪一个定义或意义胜过其他呢？

所以，与其陷入当某些人尝试把他们的定义强加于他人时会产生的心理动力，我一开始就承认意识具有多重意义。于是，我们的工作就是尝试澄清当我们使用这个术语时，我们意指的是什么。除非我们这样做，否则我们也会陷入误解和困惑的迷雾。如果我知道当你使用这个词语时指的是什么意思，而你知道当我使用相同的词语时指的是什么意思，那么我们就有了交流和彼此理解的一个基础。只要我们知道彼此指的是什么意思，有益的对话就能开展下去。

鉴于这一观点，我会尽可能地强调当我使用这个词语时指的是什么意思。这就是我在这里要做的。

一、意识的两种基本意义

我将从一个区分开始，这有助于我们避免在关于"意识"的讨论上所产生的最普遍混淆。在若干年前一次亚利桑那大学资助的早期"朝向意识科学"（Toward a Science of Consciousness）会议上，我开始清楚这一区分的重要性和价值。在这次会议以及其他诸多会议上，我见证了哲学家、科学家以及神秘主义者陷入混淆的黑洞，因为他们使用相同的词语但却意指非常不同的事物。

我听说，人们根据"意识"的一种意义发展论证，而接着却不合理地获得一个应用于一种非常不同意义的结论。于是，我注意到同样的混淆在会议、书籍、DVD、广播、电视节目和互联网上一再产生。我感到惊讶的是，没有其他人注意到，在许多情况下混淆植根于这个词语的两种根本的但是彻底不同的用法。

在本文中，我关注意识的哲学的（或存在论的）与心理学的（或心理分析的）意义之间的一个根本区分（De Quincey，2005）。

1. 哲学意义

这里，"意识"用来指一个彻底不同于"非意识"（non-consciousness）的实在方面。非意识是任何体验、主体性、感知能力（sentience）、感受或者任何种类心智的完全丧失。"光"彻底消失，脑中空空（there's nobody home）。通常用来说明非意识的例子有桌子、恒温器、计算机或石头。作为对比，作为一个主体的任何存在者——感受其自身的存在者——具有意识。在这一含义上，"意识"意指感知能力、感受、体验、主体性、自我能动性、意图或知道等这类基本的原生能力。一个有意识的存在者就是具有某种感受。"光"亮了，心智归位（there's somebody home）。

2. 心理学意义

这里，"意识"用来指一种与"无意识"（unconscious）相对比的觉知状态——例如，觉醒和警觉（alert）而不是熟睡或做梦。这里，体验之光总亮着，尽管光度会从非常暗变到耀眼的光亮——从心理学的"沉睡"到完全的灵性觉醒。即使是心理学的无意识也具有心灵或心智的成分。无意识状态依然具有感知能力（蠕虫和熟睡的人依然可以感受），而非意识状态则不具有（岩石和计算机无法感受）。*

在"非意识"与"无意识"之间，并且因此在"意识"的两种基本意义之间，存在极大的差别。在非意识中，并不存在意识的任何痕迹（感知能力、觉知、主体性、体验）。相比之下，"无意识"状态（例如，熟睡或做梦）依然有某种程度或形式的心智活动在发生。一个无意识的人或存在者可以清醒过来，一个非意识的存在者则永远不会。

对某些人而言，"意识"或多或少意指清醒、警觉、唤醒（aroused）、觉知——或者简单地说，意识状态有别于无意识状态。这是心理学－心理分析的意义。这是我们每人在每天清晨都会遭遇的区别——是进入睡眠与清醒过来之间的差别。但是如果我们使用这一意义，我们该如何解释一个熟睡的人与例如一块石头（或者一个死人）之间的差别呢？称熟睡的人与石头以同样的方式是无意识的似乎并不充分。尽管的确如此，熟睡的人和石头都不是醒着的。但是称两者均缺少所有的心灵或感知能力并不正确。熟睡的人是无意识的，而石头是非意识的。无意识的人的身体依然可以对刺激做出反应，依然可以感觉和感受——它依然具有心灵生活——但是石头没有。

因此，简言之，无意识状态与非意识状态并不等同。在无意识状态中，我们的生命依然充满感觉、意象和梦。因此，无意识具有其自身的意识形式，一种永远无法为非意识存在者（诸如石头、啤酒罐、恒温器或者计算机）所拥有的意识形式。因此，心理学的意识只是哲学意义上的更为根本的意识事实的形式（或者形式光谱）之一。

———————

* 作者澄清：我不是在说哲学家总是或者只是使用意识的"哲学"意义，而心理学家只是使用"心理学"意义。当然，人们在一个学科中会使用两种意义，而这就是问题的一部分。他们在不同意义之间挪来挪去，往往没有表明（也可能不知道）他们这么做了。我所强调的区分是基于词语"意识"相对于其对立面的用法——无关谁在使用它。再强调一次，一种意义将它与实在状态（完全非意识）对比，这是一个存在论的或哲学的议题。另一种意义是将它与觉知状态（习惯的或无意识的心智加工）对比，这是一个心理学议题。一种意义指意识的事实，另一种则指意识的形式。

为了防止混淆，"意识"的第三种意义常常在超个人的（transpersonal）文献和对话中流行。

3. 灵性意义

这里，"意识"用来指超出日常心理学意识的普通觉知状态的"更高级的"、"更发达的"或"更觉知的"状态。诸如"我们努力成为有意识的存在"、"请有意识地活动"这样的措辞就是在灵性的意义上使用这个术语。但是显然，从哲学意义的观点来看，我们不必努力成为有意识的存在者——我们已经是有意识的存在者。

意识的这一灵性意义通常指的是一种涉及增强的伦理敏感度（ethical discernment）而获得提升的自我觉知状态。用来说明灵性意识的例子通常包括神秘体验、无条件的爱、纯粹慈悲（compassion）以及无我（egolessness）。因为在这种情况下，"光"永远亮着，灵性意识实际上是心理学意义的一种版本（我们称其为"心理－灵性"意义）——这时光亮接近最佳亮度。

二、意识的根本意义

显然，"哲学意识"更为根本，因为在不存在一丝哲学意识痕迹的情况下，心理学意识的任何形式（熟睡或清醒）都是不可能的。用来说明无意识状态的例子通常包括熟睡、做梦、昏迷，还可能包括诸如蠕虫、海星、植物等生命的正常生命状态。相比之下，心理－灵性意识通常包括的现象有知觉、情绪、意志、认知、直觉、改变的（或替代的）状态或神秘体验。

所以，思考这些不同意义的另一种方式是把哲学意识描绘为照明开关。它或者是开或者是关。如果向上按，灯亮了，意识存在。如果向下按，灯灭了，完全黑暗，根本没有意识。[*]

此外，我们可以把心理学的（或心理－灵性的）意识描绘为变光开关（dimmer switch）。一旦有电源，你就可以把光亮（例如意识）从暗淡的无意识调大到闪亮的意识或者"开悟"（enlightenment）。在这种情况下，电源一直开着，这不过是把调光器调上或调下的事。

对于哲学意识，核心问题是：为什么会有光在一个物理的宇宙中亮着？对于心理－灵性类型，进一步的问题通常是：我们如何能增强光度？我们如何能发展或演进意识？

鉴于这些根本区分，我认为我们应该一开始就尽可能弄清我们意指的意义是什么，我们意指的是与任何心智活动（哲学意义）的完全缺失形成对比的觉知（感知能力或主体性）这个事实吗？或者我们意指的是与无意识状态（心理学意义）形成对比，或者与低的道德或伦理敏感度（灵性意义）形成对比的觉知形式或状态吗？

意识的哲学与心理学的意义之间的这一初始区分是重要的。但是不管我们把区分做得多好，在语言使用上做得多准确、清楚，意识都会因其自我递归性而最终或不可避免地拒绝清楚表述，我们需要意识去探索和谈论意识。并且这一举动承担着无穷倒退（infinite regress）和纠缠层级（tangled hierarchies）的逻辑和语义的风险。当我们尝试定义意识时，我们就有可能成为一个行走在埃舍尔（Escher）的悖论阶梯上的人物，这就好像我们一直向前走，但我们却又总退回到我们的起点。

参考文献

De Quincey, C. 2005. *Radical Knowing: Understanding Consciousness through Relationship* [M]. Rochester, VT: Park Street Press.

———————————

[*] 在一些国家，如英国和爱尔兰，电灯开关隐喻是反过来的。

意识研究的量子力学方法兴起 *

陈向群

一、引言

在意识科学不断发展的今天，意识研究的方法也发生了深刻的变革。即在以神经生物学方法为主要研究方法的同时，量子力学方法逐渐兴起并发展成为与神经生物学方法相竞争的另一研究进路。研究首先是从寻找大脑中的量子效应开始的。20 世纪 60 年代，以梅泽博臣（Hiroomi Umezawa）为代表的一大批物理学家就积极从量子理论角度来描述人脑内的神经生物活动并提出了各种量子大脑理论假设，量子大脑动力学（Quantum Brain Dynamics，QBD）逐渐兴起。不仅如此，自 20 世纪 80 年代以来，戴维·玻姆（David Bohm）、罗杰·彭罗斯（Roger Penrose）、亨利·斯塔普（Henry Stapp）等量子物理学家还纷纷提出了各自理解基础上的意识理论，我们称之为意识的量子理论（quantum theory of consciousness），它们为量子力学解释意识问题打下了坚实的理论基础。最终，在世纪之交，量子力学方法成为包括神经科学家和哲学家在内的大多数意识研究者所认同及接受的新方法，一种在量子力学视域下的意识研究路径在意识研究领域内逐渐兴起。

---

* 本文原刊于《苏州大学学报》（教育科学版）2017 年第 5 卷第 3 期。

二、意识和量子力学的最初联姻

在意识研究领域内，量子力学方法的兴起并不是偶然的，而是有着深刻原因的。在量子力学建立之初，着眼于解决量子测量问题，量子物理学家们就引进了观察者这一主观因素，希望借助观察者有意识的观察来坍缩波函数，以达到调和宏观世界和量子世界在描述物质状态存在相矛盾的目的。而最先提出测量过程中的主观主义解释的当属哥本哈根学派代表人物之一的马克斯·玻恩（Max Born），他在对波函数物理意义考察的基础上提出了波函数的概率诠释，认为波函数并不是三维空间中的电磁波那样的真实波，而是多维空间中的概率波，其模的平方（绝对值平方）的大小决定粒子在该处出现的分布密度。玻恩认为，波函数的演化并不是遵循薛定谔方程（Schrödinger equation）的 U 过程，而是遵循着 R（Reduction）过程，即波函数在受到外界观察和测量时会发生坍缩，而引起波函数坍塌的主要原因就在于观察者的测量。于是，在玻恩对波函数的概率诠释中，他首次提出了测量过程中"观察者的测量"这一主观因素，被认为是意识和量子力学关联的开始。

如果说玻恩只是提出了测量过程中的主观因素，而在玻恩之后，围绕着"薛定谔的猫"（Schrödinger's cat）所引发的争论则正式将测量问题的解决指向了意识（consciousness）这一人类特有的精神现象。"薛定谔的猫"是由奥地利著名物理学家薛定谔（Erwin Schrödinger）在 1935 年所提出的著名思想实验。薛定谔认为，波函数的物理意义并不是将其作概率波解释，因为它是永远处于叠加态的物质波。鉴于此，薛定谔假设了这样一个思想实验。在这个实验中，有一只猫、一瓶毒药、一个锤子和一个开关共同存在一个密封的箱子里。其中，锤子位于毒药瓶的上方，它由开关所控制，如果开关打开，锤子下落，毒药瓶被打碎，猫就必死无疑。相反，开关不打开，猫则安然无恙。而更为关键的是，开关的打开与否是由具有概率性放射的原子衰变来控制的，其衰变与不衰变的概率均为 50%（李宏芳，2006）。这样，根据玻恩对波函数的概率诠释，箱子里的猫则时刻处于"既死既活"的叠加态中。这样就产生了一个佯谬，即箱子里的猫可能存在的"既死既活"的状态，在现实中我们却永远无法观察到。难道量子力学是不完备的理论吗？它只适用于微观世界？

然而，也正是基于解答这个问题，物理学家魏格纳正式将波函数坍缩的最终原因归结为观察者的意识。在其论文《关于心身关系问题的评论》中，他提出了另一个思想实验"魏格纳的朋友"（Wigner's friend），试图通过其朋友的观察来告诉我们，观察者的意识是猫波函数的坍缩的根本原因。魏格纳假设，他有一个朋友戴着防毒面具，在箱子里观察薛定谔那只顽皮的猫，而魏格纳本人则在箱子外面观察整个箱子里的情况。在一段时间以后，如果你问他朋友箱子里猫的状态，他朋友一定会告诉你只看见了一只"要么死，要么活"的猫，而非"既死既活"的猫，原因就在于他朋友的意识坍缩了猫的波函数，即在其朋友观察猫之前，他头脑里已经早已预设了猫的状态（Winger，1995b）。然而，源于休·埃弗雷特（Hugh Everett）的相关态解释（relative state interpretation）的多世界解释（many worlds interpretation）理论则否认意识坍塌了波函数，而是认为在测量过程中，包括观察者、被测系统和测量仪器在内的复合系统的波函数分裂成多个分支态，形成多个平行的世界，而造成波函数分裂的原因同样是观察者的意识。就如狄维特所说："不可避免的是，在测量后通常不再是个单一的状态，而是由叠加状态所组成的复合系统，其中的每一个分子都包含了一个确定的观察者状态和一个确定的物体系统状态。"（DeWitt & Graham，1973）这样，在多世界解释理论看来，之所以我们在现实当中观察不到薛定谔那只顽皮的猫，原因就在于观察者的意识使得猫的波函数发生了分裂，以至于我们只能观察到自己世界中的猫状态。

由此，通过玻恩关于波函数的概率诠释以及围绕着如何拯救薛定谔那只顽皮的猫所引起的争论，我们可以看出意识才是解决测量问题的主要因素。这样，着眼于解决量子测量问题，意识和量子力学发生了关联，成为日后量子物理学家从量子力学角度来寻求解答意识问题的依据。对此，现纽约大学著名哲学家教授大卫·查尔莫斯就说："我之所以频繁地提到意识和量子力学之间的联系，在于这样一个事实，一个有意识的观察者的测量要求引起波函数的崩溃。按照这一解释，意识在物理学理论中起着核心作用。"（大卫·查尔莫斯，2012）

三、寻找大脑中的量子态

如果说在量子力学建立之初，意识参与了量子理论的构建，成为人们从量子力学角度来解释意识问题的初衷。那么，从 20 世纪 60 年代开始，就不断有量子物理学家和神经科学家试图从人脑中寻找相关的量子效应，可以看作是量子意识研究从最初的构想到实践研究的开始。其中比较典型的有，日本量子物理学家梅泽博臣从量子场论的角度来理解人脑，将记忆等意识现象理解为能大脑皮层场中能量子的能量交换过程；神经生物学家弗洛里希（H. Fröhlich）提出了神经网络中的量子相干波概念；神经生物学家吉布（Mari Jibu）和雅苏（Kunio Yasue）则认为，脑量子场中皮层子和玻色子运动所形成的量子相干态伴随着细胞内的量子信息转换过程。这样，在梅泽博臣、弗洛里希、吉布和雅苏等人的努力下，量子大脑动力学理论逐渐兴起，为之后量子物理学家建立意识的量子理论提供了生物基础。

量子大脑动力学的兴起最先源于日本物理学家梅泽博臣从量子场论角度来解释人脑内神经元细胞的量子相干过程。在梅泽博臣看来，记忆就如量子场中的全息图片，它是个非定域性的整体性活动。在 1967 年到 1979 年的长达十多年的时间内，梅泽博臣先后与他人合作发表了三篇关于脑的量子场论的论文，他们最终将记忆等意识现象理解为大脑皮层场（cortical field）中皮层子（corticons）的发放和吸收的动态过程。梅泽博臣认为，人脑是个非常复杂的生物系统，既有位于微管蛋白质以及细胞膜内的电子所组成的亚微观系统，也有神经元生物分子及其电化学传递所组成的微观系统，以及神经网络所组成的宏观系统。而位于亚微观系统内部电子的振荡运动所形成电偶极矩（electric dipole moment）则构成了具有量子相干性的皮层场（cortical field），其内部的电子则称之为皮层子。但皮层场不是孤立的场，它通常会与其他的能量场（微观分子系统以及神经网络宏观系统）发生能量交换，最终导致皮层子的发放和吸收，而意识就产生于这个能量交换过程中。"我们认为，皮层子和光子的创造和消失动态过程就是意识的物理过程，它可以通过量子真空态来实现，即能量从神经和树突网络的宏观系统传递到丝状的蛋白质分子的微观系统所形成的物理状态。"（Mari & Kunio，1995）

几乎与梅泽博臣提出脑量子场概念同时，弗洛里希在相关研究基础上也提出了神经网络中的量子相干波概念。他认为，生物分子的细胞膜中由于存在着电势差，使得多余的能量聚集而形成类似于波色－爱因斯坦凝聚态（Bose Einstein Condensation）的同一态。在其中，存在着电子的偶极矩（dipole moment）或相干矩（coherent moment），而处于偶极态的电子两极会以大约每秒 $10^{11} \sim 10^{12}$ 赫兹（Hz）频率发生振动进而产生量子相干波。弗洛里希认为，这种量子相干态不仅存在于细胞膜中，而且还广泛分布于生物分子的化学键尤其是氢键（hydrogen bonds），以及一些非定域性的电子区域内。不仅如此，弗洛里希还通过对酶（enzymes）分子的实验，进一步证实了细胞膜内所存在的量子相干效应及其振荡行为。

在弗洛里希之后，神经生物学家吉布和雅苏在梅泽博臣的脑量子场论基础上提出了神经信号的量子转换假设。在他们看来，大脑内量子场中的玻色子和皮层子的长距量子相干波伴随着细胞内量子信息的转换机制，它们能对因玻色子的运动所形成的热能量具有抵消作用，从而使得大脑中长时间保持量子相干态，对意识的产生极为重要。"从理论角度来说，由玻色子运动所引起的细胞内量子信息转换的全局性系统是实现大脑动态的非定域性对称性的关键。没有量子场论的长距信息转换，大脑也就无法长时间保持导致意识出现的对称性的动态机制。"（Jibu & Yasue，2007）不仅如此，吉布和雅苏还认为，具有非定域性的长距量子信息转换并不局限在人脑中，它还遍布于我们身体的各个生物器官内，实现着人的全身信息的流通。因而一旦细胞内的量子信息转换受阻，信息无法在身体内顺利互动，我们就失去了意识，这或许也就很好地解释了麻醉的作用。

这样，在梅泽博臣等量子物理学家的努力下，量子大脑动力学理论逐渐兴起，极大地推动了意识研究的向前发展。从此以后，人们不再仅仅是只从神经科学的角度将人脑内的神经元活动理解为单纯的神经生物过程，量子效应也被认为是其中可能存在的现象，从而在某种程度上扭转了人们对大脑活动的固有认知。近年来，美国加州大学圣塔芭芭拉分校的卡维里理论物理研究所（Kavli Institute for Theoretical Physics）教授马修·费舍尔（Matthew Fisher）从波斯纳分子群（posner molecules）中寻找量子效应就可以看作是量子大脑动力学理论的延伸。费舍尔认为，波斯纳分子群中的磷原子核的自旋状态就是一种量子纠缠现象，可能会影响我们的记忆和思维（Matthew，2015）。

四、量子力学解释意识的主要理论

与神经科学家解释意识建立了各种精彩纷呈的意识理论一样，量子物理学家在研究意识过程中也同样建立了各种意识理论，我称之为意识的量子理论（quantum theory of consciousness）。意识的量子理论兴起于 20 世纪 80 年代，并最终在世纪之交成为大多数意识研究者所接受和认同的意识理论。与意识的神经科学理论对意识的神经过程解释不同，意识的量子理论着眼于量子理论，从人脑内寻找相关的量子机制来解释意识，并最终将意识理解为量子活动的结果。在所有的意识的量子理论中，比较典型的有意识的序解释、Orch OR 模型、心理物理理论、埃克尔斯的心脑相互作用二元论、佐哈的"量子自我"理论等，这些理论的提出得益于之前量子物理学家们对大脑中量子效应的研究，同时也促进了相关研究的向前发展。这里我们不妨选取其中几个主要的意识的量子理论做简要阐述，来看看它们究竟是如何来解释意识问题的。

1. 意识的序解释：意识是脑内神经元对脑外物质的全息投影

1980年，戴维·玻姆（David Bohm）在其《整体性与隐缠序：卷展中的宇宙与意识》一书中，提出了从隐缠序（implicate order）理论角度来解释意识问题的新方法。玻姆认为，我们大脑中的神经元就如量子，它们在大脑内的运动具有隐缠序规律，而意识就是脑内神经细胞对脑外物质的全息投影。具体来说，当我们看物体时，物质通过视网膜以量子信息的方式"卷入"到我们大脑的神经细胞内以全息形式储存起来，一旦全息记录被激活就在大脑中形成了神经全息图，它隐含了脑外物质的所有信息特征，而这个神经全息图就是意识。在这里，物质的信息特征隐含在神经细胞内并在一定时刻展现出来的过程就是一个隐缠序过程（Bohm，2003）。可以看出，玻姆关于意识的序解释是建立在全息脑理论基础上的，他将意识理解为脑内神经细胞对脑外物质的全息投影，不仅为我们从整体性角度去看待意识及其特征提供了一个很好的参考，而且从某种程度上也反驳了传统身心关系的二元论。不仅如此，玻姆对意识的序解释还从唯物论的角度扩展了"意识是物质的反映"这一传统意识观念。这是因为，在玻姆对意识的序解释中，他将意识视为对物质的"卷入"和"展出"过程，那么，意识和物质就如磁铁的两个对立的磁场，无论如何都不可能将其分割开来。这样，意识就不仅仅是对物质的反应，而是隐含了其中所有的信息和结构（陈向群，2016）。

2. Orch OR 模型：意识是微管内量子引力所引起的波函数坍缩的结果

Orch OR 模型是由罗杰·彭罗斯（Roger Penrose）和斯图亚特·哈梅洛夫（Stuart Hameroff）在20世纪90年代所共同构建的一种量子意识模型。与之前神经科学家们从人脑内的神经活动来寻找意识的解释不同，Orch OR 模型将人脑理解为量子脑，认为意识是神经元微管（microtubule）中量子引力所引起的波函数坍缩（the collapse of wave function）的结果。Orch OR 模型主要由两个部分构成，分别是 OR 和 Orch，前者是指客观还原论，后者是"Orchestrated"的缩写，指的是对微管中的客观还原进行精心编制或协调。在彭罗斯看来，量子系统中并不是意识坍缩了波函数，而是波函数坍缩导致了意识的产生。而且，彭罗斯还认为，波函数的坍缩是由量子引力所引起的客观坍缩，所以称之为客观还原，以区别于哥本哈根解释的主观还原。在此基础上，彭罗斯结合哈梅洛夫的微管结构理论，认为客观还原所发生生物场所就在微管结构中。这是因为，微管表面的微管蛋白内的电子会在朗动力（London Force）的作用下形成具有量子特征的耦合态，它们会在量子引力达到一定阈值时发生坍缩，而意识就源于电子耦合态的坍缩过程（Hameroff，1996）。不仅如此，哈梅洛夫认为，客观还原在微管中的量子活动就如乐队进行编曲一样，是精心编制（orchestrated）的过程。由此，在彭罗斯和哈梅洛夫共同努力下，他们一起建立了基于 OR 理论和微管结构基础上的意识的量子理论，即 Orch OR 模型。

3. 心理物理理论：意识是对顶层神经编码的选择

著名量子物理学家亨利·斯塔普（Henry Stapp）认为，意识不仅是心理层面的，而且还是个物理过程。在多年的量子物理学研究并结合神经科学对意识研究基础上，他在 20 世纪 90 年代末提出了一种心理物理理论（the psychophysical theory），认为意识就是对人脑顶层神经编码的选择。斯塔普提出心理物理理论是基于他对人脑神经结构深刻认识基础上的，在他看来，物体的不同特征对人脑的刺激会导致人脑内出现多重神经发放模式，而当这些发放模式最终协调集合为某种统一发放模式（通常是 40 赫兹）时整体性的意识就会出现。那么，在量子力学视域下，意识就对应于最高兴奋水平的神经发放模式。如果每重神经发放模式就是一种神经编码，那么，意识就是对顶层神经编码的选择（H. Stapp，2009）。不仅如此，斯塔普还从心理物理理论角度对意识的感受性做出了解释。在他看来，不同意识主体对相同物体特征的感受性千差万别，是因为表征这些特征神经信息在人脑内所注册的神经编码不一样。

以上简单介绍了几个意识的量子理论，并阐述了它们是如何从量子理论角度来解释意识在人脑中产生的。总的来说，它们对意识的解释都是在借鉴量子力学的相关机制如叠加性、纠缠性基础上来说明的，可以说为我们从物理学的新视角来看待意识问题提供了很好的理论说明。有了意识的量子理论，量子力学解释意识问题就有了坚实的理论基础。从此以后，在量子视域下来解释意识问题不再只是泛泛而谈，而是有了可靠的理论依据。

五、相关的积极意义分析

当前，意识研究虽然面临着不少困境，但这并不表明意识研究就应该停滞不前。而量子力学方法的兴起不仅为我们突破当前困境提供了新的希望，而且具有积极的意义。具体来说，它不仅使得意识研究方法有了新的突破，而且避免了传统神经科学所坚持的神经计算方法的复杂性，更是为当前人工智能研究提供了新的启示。

首先，量子力学方法在一定程度上弥合了意识科学和物理学在研究疆域上的"鸿沟"，丰富了意识的研究方法。在以往，人们都认为，意识作为一种描述人类心智活动的精神现象，它与描述自然界中物质运动规律的物理学是不相关联的。然而，随着量子力学的诞生，意识研究的疆域不再局限在哲学、心理学和神经科学，它还拓宽至物理学领域。这是因为，量子力学作为20世纪兴起的一门新物理学，它与传统物理学有着很大的不同。它不再只是从决定论和机械论的观点来看待我们所生活的世界，而是基于非定域性、不确定性、概率性、纠缠性等"反常性"观念来理解微观世界中的粒子运动规律。而量子力学的这些"反常性"特征都与人脑内的神经元细胞活动具有某些相似性，自然，从量子力学角度来解释意识就变得有了可能。而随着量子力学方法加入意识研究中来，意识研究的方法也必将更加丰富多彩。

其次，它避免了传统神经科学方法在解释意识上的复杂性，使得意识解释更加简单明了。神经科学在意识解释上坚持神经计算解释，即将意识理解为脑内神经元细胞之间神经信息的加工计算的结果。这样的意识解释是复杂的，这是因为，一方面，人脑是个非常复杂的生物系统，其内部存在超过几百亿个神经元，即便可以通过实验仪器去观察神经元的发放活动，我们也不能精确计算出各神经路通之间的信息值；另一方面，意识本身也是复杂多样的，不仅同一个物体的不同颜色、大小、形状，大脑神经元的反应各异，而且不同物体对大脑的相同脑区的神经刺激也存在不同，我们又如何去计算这些复杂意识的神经信息值呢？而不同于神经科学对意识的解释，量子力学将意识本质上理解为脑内量子活动的结果，这样的意识解释根本不用考虑神经信息之间的神经传递值，而只需根据量子的活动机制来描述意识的产生过程，必将大大避免神经计算的复杂性。

再次，量子力学方法对当前人工智能研究具有启示意义。当前人工智能研究是建立在神经科学的计算主义基础上的，它以认知主义和联结主义为理论基础来模仿人脑的运动规律，希望以此达到真正具有人的智能能力。然而，从目前情况来看，当前人工智能研究虽然具有一定的突破，但是其所具有的局限性也是显而易见的，它并不能具有人脑所具有的逻辑性、对语义的分析性以及对文化的认知性，更不能具有人的感受性和意向性。究其原因，主要在于人脑是个生物脑，是长时间进化而来的，而人工智能脑是个由金属材料和塑料等组合而成的机器脑，因而其无论如何都不可能具有人的意识。而根据 Orch OR 模型，人脑是具有高强度相干态的量子脑，意识产生于神经元微管结构的量子过程。因而，人工智能研究或许可以借鉴 Orch OR 模型对意识的研究，将意识理解为脑内量子活动，构建一个具有量子特征的量子脑来模拟人的意识或许是一种候选的方法（陈向群，2016）。

六、所面临的问题和不足

确实，意识研究的量子力学方法给当前意识研究面临的困境带来了新的希望，具有积极的意义。然而，这样的方法由于其自身固有的某些缺陷同样也面临着诸多问题和不足，主要集中在以下几个方面：

第一，对意识产生的因果机制的描述过于模糊。这就是说，意识研究的量子力学方法没有从更加令人信服的角度来解释，为何意识可以从脑内能量子的过程中得以产生，而是仅仅根据相关的意识理论来模糊应对。例如，在斯塔普的心理物理理论中，他将脑内的多重神经编码的同时发放比拟为量子叠加态的行为，而意识就是对顶层神经编码的选择行为。斯塔普的设想是，对顶层神经编码的选择就是波函数的坍缩，意识就产生于波函数的坍缩过程中。显然，斯塔普是以彭罗斯的客观还原论为依据来构建意识的产生的。但问题是，彭罗斯的客观还原论也没有具体说清楚为何波函数坍缩会引起意识的出现，而只是简单地认为意识是量子时刻中量子引力所导致的波函数坍缩的结果，但对于为何波函数坍缩会导致意识的出现，彭罗斯并没有给出具体的说明。因而，建立在客观还原论基础上的心理物理理论对意识的解释就极具模糊性。不仅如此，同样是建立在客观还原论基础上的 Orch OR 模型，它也简单地将意识总结为"微管中量子引力所引起的波函数坍缩的结果"，而这样的意识解释也没有说清楚为何微管中的量子波函数坍缩会引起意识的出现。就如哲学家约翰·塞尔（John R.Searle）所说："我们怎么能够设想，他（彭罗斯）所假想的那种量子力学能够引起意识过程呢？其因果机制可能是什么样子？"（约翰·塞尔，2009）查尔莫斯也说："Orch OR 理论可能在某种程度上指出了脑过程与意识的关联性，但对于这些过程如何产生意识经验却保持沉默。事实上，对于任何建立在关于物理过程之上的意识理论，都存在这一问题。"（Chalmers，1995）

第二，理论构建上的不完备性，即没有构建一个完全物理学意义的意识理论。量子力学方法作为与神经科学方法相提并论的另一主要研究意识的科学方法，其在研究意识过程中建立了许多意识理论。但问题是，这些意识理论的构建都极大地依赖于神经科学对人脑神经活动的研究，并通过对相关神经元的活动来构建大脑的量子效应。我们可以看到，无论是在玻姆对意识的序解释，还是在斯塔普的心理物理理论，以及彭罗斯和哈梅洛夫的 Orch OR 模型中，它们都是基于脑内神经元的活动来描述量子效应并解释意识是如何产生于人脑中的。试想如果没有神经科学家们对人脑的相关研究，量子物理学家又如何去构建人脑中的量子效应呢？由于意识的量子理论难以从其自身角度来构建，也使得其理论极易遭受到来自各方面的质疑。对此，美国著名神经科学家安东尼奥·达马西奥（Antonio R. Damasio）就认为，彭罗斯和斯塔普对意识的解释也许与物理学基础有关，但他们并没有将焦点集中在意识问题上，而是集中在并不重要的心理过程的生物学基础上（安东尼奥·达马西奥，2007）。不仅如此，英国伦敦国王学院的神经生物学家约翰·泰勒（John G. Taylor）甚至半开玩笑地说："在亚原子级发生的事怎能影响宏观细胞级的活动呢？级别都弄错了。"（程永来，柯林，1995）

第三，缺乏相关经验层面上的实验支持。我们知道，意识研究的神经科学方法之所以取得巨大成功，主要在于实证的方法从实验上给予其意识解释有力的说明。通过相关的实验方法（如 EEG、fRMI），神经科学家们可以将人脑内的神经生物活动直观地展现在人们面前，使得其对意识的解释更加具有说服力。例如，通过对睡眠状态和清醒状态下人脑神经发放的研究，神经科学家们得出意识具有高度的整合性和区分性。同样，通过对"裂脑人"的认知实验，我们总结出意识具有再进入的特征。总而言之，实验的方法给意识的神经科学理论强有力的支持。然而，对于意识研究的量子力学方法，虽然其对意识的解释是具有相关理论依据的，但我们很难从经验层面去寻找相关的实验来证实其意识理论。造成这种现象的原因主要在于意识研究的量子力学方法所依赖的理论基础是量子力学，而量子效应由于其特征性，使得相关意识理论所描述的意识现象并不能容易地在现实中直观地呈现出来。虽然近年来也不乏相关的认知实验从宏观经验层面来证实具有量子效应的意识现象的存在，但这些实验毕竟只是小范围的简单实验，并没有就某个意识的量子理论来专门证实，因而也没有引起大多数意识研究者的关注。对此，萨伽德等人就说："Orch OR 模型在某种程度上确实可以被认为是一种最精细的量子大脑理论，但其既没有为意识现象提供基于大脑基础上的经验性支持，也没有提供令人信服的解释机制。"（Thagard, et.al, 2006）

七、结　语

自 20 世纪初，意识和量子力学发生关联以来，量子物理学家基于量子理论角度来描述人脑内的神经生物活动，量子大脑动力学兴起。在此基础上，量子物理学家建立各种意识的量子理论，为意识的量子力学研究打下了坚实的理论基础。最终，在世纪之交，一种在量子力学视域下的意识研究新路径在意识科学领域内逐渐兴起。不仅如此，量子力学方法作为研究意识的新思路和新方法，它不仅突破了意识和物理学之间固有的研究界限，避免了原有研究方法的复杂性，而且为当前人工智能研究提供了新启示。然而，作为研究意识的新方法，量子力学方法也同样具有不少缺陷，如它将意识理解为脑内量子活动的结果，但并没有就意识如何在人脑中量子效应下产生做具体说明，使得其在解释意识产生的因果性上过于模糊。不仅如此，量子力学方法在解释意识上还极大地依赖于脑的神经活动来构建量子效应，其在理论构建上显然并不是完全物理意义上的意识理论。再者，最主要的是，相关理论并没有得到实验强有力的证实，这恐怕是量子力学方法遭受各方面质疑的最主要原因。但不可否认的是，量子力学方法作为研究意识的一种新方法极大地推动了意识研究的向前发展，值得我们关注和学习。

参考文献

安东尼奥·R. 达马西奥 . 2007 . 感受发生的一切：意识产生中的身体和情绪 [M]. 杨韶刚，译 . 北京：教育科学出版社 .

陈向群 . 2016. 量子力学视角下的三种意识解释 [J]. 哲学动态，10.

陈向群 . 2016. 微管中的量子意识——基于 Orch OR 模型的意识探析 [J]. 科学技术哲学研究，6.

程永来，柯林 . 1995. 意识的量子态 [J]. 国外科技动态，10.

大卫・查尔莫斯. 2012. 有意识的心灵：一种基础理论研究 [M]. 朱建平，译. 北京：中国人民大学出版社.

李宏芳. 2006. 量子实在与"薛定谔猫佯谬" [M]. 北京：清华大学出版社.

约翰・塞尔. 2009. 意识的奥秘 [M]. 刘叶涛，译. 南京：南京大学出版社.

Bohm, D. 2003. *The Essential David Bohm*[M]. Edited by Lee Nichol. London. Routledge.

Chalmers, D. 1995. The Puzzle of Conscious Experience[J]. *Scientific American*, 273(6).

DeWitt, B., Graham, N. (eds). 1973. *The Many- Worlds Interpretation of Quantum Mechanics*[M]. Princeton University Press, Princeton,.

Hameroff, S., Penrose, R. 1996. Orchestrated Reduction of Quantum Coherence in Brain Microtubules: A model for Consciousness[J]. *Mathematics and Computers in Simulation*, 40(3—4).

Jibu, M., Yasue, K. 2004. Intracellular Quantum Signal Transfer in Umezawa's Quantum Brain Dynamics[J]. *Cybernetics & Systems*, 24(1).

Jibu, M., Yasue, K. 1995. *Quantum Brain Dynamics and Consciousness: An Introduction*[M]. John Benjiamins Publishing Company.

Fisher, M. 2015. Quantum Cognition: The Possibility of Processing With Nuclear Spins in the Brain[J]. *Annals of Physics*, 362.

Stapp, H. 2009. Mind, Matter and Quantum Mechanics[J]. *Mind, Matter and Quantum Mechanics*, edited by Henry Stapp, Springer.

Thagard, P., et.al. 2006. Is the Brain a Quantum Computer? [J]. *Cognitive Science*, 30(3).

Winger, E. 1995. Remarks on the Mind-Body Question[J]. *Springer Berlin Heidelberg*, b(6).

第二部分

意识起源 / 神经基础

意识起源

何洁

意识是个体反映现实的最高形式，是对现实的一种有意识、有组织的反应。那么，个体在什么时候产生意识？意识的发展特点如何？本章主要从动物意识、意识的进化、人类婴儿意识，以及婴儿的意图认知和自我意识发展等方面来阐述意识的起源。了解意识的起源有助于人们认识意识的本质，发现人类意识的奥秘。

一、人类婴儿的意识

胎儿的意识。有关鸟类和哺乳动物的胚胎研究表明，胚胎已经具有为将来动作和智能发展做准备的精细的解剖学结构（Lecanuet，et al., 1995）。它们的大脑和感知觉体系已经变得相当复杂，事实上，每个动物胚胎在感知外周世界前就有了整合的活动方式。对于人类来说，在胎儿 7 周时，动作神经开始移动肌肉使得身体弯曲。最初的神经束激发表达不同朝向和情绪状态的动作。在胎儿 8 周后，新皮层的网络结构形成了，它可以选择和评估生命中的体验。在胎儿大脑中意图产生了，这些意图参与了与外在环境的互动（Trevarthen，2004；Trevarthen，et al., 2006；Trevarthen & Reddy，2007）。

在胎儿期，眼睛、视网膜、面部肌肉、声音系统、耳朵、听觉接收器和手等表达交流的器官已经开始运作，胎儿可以利用它们来交流。随着胎儿中枢神经系统的建立，他们开始表达恐惧、愤怒、关爱等情绪（Panksepp，2000）。胎儿在 11 周时，开始用双手来触碰胎盘、胎脐和子宫壁。他们张口吞咽羊水，用吸吮、微笑或扮鬼脸厌恶的反应来表达对品尝到的味道的愉悦和不满。他们的四肢和躯干都可以灵活运动，并对母亲的身体动作或子宫收缩做出反应（Lecanuet，et al., 1995；Piontelli，2002；Trevarthen，et al., 2006）。20 周后，胎儿开始用双手触摸自己的身体和外在环境，并出现了手眼协调。双胞胎在有限的空间内触碰对方，并调整位置。用超声波影像显示，双胞胎在活动性和反应性上都存在器质上的差异，这种差异一直持续到出生后（Piontelli，2002）。20 周后，胎儿可以听到声音，所以出生后的婴儿可以快速区分母亲和其他陌生女人的声音。孕妇在怀孕中期感受到胎儿的运动，能够促使她更好地感受胎儿，并和胎儿交流。24 周之后，胎儿的心率随着动作的节律而变化，自主神经系统开始调控行为。在孕后期 27 周之后，胎儿可以更自主地调节机体，并自由地与母体保持联结。在保护措施完善的环境中，这时的婴儿可以自主呼吸和睡眠。40 周足月后，新生儿的动作和反应表明，大脑和机体已经具备通过看、听、触等方式与外在环境交流的意识（Lecanuet，et al., 1995；Trevarthen，et al., 2006）。

新生儿的意识。足月新生儿可以追踪一个移动的物体，或者对该物体发出声音，也可以对妈妈的嗓音做出回应。触摸新生儿的脸颊可以引发他的吮吸反应。当新生儿关注某个事物或者某个声音时，他的心跳会变慢。新生儿已经具有了眨眼反应，而且他的视敏度在头两个月得到迅速发展（Trevarthen & Aitken，2003）。

出生几小时的婴儿对其母亲的面孔的注视时间要长于其他陌生人脸，即使在其他感觉线索都排除的情况下也存在这种效应。胎儿期熟悉母亲的声音和气味可以促进婴儿的这种快速学习。婴儿能够对他人的情绪面孔做出反应，并模仿他人的夸张表情，比如吐舌头（Melzoff & Moore，1999）。新生儿甚至可以诱发某个模仿行为，当婴儿的言行被模仿时，他们会露出微笑。这种早期的模仿、反应互动增强了婴儿和他人的共情意识，促进婴儿对他人产生兴趣（Nagy & Molnár，2004）。

谢弗（2005）认为，婴儿是携带着专门用于认识世界的策略来到人世的。如前所述，他们的注意力有特定的偏好，并不是漫无目的，而是主动在目之所及的世界中寻找对他们重要的特征，在这一点上最好的例证就是，新生儿已经表现出对人脸的兴趣。脸作为视觉刺激物具有所有婴儿天生感到值得注意的特征，这就仿佛是早已让婴儿做好了关注那些对他们的生存和安全最为重要的环境因素——人——的准备。

认知心理学家认为婴儿与生俱有"核心知识"（core knowledge），这些知识促使他们学习和适应社会（Spelke & Kinzler，2007）。这些核心知识包括客体表征、生命体（agent）、数和几何等。当客体表现出如下的时空属性时，人类婴儿能够对客体进行心理表征：内聚性（客体以连贯聚合的整体进行运动），连续性（客体沿着连续、无阻碍的路线运动）和接触性（客体必须接触才能相互作用）。如果这些原则是天生具备的，婴儿就能够辨认出诸如毛毯等物体的边缘，被部分遮挡的物体，诸如妈妈的脸的完整形状，并预测运动物体停下来的位置。生命体（例如人）通过意图行为来实现目标。他们的行为是有效用的、视情景而定的和相互作用的。如果一个生命体具有脸，婴儿就会利用他的注视来进行推论，例如，通过父亲的注视来推断他的意图。此外，婴儿并不认为非生命客体也具有目标，他们只会模仿生命客体的行为。数的核心系统具有独特的性质，数的表征是不精确的，而且随着数字增大，不精确的程度增加。数的表征是抽象的，可应用于声音、客体或行动序列等。数的表征还可应用于加减。

婴儿的意识。婴儿的意识是主动的、情绪性的、可以交流的。当婴儿对某个事物／事件表现出兴趣，或者给予一定的反应时，他们就展现了意识。例如，当一个三个月大的婴儿无意中发现，拉动绑在他手上的绳子可以让头顶的玩偶转起来，他很快能够学会这个动作，并不断重复拽绳的动作，因为他们对未来事件（转动玩偶）已经产生了预期。如果该预期实现了，他就会露出笑容；如果因为某些原因预期无法实现，他就会表现出恼怒或失望。类似的事件发生在亲子互动中。有一个叫作"静止的面孔"（still face）的研究，要求正在与婴儿快乐地互动交谈的妈妈突然变得面无表情，而且不对婴儿做出任何回应，研究发现婴儿会自发地呼唤妈妈，做出一系列期望恢复正常交流的行为（Tronick，2005）。孟昭兰（1997）认为意识产生的第一个性质是感情性，婴儿以情绪的方式同世界发生联系，所有这时发生的痛苦、快乐、兴趣、厌恶等体验成分，就是最初的意识，是早期婴儿意识操作的表现。

虽然婴儿还不会说话，或者还不能用流利的语言来表达自己，但是许多研究者认为婴儿已经具有了意识，而不仅仅是"前意识"。如何考察婴儿对外界的行为反应？目前主要通过视觉偏好、习惯化/去习惯化、违背预期等范式来探讨婴儿的认知。视觉偏好是通过同时给婴儿呈现两个刺激，考察他们更喜欢哪一个，即婴儿会对偏好刺激注视时间较长。习惯化/去习惯化是给婴儿重复呈现某个刺激，待婴儿对该刺激的兴趣降低（如注视时间减少）后，又给婴儿呈现一个新颖的刺激，如果婴儿对新刺激的兴趣提高了，说明他能够区分新旧刺激。违背预期是给婴儿呈现一个违背预期的事件，婴儿的注视时间要长于观看符合预期的事件。这些范式都能考察婴儿对外界事物或事件的认知和理解，一定程度上反映婴儿的心理世界。

除了行为研究，也有研究探索婴儿意识的神经证据。有关成年人的研究显示出成人的大脑活动模式：在他们面前出现一些画面的时候，他们就会产生一定的意识，而这种意识表现出的电生理标签是一种非线性皮层反应，产生一种晚慢波，且持续时间较短。为了证明婴儿具有意识行为这个问题，法国国家科学研究中心（CNRS）及丹麦技术大学的研究人员共同研究，来证明成人意识的电生理标签是否在婴儿时就已经存在。他们记录了不同年龄段（如五个月、十二个月和十五个月）的婴儿，在展示给他们不同清晰程度的画面时大脑的一些活动。他们的研究发现，在所有的接受测试婴儿的大脑中都产生了一种呈现非线性波峰的晚电波。但是，这种晚电波的强度及出现速度在不同年龄段的婴儿中呈现出不同的特点。1 岁左右的婴儿晚电波出现的模式与成人大概一致，但是速度仅为成人的1/3。五个月大的婴儿也出现了类似的晚慢波，但是他们的晚慢波要比更大一点的婴儿出现的晚电波更微弱、更长。该研究结果表明大脑在五个月大的婴儿时候就已经形成意识，但该意识在发育过程中要经历一个非常漫长的加速和优化过程（吴慧玲，2013）。

　　婴儿的意识发展的两个重要领域是：婴儿意图认知的发展和婴儿自我意识的发展。笔者将在下面的内容中进行一一阐述。

二、婴儿意图认知的发展

　　婴儿很早便表现出对意图概念的理解。梅尔佐夫（Meltzoff）（1999）的研究表明，婴儿在十八个月的时候即表现出对他人行为的推断，说明这一年龄的婴儿已经开始理解他人行动中所表现出的意图导向。进一步的研究将意图理解的发生年龄减小到五至六个月（Tomasello，2007）。伍德沃德（Woodward）1998 年的研究中，给五至六个月大的婴儿不断呈现这样一个场景，场景中左右各摆着一个皮球和玩具熊，实验员的手每次都触碰同一个物体（比如皮球），五至六个月大的婴儿能够将人手的动作知觉为主动抓握，并对其赋予偏好的推断（比如该实验员喜欢皮球），从而对测试阶段中不符合之前"偏好"对象的抓握（即违背预期的事件，比如触碰玩具熊）表现出注视更长时间。而具有同样运动模式（棍棒）、遮挡模式（手型挡板）和抓握动作（长柄钳子）等物理属性的非生命物体，婴儿对其相应的动作则没有进行偏好的推断，注视时间也无显著差异。对于婴儿意图理解的来源有先天机制说和后天经验说两种解释。舒尔茨（Shultz）（2002）认为，婴儿具有先天的对生命体的认识。婴儿在发展过程中对这一认识进行精细化，作为对意图概念的理解的基础。后来发展的意图概念超越对生命体的早期认识，可以清楚推断存在某种引导行为的内在心理状态。但是也有研究者支持后天经验说，他们发现，对三至五个月的婴儿进行"抓握"的动作训练（比如让他们戴上具有黏性的手套，该手套可以帮助婴儿自动获取物体）能够影响对抓握动作意图的理解，该结果说明经验在意图理解中起到一定的作用（Sommerville，Woodward & Needham，2005）。

对目的与结果分离的理解，对包含在其中的社会道德的理解判断等，都是意图判断中重要的部分。一个著名的研究范式通过对比恒河猴、黑猩猩和婴儿对"不愿意"（比如，给被试递食物，当被试伸手去接时，研究员又故意收回食物）与"不能够"（比如，给被试递食物，中途被第三者拦截或者食物不小心掉了）两种意图行为之间的区分，发现恒河猴、黑猩猩和婴儿均能够对这两种结果相同、运动轨迹相似的行为做出不同的反应，他们会对"不愿意"条件中的研究员表现出比对"不能够"条件中的研究员更多的排斥（Call，Hare，Carpenter & Tomasello，2004；Phillips，Barnes，Mahajan，Yamaguchi & Santos，2009）。另一个范式是有关对行为意图具有伤害性时的区别反应。正如我们所知，幼儿在早期便已具有帮助他人的本能，但卫什（Vaish）（2010）等人发现，3 岁的儿童会回避帮助一个对他人具有伤害性意图的人，甚至即使是在此人的伤害行为并未达到伤害目标的情况下，儿童对此人的帮助行为也会出现显著的下降。值得一提的是，在这些实验中，客体的行为模式均相同或相似，但不同条件下隐藏着不同的意图，它们仅仅通过极为有限的外部线索表现出来，这便是意图行为认知中的变异性和复杂性的来源。

人类婴儿在二至三个月时便在与他人的互动行为中进行情绪共享，这在一些研究中被称为"前对话"（Rochat，2001）。对于交流意图行为的理解有着特殊的敏感性，因此必然存在某些特定的行为线索用于特定地表达交流的意图（Zelazo，Gao & Todd，2007）。儿童对某些直接示意信号进行交流意图的理解能力在婴儿早期便已表现出来，甚至有可能是天生的，这样的一些重要的直接示意信号包括：（1）凝视（gazing）：新生儿对眼中深色瞳孔相对于浅色眼白的位置已经存在敏感性，能够通过注视方向来判断是否存在交流。（2）"妈妈语"（infant-directed speech）：成人在与婴儿交谈时会本能地使用不同的特殊语调进行交流，称为"妈妈语"。在婴儿无法理解语言内容前，这种特殊的语言方式能够将成人的交流对象指向婴儿，而婴儿对其存在着一定的偏好，能够使得婴儿的注意被吸引到谈话中。这一偏好可能促进语言的学习。（3）同步反应性（contingent responsivity）：人类对话中语言节奏的特点的信号响应频率，反映了语言所伴随的行为同步性。例如，婴儿常通过有节奏的吮吸动作与母亲进行主动的交流，在互动中增进与母亲的情感交流（Csibra，2010）。

在习得语言前，人类婴儿通过肢体动作进行交流，这一前语言交流表现出人类独有的共同意图（joint intention）的技巧和动机的特征。值得关注的是指点动作（pointing），这一动作虽然看似简单，但却为人类所独有，因此可能远比想象中复杂（Tomasello，Carpenter & Liszkowski，2007）。尽管猩猩有时也使用指点，但它们的指点不是向同类而是向人类使用。它们使用指点总是为了达到个体的目的，比如向人类求取东西，而非为了合作等更高的目的（比如，向他人告知对方需要了解的事物或与他人分享经验）。相比之下，人类婴儿从一开始便通过指点实现合作等更高的目的。

首先，从约十二个月起，婴儿通过指点与他人分享对某种客体的兴趣。同一时间他们也开始通过指点达到非合作性的目的（Carpenter，Nagell & Tomasello，1998）。利兹科夫斯基（Liszkowski）等（2004）论证了婴儿的动机确实是分享经验和情绪。比如，婴儿给成人指点某个客体，当成人仅仅向婴儿表现出积极情绪而忽略婴儿所指的客体，或成人仅仅关注婴儿所指向的对象而忽略了婴儿本身，婴儿都表现出不满。在这些情境中，婴儿倾向于更多地重复指点动作，持续表现出建立共同注意和兴趣的努力。他们的指点行为也随着实验次数增加逐渐减少，表现出对成人没有回应并共享他们对客体的兴趣而持续增加的不满。利兹科夫斯基等（2007）让成人在正确理解了婴儿的指示意图的情况下，在不同实验条件中分别做出感兴趣（"真棒！"）或觉得无趣（"呃……"）的回应。当成人表现出兴趣缺乏时，婴儿不再持续重复指点行为，说明他们理解成人并未与之分享对该客体的兴趣，他们也在之后的实验中相应减少对该成人的指点行为。这些结果分离了婴儿与成人分享态度和情绪的动机。

其次，婴儿也会通过指点向他人指示他们不知道放在哪里的事物。要完成这个指示，婴儿必须先理解他人在可获得的知识上的缺乏，之后他们必须具有通过提供必要信息帮助他人的动机。利兹科夫斯基等（2006）向十二个月大的婴儿呈现多个实验场景，在实验条件中，婴儿看到成人错误地放置某种物品或持续寻找某种物品。结果发现，在实验条件中，婴儿比控制条件（看到物品同样被放错但成人并不需要）下更多地向成人指点该物品的位置，且这一行为并不意味着婴儿自己想要该物品（没有发出嘟囔声或伸手去拿），也并未有与成人分享物品的情绪或态度。在随后的研究中，利兹科夫斯基等（2007）再次向婴儿呈现一个成人寻找物品的实验，但这次成人看见其中某个物品而看不见另一个物品（其中一个物品被成人有意放置在一侧，而另一个物品则意外滑落至另一侧）。婴儿更多地指向成人没有看见的物品（婴儿同样没有表现出想要该物品或与成人分享情绪的倾向）。这些结果表明婴儿的指点行为有时仅仅是为了提供成人所需要的信息来帮助对方。

在指点的合作性动机理解的基础上，人类婴儿还能够利用共同注意（joint attention）——另一种共同意图的模式解释他人的指点行为。利伯尔（Liebal）等（2007）让十八个月大的婴儿与成人共同完成打扫工作，他们需要将玩具捡起放进一个篮子。在某个时刻，成人停下自己的工作并指向某个玩具，婴儿随即将其捡起放进篮子，表现出帮助打扫工作的行为。在控制条件下，婴儿和成人以同样的方式清扫，而第二个成人走进房间并同样指着某个玩具。在这一情境下，婴儿并未将玩具放进篮子。因为第二个成人并未与他们共同处于清扫工作的情景之中，他们与该成人并未共享当前情境，婴儿更多表现出将第二个成人的指点行为理解为简单的对该玩具的指示行为。换句话说，婴儿对成人的指点行为基于与该成人近期的共同经验（共同注意）。其他的研究也为婴儿对共同注意的理解提供了证据，比如，在实验中，成人模糊地表达出对某种物品的需求，而婴儿基于先前是否与之有过共同经验来为成人做出选择（Moll，Koring，Carpenter & Tomasello，2006）。

卡彭特（Carpenter）等（2005）发现在一些简单合作任务中，十二至十八个月大的婴儿能够进行角色转换，即在完成自身任务之后转而进行成人应该执行的工作，表现出对双方角色的认识。托马塞洛（Tomasello）和卡彭特（2007）发现年幼的黑猩猩无法在相同的任务中进行这样的角色转换。托马塞洛等人认为这一角色转换表明婴儿通过一种"全局视角"理解合作情境,情境中的所有角色,包括他们自己的角色和他人的角色,这些角色都通过第三方视角表征。这意味着除了共同目标,这一年龄的婴儿还能理解合作中的不同角色,而猩猩则可能不具备这样的理解。

三、婴儿自我意识的发展

自我意识是人区分于动物的一个关键特征。有关自我意识的研究,最早可以追溯到 20 世纪的达尔文(Darwin)(1877)和普莱尔(Preyer)(1893)。Darwin 在婴儿日记中,描述了他九个月大的儿子。他的儿子在照镜子,当听到有人叫他的名字时他惊讶地发出"啊"声。达尔文由此推断,这种行为反映了他的儿子最初的有意识的自我认知(Darwin,1877),普莱尔(1893)观察了他的孩子照镜子的行为,也发现类似的现象,他认为有"意识"的自我认知最早出现于十四个月大的时候。

狄克逊(Dixon)和斯特里特(Street)(1975)记录了婴儿照镜子(5 名婴儿,年龄从四个月到十二个月)的反应,他们尤其注重观察婴儿照镜子时的"行为顺序",如对镜像发出微笑、对它说话、试图去碰摸它等。此外,狄克逊还操纵一个由单面镜和双面镜构成的实验装置,向婴儿展示自己的像、自己妈妈的像和另一个婴儿的像,这些人像有时同时展示,有时交替展示。根据这些观察,狄克逊报告了自我认知的发展顺序。它包括四个阶段,第一阶段命名为"妈妈"阶段。这时婴儿并不怎么注意自己的镜像,但却立刻去认知妈妈的镜像,婴儿一看到妈妈的镜像便发出微笑,观看并呀呀发声。这发生在四个月大的婴儿身上。第二阶段是"游戏伙伴"阶段。该阶段从第四个月持续到第六个月。婴儿开始对其自己的镜像发生兴趣,但他指向自己的镜像的行为与指向另一个婴儿的镜像的行为没有什么不同。大约在第七个月,当婴儿照镜时,他们通过重复简单的动作(如张嘴),开始把镜像和自己联系起来。第三阶段被狄克逊称为"我做时谁也做?",此时婴儿开始能够把自己的镜像和别人的镜像区分开来,并且更愿意和另一个婴儿的镜像玩耍，而不是其自己的镜像。第四阶段从第十二个月开始，婴儿此时甚至会产生啼哭或逃离自己镜像的反应。婴儿能毫不含糊地认识自己和别人。当问他"某某在哪儿？""你在哪儿？"时，他会恰当地转移其视线。

阿姆斯特丹（Amsterdam）（1972）对照镜子的方法做了改造，提出了别具特色的研究方法。在不让婴儿察觉的情况下，研究员在婴儿的鼻子上用胭脂点上个红圆点，然后让婴儿照镜子，观察他们对镜中映像的反应。阿姆斯特丹假设，如果婴儿在照了镜子后，能利用镜中的映像立即去摸自己的鼻子或脸，那就表明婴儿已能把该映像与自己的脸联系起来，认识了自己的形象。根据这个自我意识发生的标准，阿姆斯特丹对三至二十四个月大的 8 名婴儿做了研究，其中包括两名从第十二个月开始追踪到二十四个月大的婴儿。研究发现婴儿自我认知的发生要经历三个不同的阶段。 第一阶段——游戏伙伴阶段。婴儿看到镜中自己的映像后，对着映像微笑、发声、拍打镜中映像，还会到镜子后面去找那个不存在的人。第二阶段——退缩阶段。婴儿见到镜中的映像似乎感到害怕，从镜前退缩。此时，有些观察家认为婴儿的自我认知迹象已初露端倪。有的婴儿见到映像似乎显得害羞、窘迫，有的似乎是在自我赞赏。但阿姆斯特丹认为，婴儿的这些表现很可能是在模仿成人照镜子时的模样，不能说就有了自我意识。第三阶段——自我意识或自我认知出现。婴儿一见到镜中的映像立即去摸自己鼻子上的红点子，而不去碰镜中映像的鼻子。根据 Amsterdam 的研究结果发现，二十四个月大的婴儿几乎都有这样的表现。

刘易斯（Lewis）和布鲁克斯 - 冈（Brooks-Gun）在 1979 年做了类似于阿姆斯特丹的实验，结果显示，1 岁以下的婴儿无一人能认出镜中的自己；九至十二个月大的婴儿只是对着镜中人微笑，有注意红圆点的迹象；十五至十八个月大的婴儿中有 25% 能立即去摸自己鼻子；二十一至二十四个月大的婴儿已有 75% 有这种反应。刘易斯和布鲁克斯－冈推测，在生命的头两年中，婴儿的自我认知存在四个重要进步。第一个进步，在三个月以前的婴儿身上可以看到。婴儿自我认知最初的组织原则是被别人尤其是年幼婴儿形象的非习得性吸引。这种吸引表现在年幼婴儿对镜像、脸的素描画和相片感兴趣，尤其当人脸是他自己的或另一个婴儿时。贝克（2002）让婴儿和学步儿童坐在自己的镜子前看自己的形象，给他们看自己的录像和照片。研究发现，他们在看自己的录像和一个同龄人的录像时，三个月大的孩子看他人的录像的时间更长些。第二个进步发生在三至八个月之间。此时婴儿的自我认知表现为能够通过相倚性线索识别出自己。这种能力的本质是婴儿能理解自我是其在镜子或电视屏幕上看到的运动的视觉形象的源泉和起因。自我认知的第三个进步发生于八至十二个月大的婴儿，表现为婴儿能把某些稳定的特征和自我联系起来。此时婴儿已超出把自我仅仅视为因果关系的来源，开始把自我建构为一个持久性客体，它具有某些永久性特质。这时的婴儿认识到自我的永久性，并把它作为自我认知的一个重要的组织原则，自我既作为主体，又作为客体。在整个第二年中发生第四个进步，婴儿不再依据自身可能具有的相倚性知识，而是通过特征本身来定义自我（石筠弢，陈帼眉，1989）。

卡根（Kagan）（1981）也对3岁前婴儿自我认知的发展做了研究。他研究了婴儿对由实验者使用多种玩具表演一个动作进行模仿的意愿性和能力问题。首先允许婴儿玩多种玩具15分钟，然后给婴儿演示一种象征性动作。卡根发现，一些婴儿看了实验者的动作之后会发出啼哭。卡根认为这种反应是由于婴儿认识到他／她不能表演这种动作，即认识到了自己的不足。看了实验者的动作之后有啼哭表现的婴儿人数在二十三至二十五个月时总计达31%，而二十个月和二十九个月时的婴儿没有啼哭表现。该资料表明，大约二十四个月时，婴儿开始认识到自己的动作能力。此后婴儿啼哭表现呈下降趋势，卡根认为这是由于婴儿执行动作或对付自己不足的能力增强了，但这不代表自我意识下降了。卡根研究发现，婴儿的自我描述言语，比如"我玩""我能做这事"，在二十四个月左右出现的频率增加了。这一结果进一步支持了自我意识在此年龄发生的假设。如果婴儿意识不到自己的特征便不可能对自己做出有意义的描述，因此自我描述言语反映了自我意识。婴儿除了认知自己的身体特征，还意识到自己的能力、动作、品质或活动成分，如"我会系鞋带""我有头发""我有一辆自行车"等。

参考文献

劳拉·E.贝克.2002.儿童发展（第五版）[M].吴颖，等译.南京：江苏教育出版社.

孟昭兰.1997.婴儿心理学[M].北京：北京大学出版社.

石筠弢编译，陈帼眉校.1989.婴儿期自我认知的发展[J].心理发展与教育，4: 50—54.

吴慧玲.2013.婴儿产生意识的神经标记[J].农业生物技术学报，21(6): 706.

H.鲁道夫·谢弗.2005.儿童心理学[M].王莉，译.北京：电子工业出版社.

Amsterdam, B. 1972.Mirror self-image reactions before age 2[J]. *Developmental Psychobiology*, 5: 297—305.

Call J., Hare B., Carpenter M., & Tomasello M. 2004. 'Unwilling' vs. 'unable': chimpanzees' understanding of human intentional action[J]. *Developmental Science*, 7(4): 488—498.

Carpenter, M., Tomasello, M., & Striano, T. 2005. Role Reversal Imitation and Language in Typically Developing Infants and Children With Autism[J]. *Infancy*, 8: 253—278.

Csibra, G. 2010. Recognizing communicative intentions in infancy[J]. *Mind & Language*, 25: 141—168.

Darwin, C. 1877. A biographical sketch of an infant[J]. *Mind*, 2: 285—294.

Dixon, J., & Street, J. 1975. The distinction between self and not-self in children and adolescents[J]. *Journal of Genetic Psychology*, 127: 157—162.

Kagan, J. 1981. *The second year: The emergence of self-awareness*[M]. Cambridge, MA: Harvard University Press.

Lecanuet, J., Fifer, W., Krasnegor, N., and Smotherman, W. (eds.). 1995. *Fetal Development: A Psychobiological Perspective*[M]. Hillsdale, NJ: Erlbaum.

Lewis, M., & Brooks-gunn, J. 1979. *Social cognition and the acquisition of self*[M]. New York: Plenum.

Liebal, K., Behne, T., Carpenter, M., & Tomasello, M. 2009. Infants use shared experience to interpret pointing gestures[J]. *Developmental Science*, 12: 264—271.

Meltzoff, A., Moore, M. 1999. Persons and representation: why infant imitation is important for theories of human development. In Nadel, J., Butterworth, G. (eds.). *Imitation in Infancy*[M]. Cambridge: Cambridge University Press.

Moll, H., Koring, C., Carpenter, M., & Tomasello, M. 2006. Infants determine others' focus of attention by pragmatics and exclusion[J]. *Journal of Cognition and Development*, 7(3): 411—430.

Nagy, E., Molnár, P. 2004. Homo imitans or Homo provocans? Human imprinting model of neonatal imitation[J]. *Infant Behaviour and Development*, 27: 1, 54—63.

Panksepp, J. 2000. Affective consciousness and the instinctual motor system: the neural sources of sadness and joy. In Ellis, R., Newton, N. (eds.). The Caldron of Consciousness, Motivation, Affect and Self- Organization[J]. *Advances in Consciousness Research*. Amsterdam: John Benjamins, vol. 16, 27—54.

Phillips W., Barnes J., Mahajan N., Yamaguchi M., & Santos L. 2009. 'Unwilling' vs. 'unable': capuchin monkeys' (Cebus apella) understanding of human intentional action[J]. *Developmental Science*, 12(6): 938—945.

Piontelli, A. 2002. *Twins: From Fetus to Child*[M]. London: Routledge.

Preyer, W. 1893. *Mental development in the child*[M]. New York: D. Appleton and company.

Rochat, P. 2001. *The infant's world*[M]. Cambridge, MA: Harvard University Press.

Schult, C. 2002. Children's understanding of the distinction between intentions and desires[J]. *Child Development*, 73(6): 1727—1747.

Sommerville J., Woodward A., &Needham A.2005. Action experience alters 3-month-old infants' perception of others' actions[J]. *Cognition*, 96: B1—B11.

Spelke, E., Kinzler, K. 2007. Core knowledge[J]. *Developmental Science*, 10: 1, 89—96.

Tomasello, M. 2007. Cooperation and communication in the 2nd year of life[J]. *Child Development Perspectives*, 1: 8—12.

Tomasello, M., Carpenter, M. 2007. Shared intentionality[J]. Developmental Science, 10: 121—125.

Tomasello, M., Carpenter, M., & Liszkowski, U. 2007. A new look at infant pointing[J]. *Child Development*, 78: 705—722.

Trevarthen, C. 2004. Brain development[J]. In R. L. Gregory (ed.), *Oxford Companion to the Mind*, 2nd edn. 116–127. Oxford: Oxford University Press.

Trevarthen, C., Reddy, V. 2007. Consciousness in infants. In Velmans, M., & Schneider, S. (eds). The Blackwell Companion to Consciousness[M]. Malden, MA: Blackwell Publishing, 41—57.

Trevarthen, C., Aitken, K. 2003. Regulation of brain development and age- related changes in infants' motives: the developmental function of regressive periods[J]. In M. Heimann (ed.), *Regression Periods in Human Infancy*, 107–184. Mahwah, NJ: Erlbaum.

Trevarthen, C., Aitken, K., Vandekerckhove, M., *Delafi eld- Butt, J.*, Nagy, E. 2006. Collaborative regulations of vitality in early childhood: stress in intimate relationships and postnatal psychopathology. In Cicchetti, D., Cohen, D. (eds.), *Developmental Psychopathology*[M]. 2nd edn. Hoboken, NJ: Wiley.

Tronick, E. 2005. Why is connection with others so critical? The formation of dyadic states of consciousness: coherence governed selection and the co- creation of meaning out of messy meaning making. In Nadel, J., Muir, D. (eds.), *Emotional Development*[M]. Oxford: Oxford University Press, 293–315.

Vaish A., Carpenter M., &Tomasello M. 2010. Young children selectively avoid helping people with harmful intentions[J]. *Child Development*, 81(6): 1661—1669.

Woodward, A. 2009. Infants' grasp of others' intentions[J]. *Current directions in psychological science*, 18: 53—57.

Zelazo, P., Gao, H., & Todd, R. 2007. The development of consciousness. In Zelazo, P., Moscovitch, M., & Thompson, E. (eds.), *The Cambridge Handbook of Consciousness* [M]. New York: Cambridge University Press, 405—432.

意识的神经基础

孙达

一、概　述

意识是复杂的心智现象，是一种自我感觉和外部感觉的综合，即人对环境、自我觉察、认知能力和认知的清晰程度。人们对自身及周围环境的感知状态包括感知（意识内容）和觉醒（意识水平）。意识的基础是个体具有对自身本体的认知（自我意识），具有自我意识就是意识存在的标志。唐孝威（2004）指出，意识是脑的活动，意识具有意识觉醒、意识内容、意识指向和意识情感四个意识要素。这四个意识要素以及它们之间的相互作用构成了意识整体，意识过程是四个意识要素相互作用的动力学过程。

1. 意识的概念或定义

意识问题涉及的学科有认知科学、神经科学、心理学、医学、计算机科学、社会学、哲学等，而意识一词在上述不同领域中也有着不同的含义（徐滔园，2000）。

在**哲学领域**，意识与物质（或存在）是相互对立的两个概念，它们共同成为哲学中的基本问题。存在是物质的，而意识被看作是"心理""精神"的同义词，指主观世界。所以哲学中的意识指的是人的主观世界及心理活动，包括认知、情感、意志的全部过程和内容。

意识在**心理学**中定义为人所特有的一种对客观现实的高级心理反应形式。意识是脑的功能，是以语言为工具对主观现实做出的反应。动物也有意识，但它们只能在个体的经验和有限的遗传本能基础上对客观现实做出反应。而人类自从有了语言的参与，不但可以通过记忆来认识那些曾经直接作用于他的事物，也可以认知自身并未经历过而为他人所认识的事物。

在**医学领域**，意识是指病人对自身及对外界环境的认识和反应能力，或者说是大脑皮质的觉醒程度，它的内涵比哲学和心理学上的意识概念要明显狭窄。在医学上，意识实际上是一种状态，用"意识状态"这一概念描述更为贴切。意识状态涉及意识的清晰程度、范围内容等方面。意识清晰是指大脑皮质处于最适宜的兴奋状态，这也是意识活动的基础。从神经科学考虑，意识是中枢神经系统对内外环境刺激做出应答反应的能力或机体对自身及周围环境的感知和理解能力，是人类的高级神经活动。当所有的感觉和反应都丧失时称为意识丧失，即昏迷。在神经病学领域，意识是指对客观现实和自身状况的认识。其中对客观现实环境的认识称作环境意识，对自身主观状态的认识称自我意识。从生物学角度来看，在机体生存的适应活动中，由发达的大脑产生的主观性称为意识。

本文侧重于从医学和神经科学的角度探查意识和意识障碍的神经学基础。

2. 意识的分类

2.1 意识、无意识和潜意识

著名心理学家弗洛伊德（Freud）认为人的精神活动由两部分组成，即意识和无意识。意识是指人在清醒状况时对自己的思想、动机、情感和行为的自我觉察，表现为对现实的觉察、感受、反应和思考。无意识则有两个含义：（1）指人们对自己行为的真正动机不能觉察，是一种难以进入意识领域而又不断影响着人们的心理活动的生物力量。（2）指人在清醒的意识下面还有潜在的心理活动在进行，所以又被称为潜意识。这也被称为人心理活动的三个层次，即意识、潜意识（亦称下意识）和无意识层次。克里克（Crick）与科赫（Koch）（1998，2003）把无意识定义为任何未通达有意识感觉、思想或记忆的神经活动。这里指出了无意识含义的两个关键点：第一，无意识不能被我们觉知；第二，无意识是一种神经活动过程。个体的意识状态从无意识到有意识是一个连续体，两者的过渡区域称为边缘意识。清醒时个体研究发现个体在静息或执行任务时经常会走神，或胡思乱想，这种意识的"游移"就是边缘意识的一种。唐孝威（2004）在《意识论》中提出的"意识的涨落"，也类似这种边缘意识现象。

在医学上，无意识还有另一种含义，即指意识完全丧失的"无意识状态"，归类于意识障碍范畴，主要与昏迷、植物人和脑死亡有关。

2.2 自我意识和环境意识

在精神医学中，意识又有自我意识与环境意识的区分。环境意识是指对客观现实环境，包括对环境中各种事物的内容、性质及其发生的时间、地点等方面的认识。而自我意识是指对自身主观状态的认识，包括对自己正在感知、注意、记忆、思维、体验以及正在从事的行为等心理活动能够意识到，并能进行自我评价和自我调整，同时能够将目前的自我状况与既往的经历联系起来。一般认为意识中最重要的是自我意识。

2.3 觉醒、睡眠和梦

睡眠与觉醒是人和高等动物维持正常生命活动所必需的两个相互转化及交替过程，而梦是在睡眠中某一阶段的意识状态下所产生的一种自发性的心理活动，也是人的一种意识状态。人可以处于清醒状态、睡眠状态和梦状态这几种不同的意识状态（Baars，Banks，1994）。无梦的睡眠状态也是一种意识状态，这时脑内存在无意识的活动（唐孝威，2005）。

2.4 意识障碍

从医学的角度分析，意识障碍是指患者对周围环境及自身主观状态的认识能力的障碍（徐滔园，2000），主要包括环境意识障碍、自我意识障碍和定向障碍。环境障碍主要由各种躯体疾病引起中枢神经系统代谢紊乱，或急性脑病引起，出现意识水平降低、意识内容和意识范围的改变。严重程度加深往往同时伴有自我意识的障碍，表现有环境定向和自我定向的障碍。单纯的自我意识障碍主要由大脑皮质功能紊乱（功能性精神病）引起。对意识障碍的研究是我们了解意识的主要途径，就像人类的祖先首先从脑病开始探索大脑的奥妙。

3．研究意识的方法

意识是人们心智和行为的一个重要方面。要全面研究人的心智和行为就必须了解什么是意识，它的表现形式和作用过程。近年来现代神经生物学、实验心理学、医学等领域许多新的实验技术，特别是无损伤脑功能成像技术的发展提供了对意识进行自然科学研究的实验手段。用现代自然科学方法研究和了解意识的本质，并在实验基础上进行意识的理论研究，已经被提到自然科学的研究日程上了（唐孝威，2012；曹丙利，唐孝威，2005）。

3.1 意识障碍的临床评估标准

由于缺乏"硬"的神经生理学标志（通常称为"金标准"），对遭遇急性脑损伤而处于昏迷、植物人状态、最小意识状态和"闭锁"（locked-in）综合征的病人，诊断、预后和医学处理仍然是困难的。对这些病人的意识知觉评估只能凭借意识水平的临床标志对病人行为进行推断（行为评估），即观察病人对环境和刺激（特别是疼痛刺激）的反应，以及反应脑干功能的病理反射是否存在。然而，因行为反应只是间接的意识证据而可能导致误诊。

当我们要了解一个人或动物有无意识以及意识状态，最简单的方法就是给予刺激并观察其反应。如果无反应则可以确定为意识丧失。在给予刺激并观察其反应的同时，我们可以进行脑电图监测和／或 SPECT、PET 显像，探查在刺激和反应过程中脑电活动及脑血流和代谢的变化。研究显示有害刺激产生的疼痛激活许多不同的脑区，包括前扣带回、同侧丘脑、体感皮层、前额区、颞顶区及对侧辅助运动区（Peyron, et al., 2000；Adler et al., 1997）。丘脑活性被认为是疼痛引起的全身唤醒反应的结果。前扣带回对有害刺激的反应可能参与疼痛感知的情绪和注意力成分。部分颞顶及前额区皮层参与有害刺激激活的注意力和记忆成分。与运动有关的纹状体、小脑和辅助运动区激活负责疼痛相关的逃避反应。

3.2 意识障碍评估量表

由于大脑功能的复杂性及当今神经科学对意识的有限认识，至今我们仍没有可以直接测量意识的手段，导致临床上植物人的误诊率仍很高，这就激励医生使用各种不同的观察量表对其意识障碍进行评估。意识障碍量表（disorders of consciousness scale，DOCS）是一个在整体水平上评定脑损伤患者，特别针对植物状态（VS）和最小意识状态（MCS）设计的神经行为学量表，主要内容由味觉、吞咽、嗅觉、本体觉与前庭感觉、触觉、听觉、视觉、定向、物品的功能性运用这八个模块组成，灵敏度高，可用于意识障碍的鉴别诊断和预后判断。

3.3 脑电图

临床上把大脑皮层的节律性生物电活动变化，通过电子仪器放大并记录下来，并将之称为脑电图（EEG）。脑电图有助于诊断脑功能的异常状态，如癫痫、颅内占位病变、炎症、昏迷、脑死亡等，随访某些脑病的演变及药物治疗的反应。EEG 与人体的意识水平密切相关，可用于监测正常和异常的睡眠过程及不同的意识障碍。

3.4 现代神经分子影像技术

SPECT（单光子发射计算机断层显像）和 PET（正电子发射计算机断层显像）是现代功能性分子影像技术。它们将具有不同生理和生物学行为的示踪剂引入人体，参与体内的生理、生化、代谢过程，通过计算机断层显像，可以无创性地从体外对人体内不同组织器官的各种生理活动，如血流灌注、葡萄糖和氧消耗、氨基酸代谢、蛋白质合成、受体的密度及分布等进行定位、定量、动态检测，从细胞和分子水平反映活体组织的功能状态。其中在脑研究中应用最多的是 SPECT 脑血流灌注（rCBF）显像和 ^{18}F-FDG PET 脑葡萄糖代谢显像。它们可以直接反映脑的局部血流灌注和代谢活性等功能状况，探查正常人的高级神经精神活动过程以及各种脑疾患引起的脑功能异常改变，是研究意识和意识障碍的先进技术及有效手段。

3.5 生理刺激（脑激活）的功能性神经显像研究

认知神经科学中的一个非常有意义和重要的课题就是关于人的主观意识及对各种不同的生理刺激的反应以及与脑神经解剖学的关系研究。放射性核素脑显像（SPECT 和 PET）是大脑功能（血流灌注或葡萄糖代谢）状态的即刻快照，即反映注射示踪剂瞬间的脑功能状况（孙达，2012）。受试者可以在自然的环境中进行意识、睡眠和梦的相关试验，同时用 SPECT 和 / 或 PET 探查大脑的功能活动和变化。例如让受试者躺在一个普通房间内的普通床上进入睡眠，用脑电图监测其睡眠状态，在出现特定的脑电波时，通过预置的静脉通道将显像剂注射入体内被脑细胞摄取。其在脑内的分布与注射即刻的局部脑的血流和代谢相匹配。在 20 ～ 30 分钟后唤醒受试者，记录其睡眠状况和梦境，然后到机房进行显像，获得反映注射时刻的脑功能显像图，直观不同睡眠分期和梦境的脑活性分布及变化，并可以获得相对的或绝对的定量分析数据。亦可在意识障碍患者的床边进行相关的感觉（如疼痛）刺激，观察并记录其反应，同时静脉给予显像剂，30 分钟后进行显像，了解其脑功能损伤的范围、程度，以及对刺激的反应类型，为医生对植物人或最小意识状态的准确诊断和治疗决策提供客观依据。

二、觉醒、睡眠和梦

睡眠与觉醒是人及高等动物维持正常生命活动所必需的两个相互转化和交替的过程，而梦是在睡眠中的某一阶段的意识状态下所产生的一种自发性的心理活动。人类学习、工作所产生的脑力和体力的疲劳必须经过充足的睡眠才能得以恢复。因此，觉醒可以看作是大脑正常工作的基本条件，而睡眠则是大脑为维持正常机能而产生的自律抑制状态。如果睡眠和觉醒关系失调，必然对人的学习和工作产生不良的影响（李新旺，2001；王焕林，2003）。

1. 正常的觉醒－睡眠周期

人类的整个睡眠过程具有两种不同的状态，或称睡眠时相，即慢波睡眠和快波睡眠。

人们在刚刚入睡后的睡眠大都属于慢波睡眠（SWS）和非快速眼动睡眠（NREM），脑电图呈现同步化慢波的时相。根据脑电波的变化特征，慢波睡眠时相可以分为 1、2、3、4 期。这四个时期代表着睡眠由浅入深的过程。快波睡眠是睡眠过程中周期性出现的一种激动状态，常伴随阵发性的或单个的快速眼球往复运动，也称为异相睡眠或快速眼球运动（快动眼，REM）睡眠。快波睡眠可能与脑的发育和记忆的巩固有关。

2. 觉醒和睡眠的神经机制

觉醒与睡眠状态的发生和维持与脑内的网状激活系统及其他脑区的兴奋及抑制过程有密切关系，同时也与脑内神经化学递质的动态变化有关（李新旺，2001）。

脑干网状结构存在着对维持觉醒有重要作用的上行激活系统，脑干也存在着控制这一系统活动的脑中枢，称为脑干内的睡眠诱导区，通过影响脑干网状结构顶端的唤醒作用来实现它对睡眠的控制。长时间的觉醒状态可使上行抑制系统活动增强，并对上行激活系统产生了负反馈作用，从而诱发睡眠。睡眠与觉醒的周期循环过程与中枢递质的动态变化密切相关。涉及的递质主要有4种，即去甲肾上腺素（NE）、5－羟色胺（5-HT）、乙酰胆碱（Ach）和多巴胺（DA），他们之间存在着复杂的、既相互拮抗又协调的关系（孙达，2005）。

3. 睡眠－觉醒关系失调：睡眠障碍

睡眠是临床上衡量人的身体一般健康情况的重要指标之一，并在一定程度上反映人的生理状况。睡眠障碍或睡眠不良主要是由睡眠－觉醒关系的失调引起的，它可以是偶发性的，也可以是习惯性的。常见的睡眠障碍有**失眠症**、发作性嗜睡病和睡眠异常等。在睡眠过程中，如果发生入睡困难、睡眠浅、多梦、易醒或早醒，白天疲倦瞌睡，即为失眠。如果失眠时间超过 4 周将视为慢性失眠。**发作性嗜睡病**的特点是突然发生、为时短暂、反复发作的不可抑制的嗜睡。它有四个方面的症状，即睡眠发作、猝倒、睡眠麻痹和催眠幻觉。**睡眠异常**常见有梦游症和夜惊症，后者多见于儿童，可以与梦游同时发生。

4．梦和意识

梦是一种奇异的现象，而做梦的经验也是人所共有的。在心理学上，梦是在睡眠中的某一阶段的意识状态下所产生的一种自发性心理活动。研究显示，当受试者在快波睡眠期间被唤醒时，有 80% 报告正在做梦，而在慢波睡眠期间被唤醒者，仅 7%说自己正在做梦。大约 90%的梦都是有故事和知觉经验的。这说明 REM 睡眠与梦有着密切的关系（唐孝威，2005）。

4.1 做梦的意义

心理学专家认为，通过分析梦境，可以了解自己的性格，尽早摆脱不利事件的影响。通过"自我暗示"等方法，"计划"和"控制"自己的梦境，可以提高专注力、记忆力和自我评价能力，同时可解决一些心理问题。如果人们真正能主宰自己的梦境，必然会有益于身心健康。一些专家认为梦也能帮助发现疾病。

4.2 梦的研究

对梦的研究最早源于心理学。西格蒙德·弗洛伊德在 1900 年发表的《梦的解析》中，从心理学角度对梦进行了系统研究，分析了梦的凝缩、梦的转移和梦的二重加工，讨论了梦的隐意内容，解析了愿望满足的原理，描述了梦与疾病的关系，还说明了幼儿生活对成人条件作用的不可避免的影响。通过对梦的科学探索和解析，他发掘了人性的另一面——"潜意识"，揭开了人类心灵的奥秘。奥地利心理学家阿德勒认为，梦是在潜意识中进行的自我调整和激励，以及对未来目标的设定。美国心理学家弗洛姆认为，梦的功能是探讨做梦者的人际关系，并帮其找到解决这些问题的答案。唐孝威（2005）认为梦是做梦者在睡眠时脑内发生的正常的心理活动，是人日常生活中的一种普遍现象。梦有许多特征，如梦与个体的觉醒程度相联系，梦有具体内容，梦的过程伴随有意向和情感等。唐孝威把它们归纳为梦的四个成分：梦的觉知、梦的内容、梦的意向和梦的情感。这四个成分反映了梦的主要特征。

5. 睡眠和梦的功能性神经显像研究

5.1 功能性神经显像的应用

现代功能性神经显像技术的进展可以帮助我们无创性地直接评估正常人受试者整个睡眠－清醒周期的不同时段、不同状态下的脑血流动力学和代谢等脑功能特征，将人在睡眠期间的脑活性定位在与睡眠期、睡眠生理事件和以前的清醒活动有关的特异的皮层及亚皮层区。研究结果显示与觉醒时比较，在不同的 SWS 期脑血流（CBF）、氧代谢和葡萄糖代谢总体减少（Meyer，et al.，1987；Madsen，et al.，1991A；Madsen，et al.，1991B；Buchsbaum，et al.，1989；Maquet，et al.，1990；Maquet，et al.，1992）。PET 研究进一步证实丘脑局部葡萄糖代谢减少比全脑减少更为明显（Maquet，et al.，1990；Maquet，et al.，1992）。与清醒时比较，在快速动眼（REM）睡眠期间的 CBF 和氧代谢在整体上没有明显改变（Buchsbaum，et al.，1989；Maquet，et al.，1990），而在一些边缘和皮层区，包括视皮层尚可观察到明显的局部增加（Buchsbaum，et al.，1989；Maquet，et al.，1990）。功能性神经显像临床和电生理学评估相结合，已成为人类睡眠障碍的诊断、分类、治疗和监测的有用工具，在人睡眠生理学的研究中发挥重要作用（Hofle，et al.，1997；Dang-Vu，et al.，2007）。

迈科唯（Maquet）（2000）在 2000 年发表的一篇关于人类睡眠的 PET 功能性神经显像研究的综述中提到，已发表的 PET 数据描述了一个重复性很好的睡眠的功能性神经解剖，并对睡眠的神经解剖的核心特征概括如下：在慢波睡眠，大多数去活性区定位在背侧桥脑和中脑、小脑、丘脑、基底节、前脑基部／下丘脑、前额皮层、前扣带皮层、楔前叶和颞叶的中间部分。在快动眼睡眠期间明显的活性被发现在桥脑被盖、丘脑核、边缘区（杏仁体、海马结构、前扣带皮层）和后部皮层（颞顶区）。相反，背外侧前额皮层、顶皮层，以及后扣带回皮层和楔前叶是最小活性的脑区。这些最初的研究揭开了睡眠的神秘面纱。迈科唯认为功能性神经显像与已经在使用的其他不同的方法，如细胞内记录、原位神经生理学、损伤及药理学实验、头皮脑电图、行为和心理学描述等结合，必将对更好地了解睡眠的功能做出贡献。

5.2 快速动眼睡眠

如前所述，人快速动眼（REM）睡眠与梦有明显的相关性，因此大量的研究集中在一般人群水平的人 REM 睡眠的功能性神经显像上，并与觉醒状态、慢波睡眠（SWS）和非 REM 睡眠期间获得的显像数据进行比较，结合受试者对梦境的陈述，了解快速动眼（REM）睡眠期间脑功能活动的定位和定量特征，特别集中在 REM 睡眠期间活性减少和 / 或增加的脑区，以帮助说明在 REM 睡眠期间人认知活动的表现和特点，解释这些结果对在高级处理情节记忆恢复和自我表现在 REM 睡眠做梦期间以及外界刺激进入梦境的混合期间的变异的意义（Maquet, et al., 2005）。为了研究在快速动眼（REM）睡眠期间眼运动的神经基础，洪（Hong）等（1995）分析了 9 名正常受试者在夜间 REM 睡眠期间获得的眼运动的 18F-FDG PET 显像数据，与 6 名对照受试者在清醒周期性地做眼运动时的 PET 数据比较。在 REM 睡眠期间眼运动的数量与相应区的葡萄糖代谢率相关，这些相应区包括：（a）眼扫视运动系统（额眼区和背侧前额皮层，仅右侧有统计学意义）；（b）中间注视系统（扣带和中额皮层、楔前叶）；（c）顶叶视觉空间系统（双侧上顶叶、右下顶叶）。而左下顶叶与相对代谢率有负性相关性，在除了下顶叶以外的同样的脑区观察到清醒时的眼运动与代谢率之间的正性相关性。他们的结果显示在 REM 睡眠和清醒时涉及眼运动的皮层区是相同的，支持 REM 睡眠时的眼运动是在梦境中扫视目标。他们的数据也支持眼扫视运动控制的右半球的特化以及在更高级的皮层功能期间与对侧相应区的交互抑制。麦德森（Madsen）等（1991c）让 11 例健康志愿者在清醒期间进行 ^{99m}Tc-HMPAO CBF 测定。在间隔的夜晚再进行 REM 睡眠期间的 CBF 测定，所有受试者均报告视觉的梦。结果显示，在 REM

睡眠期间联合视觉区的 CBF 增加 4%（p<0.01），而下额皮层 CBF 减少 9%（p<0.01）。相关视区 CBF 增加支持处理复杂视觉材料的脑结构的激活与视觉的梦体验相关。此外，在 REM 睡眠期间观察到的涉及下额皮层的减少可能说明在梦中常常经历混乱的时间结构和奇怪的东西。由于 CBF 和神经元活性之间的匹配，局部 CBF 的变化反映了不同脑区神经细胞活性的特征。

研究还显示，正常志愿者在清醒、快速动眼（REM）梦和非快速动眼（NREM）心理活动期间的焦虑（Gottschalk，et al.，2001）、敌意水平（Gottschalk，et al.，1991）以及社会疏离得分（Gottschalk，et al.，1992）与 PET 测定的脑葡萄糖代谢之间有明显的相关性。受试者被要求陈述他们在静脉给予 FDG 后 30 分钟时间内的主观思维、感觉、情感、幻想或梦，以及对这些心理事件的自由联想，通过相关量表进行评估。戈特沙尔克（Gottschalk）等（2001）发现不同脑区的局部脑葡萄糖代谢率与自我焦虑、焦虑转换、焦虑否定评分之间存在明显交互关系，并依赖焦虑累及的类型。这些明显的相关性与已知的情感、认知、记忆和视觉的功能相关。戈特沙尔克等（1991）的研究显示，表面的敌意、内在的敌意和不确定的敌意与这些心理活动的激活明显相关。与 NREM 受试者比较，明显的相关性更常发生在清醒和 REM 梦受试者身上，而且更常见于额叶、顶叶和颞叶，而不是枕叶。相关性对清醒受试者趋向于正性，对 REM 受试者趋向于负性。戈特沙尔克等（1992）调查了正常受试者相对轻度的在社会疏离的言语行为和紊乱思维表现与 PET 测定的脑葡萄糖代谢率之间的相关性。由受试者报告的清醒、沉默的心理活动所获得的总的人的社会疏离分裂得分显示与左颞叶的葡萄糖代谢率有明显的正性相关性。以前的观察支持左颞叶葡萄糖的增加可能代表慢性精神分裂症，表明广泛思维障碍的征象或发生在社会疏离的表现可以在正常人中短暂和最低程度发生。

5.3 慢波睡眠

霍夫勒（Hofle）等（1997）用 H$_2$^{15}O/PET 显像研究了人在从放松的觉醒状态逐渐到慢波睡眠（SWS）期间 rCBF 的变化，并与检测时 SWS 的梭形波（Spindle）（12 ～ 15 Hz）和德尔塔波（delta）（1.5 ～ 4.0 Hz）脑电图（EEG）活

性相结合。每个受试者在觉醒和 SWS 的 1～4 期进行最高的 6 次 60 秒的扫描及同步脑电图监测。结果显示，与 rCBF 负性相关的最显著的德尔塔波活性在丘脑，以及脑干网状结构、小脑、前扣带和眶额皮层。在 delta 作用被去除后，在梭形波活性和残存的 rCBF 之间的明显负性的相关变异位于中丘脑。这些负性的相关变异可能反映丘脑皮层交替神经元与德尔塔波和梭形波联系的失易化及活性阻滞，以及发生在 SWS 期间的感觉觉醒神经底物潜在的逐渐衰减、运动响应和唤醒。在视觉和听觉皮层，德尔塔波活性与 rCBF 正性相关，可能反映对在 SWS 期间发生的像梦一样的心理活动的处理。

　　SWS 的功能性神经显像研究的结果还显示不同类型和分期的 SWS 功能的局部脑活性变化不尽相同。PET/ 葡萄糖代谢率（CMRGlu）的测定显示在 SWS 期间全脑的 CMRGlu 减少伴有局部变化（Maquet, et al., 1990）。与之相似，绝对的 CBF 测定也显示在 SWS 期间全脑血流减少（Madsen，Vorstrup, 1991）。另一方面，亦有研究显示在 SWS 期间，全脑 CBF 轻度增加（Mangold, et al., 1955），或全脑 CBF 没有明显变化（Hofle, et al., 1997；Andersson, et al., 1995）。变化不大的原因可能是在 PET 检查期间 SWS 期相对短暂，也可能采样是在夜晚刚开始时进行的，此时全脑血流变化似乎是最小的（Frenette, 2010）。另外，SWS 一些研究结果揭示与任何可能的全脑 CBF 变化重叠，在 SWS 期间不同的 CBF 局部变化发生，反映在该状态期间局部脑活性的变化不同。睡眠期是由 EEG 活性确定的，该活性是反映发生在睡眠期间的电生理变化。根据电生理的特征，SWS 分为 4 期，代表睡眠由浅入深的过程。不同的 SWS 分期，脑的神经生理活动和功能状态是不同的，潜睡眠状态，脑的生理活动尚未明显减少或停止，其 CBF 和代谢可以没有变化，而深度睡眠期，脑功能活动处于相对静止状态，CBF 和代谢会普遍降低，其间如发生像焦虑这样的异常心理活动，就可能表现为局部的脑血流和代谢的变化，包括 CBF 和代谢的增加。

　　5.4 快速动眼睡眠行为障碍

　　REM 睡眠行为障碍（RBD）是一种罕见但引人注意的以梦设定为特征的深眠

状态，导致攻击性或复杂行为，常影响老年男性。自发的 RBD 不一定都是一种良性情况。诊断通过多睡眠图确定，典型地显示缺少正常的 REM 睡眠弛缓和有时异常的行为（Frenette，2010）。非自发的 RBD 与帕金森病、路易（Lewy）体痴呆（DLB）相关，也与少量的药物治疗和神经变性疾病有关，多巴胺不足可能在一些病人中起作用。研究显示快速动眼（REM）睡眠行为障碍（RBD）常常在 DLB 发作前出现。富士郎（Fujishiro）等（2010）的研究显示，9 例无痴呆的 RBD 病人报告再发梦境行为时的 ^{18}F-FDG PET 数据，4 例有葡萄糖代谢率弥漫性降低的区域，主要在枕叶，这是 DLB 病人的优先影响区。对比之下，5 例没有显示这样的枕叶的低谢区，替代的是左前扣带回（BA24）、右额叶（BA32）和右前颞叶（BA32），这些是帕金森病而不是 DLB 的优先影响区。左枕叶 CMRglc 减少的程度与反映视觉空间（visuospatial）能力的本德格式塔测验（Bender Gestalt Test）的得分相关，但与全脑认知测试得分无关。所有病人显示心脏 ^{123}I-MIBG 水平减少，与潜在的 DLB 一致。这些 ^{18}F-FDG PET 扫描中的这些变异更提高了 CMRglc 减少的特异类型可以预测自发的 RBD 病人进展到 DLB 的可能。弗里德曼（Friedman）（2002）报告七个表现为 RBD 病人中的六个随后出现一种 3 型脊髓小脑性共济失调（Machado-Joseph disease）的综合征。

三、意识障碍

意识的等级包括意识、潜意识、无意识和意识障碍。之前第一部分中对意识、潜意识和无意识已经做了介绍，以下将重点讨论意识障碍。

1. 意识障碍和分类

意识障碍是由脑功能的抑制引起的，大脑功能受到不同程度的抑制，可引起人们不同程度的意识障碍，表现为意识的水平低下、内容改变和范围缩小。意识障碍的类型和程度又因导致脑功能抑制的脑病不同而异。急性脑损害（例如脑外伤、脑缺血）可以使人从意识清醒立刻转入意识丧失（昏迷），非急性的病变则可出现不同程度的意识障碍，发展或不发展到昏迷。如果以单纯的脑功能抑制为主，可表现意识浑浊、嗜睡、昏睡、昏迷等症状，如果还伴有释放症状或其他症状，则表现为谵妄、朦胧状态、梦样状态、意识模糊等（徐滔园，2000；王焕林，2003；张明岛，陈福国，1998）。

嗜睡指意识的清晰度水平轻微降低，表现为表情淡漠、迟钝、易打瞌睡，如果一人独处，很容易就睡着，但能被叫醒，叫醒后短时间内有点迷迷糊糊、答非所问、发音含糊，无自发行为及言语，睡着时吞咽及咳嗽反射略有减退。

意识浑浊，又称为反应迟钝状态。意识清晰度轻度受损，表现为似醒似睡、表情呆板、行为迟缓、缺乏主动、反应迟钝、思维缓慢。如果缺乏刺激，常常像要睡着一样，但还能有一些简单的动作和反应，如叫他张嘴、伸舌等都能做，不过缓慢些。跟环境有一些接触，能回答简单问题，但对复杂问题则有些茫然不知所措，语音低、语速慢，是意识轻度受损的反应。

意识模糊的概念本身就比较模糊，过去包括的范围较广，现较少用。主要表现为严重的思维混乱，伴有定向不良、幻觉、妄想、焦虑、迷惘。与谵妄或梦样状态很相似。

朦胧状态主要表现为意识范围狭窄，感知不清晰，联想抑制，理解判断能力缺乏和定向障碍。此时患者集中注意于某些内心体验，而对环境中的事物不加注意，对外界的反应也有减退，思维不清晰，有时很混乱，可以表现带有焦虑或欣快的情绪。对周围事物常有错认，也可有各种片段的幻觉、错觉和妄想。行为可以增加、减少或正常。朦胧状态一般持续时间长，常在睡了一觉后完全好转，但对朦胧期的情况不能回忆。

梦样状态表现为做梦样的精神错乱状态。病人完全沉湎于幻觉、幻想的体验之中，如同进入梦乡。梦境的内容常由现实生活片段与具有情感色彩的幻想交织在一起，伴有焦虑和欣快的情绪。患者外观上有的像僵木一样，有的表现兴奋，对外界环境毫不注意，但如有大声叫唤，偶尔也能应答几句。应答内容含糊，有时也能反应其幻觉内容，过后并不完全遗忘。

谵妄指意识的清晰度水平明显降低，不但有意识障碍，而且动作增加、躁动不安、感知觉过敏，感觉异常、思维凌乱，定向力全部或部分丧失，对周围环境不能正确辨认。常伴有丰富的错觉和幻觉，多为视幻觉，亦可有前庭幻觉、触幻觉等。病人有时呼之能应，回答一些简单问题，但常不切题，且维持时间很短，旋即陷入喃喃自语或兴奋混乱之中。

昏睡指整天处于熟睡状态，如果处于不舒服的姿势，不会自动调整。对于呼唤和推动肢体已不能引起反应，要用强刺激（推、针刺、拧）方能弄醒，无法对答，也无痛苦表情。

昏迷为最严重的意识障碍，表现为意识持续中断或完全丧失，对任何外来刺激都无反应，给予疼痛刺激时缺乏回避反应，即使使用强刺激，也不能将病人弄醒。昏迷分为浅昏迷和深昏迷。深昏迷的病人大多处于**最小意识状态**。而长期昏迷可以进展为**持续性植物状态**，并最终导致**脑死亡**（曲方，2007）。

2. 意识的变异状态

当人的意识活动采取和正常状态绝然不同的模式时，这种状态称作意识的变异状态。意识的变异状态主要有做梦、麻醉、催眠、着魔状态、致幻体验、冥想以及生物反馈诱发状态等（张明岛，陈福国，1998）。

麻醉，从医学角度来讲，是指通过药物或其他方法使病人整体或局部暂时失去感觉，以达到无痛的目的，为手术治疗或者其他医疗检查治疗提供条件。全身麻醉（全麻）的特征是意识消失、遗忘和对伤害性刺激无反应。

催眠（hypnosism）是指对人或动物进行视觉、听觉、触觉刺激或言语的暗示以引导其进入半睡眠状态。通常施行催眠时让受试者静坐或平躺，要求放松、入静、不出声、不思考，通过语言暗示辅以水晶球或某些特殊的仪器进行诱导，使受试者慢慢进入困倦、神志恍惚和完全放松的状态，进而引出各种特有的心理现象和体验。

着魔状态，是指某个人感觉到，他的个性或灵魂暂时为某一非物质的主体所替代的状态。通常被解释为是分离于人的整体精神的一部分，是无意识心理的一个方面。

酒精中毒是酒精（乙醇）对中枢神经系统产生抑制和毒害作用。不同程度的酒精中毒对于人的感知觉、自知力和心理方面的影响是不同的。一次饮用大量的酒类饮料会对中枢神经系统产生先兴奋后抑制的作用，俗称醉酒。轻度中毒可使人有一种欣快和全身温暖的感觉。随着中毒程度的加重，便会出现感知觉的损伤，如意识障碍、错觉、幻觉、片段妄想和激情状态，甚至会出现攻击和破坏行为。重度中毒可使呼吸、心跳抑制而死亡。功能性脑显像提供了直接检查酒精对神经功能和特异的神经递质系统作用机制的机会。PET 研究已经发现慢性酒精中毒病人全脑葡萄糖代谢减少，而最常见的局部异常是在额皮层。急性酒精中毒时，对酒精作用的高敏感区是枕皮层、小脑和前额皮层（孙达，1997）。

冥想是一种心理控制技术，起源于古代哲学理论和东方宗教，是为了消除错觉、净化意识，使人进入注意力高度集中状态的一种心身活动。一般而言，冥想可以被理解为完全和无意识沉默的状态，精力集中固定在一个活动、一个项目或一个主意上。研究表明，冥想有助于自我心理调节，因此一些简化易学的冥想技术已被推广应用到心理治疗领域。它能够使人平心静气，消除疲劳，提高人们应对压力的能力。最近几年，一些关于冥想的 fMRI 和 PET 研究已经被发表，数据支持在冥想期间一个与平静的警戒期间不同的特异的神经活动的假说。主要的结果是额叶、前额叶和扣带回的活性增加，这些区可能表示改变的自我经验的精神状态的假说（Neumann，Frasch，2006）。娄（Lou）等（1999）用 ^{15}O-H$_2$O PET 技术比较了 9 例对瑜伽有很高经验的成人在放松冥想期间和正常意识的静息状态时的脑活动，其中两例测定了全脑 CBF，9 例均有全程的脑电图监测。在冥想时，已知参与意象作业的后感觉和联合皮层的特定的活性被看到，但 VI 明显除外。与正常意识的静息状态比较，冥想时特定的活性分布在背外侧和眶额皮层、前扣带回、左颞回、左下顶叶、纹状体和丘脑区、桥脑、小脑蚓部及小脑半球，这些部位被认为是与执行注意的网络相关的结构。两名受试者全脑平均血流在整个调查过程中维持不变（35±5 和 38±4 ml/100g/min，部分容量效应未校正），结果增加了我们对冥想的神经基础的了解。

3. 麻醉

3.1 麻醉的定义

麻醉（anesthesia）一词源于希腊语"an"及"aesthesis"，表示"知觉/感觉丧失"。麻醉学就是采用药物或者某种方法，让病人局部或者是全身暂时失去知觉，以无痛地度过手术时期，确保病人舒适和安全。感觉丧失可以是局部性的，也可以是全身性的，后者表现为病人全身无知觉，意识丧失，对伤害性刺激无反应。简称为全麻。

麻醉导致的意识丧失是一种意识的变异状态，对麻醉机制的研究是了解意识和意识障碍的重要途径之一。传统的研究手段如脑电监测、局部毁损和神经离断等很难对全麻药的中枢作用区域进行进一步的精确定位。SPECT 和 PET 显像建立在血液动力学或代谢改变的基础上，直观地反映神经元活性的变化，可以直接显像活体内各种麻醉药对脑局部血流灌注和葡萄糖代谢的影响，揭示麻醉药发挥作用的中枢定位及途径（于代华，徐礼鲜，2008）。

3.2 不同麻醉剂的作用机制和作用靶区

全麻的特征是意识消失，遗忘和对伤害性刺激无反应，不同的麻醉药如何引起这些行为的改变是麻醉研究的基本问题。因此，对麻醉的功能性脑显像首先涉及各种不同麻醉剂的作用机理和作用部位。研究已经发现，在清醒和不同麻醉剂引起的意识丧失状态下，一些脑区的功能活动是不同的（Alkire, et al., 2000）。异丙酚的体内麻醉效果是通过 GABA 能神经元介导，而异氟烷在体内的作用可能涉及中枢乙酰胆碱功能的拮抗作用（Alkire, et al., 2001）。

（1）咪达安定：张惠等（2005）的研究显示，与清醒组比较，咪达安定

（midazolam）麻醉后全脑及脑内多数区域 CMRGlu 显著降低（p<0.05），而以丘脑、扣带回和左侧额叶 CMRGlu 降低更为显著（p<0.01），分别降低了 33%、28% 和 25%，提示这些区域对咪达安定麻醉更为敏感，可能是咪达安定在脑内作用的主要靶区。保斯（Paus T）（2000）的研究显示，咪达安定也可使 rCBF 发生特定的变化，除了全脑 CBF 降低外，注射咪达安定还引起包括岛回、扣带回、前额叶皮层多个脑区、丘脑、顶颞相关区内 CBF 下降。rCBF 的减少是不对称的，左额叶、丘脑和右侧岛叶更为明显，特别是在低效应组。枕叶则可见 rCBF 增加。这些与剂量相关的 rCBF 变化的区域与负责唤醒、注意和记忆相关，特别是前额叶皮层。维塞利斯（Veselis RA）等（1997）认为这个区域可能与咪达安定引起的遗忘效应有关。

（2）氯胺酮：孙绪德等（2007）用 PET 研究全麻药氯胺酮对脑葡萄糖代谢的影响。结果显示，①与清醒状态时比较，镇静状态下除惊觉/镇静评分明显降低（p<0.05）外，MAP、RR、HR 和呼气末二氧化碳分压（$PETCO_2$）等指标均升高，差异具有显著性；②镇静状态下全脑 CMRGlu 降低了 12.7%，以丘脑、海马、额叶、枕叶和颞叶区域最为明显（p<0.05）；在意识消失状态下全脑 CMRGlu 降低了 18.5%（p<0.05），其中丘脑、海马、颞叶、枕叶和额叶降低更为显著（p<0.05）。这表明低剂量氯胺酮主要影响皮层区，较高剂量时也影响皮层下结构，特别是丘脑和海马等区域，这些区域可能是氯胺酮麻醉作用的关键靶位。

（3）异丙酚：研究显示异丙酚也能够使多个脑区发生 CMRGlu 降低，包括丘脑、海马、颞叶、额叶、枕叶等。这些脑区与视觉产生、感觉信息的整合、空间信息的处理和记忆有关。菲塞（Fiset）等（1999）研究了异丙酚麻醉下 rCBF 的变化，发现这种变化对特异的神经网络有浓度依赖性。除全脑 rCBF 广泛减少外，大的局部减少发生在双侧中丘脑、楔叶和楔前叶、后扣带回、眶额、右侧角回。在中脑和丘脑血流变化之间观察到明显的相关变异，结果与阿尔基尔（Alkire）等（2000）报道的异丙酚引起的 CMRGlu 降低相一致。异丙酚引起的局部葡萄糖代谢降低与苯二氮桌类受体密度的分布呈现出明显相关性，局部受体越多，代谢降低也越多（Alkire，Haier，2001）。凯斯蒂（Kaisti）等（2002）用 H_2O PET 研究了异丙酚和七氟醚对人脑 CBF 的影响，结果显示两种麻醉药均引起全脑 rCBF 下降（异丙酚的下降＞七氟醚），特别是楔叶、楔前叶、后边缘系统、丘脑和中脑。异丙酚还另外引起顶叶和额皮层 CBF 下降。随药物的浓度增加，效果更为显著。

（4）芬太尼：阿德勒（Adler）等（1997）等研究表明，疼痛刺激使前扣带回、同侧丘脑、前额皮层、对侧辅助运动区 CBF 增加，而芬太尼使前扣带回和对侧辅助运动区 CBF 增加。疼痛和芬太尼均使双侧丘脑和后扣带皮层 rCBF 减少。若同时给予疼痛刺激和芬太尼，后者明显增加与疼痛相关的辅助运动区和前额叶的 rCBF 增加，并与疼痛感知减少相关。因而他认为，辅助运动区和前额下皮层很可能与芬太尼镇痛机制有关。莱蒂奥（Laitio RM）等（2011）的研究还显示，全身麻醉药能够改变在正常人中存在的脑局部葡萄糖代谢（rCMRGlu）和脑血流（rCBF）之间的相互匹配，在 1MAC 疝气麻醉时 rCMRGlu 的降低程度大于 rCBF 的降低，因而 rCBF/rCMRGlu 比值增加，最大比值出现在岛叶、前扣带回、后扣带回及躯体感觉皮层区。

综上所述，大多数脑显像研究都强调丘脑这个靶体在麻醉中的重要性。维塞利斯等（2001）发现深度咪达安定镇静时丘脑内 rCBF 极大下降，其他 PET 研究也证实，使用安定或咪达安定后丘脑局部神经元活动大大下降。其他与麻醉相关的脑区包括额叶、颞叶、海马和扣带回、枕叶，等等。同时，尽管这些麻醉药物的结果不尽相同，但他们的镇静和遗忘作用的产生都是通过对与觉醒和记忆相关脑区神经活动抑制的结果，也就是说他们可能通过相同的神经元网络产生行为的改变（张惠等，2005）。

4. 催眠

4.1 催眠的定义

催眠（hypnosism，源自希腊神话中睡神 Hypnos 的名字），是指用各种不同技术刺激和 / 或暗示受试者，人为诱导其进入一种意识的替代状态——半睡眠（似睡非睡）状态，受试者表现为原始思维、自控力下降、无时间感和有顿悟体验，意识恍惚，甚至出现错觉或幻觉。同时受试者感到轻松舒适，暗示性增强，强烈情绪体验，有一种再生的感觉，自主意愿行动减弱或丧失。恰当地使用催眠可以达到消除紧张、焦虑情绪，建立乐观积极心态的作用。有关催眠过程的 EEG、ERP和功能性脑显像研究支持催眠及非催眠状态存在不同的脑活动（方莉，刘协和，2006；郑直等，2005）。PET 显像已揭示催眠涉及觉醒和注意的脑结构的活动，脑干血流与放松呈负相关，而与专注呈正相关。这提示，丘脑皮质的觉醒和注意网络在催眠效果中的作用（Raz，Shapiro，2002）。

4.2 催眠暗示下脑麻痹的神经机制

至今为止，催眠作用潜在的大脑机制尚不十分清楚。早期的研究显示，暗示诱导会使大脑活动中最基本的记忆系统，疼痛知觉和有意运动产生变化。根据此理论，催眠的效果影响到了大脑进程中调解执行控制和注意力之间的关系。现代神经显像技术可以让我们无创性地在体外直接观察催眠时大脑的活动，评估这些神经活动的变化是否因大脑执行控制系统的抑制或中断而发生（Raz，Shapiro，2002）。

兰维尔（Rainville）等（1999）比较了正常休息状态、单纯催眠放松状态和催眠止痛暗示过程中的局部脑血流（rCBF）及脑电活动。疼痛或疼痛暗示是将受试者手浸泡在引起疼痛感觉的 47℃ 的热水或适宜的 35℃ 的温水中。结果显示，催眠时双侧枕部的 rCBF 增加，EEG 的 delta 活动增加，两个指标之间存在高度相关（p<0.0001）。此外，右侧前扣带回尾部和双侧额下回也有 rCBF 增加，而在右侧下顶叶、左侧楔前叶和后扣带回，存在与催眠有关的 rCBF 减少。催眠止痛暗示引起了左侧额叶大部分皮质等广泛的 rCBF 增加。此外，中和侧后顶皮质显示出与止痛暗示有关的增加，这与催眠相关的减少区有部分重叠。兰维尔等分析，枕部的 rCBF 和 delta 活动增加反映了与警觉下降及可能促成视觉想象有关的意识改变，与感觉改变暗示有关的额叶 rCBF 增加可能反映了暗示、工作记忆和涉及知觉体验再解释的自上而下加工的言语中介作用。这些研究结果描述了一个新的催眠的神经生理学基础，证实了与催眠状态和催眠暗示过程有关的

特殊脑活性类型。执行注意系统可能引起一些心理操作的阻滞和中断。为了评估在催眠麻痹期间运动和抑制的脑回路，柯杨（Cojan）等（2009）让受试者在三种不同情况（正常状态、催眠左手麻痹和假的麻痹）下进行功能性磁共振成像（fMRI），直接测试催眠暗示下的麻痹状态能否激活特定的抑制过程，了解其是否与非催眠状态下的抑制过程类似，以评估在催眠诱导的麻痹状态下极具抑制性的大脑回路。结果显示，尽管左侧手受到催眠麻痹，右侧运动皮层出现初步激活，揭示运动意图仍维持，调停意象和自我觉察的楔前叶区活性增加。正常状态和假的麻痹情况激活对抑制起作用的右侧额区，且与催眠期间的运动阻断或执行没关系。这些结果支持催眠可以不经过直接的运动阻滞增强自我监控程序并产生由指导行为暗示的内在表现。塞茨特曼（Szechtmant）等（1998）进行了一项PET听觉催眠研究，他们用PET检测受试者在4种状况下的脑活性，即觉醒休息状态、听录音磁带上的一段声音、想象再一次听见这段声音、告诉受试者正在再次播放这段录音但实际上并没有播放。而他们进入听幻觉的体验时，把受试者在高催眠状态下的主观体验与反应感知改变的PET显像结果联系起来，发现受试者出现听幻觉时和实际听见声音刺激时大脑右前扣带回皮质的活动相似。当受试者想象听到声音时，前扣带回活动明显下降。

5. 昏迷

意识依赖于双侧大脑半球和脑干上行网状激活系统及其投射到双侧丘脑的纤维在结构及功能上的完整性。脑干局灶病变和双侧大脑半球功能障碍均可以引起昏迷，表现为意识持续中断或完全丧失，对任何外来刺激，包括疼痛刺激无反应，肌肉松弛、瞳孔扩大，呼吸变慢且不规则，时有暂停。浅昏迷时腱反射及足底反射消失，但角膜反射及瞳孔对光反应仍存在，深昏迷时吞咽反射、瞳孔对光反应等所有的反射检查均消失，但可引起病理性足底反射。医生通过对意识水平、脑（颅内）神经反应性、感觉、运动、呼吸形式、病理反射等快速检查，获得神经解剖学的基本定位，确定是否昏迷及昏迷的程度。昏迷程度常用格拉斯哥

（Glasgow）昏迷评分量表客观评价，GCS≤7分定为昏迷（曲方，2007；何颜霞，2008）。

5.1 头部创伤和昏迷

昏迷可由多种颅脑疾病引起，而颅脑外伤是目前最常见的导致昏迷的病因。临床和动物的研究显示，头部创伤后即刻颅内压迅速增高，而脑灌注压显著减少，在冲击后5分钟局部脑区的脑血流可下降至一半左右。创伤后脑皮层rCBF的变化与自动调节功能暂时障碍、CO_2反应性及代谢的障碍相匹配。当损伤组织的局部血流超过其代谢需要时即表现为局部充血（孙达，1997）。脑血流的变化可以促进脑血肿的形成和颅内压升高，引起包括创伤后中风在内的继发性缺血性损伤，而后者又可反过来影响脑血流的变化（McGoron, et al., 2008）。PET和SPECT脑显像可以发现CT和MRI探查不到的脑创伤所致的局部代谢和血流灌注异常，它所揭示的功能受损范围常超出CT或fMRI探查到的脑结构异常范围（Newberg, Alavi，2003）。这种差异不仅见于轻中度脑损伤和脑损伤后遗症病人（包承侃等，2001；李娟等，2003；吴务权等，2005），也同样可见于重度脑损伤伴昏迷的病人。阿卜杜勒－达耶姆（Abdel-Dayem）等（1987）报道的一组14例急性头部创伤昏迷的病人意识范围为3～7级（Kvwait Consciousness Scale），10例SPECT检查在事故后72小时内进行，2例在第10天和41天进行，14例CT检查均在24小时内进行。SPECT探查到五十四个损伤，根据临床检查和随访证实均为真阳性，CT探查到二十二个损伤，其中十六个同时为SPECT所证实。也就是说，SPECT探查到的五十四个损伤中有三十八个在CT上未查到，而CT探查到的损伤中仅六个未被SPECT探查到。德拉库瓦（De la Cueva L）等（2006）描述了严重脑创伤病人脑葡萄糖代谢的变化，并与CT/MRI等形态学显像结果进行比较。55例持续严重脑创伤病人均呈现脑代谢的改变，最常见的部位是丘脑（占76%），60%的患者有CT/MRI异常，最常见的是额叶的损伤。Beuthien-Baumann等（2003）用SPECT/^{99m}Tc-ECD和PET/^{18}F-FDG研究了16例严重脑创伤后持续植物状态患者局部脑血流灌注和代谢的变化。与正常对照组比较，病人的脑代谢明显较少，皮层和皮层下结构的灰质部位平均减少 58%，而小脑蚓部仅减少 16%。新皮层和内在神经节的灌注和代谢的类型是类似的，但在小脑半球，灌注较代谢相对更高一些。希夫（Schiff）等（2002）研究了 5 例脑创伤后持续植物状态病人的 PET/FDG、MRI 和脑磁图对感觉刺激的反应。2 例有缺氧性创伤的病人全脑代谢明显减少到正常的 30%~40%，而 2 例有非缺氧、多灶性脑创伤病人的一些孤立的脑区有相对较高的代谢率，范围在正常的 50%~80%，然而其全脑代谢率仍低于正常的 50%。他们的研究也证实了在皮层水平仍保留局部的活性和部分功能，从而维持有限的感觉表现。郑思廉等（2010）对 18 例重度闭合性脑损伤伴长期昏迷的患者进行了脑部 ^{99m}Tc-ECD SPECT 血流灌注显像，18 例均可观察到严重的局部和广泛的脑灌注损伤，明显高于 CT 所见，损伤主要分布于额叶、颞叶、基底节和丘脑，最严重部位血流灌注减少达 20%~80%。

5.2 脑血流和代谢与昏迷程度及预后的关系

PET 和 SPECT 脑显像研究还显示，脑损伤后意识障碍越严重，脑血流降低越明显，预后也越差。局部代谢和血流的变化还与其临床表现及神经精神学的转归密切相关。奥布里斯特（Obrist）等（1979）在 40 年前就用核素脑显像技术观察了 36 例颅脑损伤伴不同程度昏迷病人，从急性期到最终死亡或恢复意识期间的脑血流变化与神经症状及转归之间的关系，发现所有最终死亡的 9 例病人 CBF 均下降到非常低的水平，1 例持续植物状态的患者血流在正常范围以下。对比之下，在 26 例恢复意识的病人中，25 例显示脑血流增加。而 9 例轻型颅脑损伤者脑血流均在正常低限，随病情好转，脑血流恢复正常。这表明颅脑损伤后脑血流损伤程度及其变化与伤情密切相关，并对预后有重要意义。伤情重，昏迷程度深，脑血流降低显著，并随时间推移逐渐降低者，其预后不良。阿卜杜勒 - 达耶姆等（1987）报道的一组 14 例急性头部创伤昏迷的病人中 7 例死亡，有脑干损伤的 9 例中，7 例为局灶性损伤，2 例为弥漫性损伤，其中 6 例死亡。而呈现非局灶性的变化，如脑半球之间动脉灌注不对称，或额 - 枕叶斜度反转的病人则幸存。他们由此发现，一个差的预后与损伤的大小、多病灶及部位有关。洛雷（Laureys）等（2006）在

1例因极重度脑创伤而处于持续植物状态，19年后逐渐恢复到最低限度意识状态的患者的 PET 显像中观察到后中部皮层，围绕楔叶和楔前叶葡萄糖代谢增加，似乎反映了与临床恢复相平行的神经细胞再生。德拉库瓦等（2006）也发现创伤严重性与脑代谢和伤残水平之间有明显统计学意义的相关性。郑思廉等（2010）报告的 18 例脑损伤后长期昏迷者中，在一个月内清醒者其局部脑损伤的范围和程度明显低于最终死亡及一直处于昏迷状态者。

6. 最小意识状态

6.1 最小意识状态的定义和临床意义

最小意识状态（minimally conscious state，MCS），亦译为微意识状态，是具有微小但非常明确的行为来表明能感知自我和环境的一种严重意识改变的状态（Giacino，et al., 2002）。MCS 实际上是一种过渡状态，处于 MCS 的病人不是从昏迷或植物人状态中恢复过来者，就是因意识障碍加剧而将进入昏迷或植物状态者。因此，对 MCS 的诊断及鉴别无论对临床还是意识的研究都具有重要意义和价值。

6.2 功能性神经显像研究

PET、fMRI、定量的脑电图和脑磁波描记术已被用于定位和定量这些交叉的植物人（VS）和最小意识障碍（MCS）病人群的残存脑活性的变异。PET 和 fMRI 的脑活性研究支持植物人表现为一个总的失联络综合征，即更高级的相关区在功能上与初级皮层区失联络。相反，最小意识状态病人脑内的活性类型显示与语言和视觉处理相关的大规模的皮层网络相关联。显像的结果可用于鉴别 VS 和 MCS 的病理生理学基础的模式。尽管目前相关的文献在数量上有限，但有效的研究已经证实功能性神经显像可以帮助对这些严重意识障碍病人进行鉴别诊断、预测评估及病理生理学机制的鉴别，为帮助指导这样的评估策略提供重要的依据。由于严重脑创伤后的恢复时程相对较长，需要强调功能性神经显像可以作为对鉴别潜在的有希望进一步恢复的病人进展的标志。将神经显像引入临床评估程序将要求进行纵向的脑功能评估。多模式神经显像技术的整合最终将改进我们鉴别这些严重意识障碍的能力，更好地指导我们对严重的急性脑损伤后病人群中的鉴别诊断和治疗选项（Giacino, et al., 2006；Schiff, 2006；Laureys, et al., 2006）。

吴雪海等（2007）的研究显示 IAPS 图片的被动呈现视觉刺激可以激活全部 10 例正常成年男性的初级视觉皮层枕叶和次级视觉相关皮层颞叶、梭回、顶叶、眶回、前额叶等完整的视觉神经网络。而在 9 例从重型颅脑损伤和脑出血中恢复的 MCS 患者中，其中 2 例像正常对照者一样完整地激活了视觉神经网络，3 例部分激活了视觉神经网络的相关区域，4 例完全无脑区激活。这表明 MCS 患者在恢复相互交流能力之前，可保留完整的视觉神经网络，可能有利于脑功能的恢复。洛雷（2004）和希夫（2005）的研究表明，MCS 患者不仅能保存初级听觉感觉皮层，还可以保存更高级的听觉和触觉功能皮层，具有能在声音、触觉刺激下激活大范围听觉和感觉神经网络的能力，具有完整的听觉和触觉信息整合能力。

最小意识状态病人显示有限的自我或环境觉知，但不能连贯和可靠地交流。因此，为了更好地了解这些病人的脑损害程度关联到临床、治疗和伦理，博利（Boly M）等（2008）对 5 例最小意识状态病人、15 例正常对照者和 15 例持续植物人进行中央神经双侧电刺激，并用 $H_2^{15}O$ PET 显像比较他们的初级躯体感觉皮层（S1）的功能连接性。MCS 病人入院后进行 57 ± 33 天扫描，PVS 病人入院后进行 36 ± 9 天扫描。MCS、PVS 和正常对照组的刺激强度分别是 8.6（SD 6.7）、7.4（5.9）和 14.2（8.7）mA，$p<0.05$ 为有意义。MCS 病人和对照组，电刺激激活丘脑、S1 和次级躯体感觉或岛叶额顶和前扣带回（已知是疼痛的基质）。与对照组比，MCS 病人没有脑区不被激活。MCS 病人的皮层疼痛基质的所有区比 PVS 病人显示出更大的激活。与 PVS 病人相反，MCS 病人在 S1 和广泛分布的皮层网络包括额顶联合皮层之间有维持的功能连接。结果显示在对照组和 MCS 病人疼痛处理的脑相关区发现的皮层网络比 PVS 病人广泛得多，这提供了 MCS 病人潜在的痛觉能力的客观证据，支持这些病人需要止痛治疗的观点。

7. 植物人或持续植物状态

7.1 定义

植物状态（vegetative state，VS）是指由各种原因造成脑严重损伤后出现的一种没有感知的特殊意识状态。持续性植物状态（persistent vegetative state，PVS）是指植物生存状态持续一个月以上而未出现任何觉醒迹象者。这种无意识状态主要包括去大脑皮质状态、运动不能性缄默症、闭锁综合征及慢性植物状态。这几种特殊类型的意识障碍都可以被称为植物人。植物人脑中枢的高级部位，如大脑皮质功能丧失，病人呈意识障碍或永久性昏迷，而脑中枢的中心部位（皮质下核和脑干）所司呼吸、体温调节、心跳循环等自主功能依然存在。这样的病人，只要护理得当，就可能长期生存。

7.2 持续性植物状态的影像学研究进展

植物人状态是一种破坏性的以无知觉的觉醒为特征的临床情况，其诊断主要依据临床表现，而功能性神经显像可以客观地测定植物人大脑变化及对刺激的反应，为PVS的早期诊断、治疗、病情监测、疗效分析、判断预后等提供了重要的依据（李景琦等，2010）。狄海波等（2008）通过对来自15篇fMRI和PET研究结果的分析，将植物人的脑活性分类为缺乏皮层活性或"典型的""低水平"的初感觉皮层激活和"不典型"的播散到"高水平"的联合皮层的活性。通过对四十八个病例的复习支持不典型的激活类型似乎预示植物人的恢复，特异性93%、灵敏度89%。然而被动刺激范例并不能对有或无意识做出明确判断。最近提出的精神意象范例可以鉴别非交通性脑损伤病人意识的征象。这些功能性神经显像技术在慢性意识障碍病人群组中临床应用尚需多中心进一步研究确认（李景琦等，2010）。

利维（Levy）等（1987）利用FDG-PET发现，PVS患者脑的代谢率为正常人的50%或者更低，支持PVS处于无意识状态的临床推论。另外一些实验室也已经证实VS或者PVS患者的脑代谢率为正常人的40%～50%（DeVolder，et al.，1990；Tomassino，et al.，1995；Rudolf，et al.，1999）。希夫等（2002）研究了5例具有不同行为特征的PVS患者，用FDG-PET，MRI、MEG（脑磁波描记术）来检测他们对于知觉刺激的反应。结果发现，每个患者均有其特有的代谢模式，2例缺氧性脑损伤患者的整体脑代谢率明显降低，为正常人的30%～40%。2例非缺氧性、多发局灶性损伤患者，可见几个代谢率相对高（正常的50%～80%）的区域，但整个大脑半球的代谢率仍然低于正常的50%。MEG揭示明显的诱发反应缺乏、异常和缩减的证据。博利等（2004）利用$H_2^{15}O$-PET研究严重脑损伤患者的听觉进程，对5例最小意识状态（MCS）患者、15例PVS患者、18例正常人进行听觉刺激，测量听觉刺激后局部脑血流量变化。结果显示PVS患者的激活区域局限于双侧视觉投射野（41和42）区，而在MCS和正常人中，听觉刺激能激活双侧的颞上回（布罗德曼野，视觉投射野，41、42、22区），而且PVS的激活区域明显小于MCS和正常人的激活区域。孟娟等（2004）采用^{99m}Tc-ECD SPECT对26例不同病因所致的PVS患者进行疗效检测，发现26例PVS患者治疗前的脑血流灌注全部显示异常。9例治疗后SPECT随访观察，6例病情恢复者脑血流灌注亦恢复正常，2例仍处于PVS者脑血流灌注无明显变化，1例脑血流灌注进一步减少，最后死亡。由此可见SPECT可明确显示PVS的血流灌注情况，并可作为高压氧综合治疗PVS观察预后的指标。

由于PVS患者增加，他们在医学、伦理和法律上引起的矛盾也日益增多。而功能性影像学研究已从形态学观测进入到功能、分子水平的探索，可以为PVS的诊断和研究提供客观和科学的依据。临床评估和功能性神经显像结合是深入研究PVS的重要发展方向。

8. 脑死亡

8.1 定义

脑死亡是指包括脑干在内的全脑功能丧失的不可逆转状态，又称昏迷过度，表现为全脑（包括脑干）功能丧失，脑循环终止，神经系统已不再能维持机体内环境的稳定性。病人常借助于机械呼吸机才能维持生命，又称呼吸机脑。在目前医学条件下，一旦确定为脑死亡就意味着人的死亡。脑死亡有别于"植物人"，

"植物人"脑干功能存在，昏迷只是由于大脑皮层受到严重损害或处于突然抑制状态，病人可以有自主呼吸、心跳和脑干反应，而脑死亡则无自主呼吸，是永久、不可逆的。

脑死亡又可分为全脑死亡、脑干死亡和高级脑死亡。全脑死亡指包括脑干在内的全脑功能丧失的不可逆状态。脑干是中枢神经系统非常重要的部位，同时是意识的"控制"部位，又是心跳、呼吸中枢。一旦脑干出现不可逆损伤，所有脑干反射、心跳、呼吸功能就可能完全丧失，称脑干死亡。而脑干上行性网状激动系统的损伤可引起大脑皮层意识和认知功能的缺失，最终出现全脑死亡。人的生命活动不仅有生物性的一面，而且有社会性的一面，后者是人类与其他生物物种截然不同之处。如果人丧失了社会性这种重要功能，也就丧失了人的基本特点，所以当人的知觉和认知不可逆地丧失时，我们就可认为其死亡，称之为高级脑死亡（Lin, Kou, 2008）。

8.2 脑死亡的诊断标准和临床意义

当疑为脑死亡时，我们就必须尽快进一步证实。若确诊为脑死亡，所有复苏措施就应停止，而不必再进行徒劳无益的治疗。同时，脑死亡的病人可作为器官移植的供体者已被许多国家的法律所允许，亦为医学团体和病人家属所接受。但我们必须防止滥用脑死亡的诊断以获取器官移植的供体，因此诊断必须审慎。在脑死亡的临床诊断标准中，自主呼吸停止是决定脑死亡诊断最重要的一点，而脑干反射消失则是临床判断脑死亡的关键。

8.3 功能性脑显像

20世纪60年代核素脑血管造影即已用于脑死亡的辅助诊断，其特征性表现是脑动脉血流停止，大脑动脉和其供血区无放射性通过或摄取（孙达，1997）。布里尔（Brill）（1985）报告了115例次拟诊为脑死亡者的核素脑血管造影的结果。其中60例病人表现为脑动脉和脑静脉血流均消失，符合脑死亡，最终无一例能存活。证实脑死亡者脑内已无血流灌注存在，脑细胞亦无存活可能，全脑功能丧失殆尽。SPECT脑血流灌注显像所用示踪剂可以穿过正常的血脑屏障，在脑内被存活的神经细胞所摄取。因此脑内的放射性分布的有无和多少即可直接反映脑细胞的存活情况。劳林（Laurin）等（1989）报告了33例脑死亡或严重脑创伤病人的38次 ^{99m}Tc-HMPAO 脑灌注显像的研究结果。临床上无脑死亡的病例，其大脑和／或小脑的摄取仍存在，而在脑死亡病人的17次研究中，16次显示脑内无放射性摄取。疑为脑死亡病例的11次研究中，9次证实无放射性摄取。杨吉刚等（2012）通过回顾性分析脑死亡患者的脑血流灌注显像结果，观察77例临床怀疑脑死亡患者脑血流灌注显像的特征，结果显示15例（19.5%）患者可见放射性分布，63例（80.5%）患者脑血流灌注显像示脑内未见放射性分布。临床随访证实77例患者最终全部死亡。这揭示出脑血流灌注显像脑内未见放射性分布式典型脑死亡的表现。脑内未见放射性分布的患者一定不能存活，但脑内有放射性分布的并不预示患者存活。这些脑功能显像研究一致地证实，脑死亡患者的全脑细胞的功能已丧失，而且不再存在逆转的可能。

四、意识的神经解剖学

人和人类社会的产生，也伴有意识的产生，意识是自然界和社会发展的产物。意识的维持乃是脑干网状结构－丘脑－大脑皮层之间相互密切联络的功能活动的结果。网状结构主要与觉醒状态相关，而大脑皮层与意识内容相关。大脑皮层是意识的高级中枢。

1. 意识是脑的功能

意识是脑的功能，大脑皮质和脑干网状结构是与意识有关的神经解剖结构。意识活动主要是在大脑皮质进行。清晰的意识首先要求大脑皮层处于适当的兴奋状态，而这种适宜的兴奋状态必须要有脑干网状结构上行激活系统的支持和维持，才能进行有意识的心理活动。此外，大脑皮层的适宜兴奋性的维持还取决于大脑皮层本身的代谢状态，尤其是能量代谢状态。多种因素可影响脑的能量代谢，导致大脑皮层功能低下而发生意识障碍，重者发生昏迷。

现代神经显像技术可以直接评估个体在不同意识状态下的脑血流和代谢变化，对人意识和睡眠的神经生理学进行无创性研究，并已获得一些一致和可比较的结果。

首先，神经显像的研究已经证实，意识是脑的功能，需要大脑皮层和皮层下结构的共同参与及协作。例如与冥想比较，正常意识的静息状态特定的活性分布在背外侧和眶额皮层、前扣带回、左颞回、左下顶叶、纹状体和丘脑区、桥脑、小脑蚓部和小脑半球等多个脑区（Lou，et al., 1999）。而与觉醒时比较，在不同的 SWS 期脑血流（CBF）、氧代谢和葡萄糖代谢呈现总体的减少。另外，更早期的研究已经显示在 SWS 期间全脑 CBF 轻度增加（Mangold，et al., 1955）。这可能与睡眠期间的意识活动增加有关，也有 PET 研究发现全脑 CBF 没有明显变化（Andersson，et al., 1995）。变化不大可能是由于在 PET 检查期间 SWS 期相对短暂，也可能采样是在夜晚刚开始时进行，此时全脑血流变化似乎是最小的（Hajak，et al., 1994）。

其次，神经显像研究也已经证实，不同的意识活动和意识状态涉及的脑区不尽相同，参与的程度也不一样。例如迈科唯（2000）在关于人类睡眠的 PET 研究的综述中提到，在慢波睡眠期间，大多数活性减少的脑区包括背侧脑桥和中脑、小脑、丘脑、基底节、前脑基部／下丘脑、前额皮层、前扣带皮层、楔前叶和颞叶的中间部分。而在快动眼睡眠期间发现在脑桥被盖、丘脑核、边缘区（杏仁体、海马结构、前扣带皮层）和后部皮层（颞顶区）有明显的活性。相反，背外侧前额皮层、顶皮层，以及后扣带回皮层和楔前叶是最小活性的脑区。即使是在同一水平和类型的意识活动中，不同的意识内容也与不同的脑活性区相关。洪等（1995）在夜间 REM 睡眠期间获得的眼运动的 ^{18}F-FDG PET 显像数据显示，眼扫视运动系统与额眼区和背侧前额皮层相关；中间注视系统与扣带和中额皮层、楔前叶相关；而顶叶视觉空间系统与双侧上顶叶、右下顶叶相关。又比如，有害刺激产生的疼痛激活许多不同的脑区，包括丘脑、前扣带回、躯体感觉皮层、前额区、颞顶区及部分运动系统（Peyron, et al., 2000）。也有报告疼痛刺激使前扣带回、同侧丘脑、前额皮层、对侧辅助运动区的 CBF 增加，而前扣带回和丘脑内 CBF 无变化（Adler, et al., 1997）。丘脑活性涉及与疼痛引起的全身唤醒反应，前扣带回可能与疼痛感知的情绪和注意力有关。部分颞顶及前额区皮层与有害刺激激活的注意力和记忆有关。与运动有关的纹状体、小脑和辅助运动区激活负责疼痛相关的逃避反应。而不同研究结果之间的差异则可能与刺激的方法、程度及受试者的敏感性等多种因素有关。

2. 脑干和脑干网状结构

脑干位于大脑的下面，脊髓和间脑之间，由延髓、脑桥、中脑组成，是大脑、小脑与脊髓相互联系的重要通路。脑干内的神经核与接受传入、传出冲动支配器官的活动及上行、下行传导束的传导有关。延髓和脑桥里有调节心搏、呼吸等重要生理活动的反射中枢，若这些中枢受损伤，将引起心搏、呼吸的严重障碍，甚至危及生命。脑干部位的重要构造还包括网状系统。网状系统居于脑干的中央，由许多错综复杂的神经元集合而成，其主要功能是控制觉醒、注意、睡眠等不同层次的意识状态。

脑干网状结构由交织成网状的神经纤维和穿插其间的神经细胞组成，是保证大脑清醒状态的结构基础。网状结构的上行激动系统（ascending reticular activating system，ARAS）与上行抑制系统（ascending reticular inhibiting system，ARIS）之间的动态平衡及其与大脑皮层的相互联系决定意识水平。ARAS 的投射纤维终止于大脑皮层广泛区域的各细胞层，其主要作用是维持大脑皮层的兴奋性，以维持觉醒状态和产生意识活动。ARIS 神经元发出的上行纤维走行与 ARAS 大体一致，最终向大脑皮层投射，其主要功能是对大脑皮层的兴奋性起抑制作用。同时脑内部也存在着控制脑干网状结构上行激活系统的脑中枢，称为脑干内的睡眠诱导区。长时间的觉醒状态可使该区上行抑制系统活动增强，而上行抑制系统的活动又对上行激活系统产生了负反馈作用，从而诱发睡眠。

3. 丘脑和丘脑特异性投射系统

丘脑又称背侧丘脑，是机体各种感觉传向大脑皮质的中转站，或称为整合站。对传入冲动能进行较粗糙的分析与综合，产生粗感觉，故为皮质下的初级感觉中枢。丘脑网状核接受皮质丘脑纤维和皮质丘脑纤维的侧支，调节丘脑和大脑皮质间的信息交往，属于上行网状激活系统，成为复杂的意识和思维活动的基础。丘脑由许多核团组成，又分为特异性丘脑核和非特异性丘脑核。特异性丘脑核组成丘脑特异性投射系统，向大脑皮层传递各种特异性感觉信息。非特异性丘脑核接受脑干网状结构上行纤维并向大脑皮层广泛部位投射，终止于大脑皮层各叶和各层，构成非特异性投射系统，参与维持大脑皮层觉醒状态。

人的睡眠研究显示，在 SWS 期间，丘脑局部葡萄糖代谢和 rCBF 的减少比全脑减少明显更多（Maquet, et al., 1990；Maquet, et al., 1992；Hofle, et al., 1997）。大量的证据支持兴奋性神经传递与 rCBF 增加相关，因此通过 rCBF 的增加和减少可以反映兴奋性神经传递的增加或减少（Northington, et al., 1992；Iadecola, 1993；Paus, et al., 1995；Hunt Batjer, Gjedde, 1997）。GABAA 受体的药理学刺激也已经显示为 CBF 的减少，支持抑制的突触后神经传递可能与 rCBF 减少相关（Roland, Friberg, 1988；Hunt Batjer, Gjedde, 1997）。因此，一些 PET 研究中观察到的丘脑的 rCBF 和葡萄糖代谢减少可能反映在 SWS 期间丘脑皮层神经元传播的失易化上，通过减少来自脑干网状激活系统的兴奋性输入，也主动抑制来自 GABA 能的丘脑网状细胞（Steriade, et al., 1994）。这可能就是意识丧失的基础和这种状态下的感觉觉知的特征。尽管这种到脑皮层的传入通路关闭，但某些区包括视和次级听觉皮层，却表现为 rCBF 明显增加，揭示一个可能的 SWS 期间像梦一样的心理活动的神经基础。

4. 额叶

额叶位于中央沟以前，外侧裂之上，与顶叶及颞叶分界清楚。额叶的前部也叫前额叶，是人类的高级智能活动部位，人的意识和智力主要依赖于前额皮质的功能。实验研究已经证明大脑前额叶是自我意识形成的神经基础，在自我意识的形成过程中起着重要的作用。特别是前额叶背侧部以自我为中心的空间功能可能不仅仅同工作记忆有关，而且与"自我意识"的产生有着相当密切的关系。研究显示，在冥想期间，一个与平静的警戒期间不同的特异的神经活动，主要是额叶、前额叶和扣带回的活性增加，这些区可能与改变的自我经验的精神状态相关（Neumann，Frasch，2006）。皮层额区（前扣带和眶额皮层）作为睡眠期间皮层唤醒系统在睡眠期间功能弱化（Hofle，et al.，1997），而在唤醒的清醒期间活性增加（Paus，et al.，1997）。额叶也与清醒和 REM 梦受试者的敌意等心理活动明显相关（Gottschalk，et al.，1991）。

前额叶患者最常见的认知障碍是注意异常所致，其在临床上的主要表现，如低觉醒、分心、视觉搜寻、凝视障碍、感觉忽视等，均与意识水平和意识障碍有关。如前额叶损伤的患者普遍处于低觉醒状态，表现为对周围世界的觉察力降低，对环境及他人的活动和动机没有兴趣。低觉醒状态亦可导致注意障碍，患者不能正常地抵御应该被抑制或忽视的干扰刺激，使其注意力常被无关刺激所吸引。前额叶损害时保持注意有困难，患者有不能将注意力集中于任何动作和思维的倾向，心理操作的时间和复杂性越大，这种障碍就越明显。

5．大脑半球的边缘系统

边缘系统为大脑内侧面的一个呈马蹄形的脑回，形成环绕上位脑干的边缘，由皮质和皮质下结构两部分组成，其主要成分为扣带回、杏仁核、海马旁回和海马。边缘系统属于高级植物神经中枢，又称为内脏脑和精神脑。它是管理学习经验、整合新近与既往经验，同时为启动和调节种种行为和情感反应的复杂神经环路中的重要部分。

边缘系统是产生情绪体验的区域。例如杏仁核不仅从潜意识情绪处理通路接受信息，而且还从意识情绪通路接受信息。边缘系统也是潜意识的快速反应系统，其扣带回不仅与注意功能有一定关系，而且是产生情绪体验的重要部位，电刺激前扣带回可引起睡眠。克里克（Crick）和科赫（Koch）（1998，2003）认为，人的意识即隐藏在前扣带回中。扣带回可以对大脑皮质的活动水平能进行有限度调节。在人的意识活动中，边缘系统起着非同一般的作用，除与嗅觉关系密切外，还与内脏调节、情绪体验与调节、性欲调节、本能活动、记忆有重要关系。在慢波睡眠（Buchsbaum，et al.，1989；Maquet，2000）、麻醉（孙绪德，等，2007；Kaisti，et al.，2002；Veselis，et al.，2001）、催眠（Rainville，et al.，1999；Szechtman，et al.，1998）、疼痛刺激（Boly，et al.，2008）等与意识相关的研究中，我们均可见到边缘系统的参与，主要涉及海马和扣带回。

6. 其他脑结构

6.1 颞叶

颞叶位于大脑外侧裂的下方，其上方为额叶，后方为枕叶，后上方为顶叶。颞叶皮质最重要的功能之一是对所接受的语言、音乐等听觉信息进行编码和整合。语言是人区别于动物的一个最主要的方面，人类正是有了语言，才使复杂的意识和思维找到了最佳的载体，而不能正确理解和运用语言则会使思维受阻，意识的产生和意识内容均发生偏差和异常。因此人类大脑的颞叶皮质也具有意识和思维功能。如现代神经显像研究结果所示，正常意识的静息状态可见颞叶的活性（Lou，et al.，1999），而在慢波睡眠期间则可见颞叶活性减少（Maquet，2000）。也有研究显示，与放松的眼闭合的清醒状态比较，初级和次级视皮层及颞平面（BA22）上次级听皮层活性增加。次级听皮层与听觉音韵学的处理相关（Howard，et al.，1992；Zatorre，et al.，1992；Zatorre，et al.，1996；Paulesu，et al.，1993），在清醒的受试者眼闭合在无外部声音刺激时，我们想象声音时，可见该部位的 CBF 增加（Zatorre，et al.，1996）。因此，这些视听觉复合区的激活可能反应在 SWS 期间视觉、听觉或许言语想象的存在。视觉注意和注视与顶叶上部和额叶眼区、中脑上丘和丘脑核等有关。这些部位均与颞叶下部有交互联系。在人的社会疏离的言语行为和紊乱思维表现与 PET 脑葡萄糖代谢率之间关系的研究显示，人的社会疏离分裂得分显示与左颞叶的葡萄糖代谢率有明显的正性相关性（Gottschalk，et al.，1992）。颞叶也与清醒和 REM 梦受试者的敌意等心理活动明显相关（Gottschalk，et al.，1991）。颞叶损伤可对意识和无意识的记忆产生影响（吉峰等，2007）。麻醉药所致镇静及意识消失状态下亦可观察到颞叶 CMRGlu 降低更为显著（孙绪德，等，2007）。

6.2 枕叶

枕叶位于枕顶裂和枕前切迹连线之后，在半球外侧面仅占小部分。大脑半球枕叶的视觉相关区与意识和思维有着密切的关系。在麻醉药所致镇静状态或意识消失状态下，伴随全脑 CMRGlu 降低，枕叶降低更为显著（孙绪德，等，2007）。当从清醒进入 SWS 时，视觉和其他皮层区的 rCBF 明显增加，这揭示了在 SWS 期间像梦一样的意识活动的皮层活动（Hofle，et al.，1997），也表明视觉皮质神经元的兴奋与梦中产生的视觉事件相关。亦有报道说明了当清醒的受试者眼闭合想象不同的物体时，视觉相关区的活性（Kosslyn，et al.，1995），枕部的 rCBF 和 delta 活动增加还反映了与警觉下降及可能促成视觉想象有关的意识改变（Rainville，et al.，1999）。

6.3 顶叶

顶叶的前界是中央沟，后界以顶枕沟（裂）和枕前切迹的连线与枕叶分界，下界以外侧裂后部到顶枕线的连线与颞叶分界。研究显示，顶叶控制着对外部世界的感知，并告诉额叶注意什么。因此，我们可以把顶叶看作是应付外来刺激的关键部位。放射性核素脑显像研究显示，在无外部声音刺激的情况下，清醒的受试者闭眼想象声音时（Zatorre，et al.，1996），除颞平面上的左侧次级听皮层外，左下顶叶（BA 40）也显示出 rCBF 增加，表明下顶叶协同听皮层参与听觉音韵学的处理（Howard，et al.，1992；Zatorre，et al.，1992；Zatorre，et al.，1996；Paulesu，et al.，1993）。顶叶也与清醒和 REM 梦受试者的敌意等心理活动明显相关（Gottschalk，et al.，1991）。

6.4 小脑

小脑由左右两个半球构成，位于颅后窝，在大脑枕叶的下方。小脑有维持身体平衡、调节肌紧张和协调随意运动等功能。在慢波睡眠的研究中，观察到的小脑 rCBF 变化也与 EEG 的 δ 活性呈负性相关。这可能是减少肌肉紧张度和睡眠的本体感觉特征的反应，与睡眠受试者的活动减少相一致（Hofle，et al.，1997）。近年来许多学者的研究也发现，小脑可能在较高水平上参与语言认知功能活动。小脑与意识的关系尚需进一步深入研究。

参考文献

包承侃，等 . 2001. SPECT 显像在脑损伤后症候中的应用 [J]. 浙江创伤外科，6(5): 290—291.

曹丙利，唐孝威 . 2005. 意识神经相关活动的实验探索 [J]. 自然科学进展，15(9).

方莉，六协和 . 2006. 催眠状态脑机制的研究进展 [J]. 上海精神医学，18(4): 241—243.

何颜霞 . 2008. 昏迷 [J]. 中国循证儿科杂志，3（增刊）：27—28.

吉峰，等 . 2007. 颞叶损伤对意识和无意识记忆的影响 [J]. 中国行为医学科学，16(4): 305—307.

Laitio, R. M., et al. 2011. 疝气麻醉对健康受试者大脑糖代谢与脑血流偶联关系的影响：采用正电子计算机断层显像技术的研究 [J]. 麻醉与镇痛（中文版），10 月：83—91.

李景琦，等 . 2010. 持续性植物状态的影像学研究进展 [J]. 中华急诊医学杂志，19(5): 553—555.

李娟，等 . 2003. 轻度脑外伤患者 SPECT 局部脑血流显像 [J]. 中华核医学杂志，23(5): 284—285.

李新旺，编著 . 2001. 生理心理学 [M]. 北京：科学出版社，189—202.

孟娟，等 . 2004. 单光子发射型计算机断层显像与脑 CT 或 MRI 对持续植物状态患者脑血流灌注的观察 [J]. 中国临床康复，8（4）：752—753.

曲方 . 2007. 昏迷的临床诊断思路 [J]. 中国实用内科杂志，27(4): 315—317.

孙达 . 2005. 脑受体显像研究的进展 . 见唐孝威等主编 . 分子影像学导论 [M].

杭州：浙江大学出版社.

孙达. 2012. 认知神经科学. 见唐孝威，孙达，水仁德等编著. 认知科学导论 [M]. 杭州：浙江大学出版社.

孙达，编. 1997. 放射性核素脑显像 [M]. 杭州：浙江大学出版社.

孙绪德，等. 2007. 氯胺酮麻醉对脑葡萄糖代谢的影响 [J]. 实用医学杂志，23(8): 1137—1139.

唐孝威. 2004. 意识论——意识问题的自然科学研究 [M]. 北京：高等教育出版社.

唐孝威. 2005. 梦的本质——兼评弗洛伊德理论 [M]. 长春：吉林人民出版社.

唐孝威. 2012. 意识笔记 [M]. 杭州：浙江大学出版社.

王焕林，主编. 2003. 临床精神医学 [M]. 北京：人民教育出版社.

吴务权，等. 2005. 脑外伤综合征脑血流变化的研究 [J]. 浙江创伤外科，10 (2): 105.

吴雪海，等. 2007. 微意识状态患者视觉脑皮层活动的功能磁共振研究 [J]. 中华医学杂志，87(27): 1894—1899.

徐滔园，主编. 2000. 现代精神医学 [M]. 上海：上海医科大学出版社.

杨吉刚，庄红明. 2012. 儿童脑死亡患者脑血流灌注显像特点 [J]. 中国医药导报，9(15): 165—167.

于代华，徐礼鲜. 2008. PET 在全麻机制研究中的应用 [J]. 国际麻醉学与复苏杂志，29 (1): 51—53.

张惠，等. 2005. 应用 PET 技术探讨咪唑安度对人脑葡萄糖代谢的影响 [J]. 第四军医大学学报，26(3): 238—241.

张明岛，陈福国，主编. 1998. 医学心理学 [M]. 上海：上海科学技术出版社.

郑思廉，等. 2010. SPECT 脑显像在重型闭合性颅脑损伤中的应用 [J]. 浙江创伤外科杂志，15(4): 429—431.

郑直，等. 2005. 正常人安静和催眠状态下脑葡萄糖代谢的自身对照研究 [J]. 上海精神医学，5: 257—260.

Abdel-Dayem, H., et al. 1987. Changes in cerebral perfusion after acute head injury: comparison of CT with Tc-99m HMPAO SPECT[J]. *Radiology*, 165: 221—226.

Adler, L., et al. 1997. Regional brain activity changes associated with fentanyl analgesia elucidated by positron emission tomogrsphy[J]. *Anesth Analg*, 84(1): 120—126.

Alkire, M., et al 2000. Toward a unified theory of narcosiss: brain imaging evidence for thalamocortical switch as the neurophysiologic basis of anesthetic-induced unconsciousness[J]. *Conscious Cogn*, 9(3): 370—386.

Alkire, M., Haier, R. 2001. Correlating in vivo anesthetic effects with ex vivo receptor density data suooorts a GABAergic machanism of action for propofol, but not for isoflurane[J]. *Br J Anaesth*, 86(5): 618—626.

Andersson, J., et al. 1995. Regional changes in cerebral blood flow during sleep measured by positron emission tomography[J]. *J Cereb Blood Flow Metab*, 15:S871.

Baars, B., Banks, W. 1994. Dream consciousness: a neurocognitive approach[J]. *Special Issue of Consciousness and Cognition*, vol. 3, no. 1.

Beuthien-Baumann, B., et al. 2003. Persistent vegetative state: evaluation of brain metabolism and brain perfusion with PET and SPECT[J]. *Nucl Med Commun*, 24(6): 643—649.

Boly, M., et al. 2004. Auditory processing in severely brain injured patients: differences between the minimally conscious state and the persistent vegetative state[J]. *Arch Neurol*, 61(2): 233—238.

Boly, M., et al., 2008. Perception of pain in the minimally conscious[J].*Lancet Neurol*, 7(11): 1013—1020.

Brill, D., et al. 1985. Variantflow patterns in radionuclide cerebral imaging performed for brain death[J]. *Clin Nucl Med*, 10: 346—352.

Buchsbaum, M., et al. 1989. Regional cerebral glucose metabolic rate in human sleep assessed by positron emission tomography[J]. *Life Sci*, 45:1349–1356.

Cojan, Y., et al. 2009. The brain under self-control: modulation of inhibitory and monitoring cortical networks during hypnotic paralysis[J]. *Neuron*, 62(6): 862—75.

Crick, F., Koch C. 2003. Consciousness and neuroscience[J]. *Nat Neurosci*, 6(2):119—26.

Crick, F., Koch, C. 1998. A framework for consciousness[J]. *Cerebral cortox*, 8: 97.

Dang-Vu, T., et al. 2007. Neuroimaging in sleep medicine[J]. *Sleep Med*, 8(4):349—372.

De la Cueva, L., et al. 2006. Usefulness of FDG-PET in the diagnosis of patients with chronic severe brain injury[J]. *Rev Esp Med Nucl*, 25(2): 89—97.

DeVolder, A., et al. 1990. Brain glucose metablism in postanoxic syndrome: positron emission tomographic study[J]. *Arch Neurol*, 47(2): 197—204.

Di, H., et al. 2008. Neuroimaging activation studies in the vegetative state: predictors of recovery? [J]. *Clin Med*, 8(5):502—7.

Fiset, P., et al. 1999. Brain mechanisms of propofol-induced loss of consciousness in humans: a positron emission tomographic study[J]. *J Neurosci*, 19(13): 5506—5513.

Frenette, E. 2010. REM sleep behavior disorder[J]. *Med Clin North Am*, 94(3): 593—614.

Friedman, J. 2002. Presumed rapid eye movement behavior disorder in Machado-Joseph disease (spinocerebellar ataxia type 3)[J]. *Mov Disord*, 17(6): 1350—1353.

Fujishiro, H., et al. 2010. Diffuse occipital hypometabolism on [18 F]-FDG PET scans in patients with idiopathic REM sleep behavior disorder: prodromal dementia with Lewy bodies?[J]. *Psychogeriatrics*, 10(3): 144—152.

Giacino, J., et al. 2002. The minimally conscious state: definition and diagnostic criteria[J]. *Neurology*, 58: 349—353.

Giacino, J., et al. 2006. Functional neuroimaging applications for assessment and rehabilitation planning in patients with disorders of consciousness[J]. *Arch Phys Med Rehabil*, 87(12): S67—76.

Gottschalk, L., et al. 1991. Positron-emission tomographic studies of the relationship of cerebral glucose metabolism and the magnitude of anxiety and hostility experienced during dreaming and waking[J]. *J Neuropsychiatry Clin Neurosci*, 3(2):131—142.

Gottschalk, L., et al. 1992. The relationship between social alienation and disorganized thinking in normal subjects and localized cerebral glucose metabolic rates assessed by positron emission tomography.[J] *Compr Psychiatry*, 33(5): 332—341.

Gottschalk, L., et al. 2001. The cerebral neurobiology of anxiety, anxiety displacement, and anxiety denial[J]. *Psychother Psychosom*, 70(1): 17—24.

Guilleminault, C., et al. 1993. Pseudo-hypersomnia and pre-sleep behaviour with bilateral paramedian thalamic lesion[J]. *Brain*, 116:1549–1563.

Hajak, G., et al. 1994. Relationship between cerebral blood flow velocities and cerebral electrical activity in sleep[J]. *Sleep*, 17:11–19.

Hofle, N., et al. 1997. Regional cerebral blood flow changes as a function of delta and spindle activity during slow wave sleep in humans[J]. *J Neurosci*, 17(12):4800—4808.

Hong, C., et al. 1995. Localized and lateralized cerebral glucose metabolism associated with eye movements during REM sleep and wakefulness: a positron emission tomography (PET) study[J]. *Sleep*, 18(7): 570—580.

Howard, D., et al. 1992. The cortical localization of the lexicons, positron emission tomography evidence[J]. *Brain*, 115: 1769–1782.

Hunt Batjer, H., Gjedde, A. 1997. The relation between brain function and cerebral flow and metabolism[J]. in Cerebrovascular disease, ed Hunt Batjer, H. Lippincott-Raven, *Philadelphia*, 23–40.

Iadecola, C. 1993. Regulation of the cerebral microcirculation during neural activity: is nitric oxide the missing link?[J]. *Trends Neurosci*, 16: 206–214.

Kaisti, K., et al. 2002. Effects of surgical levels of propofol and sevoflurane anesthesia on cerebral blood flow in healthy subjects studied with positron emission tomography[J]. *Anesthesiology*, 96(6):1358—1370.

Kosslyn, S., et al. 1995. Topographical representations of mental images in primary visual cortex[J]. *Nature*, 378: 496–498.

Laureys, S., et al. 2004. Cerebral processing in the minimally conscions state[J]. *Neurology*, 63(5): 916—918.

Laureys, S., et al. 2006. How should functional imaging of patients with disorders of consciousness contribute to their clinical rehabilitation needs? [J]. *Curr Opin Neurol*, 19(6): 520—527.

Laurin, N., et al. 1989. Cerebral perfusion imaging with technetium-99m HMPAO in brain death and severe central nervous system injury[J]. 30: 1627—1635.

Levy, D., et al. 1987. Differences in cerebral blood flow and glucose utilization in vegetative versus locked-in patients[J]. *AnnNeurol*, 22(6): 673—682.

Lin, K., Kou, J. 2008. Variability of brain determination guidelines in leading US neurologic institutions[J]. *Neurology*. 71(14): 1125—1126.

Lou, H., et al. 1999. A 15O-H2O PET study of meditation and the resting state of normal consciousness[J]. *Hum Brain Mapp*, 7(2): 98—105.

Madsen, P., et al. 1991A. Cerebral O2 metabolism and cerebral blood flow in humans during deep and rapid-eye-movement sleep[J]. *J Appl Physiol*, 70:2597–2601.

Madsen, P., et al. 1991B. Cerebral oxygen metabolism and cerebral blood flow in man during light sleep (stage 2)[J]. *Brain Res*, 557:217–220.

Madsen, P., et al. 1991C. Human regional cerebral blood flow during rapid-eye-movement sleep[J]. *J Cereb Blood Flow Metab*, 11(3)502—507.

Madsen, P., Vorstrup, S. 1991. Cerebral blood flow and metabolism during sleep[J]. *Cerebrovasc Brain Metab Rev*, 3:281–296.

Mangold, R., et al. 1955. The effects of sleep and lack of sleep on the cerebral circulation and metabolism of normal young men[J]. *J Clin Invest*, 34:1092–1100.

Maquet, P. 2000. Functional neuroimaging of normal human sleep by positron emission tomography[J]. *J Sleep Res*, 9(3): 207—231.

Maquet, P., et al. 1990. Cerebral glucose utilization during sleep-wake cycle in man determined by positron emission tomography and [18F]2-fluoro-2-deoxy-D-glucose method[J]. *Brain Res*, 513:136–143.

Maquet, P., et al. 1992. Cerebral glucose utilization during stage 2 sleep in man[J]. *Brain Res*, 571:149–153.

Maquet, P., et al. 2005. Human cognition during REM sleep and the activity profile within frontal and parietal cortices: a reappraisal of functional neuroimaging data[J]. *Prog Brain Res*, 150:219—227.

McGoron, A., et al. 2008. Post traumatic brain perfusion SPECT analysis using reconstructed ROI maps of radioactive microsphere derived cerebral blood flow and statistical parametric mapping[J]. *BMC Med Imaging*, 8:4.

Meyer, J., et al. 1987. Cerebral blood flow in normal and abnormal sleep and dreaming[J]. *Brain Cogn*, 6:266–294.

Neumann, N., Frasch, K. 2006. The neurobiological dimension of meditation-results from neuroimaging studies[J]. *Psychother Psychosom Med Psychol*, 56(12): 488—492.

Newberg, A., Alavi, A. 2003. Neuroimaging in patients with head injury[J]. *Semin in Nucl Med*, 33: 136—147.

Northington, F., et al. 1992. Competitive inhibition of nitric oxide synthase prevents the cortical hyperemia associated with peripheral nerve stimulation[J]. *Proc Natl Acad Si*, USA, 89:6649–6652.

Obrist, W., et al. 1979. Relation of cerebral blood flow to neurological status and outcome in head-injured patients[J]. *J Neurosurg*, 51(3): 292—300.

Paulesu, E., et al. 1993. The neural correlates of the verbal component of working memory[J]. *Nature*, 362: 342–345.

Paus, T. 2000. Functional anatomy of arousal and attention systems in the human brain[J]. *Prog Brain Res*, 126: 65—77.

Paus, T., et al. 1995. Extraretinal modulation of cerebral blood flow in the human visual cortex: implications for saccadic suppression[J]. *J Neurophysiol*, 74: 2179–2183.

Paus, T., et al. 1997. Time-related changes in neural systems underlying attention and arousal during the performance of an auditory vigilance task[J]. *J Cogn Neurosci*, 9: 392–408.

Peyron, R., et al. 2000. Functional imaging of brain responses to pain. A review and meta-analysis[J]. *Neurophysiol Clin*, 30: 263—288.

Rainville, P., et al. 1999. Cerebral mechanisms of hypnotic induction and suggestion[J]. *J Cogn Neurosci*, 11(1): 110—25.

Raz, A., Shapiro, T. 2002. Hypnosis and neuroscience: a cross talk between clinical and cognitive research[J]. *Arch Gen Psychiatry*, 59(1): 85—90.

Roland, P., Friberg, L. 1988. The effect of the GABA-A agonist THIP on regional cortical blood flow in humans: a new test of hemispheric dominance[J]. *J Cereb Blood Flow Metab*, 8:314–323.

Rudolf. J., et al. 1999. Cerebral glucose metablism in acute and persistante vegetative state[J]. *Neurosurg Anesthesiol*, 11(1): 17—24.

Schiff, N. 2006. Multimodal neuroimaging approaches to disorders of consciousness[J]. *J Head Trauma Rehabil*, 21(5): 388—397.

Schiff, N., et al. 2002. Residual cerebral activity and behavioural fragments can remain in the persistently vegetative brain[J]. *Brain*, 125(Pt 6): 1210—1234.

Schiff, N., et al. 2005. fMRI reveals large-scale network activation in minimally conscious patients[J]. *Neurology*, 64(3): 514—523.

Steriade, M., et al. 1994. Synchronized sleep oscillations and their paroxysmal developments[J]. *Trends Neurosci*, 17:199–208.

Szechtman, H., et al. 1998. Where the imaginal appears real: a positron emission tomography study of auditory hallucinations[J]. *Proc Acad Sci USA*, 95(4):1956—1960.

Tomassino, C., et al. 1995. Regional metablism of comatose and vegetative state patients[J]. *J Neurosurg Anesthesiol*, 7(2): 109—116.

Veselis, R., et al. 1997. Midazolam changes cerebral blood flow in discrete brain regions: an H2(15)O positron emission tomography study[J]. *Anesthesiology*, 87(5):1106—1117.

Veselis, R., et al. 2001. Dose related decreases in rCBF in R and L prefrontal cortices (PFC) during memory impairment with midazodam and propofol[J]. *Neurolinage*, 6: 13.

Zatorre, R., et al. 1992. Lateralization of phonetic and pitch processing in speech perception[J]. *Science*, 256: 846–849.

Zatorre, R., et al. 1996A. PET studies of phonetic processing of speech: review, reapplication and reanalysis[J]. *Cereb Cortex*, 6: 21–30.

Zatorre, R., et al. 1996B. Hearing in the mind's ear: a PET investigation of musical imagery and perception[J]. *J Cogn Neurosci*, 8: 29–46.

一个写在脑上的谜 *

尼古拉斯·汉弗莱著；李恒威、董自立、董达译

维特根斯坦（Wittgenstein）的"盒子里的甲虫"的寓言意义深远。在我的《哲学研究》（*Philosophical Investigations*）副本中，我发现曾用日期为 1962 年的一个捕鱼执照标了那一页，那年我 19 岁。从那时起，我就被弄得心神不宁。你同我一样，可能熟记这一段落（Wittgenstein，1968）。

假设每个人都有一个盒子，里面装着我们称之为"甲虫"的东西。谁都不许看别人的盒子。每个人都说，他只是通过看他的甲虫知道什么是甲虫的。在这种情况下，很可能每个人的盒子里装着不一样的东西，甚至可以设想这样一个东西在不断变化。但这些人的"甲虫"一词这时还有用途吗？——真有用途，这个用途也不是用来指称某种东西。盒子里的东西根本不是语言游戏的一部分，甚至也不能作为随便什么东西成为语言游戏的一部分，因为盒子也可能是空的。是的，我们用盒子里的这个东西来"约分"，无论它是什么东西，它都会被消掉。

---

* 本文原刊于《苏州大学学报（教育科学版）》2017 年第 5 卷第 3 期。译自：Nicholas, H. 2016. A riddle written on the brain[J]. Journal of Consciousness Studies，23（7—8）：278—287.

维特根斯坦用这个作为警示寓言，主要是关于我们用来指称第一人称体验（尤其是身体感觉）的词的成问题的状况。但是许多读者——当然起初也包括我——把它当作质疑，感觉是否具有任何客观实在性。如果成为私人感官体验的主体不能使你命名它们、谈论它们，那么私人体验在公共领域的作用到底是什么呢？如果感觉是不可说的，那么到"它们是无关紧要的"是第一步，然后，如果是无关紧要的那就是非本质的。我们在滑坡谬误之上，导致了副现象论、二元论和哲学僵尸。

但是如果说维特根斯坦他自己一开始就错了呢？考虑一种替代版本：

> 假设每个人都有一张纸片，上面画着可以使他自己发笑的一幅漫画，我们把它称作一个"笑话"（joke）。谁都不许看别人的纸片，每个人都说，他是通过看他的纸片知道是什么笑话的。在这种情况下，很可能每个人的纸片上画着不同的漫画。甚至可以设想漫画在不断变化。但这些人的"笑话"一词这时还有用途吗？——真有用途，这个用途是用来指称某种东西的吗？哦，抱歉，W先生（译者按：指维特根斯坦），事实上，是的。它是使主体发笑的卡通的命名，纸片不可能是空的。是的，我们不能用纸片上的图画来"约分"，无论它是什么东西，它都不会被消掉。

现在我想出来的故事很不一样，而且感觉存在论的蕴涵必然不同。但是我们应该走哪条道路呢？我感觉是更像甲虫还是笑话呢？从我受到甲虫影响的第一次相遇之后过了50年，一路下来，我也受到丹尼尔·丹尼特（Daniel Dennett）相当大的影响——我现在必须承认，毫无疑问，感觉更像笑话，感觉没有被消掉。它们是内在于我们头脑的真实不虚、不可取消的物理事件。正像笑话被卡通艺术家设计用来显示好笑性品质那样，感觉被演化设计用来显示现象性（phenomenality）或者"感受质"的奇异美妙品质。如果这里有一个真正的类比——"现象感受之于感觉，一如好笑性之于笑话"，那么我们就能发现一些东西。事实上，通过考察笑话的机理，我们或许真的掌握了感觉的机理。

所以让我们从一些初级问题开始，首先是关于笑话的，然后是关于感觉的。想象一下，你打开了《纽约客》，你的目光触及一幅漫画，一个击剑者削到对手的头并大叫："击中！"哈哈！那是个好笑话！但是你为什么笑？好笑性从何而来？这个问题显然可以从不同层面上回答，但是我建议我们从所涉及的最底层的物理部分开始。我们能对好笑性的材料相关物（material correlates of funniness，MCF）说什么呢？好吧，首先，我们具有存在于《纽约客》页面上的实际图画，没有这个物理对象就不会有任何好笑的东西。我们可以说，因此，图画是首要的材料相关物，我们可以称之为 MCF1。

当然，我们必须有更多的东西。笑话不只是纸上的图画，图画不是内在的好笑的。《纽约客》的页面不可能全然凭借其自身就可以欣赏笑话。图画确实具有一些可以说是"内在的"（intrinsic）属性——物理属性，例如大小、颜色、线的宽度等，但是好笑性不属于这些。好笑性完全是图画和你——人类观察者——这之间具有的一种关系属性。图画在物理上可能是单色的，即使没人看它，但是它是好笑的——这是对你而言——当你在心智上把它表征为如此的时候。

心智表征——就是说，进入事态并为其附加意义——是一种人脑特别擅长的计算。心智内容——那个结果，对你这个主体而言——或许无关于以及不可还原为任何纯粹的物理过程（想到一些好笑的事情，正如我们将看到的，不属于这部分），但是表征确实是由神经细胞网络执行的一些东西。所以当你想到图画好笑的时候，由此生成一个心智状态，那是——在心理上——你发笑的原因，负责的脑活动必定构成了好笑性的次要的材料相关物，我们可以称之为 MCF2。

现在让我们对感觉提出同样的问题。想象一下，你看到一次光辉夺目的日落。啊！太阳的红色看上去是多么辉煌啊！但是存在于感觉现象品质背后的是什么呢？我们能否确定感觉过程（从太阳开始，到你红色感受质的体验结束）的一些部分与这一体验属性，具有和纸上图画与好笑性相同的关系？那是说，我们能确定现象性的首要材料相关物即 MCF1 吗？

你可能会假设答案就是太阳本身。正如同图画是你发笑的首要原因，太阳难道不是你拥有感觉的首要原因吗？是的，在某种方式上是的。但是反思片刻后，你发现这不是剖析问题的正确方式。因为，如果太阳在感觉中扮演的是图画在笑话中扮演的相同角色，我们需要马上反对一个重要的不成类比之处。设计是在什么地方出现的呢？在笑话的情况中，图画由人类漫画家设计以使你发笑，这就是图画的用意之所在。但是在感觉的情况中，建议太阳被任何人设计用来引起红色感受质，或者认为这就是太阳用意之所在，那将是疯狂的。

这是不是意味着这个类比是拙劣的，不值得探究？不是的，相反，我认为我们应该沿着它的方向前进。如果这是正确且重要的——感觉是演化设计的产物，设计者只能是对基因起作用的自然选择，而基因的等价物必定存在于基因可以控制之处——在脑中。所以在寻找 MCF1 的过程中，我们必须把我们的注意力放在从感官刺激到你拥有感觉的事件链条上，并询问现象品质有可能在何处出现。

我对这些有自己的想法。为了论证之便，我将简要地概括它们。我在 25 年前的著作中论证说，问题中的脑活动是一个对感官刺激的演化的古老评价反应——我把这反应称作"sentition"。在我们遥远祖先的机体中，"sentition"产生作为一系列反射本能反应，身体表达形式，接受或拒绝的蠕动。经过自然选择的磨炼，这些反应精确地适应于情境，这样它们可以留意是何种刺激正触及身体表面，身体的什么部分被影响，以及何种输入是关于机体的安康（well-being）的。它们涉及所有这些，而且实际上是关于刺激的一个物理的反射。所以，从外部观察者的视角看，"sentition"可以说具有关于机体感觉环绕（environs）以及如何评价这些环绕的丰富信息。不过机体本身，一开始"在心智中"没有这些信息。

我相信主观感觉，作为一种心智状态，在机体演化出一种获取信息的方式时首次形成。把戏（译者按：指主观感觉）是为了使机体去监控自己的脑发出的运动指令信号，然后指令信号可以反过来被解读，也可以说，产生机体正在接收与之相关的刺激的一幅图像。简而言之，感觉是——直到今天在人类中依然是——对"sentition"的主观解读。"Sentition"被用来表征味道、颜色、疼痛等体验。不过这一主观体验在第一次产生时还不具有任何特殊的现象感受。这期间发生了什么？

我已经论证过关键在于"sentition"是如何逐渐演化的。它在早期包含公开的身体性行为。最终这些公开反应不再具有适应性并且不再被需要。不过，这个时候它们已经具有了新的和有用的角色——作为主观感觉的载体（vehicle）。对这个适应困境的回答是为了使反应变得内在化或者"私密化"，这样，指令信号而不是真实身体发生的变化，开始靶向（target）感觉器官投射于脑的内在身体－地图。如此，"sentition"发展成了身体表达的虚拟形式——不过主体依然可以从这个反应中获得到达身体表面的刺激信息。

但是"sentition"的私密化有一个值得注意的且可能是偶然的结果。这导致了反馈回路在脑的运动区与感觉区之间被建立起来。这些回路具有维持递归活动的潜力。还有，到头来，这一发展正在改变游戏规则。至关重要的是，这意味着随着回路增长的变化，活动可以被适时地延长，这样就产生了感官体验的"厚重时刻"（thick moment）。不只如此，活动还能被传递和固定，这样就产生了在数学上复杂的"吸引子"（attractor）状态。这样的吸引子在理论上具有显著的高维属性。真实的、非真实的或魔法的？答案可能在旁观者的眼中解读了产生感官体验的这一脑活动的主体。

无论如何，从现在开始，每当有机会"提升"感觉品质——去做出进一步的适应性改变——自然选择拥有着尚待探索的一整个崭新的设计空间。对环路的微小调整能对主体体验产生巨大影响。我相信，这为一种特殊的吸引子状态的创造提供了演化背景，这种状态可以被主体体验为一种具有不可解释的现象感受的感觉。我把这种吸引子状态称作"ipsundrum"，意指自我发生的难题。"Ipsundrum"依然是一种"sentition"，产生作为对感官刺激的反应，依然携带有关于刺激的客观属性的信息。但是现在这一信息进入了一种值得注意的新包裹。如果你愿意的话，它将作为一个写在脑上的谜的一部分。

到目前为止，我们被带到了什么地方？我们曾在一些篇幅中问道："你的脑正在做什么？"就在它与现象感受所具有的和卡通图画与好笑性相同的关系上面，这里我们有了更新，就是"ipsundrum"。回到我们的观看落日的例子，来自落日的红色光线照到你的眼睛，你的脑做出一个由来已久的评价反应——我们可以称作"redding"——这一反应是通过进入一个"ipsundrum"的反馈逐渐建立起来的，这招致了一些具有作为红色感受质感受东西的解释。由此，以我们之前确定的术语来看，现象性的首要材料相关物，即 MCF1，是相当于"ipsundrum"的脑活动；而次要的材料相关物，即 MCF2，则是不同的脑活动，监控这些以及把它表征为具有现象属性的日光。

当然，你并不需要相信刚刚给出的解释细节。我清楚地说明了这些用来作为原则上的证明，以说明一种物质论如何可能解释某些事情。但是如果理论的细节是可以商榷的，那么底线就没有了。正如我们所表明的，感觉是一个两阶段过程。现象感受——如同好笑性——只与表征一起出现。

现在这条底线看起来有点明显了。在靠近这条道路时，我也希望它是对的。但是不用我说——这并非对每个人是显而易见的。内德·布洛克（Ned Block）在他 1995 年的一篇著名论文中论证道，我们应该区分我们对感觉有意识的两个层次，首先是"现象意识"（phenomenal consciousness），然后是"通达意识"（access consciousness）（Block，1995）。这听上去或许像是我们已经在 MCF1 与 MCP2 之间做出的区分，而且在某种方式上是的。布洛克的确相信存在脑活动的两个阶段，现象意识在通达意识之前并为之提供基础。至关重要的区别在于，布洛克相信——正如同命名所暗示的——一种现象感受在其被通达之前已存在。因此，与我们采取的路线颇为不同的是，布洛克断言现象性可以是脑活动的一个内在特征。他近来的确结合了神经科学家维克多·拉米（Victor Lamme）的主张——脑颞叶的周期性活动本身对于现象体验的产生是充分的。布洛克在 2015 年的一篇题为《意识：大科学和概念澄清》（*Consciousness：big science and conceptual clarity*）的文章中坚定地称："不可能存在不具有实际上的认知通达的有意识体验。"（Block，2015）但是不只是布洛克和拉米，多到令人意外的当代哲学家似乎都认为（希望）这是要走的道路。米歇尔·比特博尔（Michel Bitbol）可以代表他们许多人发言："我们能排除以下情况吗？脑的乃至身体的任意（大或小）区域同转瞬即逝的纯粹体验有关联，尽管从中无法获得关于体验的报告。"（Bitbol，2015）

当然我们无法排除的事情还有很多，但也有一些可以实现的情况。自由漂浮且不可通达的现象体验概念在概念上是不透明的（opaque），这便于设想成《纽约客》的一张页面体验自身是好笑的。但是即使我们把概念上的反对意见置于一旁，这个想法在经验上也是无作为的。根据定义，没有人可以报告或者以任何方式显示他们正在体验一个感觉的现象感受，除非他们以某种方式对它进行通达。所以该主张超出了科学证明的可能性。令人讽刺的是，以布洛克方式定义的现象意识的确是"我们用来'约分'"的一些东西，"无论它是什么，都可以被消掉"的一些东西。

我说站在布洛克一边的哲学家数量多到令人意外，是因为哲学家照理来说具有清晰思考的特殊才能。他们在这个问题上的失败是极令人失望的，不只对哲学，更是对我们更宽泛的知识文化。它在一些地方已经使意识研究几乎陷入绝境。在各个地方——书籍、舞台、电影——我们可以听到那个著名的意识"难问题"。这个问题是什么？它变成了不是别的什么，而是解释内在现象性的问题：纯粹的脑过程如何可能拥有作为根本非关系事实的现象品质？可是如果，正如我希望我们已经证明了的那样，自然世界中从来没有产生过这样的东西，将来也不会，那么问题不复存在，投入解决它的哲学努力是在极大地浪费时间。

所以，让我们回到我们能做出进步的议题上来。当我们转向内德·布洛克，我们关于感觉如何需要它们的现象感受只能半途而废。我论证过"sentition"已经演化到拥有这样的特征，以"ipsundrum"作为形式，导致表征成为具有现象感受的一些东西。但是如果"ipsundrum"没有内在现象性，它是如何实现这一点的呢？纯粹脑过程如何能具有现象感受呢？

嗯，这个怎么样？我把"ipsundrum"称作"一个写在脑上的谜"（a riddle

written on the brain)。在这么做的时候，我继续提到感觉与笑话之间的类比。但是我好奇的是，我们是否依然可以更进一步。感觉与笑话在体验水平上共享了结构特征吗？如果是这样，它们有可能甚至共享了机制吗？如果我们可以探索一幅纯粹的图画如何能看上去好笑，那么我们或许能了解一个纯粹的脑过程如何能拥有现象感受？

这个类比显然不是一个等式，感觉并非真的是笑话。它们的确有一点是共有的，即它们同样有计划地作用于你的情绪。但是它们显然是以不同的方式进行的。笑话使你发笑，感觉使你充满惊奇。笑话使你写出类似题为《笑话之内：用幽默反向设计心智》（Hurley, et al., 2011）的著作，感觉则使你写出类似题为《灵魂之尘：意识的魔法》（Humphrey，2011）。你可能认为根据它们在心理学上的影响，这两类现象就不在同一范畴里。但是，别急，现在谈到这一点，我要说我们也可以想象一本书叫作《幽默：笑话的魔法》，同样，一本书叫作《感觉之内：用现象性反向设计意识》（可以认为我们在本文中就是这么做的）。所以这个类比能传递更多东西吗？我认为这至少值得一试。

赫尔利（Hurley）和他的合作者（在上面提及的那本书里）提出一种笑话的一般理论。在他们之前的其他作家已经注意到，正如他们所做的，使一个笑话变得好笑的关键是，笑话在你的心智中形成一些期待，然后使这些期待落空，并表明你哪里想错了。可是少数人会进一步追问，好笑性为什么是令人愉快的，为什么你会享受被诱使犯错并得到纠正？赫尔利等人有一个有趣、合理的回答：你在笑话中得到愉悦的原因——即使是低劣的愉悦——是鼓励你寻找更多机会来测试和修正你自己的先入之见。你需要笑话把你猛地撞出你陷入的老套观念。

笑话使你猝不及防，并迫使你重新思考。但是我们应当注意到它就到此为止了。笑话并不会动摇你的世界观的基础。作者指出笑话同魔术密切相关（一个重要的区别是魔术向你显示你哪里错了）。但是我们可以注意到用于笑话的陈规通常也可以应用于把戏，你认为这是理所当然的——舞台魔术不是真的魔法。还有，如果你知道魔术是如何做的，你可以惬意地使它与你现有的现实图景相适合（并且真会大声笑出来)。

不过我希望把注意力放在第三种现象，它像笑话或魔术一样以错误的假定开始，但是结果很不一样。我们可以把这些称作"显现"(epiphanies)。显现在你被给出一些证据而不是单纯需要重新思考时出现，它迫使你修正你的最基本的教义——用托马斯·库恩(Thomas Kuhn)的话说，经历一场"范式转换"。它们导致你接受魔法而不是把它撇在一边。在这样的情况下，你也可能会感到愉悦，因为你已经学到了新的东西。但是这时你所学到的实际上是范式转换，你可能会感到一种不同层次上的情绪——敬畏。

显现可以在许多语境中出现：宗教的、浪漫的、哲学的、科学的。它们可能在需要重要修正时被足够好的（或者坏的）证据引发。当伦敦的一位杰出的物理学教授约翰·泰勒(John Taylor)在1974年见证了尤里·盖勒(Uri Geller)用纯粹意志力弄弯一个金属勺后，他被震惊了。很快他写信给盖勒："金属弯曲的盖勒效应——显然并非来自欺骗。它是如此异常，这给现代科学带来了一个重大挑战，如果找不到任何解释的话，这甚至可以把科学摧毁。"(Geller，1975)在这个例子中，泰勒错把一个魔术当真了。但是他的反应完美地合乎他认为他所看到的。在其他时候这也可能是伽利略(Galileo)在发现木星卫星时的反应，薛定谔(Schrodinger)之于双缝实验的结果，或者弗雷格(Frege)之于罗素悖论的宣布。（弗雷格给罗素写信说："算术摇摇欲坠。"）

让我们回到感觉问题。你会如何——你应该如何——回应有意识体验的心智弯曲困惑？

记录显示即使是最出色的哲学头脑在面对被他们误解的难问题时，也屈服于一本正经的胡说八道。杰瑞·福多(Jerry Fodor)是一个典型："按照目前状况来看，我们还不能想象难问题的解决路径。在设想解决方案时，需要对我们的概念和理论做出的修正或许非常深刻且让人不安……在难题被我们解决之前，几乎没有什么是我们不需要摆脱的。"(Fodor，2007)或者用托马斯·内格尔(Thomas Nagel)的话来说："意识的存在似乎意味着对宇宙的物理学解释，尽管丰富、具有解释效力，但也只是真理的一部分。如果物理和化学可以解释一切，那自然秩序将远不及它本来的庄严肃穆。"（Nagel，2011）至少可以说，这些是职业哲学家对一个现象的有趣回应，如果我们之前的分析是对的话，这个现象实际上是脑施加于自身的一个魔法效果——令人惊叹，不过不存在盖勒的勺子把戏意义上的范式转换。

但是非哲学家该怎么办呢？普罗大众该如何看待似乎是奇迹的一个例示的事实呢？你或许认为大多数人过于现实以致并不会使自己被意识的意义、谕示所困扰。你可能这么想……直到你环顾四周，认识到根本不存在非哲学家这样的人。事实上我们物种的历史显示各处的人类早已进化成天生的哲学家，他们沉浸在形而上学的焦虑中，他们像任何职业哲学家一样——可能更易于——把意识看作是超自然的启示和来自异世界的握手。

因此大问题是：这样的自然设计的显现对于人类生存真具有积极结果吗？这有可能是意识作为生物学适应性的意义之所在吗？我的著作《灵魂之尘》力图说明是的。

不过现在我就不再去那里了。"假设每个人都有一个盒子，里面装着我们称之为'非常之奇迹'（bloody marvel）的东西。"无须多言。

参考文献

Bitbol, M. 2014. On the primary nature of consciousness, in Capra, F. & Luigi, P. L. (eds.) *The Systems View of Life* [M]. Cambridge: Cambridge University Press.

Block, N. 1995. On a confusion about a function of consciousness[J]. *Behavioral and Brain Sciences*, 18 (2), 227—247.

Block, N. 2014. Consciousness, big science and conceptual clarity, in Marcus, G. & Freeman, J. (eds.), *The Future of the Brain: Essays by the World's Leading*

Neuroscientists[M]. Princeton NJ: Princeton University Press.

Fodor, J. 2007. Headaches have themselves[J]. *London Review of Books*, 24 June, 9.

Geller, U. 1975. *My Story*[M]., New York: Praeger.

Humphrey, N. 2011. *Soul Dust: the Magic of Consciousness*[M]. Princeton NJ: Princeton University Press.

Hurley, M., Dennett, D., & Adams, R. 2013. *Inside Jokes: Using Humor to Reverse-Engineer the Mind*[M]. Cambridge MA: MIT Press.

Nagel, T. 2011. *Mind and Cosmos*[M]. Oxford: Oxford University Press.

Wittgenstein, L. 1958. *Philosophical Investigations*[M]. Anscombe, G. E. M. (trans.), Oxford: Blackwell.

神经现象学：从中道认识论到意识经验的具身－生成观

陈巍

一、引言

著名意识心理学家威尔曼斯（Velmans）（2009）在其新著《理解意识》一书的开篇写道："我们的意识生活（conscious lives）是我们畅游其中的海洋。"（Velmans，2009）这个隐喻深刻洞悉到研究意识必须面对的一个特殊的认识论问题："当我们谈到意识的时候，我们遇到的是一种不同的情形。我们试图要做的不只是如何用一个人的脑工作来解释其行为或认知操作……也不是只把对外界事物的某种描述与更为精细的科学描述联系起来。相反，我们是要把对外界事物（脑）的描述与内部事物（经验）联系起来，这种经验是我们自己所特有的，是我们作为有意识的观察者所取得的。"（Edelman & Tononi，2004）显然，我们在其他的科学领域中从来没有遇到这类问题。例如，在物理学和化学中，研究者通常要么采用经验主义的立场：用另一些实体和定律来解释某些实体，并且假定它不依赖于有意识的观察者而独立存在；要么采用理智主义的立场：以量子力学中的测不准原理（indeterminancy principle）为例，支持是心智活动依据其自身而"建构"了客观世界及其规律。然而，这两种认识论在意识的探索上都失效了，意识是意识研究的对象，但同时又是研究的主体，我们不可能跳出这样一种事实。

175

众所周知，现象学蕴含了超越经验主义与理智主义的认识论优势，并给意识研究留下了丰富的遗产，这促使越来越多的意识科学家认识到"神经科学与现象学之间的更多对话不仅是令人期待的，而且也是必需的"（Gallese，2011）。在这样的背景下，认知科学内部兴起了一条旨在将现象学与神经科学结合起来探索人类意识经验（conscious experience）的神经现象学（Neurophenomenology）进路（Varela，1996；Laughlin，1999；Thompson, et al.，2005；Gallese，2011）。该进路提出的中道认识论与意识经验的具身－生成（embodied-enactive）观有望为认知科学时代的意识研究提供一种全新的认识论立场。

二、批判经验主义与理智主义：以颜色知觉为例

经验主义与理智主义在几个世纪内几乎统治了认识论（epistemology）。虽然现象学的出现打破了这种认识论上的对峙，但是经验主义与理智主义的主张依旧持久且深刻地弥散在哲学与科学各个分支与角落之中。认知科学也不幸地堕入此彀中。瓦雷拉（Varela）继承了现象学的立场，通过对经验主义与理智主义的根基进行深入的剖析，他发现两者具有一致的二元论背景——都罹患了"笛卡儿的焦虑"（Cartesian Anxiety）。也就是说，要么我们有一个对于知识的坚实稳定的基础，知识从这里开始、建立和休憩；要么我们无法摆脱某种黑暗、混乱和混淆。这种对一个预先给定的、绝对的参照点的渴望引发了前者期望在世界中寻找一个外在且自在的根基，而后者则期望在心智中寻找一个内在且自为的根基。于是，心智与世界演变成决然对立的主观与客观两极：经验主义将认知视为对外在世界的恢复，心智是自然之镜（mirror of nature）；理智主义将认知视为心智的投射；世界是心智之镜（mirror of mind）。认知科学在不自觉中全盘接受了上述"非此即彼"的认识论（Plotkin，2008）。神经现象学以颜色知觉为例论证了理智主义与经验主义认识论在解释意识时的谬误。

1. 颜色知觉对理智主义的批判

劳克林（Laughlin）（1999）首先批判了理智主义。他认为长久以来作为哲学家专利的意识理论常常是神经科学上朴素的（neuroscientifically naivete）。认知科学时代中意识研究及其相关理论不应再仅仅限于纯粹哲学思辨的"扶手椅理论"（armchair theory）（Laughlin，1999）。对于颜色知觉而言，如果没有专门产生颜色范畴（color categories）的具身结构（embodied structure），就不会有我们所具有的颜色概念。这些具身结构包括：(1) 视网膜上的三类颜色视锥细胞，它们分别吸收长、中和短波的光。(2) 基于这些细胞构筑的复杂的视觉神经回路（Lakoff & Johnson，1999）。视觉生理学的研究显示，三类视锥细胞是波长感受器，长波与中部感受器的信号之间的差异，产生了红－绿通道，而来自长波和中波感受器的信号之和与来自短波感受器的信号之间的差异产生了黄－蓝通道。因为彩色通道不能同时发出"红和绿"或"黄和蓝"的信号，所以我们就不可能得到一种由"红和绿"或"黄与蓝"组合而成的颜色，而其他一些二元的色调来自两个通道的相互影响。比如橙色来自红绿通道发送的红色信号和黄蓝通道发送的黄色信号（Varela, et al., 2010）。此外，大量神经病理学的研究发现，视觉神经回路或中枢受损会引发全色盲（achromatopsia）。梅多斯（Meadows）（1974）描述过这样一个病人："每件事物看起来都是黑的和灰的。他很难区分那些看起来一样但是颜色不同的不同面值的英国邮票。他是一个热心的园丁，但是却发现他剪掉的是有生命的部分而不是死去的藤蔓。"（转引自 Gazzaniga, et al., 2011）。因此，颜色并不是纯粹主观的，而是有着相应的神经生理基础，完全凭借我们的心智投射无法产生颜色知觉。

2. 颜色知觉对经验主义的批判

接着，劳克林（1999）批判了经验主义的认识论。他认为当前认知科学中大量科学化的意识理论又常常是现象学上朴素的（phenomenologically naivete）。他们总是站在一种彻底的经验主义立场上来检验心理活动的结构与属性。同样以颜色知觉为例，按照经验主义的观点，颜色仅仅是物体表面的反射率，它内在于事物且独立于我们的具身结构与知觉情境。瓦雷拉等（2010）认为这种理解是有误的。首先，颜色不是光的波长，也不是物体表面的反射率。如果颜色仅是表面反射率，那么我们应当能将这些颜色的特征与相应的表面反射率特征匹配起来。颜色的恒常性就应该完全是由物体反射的光的波长决定的。但事实上，依据我们的日常经验，在不同波长的光流量与我们对知觉到某物体的颜色之间，并不存在一一对应的关系。例如，试想我们知觉到某个物体是绿色的，我们看起来是绿色的色块，较之反射的长波与短波，它所反射的中波光线比率高。按照经验主义的观点，这是因为更多经由物体反射的中波光线进入眼中，使它看起来是绿色的。问题在于只有当我们排除视野中其他所有物体的情况下单独来看这个物体时，这一假设才能成立。而当这个物体作为复杂场景中的一个部分来观看时，即便它反射的长波和短波的光大大多于中波光，我们依旧将其看成是绿色的。换言之，当我们观看的事物是作为复杂场景的一部分时，该事物所反射的光线并不足以决定我们所看到的会是什么颜色。因此，在我们知觉到某物体的颜色与光的波长之间，并不存在一一对应的关系。

其次，颜色知觉还嵌入到我们生活的生物与文化情境之中并受其调节。来自比较心理学的研究发现，非人灵长类（non-human primates）动物与人类具有相似的波长区分能力（Matsuzawa，1985）。按照经验主义的观点，它们就应该具备与人类类似的颜色范畴。但近期有关狒狒的颜色辨认能力研究显示，尽管狒狒有着良好的颜色辨认能力，但它们几乎没有区分蓝色与绿色刺激范围的能力（Fagot, et al., 2006）。该实验证明波长区分能力并不是决定颜色知觉的唯一因素，颜色知觉还受到其他因素的影响。汉森（Hansen）等（2006）的研究发现，人类观察者会依据以往经验来调整水果的颜色直至其看上去消除了原来的色差。比如观察者会添加一种某类水果典型色的直接对立（direction opposite）色（香蕉是淡黄色的，其对立色是淡蓝色）来对其存在的色差进行调整。这意味着颜色知觉不仅由感觉信息决定，而且还受到我们的高级视觉记忆（high-level visual memory）（过去经验）的调节。来自跨文化心理学与人类学的研究发现，不同的颜色在不同文化中会被归入不同的颜色范畴。例如，在某些文化中，紫色完全被归于冷色调的范围（蓝－绿），而在另一些文化中却被归入偏向暖色调的范围（黄－红）（转引自Varela，et al.，2010）。因此，颜色并不像经验主义认为的那样是由光的属性（比如波长）决定的，而是依赖于我们的具身结构（视网膜、视锥细胞以及视觉的神经回路与中枢），并被嵌入在更为广泛的生物与文化情境之中，受其调节与影响。

3．颜色知觉的具身－生成特征

综上，颜色知觉既不是如经验主义理解的那样，是对外部世界的事物或物质的属性（如光的波长与反射率）在我们心智中的内在表征或被动恢复，也不是如理智主义理解的那样，是对内部世界的主观投射或我们想象力的臆造。因此，颜色既是主观的，也是客观的。颜色经验是在反射光的波长（事物的物理属性）、光照条件（知觉情境）和具身结构等因素的相互作用下生成的，是认识对象的属性与认识主体身体的统合（Lakoff & Johnson，1999；Varela，et al.，2010）。以此为突破口，瓦雷拉等认为有机体的认知活动既不是对预先给予的"外在世界"的恢复，也不是对"内在世界"的表征与投射，而是依赖于有机体的身体，通过具身行为的方式而涌现生成的。

三、超越经验主义与理智主义：中道认识论

那么，既然理智主义与经验主义在解释心智与意识现象时均存在严重的缺陷，我们又应该采取怎样的认识论来解读心智与意识现象呢？神经现象学家们纷纷将目光转移到了现象学的认识论上。当然，这里的现象学包括了西方的现象学哲学传统与东方的心学传统（Varela，1996；Thompson，et al.，2005）瓦雷拉指出，若想正确认识心智与意识现象，首先必须剪除"笛卡儿的焦虑"——对某种预先给

定的、客观的、绝对的参照点的狂热。在这方面，佛教，尤其是其中的中观派（Madhyamika）恰恰提供了某种应对这类狂热的镇静剂。在中观派看来，在笛卡儿的焦虑的驱动下，研究者无论是试图从心智内还是心智外寻找一个终极的认识论根基，思想的基本动机与模式都是一样的，即执着的倾向。这种倾向寻找的是一种绝对的根据，即某物只依靠"自身存在"（own-being）从而成为其他任何事物的基础。然而，通过静心与正念（mindfulness）等训练放下这些执着倾向后，事物的本质开始向我们显露，我们开始认识到，任何事物或现象都不存在绝对的根基或一成不变的属性，而是"性空"（Emptiness）的。事物与事物、现象与现象之间总是互为依赖，彼此生成的，即是"缘起"（Codependent Arising）的。更为重要的是，这种性空的观点"不是在某个遥远的、哲学上深奥的分析中被发现，而是在日常经验中被发现"（Varela，et al., 2010）。

1. 重返缘起性空的生活世界

神经现象学提倡要认识心智与意识现象，研究者首先需要将目光回归日常生活或胡塞尔所谓的"生活世界"（Lebenswelt）。"生活世界是一个始终在先被给予的、始终在先存在着的有效世界，但这种有效不是出于某个意图、某个课题，不是根据某个普遍的目的。每个目的都以生活世界为前提，就连那种企图在科学真实性中认识生活世界的普遍目的也以生活世界为前提"（Husserl，转引自倪梁康，1994）。因此，生活世界"是一切实践（不论是理论的实践还是理论之外的实践）的'基础'"（Husserl，2001）。生活世界具有一种对经验主义与理智主义所划分的内部世界与外部世界的超越性。生活世界的本质结构就在于："它作为物理自然的环境，以一个身体的、动感权能的自我性为中心，而这个自我性本身又始终感知－经验地朝向它的周围世界的个别事物。"（Husserl，转引自倪梁康，2007）因此，在生活世界中并不存在着笛卡儿的焦虑。但不幸的是，自然科学遗忘了这种作为意义基础的生活世界。同样的，浸淫在自然科学母液之中的传统认知科学也一直抵制这种观点，并将其当作一种不成熟的常识性的解释形式。为此，瓦雷拉指出，"活的认知的最伟大能力就在于它能在广泛的约束中提出每一刻需要解决的相关问题。这些问题和关注不是预先给定的，而是从行动的背景中生成的，而在行动背景中我们当作相关的那些东西是由我们的常识情境地（contextually）决定的"（Varela，et al., 2010）。

那么，回到生活世界的认识论为何就能摆脱笛卡儿的焦虑，进而超越经验主义与理智主义呢？瓦雷拉引用了大乘佛教龙树（Nagarjuna）的中观认识论回答了这个问题。例如，当我们说一个看的人独立存在，或说被看的物独立存在，这意味着一个看的人存在，即使是他并没有看到那个景象，他先于或后于那个景象而存在。同样，我们的意思是景象先于或后于一个看者看见而存在。也就是说，如果我是一个景象的看者，那么我就是真实存在的，这意味着我可以走开而不去看那个景象——我可以转而去听某个东西或想某个东西。而如果景象是真实存在的，即使我并不看它，它也应该能够待在那里。龙树认为这样的理解注定是空妄的。无论是谈论一个没有看见其景象的看者，还是谈论一个还没有被看着、看到的景象，抑或在某处存在一个独立进行的看却没有任何看者和被看的景象都是没有意义的。看者的立场或观念不可能与他看到的景象相分离。反过来也是一样，一个景象也无法与正在看它的看者相分离（Varela，et al., 2010）。换言之，我们的认识活动既不可能独立于我们的具身结构，也不可能独立于我们（意识或身体）意向性活动所指向的世界，两者是缘起的。任何脱离认识主体与认识对象来谈两者的本质都是虚妄的，两者是性空的。

2. 意向弧、动允性与中道认识论

汤普森（Thompson）（2005）借助梅洛 - 庞蒂（Merleau-Ponty）的知觉现象学中的"意向弧"（intentional arc）概念和生态心理学吉布森（Gibson）的动允性（affordance）概念论证了认识活动的具身－生成特征，并认为其具有打破经验主义与理智主义认识论封锁的效力。一方面，Merleau-Ponty 认为我们认识在世界之中与我们有关事物的主要方式，既不是纯粹的感觉与反思，也不是认知或理智（intellectual），而是身体性（bodily）和技能（skillful）。这就是梅洛 - 庞蒂所谓的"运动意向性"（motor intentionality）。例如，在取一个茶杯来喝水时，我们并非是借助茶杯在空间中的客观定位完成这个动作，而是借助其与我们的手的自我中心关系（egocentric relation）来实现的，我们按照喝水的目标来抓握茶杯。另一方面，我们的抓取行为使得在我们周围的物体（比如茶杯、电脑键盘等）都具有运动感（motor senses）或意义，即"动允性"。综上，世界中的事物带出（bring forth）了来自主体的适宜意向性行为和运动计划（主体是由世界投射的），而在世界中的事物又只有在与有运动技能的主体相关时才显露特殊的运动感或动允性（世界是由主体投射的）。梅洛 - 庞蒂将这种运动意向性的身体 - 环境循环（body-environment circuit）称为"意向弧"。"意向弧"将知觉与动作、认识活动与认识对象整合起来，它既非纯粹第一人称的（主观的），也非纯粹第三人称的，既非心理的，也非物理的。它是先于这些抽象概念而存在的结构，并比这些概念要基本得多。因此，梅洛 - 庞蒂坚持认为"意向弧"可以"在一种对身体主观性的存在分析中影响'心灵的'（psychic）和'生理的'（physiological）的统一"（转引自 Thompson，2005）。

按照汤普森的理解，我们尝试对动允性概念如何揭示认识活动与认识对象的具身 - 生成特征提供进一步的说明。动允性是有机体与环境之间的一种交互作用，既是由环境属性赋予有机体某种行为得以实施的可能性，也是由有机体某种行为得以实施而赋予环境属性的可能性。同样反思上述例子，一个人想喝水，他单臂臂展 1 米，而杯子距离其躯干为 50 厘米，那么这个人就具有"拿到杯子的可能性"，同样杯子也具有了"被人拿到的可能性"。在这个人与杯子组成的"生物 - 环境"中也就具有"人拿到杯子，杯子被人拿到"的动允性。由此可以看出，无论是人拿到杯子的行为所具有的可能性或属性，还是杯子被人拿到的可能性或属性，都不是人或杯子本身所固有的属性，而是在人与环境的互动过程中彼此生成的。在活生生的认知活动中，认识主体 / 认识对象以及心智 / 世界都是在具身 - 生成的或缘起性空的。

3．中道认识论的核心

综上，神经现象学消解了经验主义与理智主义所预设的那种认识活动与认识对象的二元对立。瓦雷拉等总结道："一个有着现象学倾向的认知科学家在反思认知的起源时，也许会这样想，心智在世界中醒来，我们没有设计我们的世界。我们仅仅是发现自己与世界同在。我们既意识到我们的自身也意识到我们栖身的世界……我们反思的世界不是被创造的，而是被发现的，但也正是我们自身的结构，才使我们得以反思这个世界。于是在反思中，我们发现自己处于一个循环里，我们处于一个似乎是在开始反思之前就在那里的世界中，但那个世界并未与我分离。"（Varela，et al., 2010）换言之，我们所有的认识活动均应基于这样一种"居中"的认识论：一方面，脱离奠基于具身结构之上我们的认知或经验，自然的世界就不可能向我们显露。另一方面，自然的世界又先于我们的认知或经验而存在，并非是我们的主观投射。由于这种受东西方现象学传统影响下"执中道而行，不落两边"的认识论"恰似刀锋上的中道（middle way）"，故而我们称其为"中道认识论"（middle way of epistemology）。

四、意识经验的具身-生成观

在中道认识论的指导下，神经现象学认为意识是有经验的（experiential）与具身-生成的（embodied-enactive）。前者主要指意识现象不同于一般的物理现象，它具有一种主观性（subjectivity）、第一人称视角（first person point of view）、自我性（ipseity）或者"我性"（mineness/I-ness），即必须以"'我'感受到什么（what it feel）"的方式对意识活动加以描述（Chalmers，2010）。因此，瓦雷拉（1996）与汤普森等（2005）建议用"意识经验"（conscious experience）这一术语来区分传统认知科学中那种以存取与使用信息来控制行为，并以"做了什么"（what it does）的方式来描述意识。后者主要是指意识的整体性（holistic）。即意识经验是生成的，并非依赖于单一的神经相关物（neural correlates of consciousness，NCCs），而是脑内大尺度神经活动的动力学全局状态（dynamic global state）。其活动遵循动力学与非线性科学的规律。此外，意识经验是具身的，不仅依赖于身体，而且嵌入到生物、心理与文化情境之中，并通过三者的交互作用而产生（Varela，1999；Thompson，et al., 2005）。

1. 意识经验

一方面，对从事意识研究的科学家而言，鲁德拉夫（Rudrauf）等（2003）认为，如果我们想要理解何为意识，仅仅观察与功能性的意识相关的特殊大脑结构是远远不够的。当我们尝试将某种意识现象与某个大脑结构相契合甚至将其视为由大脑的某种反应引发时，在我们所依据的这种观察中存在着一条鸿沟。这并非意味着对于主观经验或意识的涌现而言，大脑系统的所有亚结构（substructures）与亚过程（subprocesses）的重要性没有差异（正如在身体活动中某些器官比其他器官更为重要）。尽管大脑中某些亚结构以及某些特殊的加工过程对于意识构成及其出现至关重要，但这些亚结构与过程仅仅是意识功能的运行（functioning）的关键机制，而并非是意识本身。另一方面，从事意识研究的哲学家也面临着困境，"看起来他们总是漏掉了一些东西……但事实上在技术性反驳之后又一个非常深层的反驳，这个深层反驳可以表述得很简单：（物理主义）研究中的理论遗漏了心灵，漏掉了心灵的某些本质特征，比如'意识'或'感受质'或语义内容……（因此），如果我们把过去50多年以来的心灵哲学看作是一个人，那么我们将会说这个人具有强迫性神经官能症，他的神经症是一再地重复同样模式的行为"（Searel，2005）。显然，大部分从事意识研究的神经科学家与哲学家均遗漏了意识经验，这导致传统认知科学在意识研究上的失败。

对此，神经现象学给予了高度的重视。汤普森等（2005）认为，对于意识经验的探索工程要首推现象学的工作。正如斯皮尔伯格（Spiegelberg）指出的："对胡塞尔来说，有一种奇迹超过所有其他的奇迹，他称之为'奇迹之中的奇迹'，即

'纯粹的自我和纯粹的意识'……它作为一种存在物意识到自己的存在而且又意识到其他的存在物。"(Spiegelberg, 2011)"多数人都愿意承认，对于一个经历着某种体验（品尝冰激凌感到愉快，回忆在阿尔卑斯山中的行走）的主体而言，必然有某种'感觉'。然而，只要对某种具有体验的主体来说有着某种'感觉'，主体就必然以某种方式通达并且认识这一体验。此外，尽管意识经验彼此迥异——闻碎薄荷叶的感觉同观看日落或聆听拉罗（Lalo）的《西班牙交响曲》的感觉并不相同——它们却也享有某些共同的特点。即是我属性（the quality of mineness），经验具有第一人称被给予性（first-personal givenness）。也就是说，它是作为我的经验、我正在经历或度过的经验而被给予的。"(Zahavi, 2005)

因此，"未来的神经科学研究必须更多地聚焦于人类经验的第一人称（first person）"(Gallese, 2011)。达马西奥（Damasio）(2007) 将这种意识经验的第一人称特征称为"核心意识"（core consciousness）或"最小化的自我"（minimal self）。例如"你正在看这一页，阅读这个文本，并且在你阅读过程中，对我的文字意思进行建构。但是，关注文本和意思却很难把你心灵中所发生的一切都描述出来，除了表征这些印刷的文字，以及为了理解我写的东西而要求把那种概念知识显示出来之外，你的心灵还显示出一些别的东西，这些东西足以经常表明，正在对这本书进行阅读与理解的就是你，而不是任何别的人……除了那些表象之外，还有一个代表你的东西在场（presence），这就是那些表象的事物的观察者，所表象事物的占有者"(Damasio, 2007)。这种对那些意象的独特的拥有感（sense of ownership）或自我感（sense of self）意味着意识不但意向性地指向某物，它也与特定的"我"粘连着（李恒威，2011）。加莱塞（Gallese）与西尼加利亚（Sinigaglia）(2010) 进一步指出，因为自我感从根本上说是一种身体感（sense of body），所以核心自我与最小化的自我就是一种"身体自我"（bodily self），意识主观性奠基于身体之上。

综上，瓦雷拉（1999）总结说，一方面，"现象经验"（phenomenal experience）是我们从一个主观的视角进入我们意识的一个组成部分，它属于意识的范畴。另

185

一方面，"意识"现象总是扎根于一个自我之中。我们对意识的直觉理解显示它从根本上是与主观性有关的，意识总是"我"的意识。意识的议题不能被视为可以从其所归属的那个自我中独立出来。因此，意识经验是统合意识研究主体与对象的起点。

2. 意识的具身－生成特征

针对意识的生成特征，埃德尔曼（Edelman）和托诺尼（Tononi）（2004）指出，许多神经科学家强调一些活动和意识经验有关的神经结构——意识的神经相关物（NCCs）的工作——可能对意识有贡献，但是我们如果期望单单靠精确地确定脑中的特定部位，或是了解特定神经元的内在性质就能够解释为什么它们的活动能够或者不能够对意识经验有所贡献，那就犯了"范畴错误"（把事物不可能有的性质硬加给它）。大量的研究显示，意识活动更倾向于表现为一个伴随时间变化的整体或全局工作空间（global workspace）（Tononi & Edelman，1998；Baars，1998；Varela，et al., 2001；Raffone & Pantani，2010）。

神经现象学赞同并提倡将大脑视为复杂的动力学系统，意识是由功能专门化脑区的离散马赛克（scattered mosaics）的瞬间和连续的神经激活网络产生的，并不存在可以将任何单一的神经过程或结构作为意识的神经相关物（Thompson & Varela，2001；Varela，et al., 2001；Lutz & Thompson，2003；Thompson，et al.，2005）。因此，研究意识经验对应的神经活动的最佳方案不是在神经元类型或专门化神经元回路的水平上展开研究，而是通过一个可以描述大尺度整合（large-scale integration）模式的涌现和改变的集体神经变量（collective neural variable）来展开研究。神经现象学的任务在于对那些十分精确并完全可以用正式的预测性动力学术语予以表述的实时主观经验进行现象学解释，这些术语可以被表述成大脑活动的特殊神经动力学属性（Varela，et al., 2001；Lutz & Thompson，2003）。

针对意识的具身特征，梅耶斯（Maiese）（2011）指出意识并非寓居于我们的大脑之中，而是分布式（distributed）的融贯和"延展"（extended）于那些我们借助活生生的身体参与世界的结构与行为之中。大量神经生物学证据也显示大脑需要被视为一个在不同维度上与身体紧密耦合的（coupling）、复杂的与自组织的动力学系统。意识不仅是基于大脑的（brain basis of consciousness），也是基于身体的（bodily basis of consciousness）（Cosmelli & Thompson，2011）。"我们推测意识主要依赖于某种方式，脑动力学经由这种方式被嵌入到动物的生命躯体与环境背景之中，因此，或许在大脑中并不存在最小化的内部神经相关物（minimal internal neural correlate），其内在的属性足以产生意识经验"（Thompson & Varela，2001）。按照以上建议，意识活动并非只局限于大脑，还包含了嵌入在环境之中的身体。近年来，许多神经科学与行为实验证明了上述观点。例如，躯体的生命监控（life-regulation）过程有助于产生一种自我感（Damasio，2007），动态感觉运动活动（dynamic sensorimotor activity）有助于产生知觉经验的质性内容（qualitative content）（Hurley & Noë，2003）。这意味着"如果特定的大脑活动无法在脱离身体的情况下实现，并且这些大脑活动又包含了那些对意识至关重要的东西，那么我们也就有理由相信身体并非只是在因果性上确保意识的产生，而且也是意识的组成部分"（Cosmelli & Thompson，2011）。

那么，具身化的意识又是如何嵌入到生物与文化情境中并通过涌现出来的呢？劳克林等提出了神经诺斯（neurognosis）与神经诺斯替模型（neurognostic models）的构想。"来自那些被接纳进我们意识流中的过去经验的信息并不限于那些个体的发展，而且也从我们的经验库存中得以充实。这个经验库是我们神经系统中的细胞的最初组织中隐含的种、属，甚至是哺乳动物特有的。"（Laughlin，1999）这些从作为我们祖先的哺乳动物、灵长类以及古人类基因组继承而来的初期结构被称为神经诺斯。神经诺斯是可以被理解为那些在有机体出生前后的神经系统的最初组织中对其认知活动有用的、内在的基本知识。在神经诺斯基础上演化出意识经验的模型被称为神经诺斯替模型（Laughlin, et al., 1990）。

神经诺斯的活动进一步演变出认知环境（cognized environment）与操作环境（operational environment）。在人类意识经验的发生与发展过程中，人类大脑皮层中神经系统的首要功能是建构大量有关神经诺斯替模型的网络。在每一个身体中的这些神经模型的网络又被称为个体的认知环境，与之对照的是真实的操作环境，包括与有机体真实的物理身体以及与之发生相互作用的外部环境（Laughlin, et al., 1990）。操作环境受到个体的认知环境的调节，认知环境在本质上是由神经诺斯决定的。其具有在经验中大量可识别的不变模式（invariant patterns）的特征，并且由调节它的神经网络的内在结构所施加。不变模式包括作为自然范畴的特征、空间中身体与其他客体的定位、知觉的大小恒常性（size constancy）以及学习等。更为重要的是，人类神经系统已经进化出的内部认知环境不仅能对外部操作环境中的事件，而且还能对那些在自身之中的事件进行注意、认知与反馈（Laughlin, 1992）。大脑的这种反思其自身的基本过程的能力最终演变出以第一人称化的意识经验。综上，神经现象学假设人类的意识经验是由神经诺斯替模型在基因上预先设置好的，并在与世界的躯体感觉互动中发展起来。因此，无论身处何方，人类的意识经验世界大都是由相同的神经诺斯替模型调控的，并以相似的方式在儿童期发展起来。在人类的意识经验中之所以出现文化变化，是由在适应某种文化与局部操作环境中的变化与神经发育具有的超强可塑性交互决定的。

参考文献

安东尼奥·R.达马西奥.2007.感受发生的一切——意识产生中的身体和情绪 [M].杨韶刚，译.北京：教育科学出版社.

杰拉尔德·埃德尔曼.2010.第二自然：意识之谜 [M].唐璐，译.长沙：湖南科学技术出版社.

杰拉尔德·M·埃德尔曼，朱利欧·托诺尼.2004.意识的宇宙——物质如何转变为精神 [M].顾凡及，等，译.上海：上海科学技术出版社.

Gazzaniga, M. S., Ivry, R. B., & Mangun, G. R. 2011. 认知神经科学：关于心智

的生物学 [M]. 周晓林，高定国，等，译. 北京：中国轻工业出版社.

胡塞尔. 2001. 欧洲科学的危机与超越论的现象学 [M]. 王炳文，译. 北京：商务印书馆.

李恒威. 2011. 意识、觉知与反思 [J]. 哲学研究，4: 95—102.

倪梁康. 1994. 现象学及其效应——胡塞尔与当代德国哲学 [M]. 北京：三联书店.

倪梁康. 2007. 胡塞尔现象学概念通释 [M]. 北京：三联书店.

Searle, J. 著. 王巍译. 2005. 心灵的再发现 [M]. 北京：中国人民大学出版社.

Spiegelberg, H. 著，王炳文，张金言译. 2011. 现象学运动 [M]. 北京：商务印书馆.

F. 瓦雷拉，E. 汤普森，E. 罗施. 2010. 具身心智：认知科学和人类经验 [M]. 李恒威，李恒熙，王球，于霞，译. 杭州：浙江大学出版社.

丹·扎哈维. 2008. 主体性和自身性——对第一人称视角的探究 [M]. 蔡文菁，译. 上海：上海译文出版社.

Baars, B. 1998. Metaphors of consciousness and attention in the brain[J]. *Trends in Neurosciences*, 21: 58—62.

Chalmers, D. 2010. *The character of consciousness*[M]. Oxford and New York: Oxford University Press.

Cosmelli, D., Thompson, E. 2011. Embodiment or envatment? reflections on the bodily basis of consciousness. In J. Stewart., O. Gapenne, & E. di Paolo, (Eds). *Enaction: towards a new paradigm for cognitive science* [M]. Cambridge, MA: MIT Press, 361—386.

Fagot, J., Goldstein, J., Davidoff, J., & Pickering, A. 2006. Cross-species differences in color categorization[J]. *Psychonomic Bulletin & Review*, 13: 275—280.

Gallese, V. 2011. Neuroscience and phenomenology[J]. *Phenomenology & Mind*, 1: 33—48.

Gallese, V., Sinigaglia, C. 2010. The bodily self as power for action[J]. *Neuropsychologia*, 48: 746—755.

Hansen, T., Olkkonen, M., Walter, S., & Gegenfurtner, K. R. 2006. Memory modulates color appearance[J]. *Nature Neuroscience*, 9: 1367—1368.

Hurley, S. L., Noë, A. 2003. Neural plasticity and consciousness[J]. *Biology and Philosophy*, 18: 131—168.

Lakoff, G., Johnson, M. 1999. *Philosophy in the flesh: the embodied mind and its challenge to Western thought*[M]. New York: Basic Books.

Laughlin, C. 1992. Time, intentionality, and a neurophenomenology of the dot[J]. *Anthropology of Consciousness*, 3(3—4): 14—27.

Laughlin, C. 1999. Biogenetic structural theory and the neurophenomenology of consciousness. In S. R. Hameroff., Kaszniak A. W., & Chalmers, D. J. (Eds). *Toward a science of consciousness III: the third Tucson discussions and debates*[M]. Cambridge: MIT Press, 459—474.

Laughlin, C., McManus, J., & d'Aquili E. 1990. Brain, Symbol and experience: toward a neurophenomenology of consciousness[M]. New York: Columbia University Press.

Lutz, A., & Thompson E. 2003. Neurophenomenology: integrating subjective experience and brain dynamics in the neuroscience of consciousness[J]. *Journal of Consciousness Studies*, 10(9—10): 31—52.

Maiese, M. 2011. *Embodiment, emotion, and cognition*[M]. London: Palgrave Macmillan.

Matsuzawa, T. 1985. Color naming and classification in a chimpanzee (Pan-Troglodytes)[J]. *Journal of Human Evolution*, 14: 283—291.

Plotkin, H. 2008. The central problem of cognitive science: the rationalist–empiricist divide[J]. *The Journal of Mind and Behavior*, 29(1—2): 1—16.

Raffone, A., Pantani, M. 2010. A global workspace model for phenomenal and access consciousness[J]. *Consciousness and Cognition*, 19(2): 580—596.

Rudrauf, D., Lutz, A., Cosmelli, D., Lachaux, J., & Le Van Quyen, M. 2003. From autopoiesis to neurophenomenology: Francisco Varela's exploration of the biophysics of being[J]. *Biological Research*, 36(1): 27—65.

Thompson, E. 2005. Sensorimotor subjectivity and the enactive approach to experience[J]. *Phenomenology and the Cognitive Sciences*, 4(4): 407—427.

Thompson, E., Lutz, A., & Cosmelli, D. 2005. Neurophenomenology: an introduction for neurophilosophers. In A. Brook., K. Akins (Eds.). Cognition and the brain: the philosophy and neuroscience movement[M]. New York and Cambridge: Cambridge University Press, 40—97.

Tononi, G., Edelman, G. M. 1998. Consciousness and complexity[J]. *Science*, 282: 1846—1851.

Varela, F. 1996. Neurophenomenology: a methodological remedy to the hard problem[J]. *Journal of Consciousness Studies*, 3: 330—350.

Varela, F. 1999. The specious present: a neurophenomenology of time consciousness. In J. Petitot., F. J. Varela., B. Pachoud., & J.-M. Roy (Eds.). Naturalizing phenomenology: issues in contemporary phenomenology and cognitive science[M]. Stanford, CA: Stanford University Press, 266—329.

Varela, F., Lachaux, J., Rodriguez, E., & Martinerie, J. 2001. The brainweb: phase synchronization and large-scale integration[J]. *Nature Reviews Neuroscience*, 2: 229—239.

Velmans, M. 2009. *Understanding Consciousness. 2nd edition*[M]. London: Routledge/Psychology Press.

意识研究的神经动力学方法

谢小平

认知科学中一个悬而未决的问题就是进行中的意识经验如何与大脑和神经系统的活动联系起来。在传统的脑研究中，占据主导地位的是还原论的观点（顾凡及，2008）。一方面，为了研究一个复杂系统的特性，人们习惯于先把该系统分解成若干个相互作用的子系统，然后通过研究这些子系统的性质以及子系统之间的相互作用，完成对系统活动机理的理解。另一方面，依据所研究的系统所表现出的特性，建立起描述系统的模型，从而通过该模型预测系统的行为（Zelazo，2007）。迄今为止，还原论的观点确实已经取得了很大的成就，然而，由于大脑和神经系统的复杂性，人们往往无法搞清楚特定研究对象的所有组成成分，更不用说这些成分之间的相互作用。于是，在对神经系统的"还原"过程中，我们不可避免地会忽略掉一些也许是重要的因素，后果就是经常会丢失一些系统的重要信息（顾凡及，2008）。

神经动力学是解决这个问题的有力工具之一（Zelazo，2007）。早在1975年，弗里曼（Freeman）教授就提出需要用非线性理论来研究脑的高级功能的神经动力学基础（曹天予，2005）。动力学可以提供研究变化、可变性、行为时空模式的复杂性以及多尺度处理等一系列框架。神经动力学并不排斥还原论观点，但是它把神经系统当作动力学系统，采用动力学的观点研究神经系统的活动特性（顾凡及，2008）。神经动力学是一门交叉学科，它跨学科地、综合性地运用数学、物理学、计算科学、心理学等自然科学中的一系列前沿的、强有力的概念和工具来研究复杂微妙的神经现象（曹天予，2005）。因此，这要求研究者必须具有相当深度的不同学科的知识背景，因而研究难度较大（顾凡及，2008）。然而，经过多年的不懈努力，神经动力学已经逐渐成为一个极富生命力和挑战性的研究纲领，在学术界引起广泛的重视和讨论（曹天予，2005）。

一、脑研究的神经动力学

大脑和神经系统组成一个复杂的动力学系统，在这个系统中，个体神经元自身存在内源的活动模式，它们一起合作就会产生一致的集体行为。神经成像和电生理技术的研究表明大脑从来都不是安静的，而总是处于一直进行的功能状态中（Raichle，2006），意识主观地显现为一种连续地变化着或流动着的觉知（awareness）过程，这就是著名的"意识流"概念（James，1890）。我们的经验表现为重现的知觉、思想、图像和体感，然而随时间的流逝，这些事件无论怎么相似，每一个事件的重现总是存在某些新的东西，对每一个迫近瞬间的事件存在极端的不可预测性。动力学理论的研究框架能够为大脑活动和主观经验这两个领域的联合研究提供一个有价值的方法（Zelazo，2007）。

1. 动力学

动力学（Dynamics）是经典力学的一门分支，主要研究物体运动的变化与造成该变化的各种因素。近年来，动力学逐渐成为一个多学科的概念。在神经科学中，狭义的动力学指一个描述有限空间系统的变量（例如神经膜电位）经历某些依赖时间的变化。广义的动力学指涉及非线性动力系统的一个研究领域，这样的系统包括从纯粹理论的数学模型到客观世界的实验问题。更极端地说，动力学涉及观察我们自身在时间上的属性，特别是研究我们的意识经验以及它如何随时间演化（Zelazo，2007）。

　　动力系统（dynamical system）是数学上的一个概念，起源于常微分方程定性理论的研究（张筑生，1987）。通俗地说，动力系统是指一套固定的规则，用来描述一个给定空间（如某个物理系统的状态空间）中一个点随时间的变化过程。动力系统中所谓的状态就是一组可以被确定下来的实数（这组实数也是一种流形的几何空间坐标），状态空间中的这个点称为系统状态的相点，而这个标志相点位置的状态空间就称为系统的相空间。动力系统的演化过程满足一组函数表示的固定规则，它描述未来状态对于当前状态的依赖关系。这组规则是确定性的，即对于给定的时间间隔内，当前状态只能演化出一个未来的状态。随着时间的流逝，相点在状态空间内会描出一条曲线，称轨道（轨线），它代表了系统状态的演化过程。

　　在某些特定的场合，动力系统表现出复杂的动力学特性。第一，动力系统的轨道会出现自发的重现（recurrence）现象，也就是说状态空间的某些小区域一次又一次地被重复占据，但是从不沿着精确的相同路径（Zelazo，2007），如混沌动力系统中的奇怪吸引子（陆同兴，2002）。当有外部事件扰动时，系统轨道的改变不仅依赖于扰动时刻状态空间的位置，而且从不以完全相同的方式进行。第二，动力系统对初始条件具有极端的敏感性，也就是说对系统的行为进行长时间预测是不可能的。因此，控制这样一个系统并约束它沿着一个预定的轨道运动是非常困难的（Zelazo，2007）。但从另一方面看，一个被确认为决定性的系统，虽然看起来其行为非常复杂，但却蕴藏着秩序，因而对系统的行为进行短期预报是有可能的（黄润生，2000）。第三，这类系统展现一定程度的自治，当外部扰动停止时，系统仍将继续演化下去。当外部扰动变得平稳时，系统却仍然不平稳。于是，系统表现出一种内源的不能归因于噪声的变化，但是这些变化似乎又构成了它们的功能（Zelazo，2007）。仅仅这一特性的发现就迫使所有的实验科学家要重新考察他们所获得的实验数据，以确定某些曾经归于噪声的随机行为是否由决定论性的动力系统所产生（陆同兴，2002）。更进一步说，在确定种类的复杂动力系统的情形下，人们能够揭示功能分割和合作整合之间独特的时空平衡。这种平衡依赖于系统的实际结构（例如它的内部连接），并且在离散的子系统之间分布耦合的瞬态建立时显现出来，当然这些子系统自身也呈现出局部封闭的动力学（Zelazo，2007）。第四，这类系统展示出某些"自组织"特性，从随机初始条件出发涌现一致的集体行为（Zelazo，2007）。

2. 神经动力学

虽然作为一门新兴学科，神经系统动力学目前尚无公认的定义，但是从概念上来说，它是指以现代神经科学的研究成果为基础，以非线性动力学理论为指导，以信息论和计算科学为基本工具，通过理论结合实验来研究脑的动力学及其演化性质和信息机能，因此是一个多学科的综合研究领域（方小玲，2007）。在理论层面，它通过构建脑神经系统不同层次的数学模型，借助于非线性动力学理论的新成果，将定性分析和数值模拟方法相结合，对模型的动力学性质进行全面研究（方小玲，2007）。在实践层面，它通过测量研究对象的某些状态变量随时间的变化，重构它的状态空间，并研究状态空间中吸引子的性质，特别是长时间后这些状态变量随时间变化的轨迹所形成的集体性质，把握它的大尺度行为模式，也就是它的渐近行为（Zelazo，2007）。

神经动力学的研究可以分成多个层次，微观层次从低到高又可以依次分为分子层次、突触层次、神经元层次、神经元群体层次和网络层次等，而宏观层次可再划分为感觉-运动层次和认知层次（Freeman，2004）。微观层次主要是从生理的角度研究神经系统的输入和输出，而后者主要是从心理和认知的层次研究大脑更为高级的功能，包括学习、记忆、语言、思维、情绪、认知及意识等（顾凡及，2008）。然而，弗里曼教授认为神经元局部作用和脑的整体结构之间存在一个鸿沟，而且这个鸿沟并不能一跃而过，需要介于两者之间的介观（mesoscopic）层次的经验模型和实验数据来弥合这个鸿沟，也就是说在神经元到脑的建模之间，需要架起一座"介观"的桥梁（Freeman，2004）。因此，神经科学研究适当的切入点，既不是在"微观"水平上的生理生化现象，也不是在"宏观"水平上的脑功能，而是必须把注意力放在介观现象上（曹天予，2005）。弗里曼教授认为今后介观神经动力学的发展，向下要深入到细胞神经生物学的研究中去，把微观的研究与介观的功能联系起来，向上则要进入宏观脑理论及其在认知方面的研究（顾凡及，2008）。

3．神经动力学的变量

刻画大脑活动的神经动力学模型需要三类状态变量，即表示神经元个体活动的微观状态变量、表示部分神经元集群活动的介观状态变量和表示脑认知活动的宏观状态变量（Freeman，2004）。在神经元层次，神经动力学的变量可以采用神经系统中每一个个体神经元的膜电位，t 时刻神经系统的状态就是 t 时刻所有膜电位的数值组合（Zelazo，2007）。这些膜电位是可以直接或间接测量的量，而且是相互独立的。在介观层次，神经动力学的变量是一群神经元（神经元群体）的场电位和脉冲密度，这些量用微分方程的变量来表示，这些微分方程可以预测系统变化的形式。 因为以脑电形式表现的突触电流是皮层局部区域的容积导体总和起来，于是它成了描述皮层群体的局域平均场强度的最好手段，因此脑电也是估计神经群体活动的一种最有价值的介观状态变量。此外，由于皮层各部分之间联结的发散-会聚拓扑结构与表征皮层和感觉与运动系统之间关系的拓扑映射大不相同，于是表面脑电非常适合于对皮层群体输出的度量，而各个神经元的活动则可以度量对它的输入的皮层反应（Freeman，2004）。

在一个给定的观察窗口，影响动力系统行为的因素有很多。首先是序参量，序参量决定着支配系统的准确的数学方程，参量数值集合是系统结构（如神经元之间突触的加权）和外部对系统作用因子（或外部输入）等的函数（Zelazo，2007）。因此，神经动力学模型通常是自组织和半自治的（Freeman，2004）。在一个观察的窗口中，这些参数的变化往往比系统本身的变化要慢，因此可以认为是常量，但是在不同的观察窗口中则仍然是潜在的变量（Zelazo，2007）。其次是外部输入，或外部扰动的动力学。与序参量的动力学相比，外部输入的动力学可以与系统一样快。虽然支配系统的方程也是这些外部输入的函数，但是外部输入的时间演化无法由这些方程预测（否则它们可以成为系统的状态变量）。最后是噪声，因为所有的实际系统不可避免会受到噪声的影响，于是噪声也应作为支配方程的一个因子，从而影响系统的演化轨道（Zelazo，2007）。

脑神经系统是一个经过亿万年进化而形成的复杂系统，该系统具有非线性特征（谢丽娟，2004）。它的复杂性不仅表现在神经元数目的巨大，而且主要表现在各单元之间有着极其复杂的相互联系和相互作用（黄秉宪，2000）。由于系统内部神经元的相互连接和相互作用，系统中任何神经元的行为不仅与自身的活动历史有关，而且与每一个其他神经元活动历史也有联系。一个神经元对另一个神经元的准确影响取决于连接它们的突触加权，神经系统的整个突触模式是决定该模型序参数集合的主要因素（Zelazo，2007）。人脑所表现出的许多神奇特性，不是单个神经元或某一局部脑区所固有，而是由脑的许多部分相互协调和相互配合的作用（黄秉宪，2000）。然而，通常系统并不是孤立的，而是受到外部感官输入的持续影响，因此模型中必须包含反映周边感官神经元活动的外部输入（Zelazo，2007）。

4. 脑中的混沌现象

混沌是非线性系统最典型的行为，对初始条件的敏感依赖性是非线性系统产生混沌的根源，即使初始条件的微小改变或微小扰动，都可能造成系统未来时刻行为的巨大差异（陆同兴，2002）。正是由于系统对于初始条件的敏感依赖性，再加上实际中只能近似地测量或确定系统的初始条件，任何混沌的真实系统要做出长期预报几乎是不可能的（黄润生，2000）。于是，这类系统往往会表现出内在的可变性，即使在没有噪声的情况下，对于同一个外部扰动，它也不会以同一种方法反应两次（Zelazo，2007）。

一直以来，"脑中混沌"存在的可能性激发人们许多的思考和兴趣（汪云九，2006）。然而，神经系统是否真的是混沌的（或脑中是否存在子系统是混沌的），以及神经系统是用什么机制产生这些混沌行为，这两件相关的事件在学术界引起了极大的争论（Zelazo，2007）。

众所周知，所有的运动系统，不管是混沌的还是非混沌的，都以吸引子为基础。所谓吸引子，就是指系统的稳定状态，即它具有把一个系统或一个方程吸引到某一个终态或终态的某种模式的倾向。吸引子占据了整个状态空间的子区域，一个流形，如果系统的轨道接触到这个流形，在没有外部扰动的情况下，接下来轨道就会驻留在流形上。奇怪吸引子是耗散系统混沌现象的一个重要的特征（黄润生，2000）。简单地说，奇怪吸引子就是相空间的一个有限的区域内，由无穷多个不稳定点所组成的集合体，它是能够捕获临近状态的一种活动模式。奇怪吸引子有两个最重要的特征，一是对初始值表现出极强的敏感依赖性（陆同兴，2002）。在初始时刻从这个奇怪吸引子上任何两个非常接近的点出发的两条运动轨道，最终必会以指数的形式互相分离。由于混沌对初值极为敏感，它表现为局部不稳定。但对于耗散系统，由于相体积的收缩，造成轨道无穷多次折叠往返。于是，混沌轨道在相空间中"填满"有限的区域，形成奇怪吸引子（Zelazo，2007）。奇怪吸引子有内外两种趋向，一切吸引子之外的运动都向它靠拢，这是稳定的方向。而一切到达吸引子内的轨道都又相互排斥（指数式分离），对应为不稳定方向。正是这种整体趋向稳定而局部又极为不稳定的矛盾，导致了奇怪吸引子的第二个更奇特的性质，即它具有非常奇特的拓扑结构和几何形式（黄润生，2000；陆同兴，2002）。为了描述奇怪吸引子的无穷多层次自相似结构以及几何维数为非整数特性，曼德尔布罗特（Mandelbrot）率先引进了分形的概念（王东生，1995）。吸引子的精确数目和形状取决于系统的参数，诸如神经系统的内部连接等。究竟哪个特殊的吸引子捕获系统则取决于系统的初始位置。当系统的参数定义了一系列奇怪吸引子时，状态空间中某个初始位置和某个吸引子之间会存在联想，它是基于混沌的感觉系统（如嗅觉信息）的基础（Freeman，2004）。

嗅觉信息处理机制的神经动力学研究结果表明，每一种气味都对应于一种特殊的吸引子，当遇到稍有不同的气味刺激时，系统的轨道将会收敛于相同的吸引子（Freeman，2004）。于是，在这个模型中，感觉是建立在多稳态系统中一系列并存的吸引子基础上的。当系统受到外部扰动时，系统可以从一个吸引子跳变到另一个吸引子，或者从全局吸引子的一翼跳变到另一翼（Freeman，2004）。因此，混沌系统不应该被看作是"静态的"且对环境刺激无反应的，而是可以被控制的，也就是说，它们可以借助于外部扰动"迫使"系统处于状态空间中某些特殊的部分（Zelazo，2007）。

迄今为止，大脑神经系统或者它的子系统的活动是否为混沌并没有一个肯定或否定的回答（Zelazo，2007）。一个系统要成为混沌的必要条件之一就是状态空间中它的轨道应该被压缩在一个几何空间内，而且这个几何空间的维数应该比状态空间更低。然而，我们无法直接观察大脑神经系统的活动，无法建立神经系统活动的实际状态空间，而只能借助于脑电图或 EEG 等有限观测集合，这些观测只是系统实际状态的粗略投射，也就是说大量神经元活动的平均。更为不利的是，观测过程中不可避免混杂一些随机噪声，而区分随机噪声和混沌行为的方法本身在技术上就存在很大的争议（Small，2005；汪云九，2006）。尽管大脑神经系统或者它的子系统的活动是否为混沌这个问题没有一个肯定的回答，但是关于大脑活动混沌属性的争论却是富有成效的，并带来神经动力学的一些关键性新思路。神经动力学的变化性也许是神经系统动力学的一个不可或缺的组成部分（Zelazo，2007）。混沌理论告诉我们，一个决定论性系统的行为处于混沌状态时似乎是随机的（陆同兴，2002）。于是，即使没有任何输入，系统仍能维持稳定的非周期活动，这就是在神经科学中所谓的"基础活动"或"自发活动"。然而，这个观念与神经科学中大量的传统方法相左，传统的方法将这些变化归于叠加在信号之上的"无意义的噪声"。于是，在大多数神经成像研究中，人们总是试图对同一过程多个接收器的大脑活动记录采用数据平均的方法来减少这些"无意义的噪声"，以增强他们所寻求的信号（Raichle，2006）。然而这种平均处理很有可能会减小甚至消除神经活动的变化，造成对脑活动过度简单化的观察，其后果是当神经科学家从经验和行为的相互关联的角度来理解神经变化的意义时将遭遇很大的困难。因此，在基于神经动力学的新方法中，脑对扰动的反应不再被看成是被动的"加性"响应，而将扰动直接整合进入整体动力学中（Zelazo，2007）。

众所周知，人脑是迄今为止人们所见到的最复杂的生物学系统，它由约一千亿个神经元组成，并且神经元之间以非常复杂的方式相互作用着。神经元之间高度协调的相互作用产生了时空结构和功能结构，以便大脑控制我们的行为、意识，甚至思维活动（唐延林，2002）。显然为了适应神经科学研究的要求，动力系统理论需要考虑神经系统特殊的空间延展特性。巧合的是，我们在理论上和实验上有了这样的拓展。理论上发展了一个崭新的研究领域——大尺度非线性系统理论（Zelazo，2007），而在实验上则出现多电极记录和成像技术来精确地刻画整体神经元群体的电活动（唐延林，2002），研究神经元群体的活动特征，于是导致生物界的兴趣转移到大尺度神经活动模型的研究（Freeman，2004）。从概念上，人们对吸引子的研究兴趣已经转移到相关的时空模式，同时越来越少地关注混沌，而越来越多地致力于非线性系统自组织特性的研究，特别是脑中瞬态（transient）时空结构的形成（Zelazo，2007）。

5. 自组织和时空模式的涌现

"自组织"是现代非线性科学和非平衡态热力学的最令人惊异的发现之一。所谓"自组织"是指该状态的形成主要是由系统内部组织间的相互作用产生，而不是由任何外界因素控制或主导所致。产生自组织有序结构必须具备以下的四个条件：(1) 开放系统；(2) 远离平衡态；(3) 非线性作用；(4) 涨落作用（Jantsch，1992）。

大脑中时空结构无处不在，除了系统明显的物理结构外，还存在着分布的神经元之间瞬态功能耦合的涌现（Zelazo，2007）。大脑中一个典型的时空结构就是赫布（Hebb）神经细胞集群，这种集群是由一群同时为刺激所兴奋的局部膜电位短暂地以相同的频率一起振荡（Freeman，2004），是不稳定的神经元集群（Zelazo，2007）。通过"回响"在局部的神经网络中维持表达，赫布猜测它是短期记忆的基础（Freeman，2004）。

认知活动需要整合广泛分布在大脑各功能区域及区域之间持续的相互作用和相互制约，而这种大范围整合的实现需要调节神经元的振荡，使它们在有限的时间段内达到特定频段的精确锁定，这就是所谓的神经动力学同步现象。动物和人的实验表明：包括大脑在内的神经系统可以观察到各种尺度的同步振荡现象，小到神经元对之间，大到脑的某个区域内或脑的不同区域之间，都可以观察到同步现象（黄秉宪，2000）。如大神经振荡器群体的相同步可以产生大尺度的振荡器，在中等尺度电极之间（如局部场电位）或大尺度电极之间（如 EEG）都可以检测到同步振荡现象（Bhattacharyaa，2001；陈巍，2012）。正常认知活动需要广泛分布于整个大脑的大量功能区域的整合传导和彼此之间相互作用，对于这种大范围的神经整合来说，神经电信号同步是一种重要的潜在机制。正因为如此，同步振荡器已经变成脑研究中的最容易测量的时空结构形式，毫不奇怪，也是第一个被观察的时空结构（Zelazo，2007），逐渐成为当前脑科学研究中最活跃的课题之一（黄秉宪，2000）。

狭义的共振细胞集群、广义的时空结构如此吸引神经科学的原因在于神经系统大量的感知要求将那些呈分布式的神经反应亚单元选择性地捆绑在一起，以便以后的联合加工（Zelazo，2007）。一方面，大量的神经元可能同时被激活，它们中间的许多神经元将由不同特征共同激活。另一方面，一个给定的神经元，在不同的时刻可能参与不同模式的表达。在表达不同的模式时，这样的特性可以大大减少所需的神经元数目，同时也提高了新模式神经表达的灵活性（郭爱克，1999）。这种神经元捆绑形式的三个基本特征为整合、分化和亚稳态（Zelazo，2007）。整合是指整体化分布的神经活动的能力；分化指提升、抽取一个神经活动特殊集合的能力，它们的活动超过脑的其余部分；亚稳态指一连串灵活的自适应模式很容易演化的能力。例如，这个捆绑机制可以短暂地将不同的神经元群体捆绑在一起，将不同模式的、分布在空间各处的视觉信息组织起来形成具有长程关联的、自洽（self-consistent）的外部环境的描述和表达。而场景被分解为具有各自特征（如灰度、颜色、质地、运动和深度）的不同物体或部分，它们的空间结构也得到自洽的阐明。这些暂时的捆绑组合组成了视觉目标短暂感觉的神经基质（郭爱克，1999）。

动力系统理论为研究脑组织中不同层次的时空神经现象提供一种新的思路，如独立神经元的发放，大网络内同步振荡器的集体动力学（collective dynamics）等方面的神经动力学研究已经取得了令人鼓舞的结果，将来的挑战在于如何将这些自组织的特性与精神生活的各个方面联系起来。例如现在一个广为接受的观念就是将亚稳态、神经时空模式的特性与意识经验的关键特性相匹配。虽然这种尝试尚处于初级阶段，但是前途是光明的。随着研究的进一步深入，我们相信神经动力学必将有助于我们深入理解与意识密切相关的神经活动在时间上是如何演化的（Zelazo，2007）。

二、意识的神经动力学模型

脑系统是在许多组织层次上运行的，从原子到分子、从细胞到神经元、从神经元群体到脑的子集群，如此往上一直到形成有意识的脑。每个层次都有其自身的时间尺度和空间尺度，神经动力学可以对脑系统各种层次的变化建模，但是一方面，模型必须要有生物学的依据，另一方面，所得结论一定也要能够经得起生物学实验的检验和证实（方小玲，2007）。

1. 神经元模型和神经网络

神经元是组成神经系统的基本信息处理单元，在建立反映脑功能特别是脑高级功能的神经网络模型之前，先要建立神经元模型。神经元模型应能反映神经元的信息变换过程，因此，模型的建立应以神经元的结构和功能为基础。神经元是一种存在阈值特性的可激发系统，为了描述神经元的阈值可激发特性，研究者从不同的角度提出了许多数学模型，如霍治京 - 赫胥黎（Hodgkin-Huxley）神经元模型、菲茨休 - 南云（FitzHugh-Nagumo）神经元模型、辛德马什 - 罗斯（Hindmarsh-Rose）神经元模型和莫里斯 - 莱卡（Morris-Lecar）神经元模型等（方小玲，2007）。

神经元网络结构的选择，特别是网络结构对网络动力学特性的影响，也是神经网络重要的研究内容，如侧抑制网络、反馈抑制网络等的研究。目前介于规则网络和随机网络之间的复杂网络研究逐渐引起人们的注意，特别是小世界网络的研究（梁夏，2010）。因此，利用合适的神经元数学模型，将复杂网络的研究方法应用于神经系统，研究不同拓扑结构下神经网络的诸多特性，如不同拓扑结构下神经元间连接强度随机动态变化时神经元群体时空动态行为的研究，分层次结构神经元集群动态行为的研究，长程连接加入后的复杂神经系统网络处理信息鲁棒性的研究等（方小玲，2007）。随着非线性同步动力学理论引入到神经科学中，耦合神经元系统同步问题的研究也进一步地展开，各种连接方式对各种同步的影响也日益得到深入的研究（王青云，2008）。因此，我们还可以研究复杂神经动力网络的同步准则，如神经系统中联想记忆的时空模式、运动控制等有益同步的稳定性及其改进，有害同步的去同步（desynchronization）方法等（方小玲，2007）。

2. 意识的神经动力学模型

尽管神经动力学在神经生物学领域的应用已经非常普遍，但是用公式表示关于意识和纯粹动力学术语的脑之间关系的理论还不是普遍的实践，研究者尝试以各种不同的程度结合动力学的概念来解释意识现象。下面，我们介绍一些意识现象解释中使用动力学概念的一些典型模型。

2.1 作为序参量和动力学算子的意识模型

在神经动力学的研究中，弗里曼教授的独创性探索极具开拓性，他成功地将控制理论、非线性动力学与生理及脑电研究结合起来，并已逐渐发展成为一个极富生命力的研究框架（曹天予，2005）。弗里曼教授特别强调神经动力学既不在"微观"水平的生理生化现象，也不在"宏观"水平的脑功能，而需要从介于微观层次和宏观层次之间的介观层次上来进行研究。弗里曼教授认为（Freeman，2004），脑活动的神经动力学模型必须有三类状态变量：微观状态变量、介观状态变量和宏观状态变量。在研究某个神经系统的子系统时，把神经元作为基本单元不一定合适，神经元群体（即神经元的聚合体）也许是更恰当的选择（Zelazo，2007）。通过正反馈，在神经元聚合体内出现状态变化，结果神经元聚合体出现总体稳态的、非零的活动。当群体之间负反馈建立起来时，一个群体兴奋，另一个群体抑制，神经活动出现了振荡器模式。这种变化暗示第二种状态转变，结果产生一个极限环的吸引子，它表现为混合（兴奋－抑制）群体的稳态振荡器。进一步的负反馈和正反馈使三个或更多混合群体组合在一起，于是整体的活动能够产生类似脑电的混沌活动，这是一种混沌吸引子。这种分布在神经元群体之中的混沌活动成为振幅调制的空间模式的载体，这种振幅调制可以用记录波形的局部高度来描述。

弗里曼意识模型的基点在于机体与环境之间的动力学关系，其考察的起点在于机体在环境中的实践活动。弗里曼认为，神经活动的本质是意义而不是信息，因此这种宏观调幅模式并不和刺激本身直接相关，而是和刺激对机体的意义相关。当输入到达混合神经元群体时，非线性反馈增益的增加将产生给定的振幅调制模式。这种模式的涌现被认为是知觉的第一步，它们的结构依赖于由先前经验引起的突触变化。于是，决定皮层输出的宏观模式只有小部分与外界刺激有关，而大部分却是由过去经验所决定的预存突触网络和神经元集群在各种神经刺激和调制因素下的可激发性决定的（曹天予，2005；Zelazo，2007）。

因此，弗里曼认为，感觉本质上是一种激活的过程，接近于假设检验而不是对输入信息的被动回应（Zelazo，2007）。在激活过程中，边缘系统（包括内嗅皮层和哺乳动物的海马体）通过所有感觉皮层的预测放电而对即将到来的事物维持一个注意的期望。当感受器向大脑皮层传递引起神经冲动的刺激时，会引起神经元集群的状态跃迁，确认或否决假设（曹天予，2005；Zelazo，2007）。感知方面每一次新的状态越迁，都会导致一种局部模式的建构，这种构建既依赖现存的整体性结构，又对后者进行修正（曹天予，2005）。

最后，通过多个反馈环，混沌行为的全局振幅调制模式涌现遍及整个半球，引导后来的活动。这些环路组成从感觉系统到内嗅皮层和运动系统的前向流以及从运动系统到内嗅皮层、从内嗅皮层到感觉系统的后向流。这样的全局脑状态"涌现，持续小于一秒钟的时间，然后消失并且被其他的状态所取代"(Zelazo，2007)。

弗里曼意识模型的关键在于介观脑神经现象（各种模式的涌现，包括知觉结构和各种更高级的亚稳态结构如模块的涌现）可以看作是一种生物复杂性现象(biocomplexity) 和神经元活动的自组织行为（曹天予，2005)，并用处理物理复杂性现象的方法来研究它们 (Zelazo，2007)。从神经动力学的角度来看，意识是一种可以通过终止局部波动来限制部分混沌活动的状态变量，它类似于适应性机能中的中介态变量，它既是一个物理量，也是一个动力学算子 (Zelazo，2007)。

2.2 动态大尺度整合和激进具身化的意识模型

神经现象学承认神经活动是意识产生的生物学基础，研究意识的神经生物学基础的最佳方案不是寻找意识神经相关物 (neural correlates of consciousness, NCC)，而是探索瞬间联结多个大脑区域的动态大尺度整合问题（陈巍，2011)。瓦雷拉 (Francisco J.Varela) 等认为每一个单一的认知行为都获得一个特殊神经元聚合体 (neuronal assembly) 的支持 (Zelazo，2007)。这里所谓的神经元聚合体是指脑中分散的神经元集群，它们通过互补的和有选择的相互作用连接在一起，相关的变量不再是单个神经元的活动，而是它们之间所建立连接的动力学属性。这种动态的连接是通过多个频带之间短暂建立的相位关联（即相同步）实现的，特别是 β (15~30Hz) 频带和 γ (30~80Hz) 频带范围内的同步。更重要的是，这种瞬态的动态连接是神经的大尺度整合，于是系统不是以一系列预先定义的状态或吸引子的形式出现，而表现出亚稳态模式的活动。大脑中不存在完全不变的东西，而只有群体之间连续不断的瞬态协调变化。通过相同步实现大尺度整合已经成为理解协调时空模式的脑动力学的基础，并有助于理解与特殊脑区连接的其他分离脑区活动如何影响该特殊脑区活动的局部特异性。因此，分割和整合的平衡被认为是脑复杂性和意识的必要条件的一个标志。

神经现象学联合神经科学和现象学，强调人类认知的具身性、情境性和突现性，即强调身体这个认知主体对认知活动的影响，特别是认知主体所处的实时环境，将认知主体所处的环境视为认知系统的一部分（陈巍，2012）。激进具身化（radical embodiment）则进一步认为，表征主义和计算主义的具身认知观点是错误的，动力学研究方法不仅可以完全避开表征，而且可以提供认知活动建模的强有力的理论构架。汤普森（Thompson）和瓦雷拉将大尺度整合放入激进具身化框架，认为尽管在大尺度瞬态时空模式的尺度上反映与意识相关的神经过程是最合适的，然而意识的关键过程不仅仅限于大脑，而应当包含处于环境中认知主体的身体。通过结合涌现的概念，他们提出意识的关键过程至少跨越包括大脑－身体－世界的三个"操作循环"（陈巍，2012；Zelazo，2007）。第一个循环是完整身体的有机体控制循环。这个循环调整有机系统，维持内部变量在一个可行的范围内，它是通过来回于身体的传感器和感受器实现的，它们将神经活动和内部有机体的基本血动力学过程连接起来。于是，该循环被认为是每一个意识状态必不可少的情感背景基础，也被称为"核心意识"或"初级过程意识"。第二个循环是有机体和环境之间的感觉运动耦合。有机体所感觉的东西是它如何运动的函数，而它如何运动的是它所感觉到东西的函数。瞬态的神经集群协调感觉和运动皮层的合作，同时运动感觉与环境的耦合约束和调制这个神经动力学。第三个循环是主体间互动的循环，包括对行为目的意义的认识以及人类的语言通信。这个最后的循环依赖于各种层次的感觉运动耦合，特别是通过所谓"镜像神经系统"的协调。在自生的、有目的的活动以及一个人观察别人完成同样活动时，镜像神经系统都显示与其对应的神经系统相同的活动模式。汤普森和瓦雷拉还认为，意识主要依赖于脑动力学植入身体所采用的方式以及动物一生中的环境背景，因此并不存在一个足够产生意识经验的最小内部神经相关物（Zelazo，2007）。

2.3 皮层协调动力学的意识模型

凯尔索（J.A.Scott Kelso）在深入研究人类运动协调的基础上，提出理解人类认知的动力学框架。该框架的核心（Zelazo，2007）是在神经和运动两个层次上，系统成分之间非线性相互作用引起自组织模式的出现以及它们在人类行为中的角色。大脑神经系统是一个复杂系统，具有非线性特性、远离平衡态的耗散结构、混沌性、突变性和自组织及不可逆性（谢丽娟，2004）。于是，凯尔索认为认知过程是作为大脑活动的亚稳态时空模式出现的，大脑活动本身是由神经团簇之间协调的相互作用产生的（Zelazo，2007）。他进一步指出，序参数的同构连接着心智（mind）和身体，意愿（will）和脑，精神（mental）和神经事件，心智本身就是一种形成大脑亚稳态动力学的时空模式。

人脑是我们所知的最复杂的生物系统和器官，构成人脑的神经元之间相互作用的高度协调产生空间结构、时间结构和功能结构，以便大脑控制我们的行动、意识与思维（唐延林，2002）。为了揭示这种自组织模式形成的特殊神经机制，布雷斯勒（Bressler）和凯尔索提出"协调动力学"的观念（Zelazo，2007）。他们认为神经结构可以用非线性振荡器描述，相关的集合变量应该为给定神经结构之间的相对相位（连续的相位差）。他们认为这些协调变量是足够的，首先它揭示了相互作用结构之间的时空次序；其次相对相位的变化比局部成分变量发生得更慢；最后，在相变和分岔期间，相对相位会显示突然的变化。当两个协调的局部神经群体有不同的固有频率时，相对相位以"吸引子"的形式朝着一个首选的协调模式变化，从而显示一个亚稳态团簇（regime），没有进入任何唯一的模式。因此，布雷斯勒和凯尔索提出"认知功能能够整合和分割多个分布脑区活动的一个关键功能，在于用亚稳态动力学方式控制的大尺度相对协调（relative coordination）"。

2.4 基于"动态核"假设的意识模型

埃德尔曼（Gerald M. Edelman）和托诺尼（Giulio Tononi）认为意识体验是高度整合的（integrated）和高度分化的（differentiated）或高度复杂性的（汪云九，2001）。整合性与其特定的内容无关，是每个意识体验的公有特性，每个意识状态构成一个单独的"场景"（scene）。分化是一种经历任何纷繁复杂样的可能的意识状态的能力，这种能力与埃德尔曼和托诺尼称为意识经验的信息量

（informativeness）紧密地联系在一起。信息量与信源的不确定度有关，当离散信源由若干随机事件所组成时，随机事件的不确定度可用其出现的概率来描述，事件不确定度越大，出现概率就越小，而其信息量却越大；相反，事件不确定度越小，出现概率就越大，而含信息量却越小。

埃德尔曼和托诺尼强调，意识不是一件事，而是一个过程，因此应该用神经过程和相互作用而不是用特别的脑区或局部的活动来解释。为了理解意识和脑的复杂性的关系，必须从整合的（整体的）和分化的（复杂的）两方面入手。于是他们提出"动态核假说"（Zelazo，2007；吴胜锋，2011）：

（1）某一神经集群，如果它们是分布式功能簇的一部分，并在几百毫秒的时间内达到高度整合集成，可以直接对意识经验做出贡献。

（2）为了维持意识体验，必不可少的条件是该功能簇（functional cluster）为高度分化的，即具有高度复杂性。托诺尼和埃德尔曼假定在几百毫秒的时间尺度内，神经集群的一个大规模簇群共同实现一个统一整体的高复杂性的神经过程，该大规模簇群被定义为"动态核"，用以同时强调集成和它的不断变化着的活动模式。"动态核"是一个"功能簇"，因为在几分之一秒的时间尺度内，它们自身有着很强的关联，而与脑的其余部分有着明显的功能界限，核的组成在竞争中不断变化。功能簇的存在，是由一种叫作"重入"（reentry）的神经系统机制所保证的。因此，一个动态核是一个过程，而不是一件事或一个位置，它用神经的关联性来定义，而不是用特定的神经位置、连接度或活动。

3. 基于神经动力学概念的意识模型

除了上述基于神经动力学的意识模型，还有一些模型，尽管没有明确地归类于意识的神经动力学模型，但或多或少地涉及神经动力学的概念。这些方法也是描述大脑活动时空模式的形成，而这些活动对行为、感觉和知觉至关重要。

3.1 皮层－丘脑对话的意识模型

利纳斯（Rodolfo Llinas）等提出一个关于意识与大脑活动相关的模型，其核心在于神经元群体活动的涌现，皮层和丘脑之间持续的对话引起意识（Zelazo，2007）。丘脑与大脑皮层紧密相连，除嗅觉外，各种感觉通路到大脑皮层的输入均经丘脑中继（黄秉宪，2000）。丘脑的大多数输入来源于皮层，而不是外周感觉系统，因此，由于内部神经元的电特性以及它们建立的连接，大脑可以被看成是能够产生和维持自身活动的"封闭系统"。这两个主要特征之间的相互作用支撑的建立，这个"全局共振态"就是我们所谓的认知（Zelazo，2007）。

该模型的一个关键特征就是皮层－丘脑回路中神经元所建立的精确时间相关，包括从个体神经元到皮层覆盖物不同空间尺度的振荡活动，其中一个可能的候选者就是以高度空间化的结构方式横贯皮层的40Hz振荡是产生"大神经元集群周期活动的时间连接"，而这个 γ 频段振荡被认为是通过丘脑－皮层共振电路维持的，包括新皮质的第IV层锥体细胞、接替丘脑神经元、网状核神经元（Zelazo，2007）。根据丘脑各核团向大脑皮层投射特征的不同，我们可把丘脑－皮层的投射分成两大系统，即特异投射系统（specific projection system）和非特异投射系统（unspecific projection system）（孙久荣，2001）。人们猜测时间上的捆绑是由特异回路和非特异回路的连接产生的（Zelazo，2007）。从机体各种感受器发出的神经冲动进入中枢神经系统后，由固定的感觉传导路，集中到达丘脑的一定神经核（嗅觉除外），由此发出纤维投射到大脑皮质的特定区域，产生特定感觉（唐孝威，2006）。而非特异回路在上行过程中经过脑干网状结构神经元错综复杂的换元传递，因而失去了感觉的特异性和严格的定位区分，投射到广泛的皮质区，不再产生特定的感觉，主要是起激活作用（黄秉宪，2000；唐孝威，2006）。于是，"特异"的系统应该提供与外部世界有关的内容（content），而非特异系统应该引起时间上的连接或背景（context）（基于更多与警觉有关的内感受器的背景），其功能是维持和改变大脑皮层的兴奋状态（Zelazo，2007）。当然，丘脑的功能是多样的，除了作为感觉信息的中继外，还要对传入的不同信息进行整合（黄秉宪，2000）。

3.2 捆绑机制与时间同步

捆绑是一个关于时间轴和空间轴整合的振荡动力学概念。捆绑是建立在神经元同步发放的基础上，通过神经活动的同步激活实现的（陈彩琦，2003；陈彩琦，2004）。表征同一客体或事件编码的神经元发放在时间上能够以毫秒级的精度达到同步，建立了"关联性的编码"（code for relatedness），产生短暂的联想（association），于是在空间上以并行的方式快速地捆绑起来，形成动态细胞集群（Zelazo，2007），而这种同步机制在负责不同表征的神经细胞或细胞集群之间是不会发生的（陈彩琦，2003）。这种依赖性情境的瞬间同步激活机制是捆绑实现的关键，因为同步激活可以选择性标记那些负责某客体编码的神经元的反应，以区别由其他客体激活的神经元反应（陈彩琦，2004）。这种具有高度选择性的时间和空间同步模式，可以让多种细胞集群在同一个神经网络中同时激活并彼此区分。因此，脑的活动过程可以看成是一系列的"微状态"（micro states），而每种状态都由一套被捆绑在一起的神经元的同步活动模式来决定（陈彩琦，2004）。另外，基于时间同步性的捆绑还可成为选择下一步加工对象的神经机制，因为精确的时间同步激活，使特定内容变成高度突显的事件，于是其他对时间一致性敏感的脑区神经元可以觉察到这种事件。随后，这些被选择性激活的神经元可以在不同的区域实现捆绑，于是这种时空激活模式可在神经网络内传递并进一步得到加工（陈彩琦，2003）。

多个脑区之间时间上的一致性是通过神经元的同步发放实现的，锁相神经振荡通过标记与某刺激相关的发放神经元，实现特征捆绑（陈彩琦，2004）。神经生理学实验中已经在不同物种、不同皮层系统中普遍观察到了惊人一致的同步性神经发放现象，这些同步神经发放有着显著的特征（陈彩琦，2004；陈彩琦，2003）。首先，同步神经发放非常精确，其耦合窗（coincidence window）宽度大约为10毫秒。其次，它们反映了神经特征空间的拓扑学性质，并依赖于感受野的接近程度和神经特征偏向的相似性。再次，同步发放可以是内源的也可以是外源的。如果刺激缺乏清晰的时间结构，或进行自发的活动时，神经元的同步发放通常是内源的，这种同步神经发放的实现通过神经系统内部固有的相互联系。而如果要求对迅速消失的刺激做出反应时，神经元将产生外源的同步发放，这种同步发放是由同步输入的感知信号激发的；最后同步神经发放通常与 γ 频带（30～60 赫兹）的神经振荡模式相联系。

3.3 意识的神经相关物模型

在意识的自然科学研究过程中，不可避免会涉及神经科学和脑科学。克里克（Francis Crick）和科赫（Christof Koch）在研究意识知觉和神经活动之间关系时引入了动力学的概念，提出意识神经相关物（neural correlates of consciousness, NCC）的概念，即能够产生一种特定意识知觉的神经活动及其机制的最小集合（Koch，2012）。意识在此从一个状态映射到另一个状态，而且这一部分足以保证状态的转换。在他们的观点中，意识神经科学进行的最佳道路是首先揭示意识的神经相关物，特别是视觉意识的神经内容（Zelazo，2007）。他们甚至认为，如同发现 DNA 的双螺旋结构之后便找到了理解生命奥妙的钥匙一样，如果我们可以找到视觉的意识神经相关活动，确定其分子机理和生物物理学、神经生物学特性，很可能有助于揭开意识之谜的核心内容，即某些系统的活动如何形成知觉（Koch，2012；曹丙利，2005）。

克里克和科赫将意识的神经相关物模型归纳为 10 条工作假设（Koch，2012）：（1）无意识的微型人；（2）僵尸和意识；（3）神经元集群；（4）外显表征和主节点；（5）高层优先原则；（6）驱动性联结和调制性联结；（7）快照；（8）注意与捆绑；（9）发放模式；（10）意识背景、意义以及主观体验特性。他们认为，任何可感知的"状态"都取决于脑的状态，每个知觉都会伴随特定的神经相关物。心身问题的核心是主观体验特性，它是意识的基本元素。

3.4 作为全局工作空间的意识模型

迪昂（Stanislas Dehaene）和尚热（Jean-Pierre Changeux）提出脑功能的全局工作空间模型（Zelazo，2007；宋晓兰，2008）。该模型假设：意识与一个全局的"广播系统"相关联，该系统在整个大脑中发布信息。全局工作空间模型包括三个部分：专门处理器、全局工作空间和背景（context）。全局工作空间是整个系统中唯一能被意识到的部分。无意识加工模块的专门处理器可能是单一的神经

211

元，也可能是整个神经元网络。它们是一些在信息上具有高度选择性的不被意识到的结构，在有限任务领域内非常有效，在常规任务时能够自治的方式工作，不需要意识参与。大脑中有许多无意识的专门处理器，每一个处理器都能很好地处理它们自己特定的工作，所有的专门处理器都能通过全局空间进行相互交流。通过这种方式，它们可以互相合作和竞争，以加强或削弱某个全局的信息。背景是界定、形成意识经验的潜在系统是无意识的。无意识加工模块之间竞争的胜出者可以进入全局工作空间，同时借助于长程连接向其他无意识加工模块"广播"，从而使大脑各相对独立的无意识模块之间进行信息交互并协同工作。无意识加工模块经过竞争进入全局工作空间而被意识到，而全局工作空间中的内容可以影响其他无意识加工模块，从而形成新的专门处理器和背景，因而意识和无意识之间可以互相转化，相互影响。从功能上来说，这种神经特性实现一个活跃的"分岔（diversity）产生器"，它持续不断地投射外部世界，并持续对外部世界进行假设检验（或预展现）（Zelazo，2007）。

三、探究脑中有意义的时空模式

人脑是自然界中最复杂的系统之一，其复杂性的一个很重要原因在于它复杂的组织学和形态学结构，特别是它所展现出的连接模式的复杂性。在这个系统中，多个神经元、神经元集群或者多个脑区之间相互连接成庞杂的结构网络，脑连接的组织结构最终决定脑神经时空模式的形式，并通过相互作用完成脑的各种功能。

1. 脑中的解剖结构连接

脑解剖结构网络由神经元及它们之间的连接所构成，是大脑功能研究的基础，人脑结构连接网络的研究一直受到神经科学工作者的重视。长期以来，科学家们努力探索不同空间尺度上人脑结构的连接特征，小到单个神经元之间的连接，大到脑区之间的连接等，但由于缺少合适的无创性研究手段，人脑结构连接的研究并没有取得很大的进步（梁夏，2010）。直到近年来，随着科学技术的进步，特别是神经成像技术的发展，这一领域的研究取得了突破性的进展，逐渐成为神经科学的热门研究领域。继基因组学、蛋白质组学之后，人们将研究脑神经元连接关系的这一类学科称为连接组学，其目的就是获取脑内神经元网络的连接关系，进而为脑功能的研究提供基础数据（尧德中，2011；梁夏，2010）。随着磁共振成像技术特别是弥散磁共振成像（于春水，2004）等技术的发展，人脑结构连接网络的研究取得了令人惊奇的成果，人们已经可以绘制出不同活体人脑的功能、结构"图谱"（梁夏，2010）。

脑的各种功能是通过多个神经元、神经元集群或者多个脑区相互连接成庞杂的结构网络及其相互作用而实现的（梁夏，2010）。脑神经系统一般包括局部神经连接和长程神经连接两种不同层次的连接类型。局部神经连接主要是指突触前后的神经连接，一般位于同一个脑区。神经元有组织成共享功能特性的辐射状团簇的倾向，如"功能柱"这个大脑皮质特定功能最基本的结构单元（汪云九，2006；刘珍银，2010）。长程神经连接则主要指横跨脑区的神经元连接，用于不同脑区间信息的传递。在脑中至少可以分辨出四种模式的长程连接，即一个半球内的皮层神经元之间、不同半球的皮层神经元之间、皮层神经元和深神经核之间，以及脑干调节（modulatory）系统和皮质扩展区域之间（Zelazo，2007）。

人脑结构网络和功能网络拓扑模式的研究结果表明，大脑结构连接网络兼具高集群系数和最短路径长度的"小世界"特性，其节点的度服从幂律分布（尧德中，2011；梁夏，2010）。网络具有如此的结构以至于展现特别的特性，诸如减小的平均长度路径、高同步能力、增强的信号传播速度、优化的连接结构以及较高的拓扑稳定性（可以随机剔除连接边而不会很大地影响网络特性）（Zelazo，2007）。"小世界"网络在信息传递和处理的过程中具有相对高的局部效率及全局效率，而无标度网络中节点的重要性具有极端的两极分化，表明网络中存在超级重要的核心节点，这些核心节点在维持整个网络的完整性和连通性中发挥着不可估量的作用（梁夏，2010）。

从系统的角度来说，尽管其相互连接是巨大的，但无论在结构层次上还是在功能层次上，大脑展示一个强的分割而形成类簇（Zelazo，2007）。特别是大脑功能网络在时间和空间尺度上都可以划分为相互连接的具有特定功能的子系统，如感觉 / 运动网络、听觉网络、视觉网络、注意网络和默认网络等（杨时骐，2010）。更为重要的是，这些模块的拓扑属性与全脑的拓扑结构之间存在着显著的差异，表明了各功能模块都具有独特的拓扑组织结构（Zelazo，2007）。

哺乳类动物大脑连接模式的另一个特点就是递归连接分离区域的复杂结构（Zelazo，2007）。这一点在丘脑连接矩阵中表现得比较突出：大脑皮层发达的动物，其丘脑的背外侧膝状体核（LGN）为视觉中继核（朱长庚，2002），是从视网膜到皮层的视觉通路的主要中继站，来自视网膜的传入在丘脑内更换神经元，然后投射到大脑皮质，同时也接受视觉第六层神经元的反馈调节。这样就会形成一个递归的、可重入的复杂结构，于是遍及哺乳类大脑的相互连接网络形成不同脑区之间协调的相互作用，因此存在整体的活动（Zelazo，2007）。

研究表明人脑的结构和功能之间存在密切的联系，结构是功能的基础，功能是结构的表现（尧德中，2011；梁夏，2010）。然而，解剖连接的存在不足以解释分离区域之间的有效相互作用（Zelazo，2007）。因此，为了充分地解释功能分离活动的整合，除了了解神经解剖结构连接以外，研究大脑区域活动之间的相互依赖性的功能连接是必需的（梁夏，2010）。于是，神经动力学家所面临的一个任务就是从今天所能获得的大脑记录中检测这样的相互依赖活动（Zelazo，2007）。

2. 同步与意识关系

我们知道，认知活动需要大脑多个区域的功能整合以及各区域间持续的相互作用，而在有限的时间段内，这种大尺度的功能整合可以通过振荡神经元在特定频段内的精确锁定来完成，即神经生物学中所谓的同步现象。实验表明，神经元与神经元之间、脑的某个区域之内或脑的不同区域之间，都存在不同层次的同步现象，因此神经电信号的同步被认为是实现认知活动的一种重要潜在机制（Zelazo，2007）。

2.1 时空模式的检测

大脑活动可以采用一系列不同空间和时间尺度的方法记录。如功能磁共振成像（fMRI）、正电子发射拓扑图（PET）、局部场电势（LFPs）、脑电图（EEG）和脑磁图（MEG）等。fMRI 和 PET 的主要优点在于它们具有非常高的空间分辨率，然而时间分辨率却较差，从几百毫秒到几十秒。与之相反，LFPs、EEG 和 MEG 虽然空间分辨率较低，而时间分辨率却很高（包尚联，2006）。LFPs 是神经元群体膜电位的总和。这些神经元群体大小取决于电极的位置和精度，其中微电极记录的范围可以达到小于组织的 1 平方毫米，头皮 EEG 电极或 MEG 传感器（和光学图像）记录几个平方毫米到几个平方厘米皮层的平均活动。因为神经活动模式的构建通常涉及毫秒的时间尺度，神经动力学家感兴趣的主要是那些能跟得上时空模式形成时间尺度的技术，即要求的时间分辨率是毫秒级（Zelazo，2007）。很显然，诸如 fMRI 和 PET 这些基于慢速新陈代谢的神经成像技术无法满足毫秒级时间分辨率的要求，但是毫秒时间分辨率可以通过如个体神经元细胞内或细胞外的直接测量，LFPs、EEG 和 MEG 信号等的记录而获得。

人们可以通过多种方法和多种空间分辨率的层次上获得神经活动的记录，神经动力学家所关心的就是找到那些具有特别强的瞬时相互作用的神经元或神经元组，由此观察大脑活动的时空模式。假设有 n 个同时测量的大脑活动记录（如多道 EEG），则这 n 个记录定义了一个 n 维的随机变量，因此在任意时刻 t，这 n 个同时测量值组成一个 n 维的向量，同时对应了 n 维状态空间中的一个位置。随着时间 t 的变化，该 n 维状态空间中的位置将演化为一个轨道。轨道的特性取决于 n 个随机变量之间的联系。当 n 个被测量的神经元群体的活动之间互相独立，则轨道将逐步地完全充满状态空间，于是形成一个超立方体，没有留下任何孔洞。但如果被测量的神经元群体之间存在相互作用，那么轨道将不会占据整个状态空间，而仅占据状态空间的一个子空间或状态空间中的一个有限的部分，并被约束在一个流形上，而且该流形的维数（分数维数）小于状态空间的维数。从信息论的角度来看，对于存在相互作用的两个神经元群体，第一个神经元群体活动的测量结果可以提供关于第二个神经元群体活动的一些信息。然而，神经相互作用的瞬态属性使得这种框架的应用非常困难。一方面，为了考察轨道是否充满整个空间，人们需要在一个时间窗口中完成神经活动的观测。然而时间窗口的选择无疑会受到神经相互作用模式产生时间的影响，由于模式的瞬态性，太长和太短的时间窗口都将不利于区分神经活动模式的变化。这个困难的解决可以通过先假定一个约束轨道的流形的形状先验，然后为该形状构建一个特别的检测器。另一方面，任何的观测活动不可避免会引入噪声，为了减少噪声对观测结果的影响，需要选择合适的分析和检测方法去度量神经活动之间的相互作用，这个问题本身也是当前的一个研究热点（Zelazo，2007）。

2.2 神经系统的同步

同步的研究可以追溯到 1673 年，惠更斯（Huygens）发现悬挂在同一绳上的两个弱耦合摆钟能够达到相位的同步。从此之后，耦合周期系统同步的研究逐渐引起了人们的兴趣。随后人们发现两个耦合的混沌系统也能够同步，于是对周期振子锁相的关注扩展到了耦合混沌系统的同步研究，更进一步从两个或者三个耦合系统的同步发展到了复杂网络的同步。近年来，同步的概念和理论基础日趋完善，我们已经发现在耦合的混沌系统中存在着多种不同类型的同步状态（王青云，2008），如完全同步（complete synchronization）、相位同步（phase synchronization）、滞后同步（lag synchronization）、期望同步（anticipating synchronization）、射影同步（projective synchronization）、广义同步（generalized synchronization）、阵发性滞后同步（intermittent lag synchronization）、弱相同步（imperfect phase synchronization）和几乎完全同步（almost complete synchronization）等。另外，同步现象不仅可以进行严格的理论研究，而且可以通过观察进行实验研究，脑电的研究表明，同步现象是不同脑区之间信息交流的关键特征，而病理状态下的同步则是癫痫发作的主要机制（Thirion，2006）。同时混沌同步的应用已经渗透到通信、激光、生态系统、神经系统等各个领域，并已取得一些极为重要的结果（王青云，2008）。

在神经科学领域，迄今为止同步现象最成功的研究是神经元群体之间瞬态相互作用，因为它易于检测。根据考察的神经元数量和距离，人们可以从三个不同的尺度观察神经系统的同步现象：(1) 个体神经元层次同步；(2) 区域化或局部层次同步；(3) 长程同步层次同步。个体神经元的局部记录，几乎总是仅在动物中才能得到（Zelazo，2007）。单个神经元可以展现复杂的非线性行为，神经元群体的活动能表现出更复杂的时空模式（方小玲，2007）。同步就是群体运动节律的典型表现形式，系统中的所有神经元同一时间发放或者其节律满足某种关系，形成聚类行为。系统中的神经元可以分成几组，每一组中的神经元同步发放，但是不同组的神经元之间没有同步行为，当然还可能存在更复杂的群体节律。在群体神经元尺度，大量神经元的同步发放可以引起宏观水平的振荡，这种振荡活动可以通过脑电图（EEG）等记录到。EEG 和 MEG 所表现的神经元群体之间的同步在一个特别的频段内展示幂律的变化（Zelazo，2007）。这种规律发生的原因是同步发放的神经振荡器组可以看作是个体振荡器的耦合，振荡的幅度依赖于组内个体振荡器的数目以及它们之间同步的准确性。一方面，由单个 EEG 电极或 MEG 传感器记录所表现出的振荡活动已经暗示，在电极尺度内存在一个确定量的局部同步活动。另一方面，人们可以考虑用远离的（离开几厘米）神经元群体振荡器之间的同步化来描述全局层次上分布式的时空模式。

语言、记忆、注意和运动任务，以及几乎所有感觉模式的整体化机制中都证明存在着更区域化的或局部层次的同步（Zelazo，2007）。例如，人对相干(coherence) 目标的感觉与 γ 范围的同步振荡有特别的联系，即所谓诱导的 γ 响应。尽管不是对刺激完全的时间锁定，而这个响应一般是在刺激后 200ms 左右时起始于后（posterior）脑区（枕叶皮质的上面），然后当刺激不需要进一步分析时，逐渐回到刺激前的水平。

由两个神经元群体产生的振荡在更大细胞聚合体内也可能是同步的，这个同步可以用两个局部场振荡之间的瞬态相位锁定来检测。这种分离的神经元群体之间相同步的长程性质可以参与大范围的认知整合机制（Zelazo，2007）。例如，人脑在完成认知任务（cognitive task）时存在长程同步化的脑活动。让被试观看一幅带阴影的线画侧脸图的二意图（ambiguous visual stimuli）——正立像和他的倒立像，并同时记录脑电。研究结果表明，只有在识别有意义的面孔时才会诱发长程同步模式（long-distance pattern of synchronization），而无意义的"面孔"将产生去同步（desynchronization）现象。由此可见，相同步（phase synchrony）直接参与人类认知活动。

2.3 γ频段同步振荡与意识的关系

近年来，神经生理学实验发现神经系统中不同区域神经元的神经发放之间存在着40Hz左右的同步振荡，而且这一同步出现在由同一对象刺激引起的细胞反应时，这意味着细胞间兴奋的时间协调可能存在重要意义（黄秉宪，2000）。这个处于γ频段高频同步振荡的发现，逐渐引起研究者探求脑内产生此同步的机制和功能意义的兴趣，这种振荡活动被认为与人类的各种认知过程紧密相关，如语言、记忆、注意和运动任务，以及几乎所有感觉模式的整体化机制中都存在着γ同步（汪云九，2001）。近年来，人们开始将γ频段的同步与人的意识现象联系起来，认为γ频段快速皮层振荡活动就是视觉意识状态发生的信号，尽管这还存在着争议（Zelazo，2007；Koch，2012）。

"同步实现捆绑"的理论假设最早是由米尔纳（Milner）和冯·德·马尔斯堡（Von der Malsburg）提出的（Koch，2012），辛格（Singer）首先获得支持同步机制的实验证据（Singer，1995）。通过在猫的视觉皮层放置多个微电极，米切尔（Mioche）和辛格对清醒的猫进行了多次实验，旨在研究清醒的猫在单眼短期遮蔽前后条件下视觉皮层感受野神经元功能变化的时间过程。实验结果表明神经元倾向于同步化它们的尖峰发放活动。这些观察与冯·德·马尔斯堡的理论预测相匹配，即在视觉场景的知觉期间，同步能被用来达到图片/背景分割（Zelazo，2007）。克里克和科赫建立了视觉注意的40Hz振荡模型，并推测神经元的40Hz

同步振荡可能是视觉中不同特征进行"捆绑"的一种形式，意识并不是由某个中心脑区加工的，而是不同脑区相对同时进行的神经活动通过捆绑或整合而产生了统一的意识（汪云九，2001）。这个假设与特瑞斯曼（Anne Treisman）提出的特征整合理论符合得很好。该理论认为，为了将目标的特征捆绑在一起的特征整合阶段或物体知觉阶段，注意是必不可少的，继而产生 γ 同步与注意和意识之间的紧密联系（Zelazo，2007；陈彩琦，2003；陈彩琦，2004）。

当然，γ 范围的同步与注意、警觉和意识之间的联想不仅仅停留在理论层面上，还建立在坚实的实验基础上（Zelazo，2007）。例如，在唤醒状态和快速眼球运动（REM）睡眠状态时，EEG/MEG 都存在 γ 频带的频率成分，而在深度睡眠状态时，这种频率成分却消失了（陈彩琦，2004），而且被试处于清醒状态期间，EEG/MEG 都存在 γ 频带的同步（Zelazo，2007）。事实上，在一些被试为猴子的实验中，我们可以直接观察到这样的现象：当注意集中于刺激时，视觉神经元群体或刺激响应的感觉神经元群体将同步发放，人类 EEG 和 MEG 的研究也得到类似的结果，注意集中的视觉或感觉刺激比未注意的刺激导致更强的 γ 频段同步（Bauer，2006）。例如，拉绍（Lachaux）等证明脸的知觉与沿着腹侧视觉流的脸特异（specific）区域的强 γ 振荡有关联（Zelazo，2007）。弗里斯（Fries）等猫的"双眼竞争"（Binocular rivalry）实验证明了，γ 频带的同步和意识之间一个更为直接的联系。双眼竞争是给予观察者双眼呈现不同图像，观察者看到两个输入图像交替出现的一种现象。猫在双眼竞争期间，视觉神经元时间上的同步程度跟随知觉性优势（dominance）改变（曹丙利，2005）。猫在被给予向不同方向同时运动的两种视觉模式时（一种模式给左眼而另一种给右眼），视觉知觉的对象不能完成这两种互相矛盾模式，结果在两种视觉模式之间轮换（Zelazo，2007）。该研究的结果表明，视皮层中表征被感知到刺激的神经元表现出很强的 γ 振荡并存在高度的同步，然而用来加工被忽视刺激的神经细胞仅显示微弱的同步（陈彩琦，2004）。研究还证明在视觉或听觉模式间转换时，在对应的皮层区也会出现增强的 γ 频段同步，于是选择注意能增加 γ 频段的同步活动（Sokolov，2004）。γ 频

219

带和工作记忆的研究表明，在视觉空间工作记忆的任务中，前额和后顶叶部位的电极之间的时间一致性也得到了加强，而且这种同步的增强发生于 γ 频带，而在较低的频带（如 θ 频带）上却没有发生，这说明 γ 同步在工作记忆中也起到重要作用（陈彩琦，2004）。

然而，γ 同步并不等同于意识（Zelazo，2007）。首先，γ 同步能够在无意识的麻醉动物中观察到，尽管动物清醒时同步更强（Zelazo，2007）。其次，实验证明海马结构中也能检测到 γ 振荡活动。海马被认为不参与感官知觉的产生，于是同步化和振荡模式的形成也许是知觉产生活动的必要条件，而不是充分条件（Zelazo，2007）。科赫甚至不再认为同步发放是 NCC 的充分条件（Koch，2012）。再次，瑞文苏（Revonsuo）和拉绍分别发现，尽管 40Hz 的同步振荡似乎参与同一感觉的构建，然而一旦感觉建立以后，在连续的同一刺激（和意识知觉）期间却没有继续维持（Zelazo，2007）。最后，在大脑活动的研究中，我们还发现其他频段的同步振荡（Zelazo，2007）。语言的认知涉及感觉、知觉、记忆和意识，语言认知的研究结果表明 β 波段的同步振荡与词语的语法加工有关，同时大脑前额叶在加工名词时需要更多的同步化活动（Weiss，1996）。利用 MEG 考察心算过程时，研究者发现 α、β 和 γ 跨频段的同步振荡，而且这种跨频段同步振荡的空间分布不同于各频段内的同步（Palva，2005）。还有的研究发现 θ 波段与工作记忆负荷有关（Basar，1999）。因此，大脑中可能存在其他的时空结构参与意识知觉的涌现和稳定性，虽然 γ 同步对意识知觉的涌现是必需的，但也许仅在这个涌现上，一旦形成，知觉能够借助于其他细胞机制得以继续，即表现为其他种类的时空结构形式（Zelazo，2007）。

2.4 意识的稳定和流动的二元性

意识似乎需要在脑中形成明显的、动态的时空结构，我们可以区分这些确定的时空统一结构，然而在两个时空模式之间，或者说，在一个时空模式转变到另一个时空模式的过程中，是不是存在意识？换言之，如果将意识看成是相继运动的无缝融合而成为进行中的经验流，那么意识是否可以看成是通过某种附加的机制完成的快照序列。我们能够在这个流中定义一个稳定的意识瞬间,在此期间,神经元集群将形成一个明确的统一体。然而,即便在这个稳定的意识瞬间,人们是否能够在一个人的经验里分辨一个或多个变化。神经动力学的研究表明,动态的神经元集群通常持续几百毫秒,然而在此持续时间内,我们的感官经验可能会变化,这些对象的每一个快速经验是否对应一个明确的集群,各种局部的集群是否存在着交叠(Zelazo,2007)。

意识经验是进行中的流并不是一个新的概念,美国机能主义心理学的先驱詹姆斯(William James)在他著名的"思想的流动"章节中,提出意识是脑的过程的观点。他认为意识不是固定的,而是一种随时间迅速变动的过程,故用"意识流"(stream of consciousness)的概念来描述意识的这一特性(James,1890)。他反对把意识分析为心理元素,主张意识是由个人选择的动态的、连续不断的整体。他至少识别出两个基本方面——人们真正意识到某些事情的"本质的"(substantive)稳定瞬间,以及人们经历从一个瞬间到另一个瞬间的"转变的"(transitive)飞逝瞬间。在这流动的意识中,包含着一系列的意识和下意识的转化(Zelazo,2007)。

为了将现象学的观察与脑的神经动力学图像以及意识联系起来,神经动力学家提出亚稳态的概念(Zelazo,2007)。每个意识状态都依赖于特殊的神经集群或动态模式的出现,这些模式处于亚稳态。神经过程对意识的重要性主要体现在将离散的专门化脑区在瞬间和持续不断的过程中和谐地组合起来,而不是由任何单一的神经过程或结构完成(陈巍,2011)。

辛格等提出的模型中,在图片/背景区别和同步集群的形成之间存在一个较强的对应关系,这个对应关系似乎暗示只有完全形成的神经集群能够"支持"所关心对象的某种知觉的认识(Zelazo,2007)。神经集群的观念隐含着时空模式在其存在期间是稳定的,即意识瞬间人脑对实际对象的感觉是稳定的。然而,我们的感官环境应该是主观地随时间窗口快速地变化着的,持续时间少于几百毫秒,当变化发生时我们在某种程度上也会意识到变化。这似乎对意识经验来说,是必不可少的神经集群理论造成的一个困难,因为神经集群是在一个慢速时间尺度下组织的。另外，并不是视觉场景的每一个对象都会被稳定地感觉到，视觉系统存在无意盲视（inattentional blindness）现象（李会杰，2007），即观察者的注意集中于视野中的某些事物或刺激时，往往不能意识到视野中额外的、非期望但却完全可见的刺激。例如，被试观看运动员进行传递篮球的游戏，其中三个穿白色 T 恤的人互相传递一个球，同时另外三个穿黑色 T 恤的人互相传递另一个球。要求被试对白色运动员之间的传球次数进行计数，当然为了保证观众完全集中注意力，传球必须以足够快的速率进行。当表演进行 45 秒以后，一位穿猩猩服装的男人步行穿过场景，在运动员之间逗留一会儿，并在空气中挥舞他的手，5 秒后在另一边退出。结果表明，有很高比率的观众未能报告曾看见这个猩猩。某人自身经验的现象学观察和诸如不留意猩猩的实验表明，大量的经验也许是不稳定的和飞逝的，稳定的 / 飞逝的二元性应该被认为意识经验的一个结构特征（Zelazo，2007）。

塞尔（Searle）提倡的"意识统一场"概念似乎可以合理地解释稳定的 / 飞逝的二元性（Zelazo，2007）。他认为一个对象的知觉经验是被感觉调转而成的，不是因之而生的，意识被认为是大脑的"内在"状态，是作为统一的、主观的和定性的并且预先存在的意识"基态"的改进而出现的，而不是感觉刺激的一个"反应物"，感觉输入的作用仅仅在于调转一个先前存在的意识，而不是产生新的意识（王晓阳，2008）。在这种情况下，意识状态之间转变不会被意识中根本的鸿沟（radical gap）打断，它可以从背景意识的更基本的状态改进而得，甚至这样转变的瞬间好像也属于它自身（Zelazo，2007）。

四、意识神经动力学方法的发展

神经动力学作为意识研究的一种范式，从方法学上来说仍然基于这个相关策略，体现为探索意识的神经相关物，其中心思想为探索脑中一个特殊系统的神经过程，该系统的活动与意识状态直接相关，而不是解释关于神经活动与经验之间相互关联的原理。而因果关系的评价则可以通过改变其中对象事件之一并观察其余事件是否变化或如何变化来实现。然而，相关并不蕴涵因果，当两个变量有明显的相关时，却不一定表示两者之间有因果关系，因此这种策略不能保证揭示两个变量之间潜在的因果机制。用"涌现"或"涌现现象"的概念来描述神经活动和意识经验之间的关系被认为是对纯粹相关策略的一种突破（Zelazo，2007）。

"涌现"是存在于复杂系统中的一种普遍现象。尽管"涌现"可以有多种解释，但是复杂性科学告诉我们，所谓"涌现"就是指系统的个体都遵循简单的规则，由于它们具有适应和学习的能力，当它们通过局部的相互作用构成一个整体的时候，在系统层面突然会出现一些出其不意、无法预料的新属性或者规律（霍兰，2006）。涌现是系统演化的一种表现，尽管涌现并不破坏单个个体的规则，但系统的整体行为却远比各部分行为的总和更复杂，这仅用个体的规则是无法加以解释的，只能理解为"系统整体大于部分之和"（李恒威，2006）。于是，涌现是一个和层次联系密切的概念，涌现过程不能被理解为局部组件独立发生的，反过来依赖于它们之间已经建立起的联系。尽管多数科学家都认为生命是涌现现象，但在意识问题上却存在分歧（Zelazo，2007）。虽然有一些有趣的推测认为意识经验是一个涌现过程，然而涌现原理的理解和阐述也仅仅停留在物理过程和分子相互作用的层次上，意识涌现现象的研究还缺乏一个更严格的方法，也许复杂系统理论可以为这个方向提供一个有前途的研究方法。因此，克里克等等建议研究意识主观经验对应的神经活动的最佳方案不是在神经元类型或专门化神经元回路的水平上展开研究，而是通过一个可以描述大尺度整合模式的涌现和变化的集体神经变量来展开研究（陈巍，2012）。弗里曼的"介观脑动力学"就是在这方面最具影响力的尝试（Freeman，2004）。

认知科学所面临的主要挑战之一就是如何精确地联系这两个领域——第三人称生物行为过程领域和第一人称主观经验领域。任何意识研究中的方法都离不开自身经验的科学描述，神经动力学也不例外。意识经验的第一人称特征表明，纯粹的第三人称理论假设或模型很难应对意识的困难问题，必须采用诸如现象学还原、内省报告与沉思训练等第一人称方法才能深入揭示其本质。神经现象学结合了神经科学和现象学，研究经验、心灵和意识，重点是人类心智的具身条件，旨在通过现象学还原、内省与沉思等第一人称方法，与认知神经科学和神经动力学等第三人称方法的有机结合来探索人类意识经验的交叉学科（陈巍，2012）。神经现象学研究的一般经历过程如下：一方面，通过对意识经验的现象学探索，获得原初的第一人称数据（被定义为被试经验的测量结果）。另一方面，用这些原始的第一人称数据，来揭示与意识有关的神经生理过程（徐献军，2011）。与之相对的是第三人称方法与第三人称数据，即当前意识研究中应用到的各种自然科学方法及其得出的结论，通过两者的比较，探究意识和神经系统之间的联系。

五、结论

为了理解意识经验的本质、起源问题，神经科学研究者所面临的一个巨大挑战来自脑本身。一方面，大脑作为宇宙中迄今所知的最复杂的系统之一，如何选择合适的动力学理论框架来研究其复杂的功能及变化显得尤为重要。在神经动力学框架下理解大尺度整合的关键变量，与其说是神经系统成分的个别活动，不如说是它们之间联系的动态本质。

另一方面，意识的神经动力学试图关联两种动态现象——神经活动亚稳态的形成和意识经验的短暂涌现。为了建立这样的关联，认知神经科学家需要观察这两种现象的动态特性之间的相似性。于是，意识的神经动力学方法要求第一人称数据的精细化，可靠地捕获不同主观现象之间的相似程度（或不一致），能够充当意识经验的"公共"测量结果，得到意识经验描述的"结构不变量"（structural invariants）。神经动力学方法究竟能揭示多少意识的复杂性，组成了未来的一个重要研究领域。

参考文献

包尚联 . 2006. 脑功能成像物理学 [M]. 郑州：郑州大学出版社 .

曹丙利，唐孝威 . 2005. 意识神经相关活动的实验探索 [J]. 自然科学进展，15(9): 1025—1031.

曹天予 . 2005. 介观神经动力学的新探索 [J]. 清华大学学报（哲学社会科学版），20(1): 81—85.

陈彩琦，等 . 2004. 认知过程中的捆绑问题——认知神经科学的研究 [J]. 心理科学，27(3): 590—594.

陈彩琦，等 . 2003. 特征捆绑机制的理论模型 [J]. 心理科学进展，11(6): 616—622.

陈巍，郭本禹 . 2011. 迈向整合脑与经验的意识科学——Varela 的神经现象学述评 [J]. 心理科学，34 (4): 1012—1026.

陈巍，郭本禹 . 2012. 神经现象学的系统动力学方法举要 [J]. 系统科学学报，20(1): 51—55.

方小玲，彭建华 . 2007. 神经系统动力学数学模型的研究进展 [J]. 生物医学工程学杂志 , 24(6): 1406—1410.

沃尔特·J. 弗利曼 . 2004. 神经动力学：对介观脑动力学的探索 [M]. 顾凡及，梁培基，等，译，杭州：浙江大学出版社 .

顾凡及 . 2008. 神经动力学：研究大脑信息处理的心领域 [J]. 科学，60(2): 11—14.

郭爱克 . 1999. 动态脑与知觉组织 [J]. 中国神经网络与信号处理学术会议论文集，30—37.

黄秉宪 . 2000. 脑的高级功能与神经网络 [M]. 北京：科学出版社 .

黄润生 . 2000. 混沌及其应用 [M]. 武汉：武汉大学出版社 .

威廉·詹姆斯 . 2003. 心理学原理 [M]. 田平，译 . 北京：中国城市出版社 .

埃里克·詹奇 . 1992. 自组织的宇宙观 [M]. 曾国屏，等，译 . 北京：中国社会科学出版社 .

克里斯托夫·科赫 . 2012. 意识探秘：意识的神经生物学研究 [M]. 顾凡及，侯晓迪，译 . 上海：上海科学技术出版社 .

李恒威 . 2006. 意识经验的感受性和涌现 [J]. 中共浙江省委党枝学报，1: 94—100.

李会杰，陈楚侨 . 2007. 注意捕获的另一扇窗户——无意视盲 [J]. 心理科学进展，15(4): 577—586.

梁夏，等 . 2010. 人脑连接组研究：脑结构网络和脑功能网络 [J]. 科学通报，55(16): 1565—1583.

刘珍银，邱士军 . 2010. 静息态功能连接与解剖结构连接在人脑中联合研究 [J]. 国际医学放射学杂志，33(5): 411—415、431.

陆同兴 . 2002. 非线性物理学概论 [M]. 合肥：中国科学技术大学出版社 .

宋晓兰，唐孝威 . 2008. 意识全局工作空间的扩展理论 [J]. 自然科学进展，18(6): 622—627.

孙久荣 . 2001. 脑科学导论 [M]. 北京：北京大学出版社 .

唐孝威，等 . 2006. 脑科学导论 [M]. 杭州：浙江大学出版社 .

唐延林 . 2002. 脑活动的自组织特征研究 [J]. 贵州大学学报（自然科学版），19(2): 115—118.

汪云九 . 2006. 神经信息学——神经系统的理论和模型 [M]. 北京：高等教育出版社 .

汪云九，等 . 2001. 意识的计算神经科学研究 .[J] 科学通报，46(13): 1140—1144.

王东生，曹磊 . 1995. 混沌、分形及其应用 [M]. 合肥：中国科学技术大学出版社 .

王青云，等 . 2008. 神经元耦合系统的同步动力学 [M]. 北京：科学出版社 .

王晓阳 . 2008. 论意识的认知神经科学研究及哲学思考 [J]. 自然辩证法研究，24(6): 33—36.

吴胜锋 . 2011. 意识之"谜"与脑科学 [J]. 医学与哲学（人文社会医学版），32(1): 11—13.

谢丽娟，等 . 2004. 脑神经系统的非线性动力学特征及方法论 [J]. 医学与哲学，25(6): 39—41.

徐献军 . 2011. 意识现象学在认知神经科学中的应用 [J]. 同济大学学报（社会科学版），22(6): 1—8.

杨时骐. 2010. 静息态脑功能磁共振成像的研究进展 [J]. 武汉大学学报（医学版），31(1): 137—140.

尧德中，等. 2011. 脑成像与脑连接 [J]. 中国生物医学工程学报，30(1): 6—10.

于春水，等. 2004. 人脑连合纤维的弥散张量纤维束成像 [J]. 中国医学影像技术，20(3): 378—380.

张筑生. 1987. 微分动力系统原理 [M]. 北京：科学出版社.

朱长庚. 2002. 神经解剖学 [M]. 北京：人民卫生出版社.

Basar, E., et al. 1999. Are cognitive processes manifested in event-related gamma，alpha，theta and delta oscillations in the EEG?[J]. *Neuroscience Letters*, 259: 165—168.

Bauer, M., et al. 2006. Tactile spatial attention enhances gamma-band activity in somatosensory cortex and reduces low-frequency activity in parieto-occipital areas[J]. *J Neurosci*, 26(2): 490—501.

Bhattacharyaa, J., et al. 2001. EEG gamma-band phase synchronization between posterior and frontal cortex during mental rotation in humans[J]. *Neuroscience Letters*, 311: 29—32.

Palva, J., et al. 2005. Phase synchrony among neuronal oscillations in the human cortex[J]. *J Nenrosci*, 25(15): 3962—3972.

Raichle, M. 2006. The brain's dark energy[J]. *Science*, 314: 1249–1250.

Singer, W., Gray, C. 1995. Visual feature integration and the temporal correlation hypothesis[J]. *Annual Review of Neuroscience*, 18: 555—586.

Small, M. 2005. Applied nonlinear time series analysis: applications in physics, physiology and finance[J]. *Singapore: World Scientific Publishing Co. Pet. Ltd.*

Sokolov, A., et al. 2004. Reciprocal modulation of neuromagnetic induced gamma activity by attention in the human visual and auditory cortex[J]. *Neuroimage*, 22(2): 521—529.

Thirion, B., et al. 2006. Detection of signal synchronizations in resting-state fMRI datasets[J]. *NeuroImage*, 29: 321—327.

Weiss, S., Rappelsberger, P. 1996. EEG coherence within the 13—18 Hz band as a correlate of a distinct lexical organization of concrete and abstract nouns in humans[J]. *Neurosci Lett*, 209(1): 17—20.

Zelazo, P. 2007. *Moscovitch M and Thompson E, The Cambridge Handbook of Consciousness*[M]. Cambridge University Press.

第三部分

意识异常

意识障碍

狄海波　胡楠茶

一、意识障碍的含义

1. 意识障碍

意识障碍（disorders of consciousness）包括昏迷、植物状态（vegetative state）和最小意识状态（minimally conscious state），脑死亡和闭锁综合征（locked-in syndrome）也与其密切相关。

脑损伤可导致人们出现身体机能、认知能力、运动或感觉功能的损害，同时它也会导致人们的意识水平发生改变（Oh & Seo，2003）。美国的调查数据显示，美国每年每 10 万人中有 6 ～ 8 人发生中、重型颅脑创伤（Gelling, et al., 2004）。急性脑损伤后，昏迷患者的意识状态在不同的阶段有不同的表现（图 3-1）（Laureys，Owen & Schiff，2004），即便一些幸存者在一定程度上获得了康复，但部分患者由于认知及运动功能的损害，仍无法正常生活。幸存者中部分患者处于昏迷、植物状态（Ansell & Keenan，1989；Sosnowski & Ustik，1994）或最小意识状态（Giacino, et al., 2002；Schiff, et al., 2002）等意识障碍状态。

尽管有大量的术语（如运动不能性缄默、去大脑状态、最低反应状态、闭锁综合征、创伤后长期无意识状态、稳定性植物状态、无意识状态、昏迷、持续性植物状态、睁眼昏迷、昏迷后无意识状态等）用来描述患者在不同阶段的意识状态，但其中很多并没有可操作性。

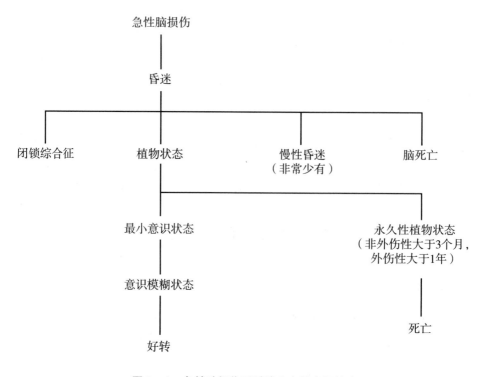

图 3-1 急性脑损伤后昏迷患者的意识演变

2. 意识障碍的分类

2.1 昏迷

在严重脑损伤后，患者会进入昏迷状态，此时使用较强刺激，患者都不能被唤醒，因此也缺乏对环境和自身的觉知。昏迷可由弥散性双侧大脑半球灰质和白质损害或双侧脑干损伤引起，使皮层下网状激动系统受到损害。昏迷一般持续数天或数周，其结果可能是死亡、意识恢复或者转变成植物状态（Laureys，2007）。许多因素都可影响昏迷的治疗和预后，比如病因学、患者的一般状况、年龄、临床行为表现和辅助检查结果。从临床表现方面来说，如果患者的瞳孔反射消失、角膜反射消失、对伤害性刺激的运动反应缺失、双侧体感诱发电位反应缺失，以及血浆中神经元特异性烯醇化酶处于较高水平等，则其预后不良（Wijdicks，2006）。

2.2 植物状态

植物状态是一个有觉醒而意识内容缺失的状态。处于该状态的患者恢复了睡眠－觉醒周期，但他们的运动、听觉和视觉功能是有限的，多为反射性反应，也不存在适应性的情绪反应。植物状态通常由灰质和白质弥漫性损伤引起。1994 年，持续性植物状态多学科工作组（The Multi-Society Task Force on PVS）对植物状态的诊断标准如下：(1) 对自我和对周围环境没有觉知，不能与他人进行互动交流；(2) 对视觉、听觉、触觉或有害刺激没有持续的可重复出现的且有目的或随意的行为反应；(3) 没有语言理解力和表达能力；(4) 有以睡眠－觉醒周期为表现的间断性觉醒；(5) 充分保留了下丘脑和脑干的自主功能，使生命在医护支持下得以延续；(6) 大、小便失禁；(7) 保留了一定的颅神经反射和脊髓反射。

我国于 1996 年提出了持续性植物状态的诊断和治疗标准。经 2001 年的讨论修改后，植物状态（VS）的诊断标准定为：(1) 认知能力丧失，无意识活动，不能执行命令；(2) 能自动睁眼或刺激下睁眼；(3) 有睡眠－觉醒周期；(4) 可有无目的的眼球跟踪运动；(5) 不能理解和表达语言；(6) 保留自主呼吸和血压；(7) 丘脑下部及脑干功能基本保存。植物状态超过一个月称为持续性植物状态（persistent vegetative state，PVS）；脑外伤导致的植物状态超过 1 年，非外伤所致的植物状态超过三个月，可被认为是永久性植物状态（permanent vegetative state），意味着患者恢复意识的希望十分渺茫。

2.3 最小意识状态

如前述，植物状态患者有睡眠－觉醒周期但完全丧失对自身及周围环境的觉知能力，即觉醒和觉知发生了分离。而最小意识状态患者则存在微弱但明确的觉知能力，这个概念是 2002 年新提出的（Giacino, et al., 2002）。两者的区别在于是否有证据表明患者具有觉知能力。而这点恰恰是诊断所面临的难题之一。临床上判断患者觉知能力实际上是通过意识量表对患者行为表现的床旁评估进行的。要判定最小意识状态，需要找到患者微小但非常明确的意识行为证据。这种行为表现可能不稳定或者前后不一致，但与反射性和自发活动有显著区别。患者具有以下行为往往是判定为最小意识状态的依据：（1）简单的遵嘱动作；（2）以手势或言语做出"是／不是"的反应；（3）可理解的语言；（4）根据环境做出相应的动作和情感性行为：由包含情感内容的言语和视觉情景导致的哭、微笑和大笑；（5）对命令语言和问题做出手势和言语回应；（6）伸手取物或定位；（7）根据物体的大小、形态触摸和握持物体；（8）跟随运动的物体或静止的物体做出眼球活动。总之，最小意识状态与植物状态在行为上的区别是，前者显示出一定的互动交流的能力或使用物体的能力。

同植物状态一样，最小意识状态可以是慢性的，也可以是永久性的。

2.4 脑死亡

基于神经学标准的死亡概念已经被世界范围所接受。脑死亡有脑干死亡、皮层死亡和全脑死亡等不同含义。包括美国在内的大多数国家对脑死亡的定义是包括脑干在内的全脑死亡。在英国、印度等一些国家，脑死亡的诊断仅仅是基于脑干死亡的标准。1995 年，美国神经学会出版了脑死亡的标准（Amp & Wilkins, 1995），被许多研究机构作为模板广泛使用，标准如下：（1）确定昏迷；（2）有引起昏迷的证据；（3）排除了混淆因素，包括低温、药物、电解质和内分泌紊乱等；（4）脑干反射缺失；（5）运动反应缺失；（6）窒息试验阳性；（7）6 小时以内的任意时间重新评估进行校正；（8）当临床检测不能可靠地评估时，需要有确定性的实验室检查。一般来说，脑死亡是大量脑组织损伤引起的，例如外伤、颅内出血和缺氧等。到目前为止，按上述标准确诊的脑死亡病例还未见有恢复的报道（Laureys, 2005），在我国，脑死亡立法尚在讨论中。

2.5 闭锁综合征

闭锁综合征患者没有觉醒和意识的分离现象，但因其行为表现类似植物状态而易被误诊。根据1995 年美国康复医学委员会的标准（American Congress of Rehabilitation Medicin, 1995），闭锁综合征患者表现为：（1）保持睁眼状态（两

234

侧眼睑下垂除外）；（2）四肢麻痹；（3）失声症或发声过弱；（4）通过垂直眼球运动来进行简单的交流，或利用上眼睑的眨眼动作来表示是 / 否；（5）保留认知能力。基于残存的运动能力的大小，闭锁综合征又分为三个亚类：经典的闭锁综合征——以四肢麻痹、言语不清，用眼睛进行交流为特征；不完全闭锁综合征——以保留下来的随意反应而不是眼睛运动为特征；完全闭锁综合征——包括眼睛运动在内的一切运动功能均丧失，仅保留了意识。

闭锁综合征是由双侧腹侧脑桥损伤引起的，中脑损伤也有报道，当闭锁综合征患者一旦处于临床上的稳定状态并给予相应的医疗支持，预期寿命可达数十年（Laureys，et al., 2005）。虽然这类患者的运动功能恢复的机会非常有限，但基于眨眼或脑电的人机交互技术可使这些患者同周围环境进行交流。

二、意识障碍的诊断

通过对意识障碍定义的讨论，我们能了解到意识障碍的诊断实际上就是意识的测量，目前没有任何一种仪器能客观地测量意识。由于缺乏神经生理学的"硬"指标，确立持续脑损伤患者意识状态的诊断证据主要依靠行为评估。但是行为代表的是意识的间接证据，而且行为指标的获取难度很大且可能导致误诊。床边鉴别有意识行为与反射性或非意识行为常常很困难，且往往需要反复评估。并发症的发生对于意识障碍患者也有不容忽视的个体化影响，能导致患者行为反应出现很大的不稳定。而且此类人群的有目的行为反应常常会在每时每刻发生变化。尽管已经提出了各种各样的机制（Schiff, 2006），但隐藏在行为学反应多变性背后的神经基础仍然未知。当观察到模棱两可的行为时，评估者确定患者处于从无意识到有意识的坐标轴中的哪个位置就变得非常困难。

最近几十年，国际上推出了很多行为量表用以量化和标准化意识评估。本部分将探讨用于患者，尤其是针对植物状态患者的行为量表的意识评估的优点和易犯的错误，以及一些新的有希望的评估工具。

意识障碍的研究中常出现行为学结果与神经生理学结果相背离的现象，这也提示了我们不能过度依赖行为测量。但是对这些方法的整合，还是可以在一定程度上提高意识障碍患者诊断和预后判断的准确性的。

1. 意识障碍的诊断－意识的临床行为评估

1.1 临床行为评估误诊率高

临床上通常将意识分为两个基本的部分：觉醒与觉知。觉醒指的是意识的水平，通过判断个体有无自发睁眼，或者在刺激下有无睁眼来确定。觉知指意识的内容，涉及个体对外界以及自我的主观体验。临床上对患者觉知的评估常常十分困难，通常只能通过认真仔细和反复地检查患者对听觉、触觉、视觉或者伤害性刺激的行为反应来做出推断。

意识障碍的诊断并非基于病理或者神经生理指标，而是根据患者的行为反应做出推断。行为评估本身难以避免的一个缺点就是主观性太强，这也引导我们去质疑现有的临床行为评估工具的敏感度。吉亚奇诺（Giacino）等人（1995）就曾指出临床评估工具的局限性，有些患者因缺乏运动功能而被推断为意识障碍，但他们用其他的方法却检测出了患者觉知的存在。安德鲁斯（Andrews，1996）也详细地讨论了该局限性，批评了"有意义的反应"这样的提法。实际上，对患者有意义的事情可能对于治疗患者的人来说不被认为是有意义的。同样，"有目的的反应"这样的提法也由于其主观性遭到批评，像回撤屈曲（移动肢体以躲避危险）这样常用的检测项目也可能被误认为是"有目的的反应"，事实上行为评估确实存在着较高的误诊率。蔡尔兹（Childs）等人（1993）的研究显示，损伤后超过一个月被诊断为昏迷或者持续性植物状态的患者中有 37% 存在一定的觉知能力。另有研究发现，脑损伤超过六个月（即患者的状态基本处于稳定）的重度患者中 43%是被误诊的（Andrews，Murphy，Munday & Littlewood，1996；Schnakers et al.，2009）。这些数字在对医务人员造成困扰的同时，也至少强调了床旁诊断是可能

236

的——否则他们不可能被鉴别出来是误诊的。

那么，这些患者为什么会被误诊呢？一项引人注目的研究发现，在65%的被误诊的患者中，一部分是失明，一部分是严重的视觉功能损害以及半侧视野缺损，还有一部分为视觉认知障碍（Andrews，et al.，1996）。这个结果提示了评估方法本身的局限性，因为最主要的评估患者处于非植物状态的检测是视觉追踪检测，即使某个患者存在觉知能力，如果其视觉受损严重，那么他将不能追踪物体，因而也不能有视觉追踪。

一个患者如果能够执行语言指令，那么可以据此推测他没有严重的听力障碍。但是患者中出现听力障碍是很可能发生的，因此不能执行语言指令并不表示其处在植物状态。这也是我们在行为评估时要做多通道（触觉、味觉、嗅觉、视觉以及听觉）的刺激评估的原因。

另外一个困难是关于眨眼反应是否表示存在觉知的问题。患者对威胁存在眨眼反应，这可能并不表明他注意到该威胁。有研究者（Working Group of the Royal College of Physicians，1996）将视觉威胁作为皮层连接的证据，而且以此表明患者不处于植物状态。这是一个有争议的观点，因为植物状态诊断的确立是基于患者无觉知的证据的，而不是是否有皮层连接。美国神经病学学会质量标准小组委员会（The Quality Standards Subcommittee of the American Academy of Neurology，1995）则主张如果患者存在对威胁的眨眼反射，诊断植物状态就要小心谨慎，但是并没有说这种现象的存在意味着患者不再处于植物状态。实际上，在检查时常犯的一个错误是对患者反应的观察时间太短。当患者存在觉知时，患者感受刺激与做出反应之间通常有延迟。这就产生了需要观察多长时间的问题，若观察不仔细，则可能将自发眨眼解释为有意愿的眨眼。这也需要我们做进一步的研究并积累相当大量的实践经验才能做出判断。

一些临床工作者和家属将回撤屈曲反应解释为患者能觉知伤害性刺激。如果患者能够躲避刺激，那么将更加能说明问题。对很多临床工作人员来讲，另一个容易误判的行为表现为非随意性的抓握反射。当患者能够将检测者的手握住时，检测者便误认为患者能够认识自己。而当检测者试图将手拿开时，患者的手将抓得更紧，这点更使得他们坚信患者有觉知。但这实际上是抓握反射，并非有意义的反应。

更容易混淆的是一些协调性运动片段，例如抓挠或者甚至移动手至伤害性刺激部位。这些行为表现作为可能存在觉知的证据必须被认真对待，但是这种反应也很可能是长期习得的自发性运动反应。然而，如果患者能够定位不同的被刺激部位，那么这指示患者处于最小意识状态。

咀嚼运动或者磨牙也会使亲属和照护人员认为患者在提示他口渴了或者处于饥饿状态。由伤害性刺激引起的呻吟声也可能被解释为患者在试图交流。这些现象导致患者亲属与临床工作者对患者所处的状态的判断产生分歧，一些家属认为自己能够"理解"患者所表达的意思，而其他人则认为这是无意义的发声。其实，判断行为反应性质的技巧是看反应的产生是否由特定的外界刺激所诱发，我们在植物状态患者病房常常能观察到上述情形。

1.2 影响行为评估的因素

在植物状态患者的意识检查过程中，患者对刺激的反应受以下因素的影响：

（1）患者的身体条件是否允许其做出反应。如患者有视觉、听觉等感觉通道的问题，则会对检测造成很大的妨碍。

（2）患者做出反应的意愿。一些患者更愿意对家人和某些医护人员表现出其反应。

（3）检测者精确检查的能力。因为此类患者较少见，很少有专家接触过大量此类患者。在国内，由于该类疾病的治疗难以见效，大医院医生常不愿将其作为自己的主攻方向，这类患者常被小医院作为特色医疗收治，因此，目前缺乏有精细意识检测经验的专家。

（4）检查的时段和持续时间。不同时段患者的反应能力往往不同，而医务人员应选择患者的最佳状态时段进行评估。如果检测时间太长，患者也可能因为疲劳行为反应会大大减少。

（5）是否使用了合适、可靠的检查量表。一份信效度高的量表能够全面准确评估患者的状态，减少误诊率。

（6）患者是否得到了训练有素的管理团队的管理。

（7）患者的家属、看护者和那些最了解患者的人的介入程度。

（8）不熟悉患者的检测者会忽略有意义的反应。

以下是进行检查时要首先遵循的一些原则：

（1）患者的身体一般情况要健康，营养良好；

（2）抗痉挛药物和抗癫痫药物若不能停止，要减到最低水平；

（3）尽量使患者处于坐位。坐位能增加患者的觉醒度，这可能是由于坐起来时对上行网状激动系统的刺激更大；

（4）以患者不排斥的方式进行交流。检查时，要尽可能减少外周刺激，以防超负荷刺激；

（5）检查尽可能简洁，重复检测，留有足够的反应时间；

（6）患者产生行为反应的能力时时在变，这取决于患者的疲劳度、一般健康状况和神经系统状况。

（7）观察时应考虑延迟出现的反应。因为这类患者对即使是最简单的信息的处理也常常是缓慢的。因此，任何时候给予的信息都应是简单、稳定的，进行重复检测时要考虑患者反应的延迟出现或是否需要休息。

（8）在确定最佳反应和最佳检查时机时，充分听取家庭成员和其他护理人员的意见。虽然有些家属会误将反射活动看成是有意义的，但他们对患者的早期行为改变往往比临床大夫敏感。

1.3 意识量表

随着严重脑损伤患者长期生存率的提高，在患者的意识康复期需要有更加敏感的意识检测工具来评估意识恢复的状况，从而帮助医务人员能更准确地做出预后预测和治疗效果的监控。近几年，临床上开发了许多量表用以评估意识水平，帮助确立正确的诊断和评估患者意识恢复情况。其中在国外广泛应用的有格拉斯哥量表（GlasgowComa Scale）（Teasdale & Jennett，1974）、FOUR（Full Outline of UnResponsiveness）量表（Wijdicks，Bamlet，Maramattom，Manno & Mcclelland，

2010）、修订版昏迷恢复量表（Coma Recovery Scale-Revised）（Kalmar & Giacino，2005）、WHIM（Wessex Head Injury Matrix）量表（Shiel，et al.，2000）、SMART（Sensory Modality Assessment and Rehabilitation Technique）量表（Gillthwaites & Munday，1999）和昏迷疼痛量表（Nociception Coma Scale）（Schnakers et al.，2010）等。

（1）格拉斯哥量表

格拉斯哥量表是外伤和急救中心使用最广泛的意识评估工具，是重症监护病房里第一个有效鉴别意识水平的评定量表，此量表相对简单并容易掌握。它包括三个子量表，分别为睁眼功能、运动功能和语言能力。子量表的得分范围是 3 ～ 15 分。格拉斯哥量表对于鉴别最小意识状态患者并不敏感。格拉斯哥量表不能有效地评估眼外伤患者、气管插管患者、机械通气患者以及使用镇静剂患者的意识水平（Etheredge，1994）。另外，霍尔盖特（Holdgate）等人（2006）发现，护士与中级职称的急诊室内科医生对于使用格拉斯哥量表评估意识水平存在不一致性，因此应摒除单一使用格拉斯哥量表进行临床检测的观念，推荐实施连续性评估。

（2）FOUR 量表

最近认为 FOUR 量表可以替代格拉斯哥量表来评估严重脑损伤患者的意识水平。此量表由四个子量表组成，分别为眼睛、运动、脑干反射和呼吸类型，子量表的得分范围是 3 ～ 15 分，分数越低，表明死亡和残疾的可能性越大。在急诊中心，患者通常需要机械通气，所以格拉斯哥量表中的语言功能无法测试，而FOUR 量表弥补了这些不足。该量表可以评估视觉追踪，能够检测闭锁综合征患者的眼球运动。沃尔夫（Wolf）等人（2007）发现 FOUR 量表具有较高的可信度，有预后预测功能，而且在鉴别更低意识水平时，FOUR 量表比格拉斯哥量表有更强的鉴别能力。

（3）修订版昏迷恢复量表

昏迷恢复量表是 1991 年由肯尼迪约翰逊康复协会研究开发的，并在 2004 年进行了修订，命名为修订版昏迷恢复量表（Kalmar & Giacino，2005）。修订版昏迷恢复能协助意识水平的诊断、鉴别诊断、预后评估、制定治疗及护理计划。这个量表有六个子量表，分别为听觉、视觉、运动、言语、交流和觉醒水平，得分范围为 0 ～ 23 分，有二十三个条目，每个子量表的最低项目代表反射功能，最高项目代表认知功能，评分是基于患者是否能对特定的感觉刺激做出特定的行为反应，并且每项条目都有标准化的操作步骤。修订版昏迷恢复量表尤其适用于鉴别植物状态与最小意识状态的患者（Di，et al., 2017；Schnakers，et al., 2009），能够有效地应用于急性和慢性恢复期的意识障碍患者。

（4）WHIM 量表

希尔（Shiel）等人（2000）在先前的研究基础上通过观察九十七个严重脑外伤病人从昏迷到意识恢复过程中行为的先后变化开发了 WHIM 量表，制定了五十八个条目，分别评定患者觉醒和觉知、视觉（比如视觉追踪）、交流、认知（记忆和空间定位）和社会行为。WHIM 的设计用于探测各阶段的意识恢复变化，并且在探测患者脱离植物状态的细微变化以及最小意识状态患者的变化时，此量表优于其他量表。

（5）SMART 量表

SMART 量表是根据五种感觉通道（视觉，听觉，触觉，嗅觉以及味觉），运动功能和交流反应水平来鉴定患者是否存在意识的。评估时检测者对患者的多个感觉通道进行刺激，以此来提高引出患者阳性体征的概率。SMART 量表由 29 条标准化的条目组成，分正式和非正式两部分评估内容。正式评估包括检测者对患者行为观察和感觉的评估。非正式评估是来自亲属和照顾者所观察到的患者的行为反应以及有关患者发病前的兴趣爱好等。吉尔斯威兹（Gillthwaites）等人（2004）的研究表明 SMART 是一种有效可靠的量表，能为意识存在提供更特异性的证据，也能进一步鉴别植物状态与最小意识状态甚至更高水平的意识状态（Smart & Giacino，2015；Tennant & Gillthwaites，2016，2017）。

（6）NCS 量表

NCS 量表是用于评估那些刚从昏迷中恢复但不能与外界交流患者的疼痛

感觉量表。以往的疼痛量表一般用于评估老年痴呆症患者和新生儿等，没有一个疼痛量表是适合检测严重脑损伤患者的疼痛的。为此在 2010 年由施纳克斯（Schnakers）等人开发了昏迷疼痛量表（Schnakers, et al., 2010），这个量表包括运动反应、语言反应、视觉反应和由疼痛引起的面部表情四个分量表，得分范围是 0～12 分，研究结果表明：昏迷疼痛量表评估者之间有良好的一致性，昏迷疼痛量表和用于老年痴呆症患者及新生儿的其他疼痛量表之间有良好的一致性，跟这些量表相比，基于不同的意识水平，昏迷疼痛量表的得分有明显的不同，最小意识状态患者评分高于植物状态患者。还有研究也表明，昏迷疼痛量表能较敏感地评估严重脑损伤患者的疼痛，特别是从昏迷中恢复的患者（Chatelle et al., 2016）。

意识评估量表已有多种，如何在意识障碍患者的不同病程里选择合适的量表对其进行测量是个值得思考的问题。对急性期脑损伤患者，格拉斯哥量表仍是意识评估的金标准，其优点是操作简单易掌握，尽管它在鉴别植物状态和最小意识状态上不敏感，但在急性脑外伤患者判断脑部受损的程度上是比较可靠的测量工具。患者昏迷两周后往往会进入植物状态，为了区分植物状态和最小意识状态，修订版昏迷恢复量表可能是最好的选择。WHIM 量表对于最小意识状态患者表现出缓慢恢复时细微行为变化敏感，更适合在日常基础实践中进行评估。SMART 更适合长时间地追踪并且记录患者意识康复过程中的细微变化。另外，SMART 也评估患者对感觉刺激的反应，它的嗅觉功能子量表可以帮助寻找意识反应的细微征象，对于处于近乎植物状态的患者尤为适用。

2. 意识障碍的实验室辅助诊断

2.1 电生理

（1）脑电图

脑电图（electroencephalogram）利用位于颅骨表面的电极来记录大脑电活动。它能直接测量神经活动，并具有很高的时间分辨率，但同时伴随较低的空间分辨率。脑电图不仅可以检测到大脑活动产生的电场，同时还会记录肌肉活动和眼球、眼睑运动，以及电气设备产生的电场。患者常常被各种维持生命体征的电气设备包围，而且他们一般无法控制自己的运动和出汗程度，同时还可能伴随痉挛，这些都会产生对采集不利的干扰信号（需要尽量避免）。所以，在使用脑电图时，我们会同时记录患者的呼吸、心跳和肌肉活动，以便在后期数据处理时移除它们。电信号的采集前，还需要了解患者的用药情况，因为具有镇定作用的药物会影响脑电图数据（信号的周期变长，苯二氮卓类药会导致产生额外的高频信号）。有些干扰信号在处理时可以被去除，阶式滤波器通常会移除 50Hz 的噪声（美国是 60Hz）。由于脑电图信号的频谱覆盖一到几百赫兹，所以滤波范围需要考虑到该项研究感兴趣的频率。严格的低频滤波会影响到慢波信号，而高频滤波则会影响棘波，因此高强度的滤波虽然会让余下的波形很规整，但却会移除部分感兴趣信号（Selvan，2009）。考虑到这些因素，脑电图信号的滤波范围一般是 1 ~ 30Hz，尤其是在睡眠和诱发电位研究时。当然，滤波范围在需要时也可以调整，以便获得更多的感兴趣信号。

脑电图的研究主要有四个方向，我们将分开讨论。第一，主要是研究脑电图的背景和特征信号，主要涉及大脑各区域电活动的记录。第二，是以诱发电位为基础，测量大脑对外界声音或光刺激的反应，包括不同频率下的睡眠指数，脑区间连接的异同等。第三，主要是研究脑电图自动化处理的方法，但目前仍在开发中。最后介绍基于脑电的脑机接口技术（brain-computer interface）。

脑电图可以观察脑损伤患者的大脑活动，从而推断损伤的起因和严重程度（例如，局灶损伤或弥散性功能障碍），它还可以分辨不同的昏迷水平，例如，癫痫小发作、精神性昏迷以及闭锁综合征。结合病因，脑电图可以预测患者的预后，而且它在追踪患者的病情变化和药物的效果方面也有应用。

正常人的脑电图通常由 α 波（8 ~ 12Hz）组成，枕部比较明显，在静息或者闭眼状态下振幅增高，有时还可以观察到不规则出现的低振幅 β 波（13 ~ 30Hz），被检查者疲劳时可见频率更小的波。当被检查者疲劳时，θ 波（4 ~ 7Hz）将占主导地位，而进入睡眠状态后，δ 波（1 ~ 3Hz）则占据主导位置。在意识障碍患者中，我们可以观察到周期更慢的波形，这可能与他们意识水平相关。有时还可以观察到特征性波形。

为了获得高质量的脑电信号，记录要在无外界干扰的情况下持续足够长的时间，以便准确采集背景信号和电位变化（Brenner，2005），同时记录睁眼和闭眼等额外信号对脑电图检查也很重要。听觉和疼痛刺激可以诱发产生特定波形的信号，它提示患者处于轻度昏迷，预后结果较好（Brenner，2005；Young，Mclachlan，Kreeft & Demelo，1997）。外界刺激产生的信号可以看作是叠加于背景信号上的电活动，或可理解为波幅的增加。在脑干损伤后，某些昏迷患者的脑电图可能出现和正常人类似的 α 波，这称为 α 型昏迷。在 α 昏迷病例中，患者对外界感觉刺激的反应可以显示在脑电图上，患者有时还会睁开眼睛（Westmoreland，Klass，Sharbrough & Reagan，1975；Young，et al.，1997），毋庸置疑，从闭锁综合征或精神性昏迷患者中区别出这些患者十分重要。

脑电图可以证明，非抽搐性癫痫发作或伴随癫痫棘波的非癫痫患者存在意识缺失（Posner & Plum，2007）。非抽搐性癫痫不会出现动眼或者咀嚼肌收缩电信号，患者行为混乱，变得昏昏欲睡或者陷入昏迷，脑电图显示存在持续的癫痫活动。如果患者对抗癫痫药无反应，而且无法控制导致发作的原因，一般预后较差。此外，脑电图还可以发现脑损伤引起的癫痫发作，在这种情况下，发作一般可以被控制。

在大脑幕上局灶性损伤引起的意识障碍病例中，脑电信号明显异常，同时出现不同类型的信号，比如，多态 α 波或癫痫棘波。但可惜的是，脑电图并不能显示损伤的位置，而只能间接推断出损伤所处的大脑半球（Young，et al.，1997）。

深度昏迷具有突发抑制的特性，因此脑电图显示的大脑活动电压一般不会高于 2 毫伏。如果患者脑电图非活跃时间大于 6 小时，且体温未降，则提示患者前脑死亡，但无法证明患者脑死亡，因为脑电图不能显示脑干的电活动（Posner & Plum，2007），极少数病例中发现永久性植物状态患者也可能存在不活跃的脑电图（Brenner，2005）。此外，药物中毒也可能导致脑电图不活跃，但这种变化是可逆的。

如果不结合病因，只通过判读脑电信号无法单独做出预后判断。事实上，每种疾病中的脑电图表现并不特异。这里列举一些预后较差的病例，在心脏停搏病例中，周期性出现的常规波形提示预后较差。在缺氧或代谢性脑病后，持续几秒的异常抑制后如果没有出现突发波形，通常提示预后较差。不同原因导致的 α 昏迷或者 α-θ 昏迷也会有不同的预后。

（2）诱发电位

诱发电位虽然能够客观地评估患者的感受和认知功能，但是未经处理的感觉，运动以及认知活动相关的脑电信号是不可用的，主要原因是信号的信噪比较低。所以为了获得准确的结果，刺激任务必须重复多次。听觉诱发电位绝大多数由耳机播放的声音诱发，体感诱发电位主要刺激正中神经诱发（靠近腕部）。而通过闪光诱发视觉诱发电位并不常见，因为闪光并不能保证每次都能诱发出视觉相关电位，即使在正常人中亦是如此。为了准确地测量诱发电位，脑电图的分析时间必须临近刺激，且每段分析时间必须相同，和刺激同步来记录脑部特定部位的活动。在数据处理时，我们需要对所有分析时间内的数据进行叠加平均处理，以便保留相同时间点的刺激产生的信号，同时去除杂乱的噪声。这个过程中产生的正负脑电信号通常叫做"成分"，这些"成分"代表大脑对刺激产生的反应。

感觉刺激诱发的"成分"随着时间变化，包含大脑处理外界刺激和从外周接受刺激并传输到相关高级皮层的过程。我们通常把和刺激的物理特性相关的快速反应"成分"定义为"外源"性成分，它代表神经细胞向初级皮层投射刺激时产生的电活动，而把刺激诱发的精神活动以及觉知水平相关的电信号定义为慢反应"成分"，又称作"内源"性成分，代表的是皮层下、皮层及其相关区域的神经活动。

刺激正中神经可以诱发体感诱发电位，它反映的是臂丛神经及其传导至初级体感皮层的电活动（Guérit，2005）。如果昏迷患者双侧的 N20 缺失，那么提示患者恢复意识的概率极低（99% ~ 100% 无法恢复）（Amantini, et al., 2005；Fischer, et al., 2006；Lew, et al., 2003；Robinson, Micklesen, Tirschwell & Lew, 2003）。脑干诱发电位对研究听觉信号从听神经和神经节的传导很有帮助，它们在刺激实施后 10ms 内出现，该电位的缺失提示严重脑损伤（无外周听觉损伤）患者的预后较差（de Sousa，et al.，2007；Haupt，Pawlik & Thiel，2006），但它的预测价值低于 N20。

外源成分的缺失同样提示患者预后较差（Laureys，Perrin，Schnakers，Boly & Majerus，2005），出现这种现象（双侧外源成分缺失）的多数是死亡或处于永久性植物状态的患者。但是，存在内源成分也并不表示患者预后较好，长期无恢复的患者也可能记录到清晰的内源成分。

使用认知诱发电位可以研究更高级大脑活动，因为昏迷患者无法控制双眼注视，到目前为止，这类研究多使用听觉任务。记录这些电位的最佳时间是患者注意力高度集中时，以便用最少的重复次数记录到最佳的信号，从而避免患者对刺激的适应。认知诱发电位通常研究 5 种成分，N100 是对刺激的反应，P3 和 MMN（mismatch negativity，失匹配负波）源自对新异刺激的反应，N400 和 P600 源自刺激的语意变化。

N100 是出现在刺激开始后 100ms 的负波，代表听觉通路对刺激的反应。这个成分可以出现在任何类型的听觉刺激中，提示患者的听觉皮层功能良好，但它对预后判断的价值一直存在争论（Fischer，Luauté，Adeleine & Morlet，2004；Glass，Sazbon & Groswasser，1998；Guérit，Verougstraete，Tourtchaninoff，Debatisse & Witdoeckt，1999；Mutschler，et al.，1996）。有研究表明，N100 对昏迷患者预后判断的价值明显低于 N20（Fischer，et al.，2006）。

在一系列单一声音刺激之后播放变声或者怪声，100～200ms 后就会产生 MMN。这种成分的振幅较低，所以需要重复刺激以便测量取均值。由于 MMN 的诱发并不需要参与者集中注意力，它代表的是大脑正在接受单一声音时，突然出现的刺耳怪声所引起的自发反应。以往昏迷患者的 MMN 数据表明，它存判断预后的价值，而且不需要考虑病因。事实上，91%～93% 的 MMN 缺失病例中患者无恢复，类似 N20，这种成分的预测价值高于体感诱发电位或 N100（Fischer，et al.，2006；Lew，et al.，2003）。

科乔贝（Kotchoubey）（2005）证明34%的最小意识状态患者和65%的植物状态患者存在MMN成分。然而，最近威宁（Wijnen）等人（2007）发现，在十个参与研究的植物状态患者中，具有更高振幅的患者最后恢复到了最小意识状态。

P3是被试对一连串大概率刺激中的小概率刺激产生的正向波。对听觉电位来说，P3出现在刺激后300ms，而视觉刺激引出的P3则出现在500～600ms后。在脑损伤患者中，它的出现频率不高（Granovsky，Sprecher，Hemli & Yarnitsky，1998；Münte & Heinze，1994）。MMN和P3是类似刺激引出的大脑不同反应，它们的产生需要刺激之间存在不同的时间间隔。MMN源于时间间隔较小的两个刺激，如果刺激之间的间隔大于2秒，MMN消失。MMN主要源自颞叶前部和额叶，P3则源自额－顶网络的神经活动（Pegado，et al.，2010）。P3常常伴随认知过程，比N100和MMN成分复杂，多出现在分类、做决策或者工作记忆等认知过程中。简单的声音就可以有效地诱发MMN或者P3，复杂的刺激也可以引出P3。若刺激含有情感因素，则诱发的P3振幅会增大，如被试自己的名字可能比普通声音更容易引出P3（Perrin，et al.，2006；Schnakers，Perrin，et al.，2008）。处于急性期的最小意识状态患者如果出现MMN或者P3，那么可以作为患者拥有良好预后的指示，但不能作为区分植物状态和最小意识状态的指标（Fischer，Dailler & Morlet，2008；Fischer，Luaute & Morlet，2010；Kotchoubey，2005；Vanhaudenhuyse，Laureys & Perrin，2008）。从行为角度来讲，这两种状态的区分依赖患者对命令的反应。因此，主动范式下的诱发电位用于判断患者的意识水平，这需要患者积极的配合，和被动接受听觉刺激不同。在以往研究中，主动范式下（即患者需要计数听到的自己姓名的次数），几位最小意识状态患者的P3的振幅明显大于被动地听自己的姓名时的振幅，而植物状态患者主动和被动听自己名字时的P3振幅没有区别（Schnakers，Perrin，et al.，2008）。

N400是被试在听到某个词语后400ms出现的负向波，刺激范式中该词语的叙述和整个刺激的一般叙述不一致（语义上或者语音上）。需要注意的是，类似的刺激还会产生P600，它是出现在600ms后的正向波。注意力不集中的正常人也会出现这种波，类似于 MMN 和 P3，它们可能是自发产生的（Vanhaudenhuyse, et al., 2008）。

诱发电位是对患者行为学研究的补充，它可以应用在许多方面，例如可以用外源性成分来评估患者的初级感觉功能，用认知成分来研究大脑的高级功能，后者常使用被动范式和主动范式。如果患者可以配合主动范式执行命令，就可以利用 BCI 来构建与患者的交流。

（3）定量脑电图

脑电图的定量研究需要使用算法提取复杂的信息，这些信息在普通的处理中无法显示。例如，计算每个电极的功率谱密度可以评估电极之间的连接水平，或者计算麻醉患者的信号复杂程度能显示患者的意识水平。脑电图还可以从几分钟的记录中，提取 1 秒到几秒的时间窗，计算出每个时间窗的不同参数，然后取平均获得全局值。除此之外，大量的脑电图数据让统计工具的使用成为可能，以此为基础来评估患者的诊断和预后。

功率谱密度可以通过对提取出的感兴趣窗口进行快速傅立叶转换或者小波转换来计算，使用绝对功率（uV2）或者相关功率（%）来表示每个电极或者一小群电极与感兴趣区之间的关系。在昏迷患者中，功率谱密度的低频部分高于正常人，高频成分低于正常人。这些发现也可出现在脑电图的一般处理中（Lehembre, et al., 2012；Leoncarrion, Martinrodriguez, Damaslopez, Jm & Dominguezmorales, 2008）。

监测麻醉的工具现已用于严重脑损伤患者的意识水平评估，起初它们在临床上被用于判断麻醉深度，以防止患者在手术过程中觉醒，同时还可以通过控制麻醉深度来节省麻醉药物，加快患者术后的清醒。这些方法简单易用，易于解释。举例来说，脑电双频指数（bispectral index）是一种从 0 到 100 的无单位指标，通过时间和频率参数联合计算获得（Johansen & Sebel, 2000；Noirhomme, et al., 2009）。睡眠时，脑电双频指数值渐渐下降（Noirhomme, et al., 2009）。在意识障碍病例中，植物状态患者的脑电双频指数值低于最小意识状态患者，但是

248

在个体水平，脑电双频指数无法作为区分植物状态和最小意识状态患者的指标（Schnakers，Ledoux，et al.，2008）。脑电图谱熵亦会出现类似的结果。

脑电图同样可以帮助定量脑区间的连接水平（Pereda，Quiroga & Bhattacharya，2005），这种连接在意识障碍患者中通常被破坏（Laureys，2005）。计算两个电极之间的连接水平可以间接测量出两个脑区间的连接水平，这种参数有助于诊断和预后判断。正确解释这种测量的结果，必须考虑到两种固有的限制，容积传导（volume conduction）和参考选择的问题。事实上，使用参考电极的方法存在一定限制，所以在连接研究中，电极的使用推荐双极装配法。与此类似，随着脑脊液和骨骼的电流弥散，不同的电极会记录到冗余信息，会导致出现非正常连接，谱的相关等效性也会受这些缺陷的影响。对一位右侧大脑半球损伤的植物状态患者进行研究，发现右侧大脑的功能连接减少，但是连接的降低无法通过谱功率测量来显示（Laureys，2005）。在最小意识状态患者中，我们也观察到连接连贯性降低的问题（Pollonini，et al.，2010；Schiff，2007；Stam，2005）。过去的 10 年里，容积传导方面还进行了另外的研究，与新方法结合后显示连接水平下降（Fischer，et al.，2010；Pollonini，et al.，2010）。

脑电图还可以进行源重建，用来指示电信号产生"源头"，但是这些方法依赖于近似的大脑结构，核心的近似法会按照三个同轴球体来模拟出大脑，而更好的近似法会使用磁共振成像（magnetic resonance imaging）的图像来建立实际的大脑模型。所有在头皮水平计算出的参数，都可以在源水平计算出，这种计算能提供更好的空间分辨率和三维视角。但这种方法需要三十二个的电极。

（4）脑机接口

脑机接口是一种无须通过周围神经和肌肉便可辅助人与外界交流的控制系统，它通过颅内或颅外电极采集脑电信号，并将这些信号经计算机的处理转换成支配外界装置（如轮椅、电视、电脑等）的信号。基于脑电的脑机接口常用的脑电成分有 P300，感觉运动节律（sensorimotor rhythms）或慢皮层电位（slow cortical potentials）。

P300 在脑机接口中应用最广，其中视觉 P300 的研究又居多数。脑机接口中使用 P300 的优点是，同一刺激界面可容纳高达三十六个不同的刺激指令。唐钦等人（2000）等设计的一种视觉脑机接口的刺激界面是由 6×6 字母组成的矩阵，行和列按随机顺序被一一点亮。被试要将注意力集中于所要拼写的字母，当该字母每被点亮一次，被试便产生一个 P300 反应。正常被试可用该装置每分钟拼写约八个字母，准确率达 80%。在一项研究中，6 例肌萎缩性侧索硬化症（amyotrophic laternal sclerosis）患者中有 5 例患者能使用该装置，其中的 4 例每天都使用该装置与外界交流（Nijboer，et al., 2008）。该范式经调整后也可用于听觉通道（如盲人），即将字母分配到 5×5 的矩阵中，行和列都编号，被试在听到包含所选字母的行或列的编号时产生 P300 反应。但该范式下的听觉脑机接口可操作性较视觉脑机接口低，并且需要被试注意力高度集中（Furdea，et al., 2009；Kubler，et al., 2009）。

　　另一种听觉脑机接口采用的是二选择交流范式（回答是或否）（Sellers & Donchin，2006）。在该范式中，被试听一个声音序列，该序列包含四个随机呈现的声音刺激（即是、否、停、走）。当被试回答问题时，必须将注意力集中于声音刺激序列中的"是"或"否"。采用该种听觉脑机接口，在正常被试中可观察到由答案（是或否）引起的稳定的 P300，在肌萎缩性侧索硬化症患者中也同样能观察到，只是后者稳定性较低（Sellers & Donchin，2006）。同时，该种脑机接口也被用于意识障碍患者的研究中，其目的是判断患者的意识是否存在。研究结果显示，该脑机接口范式在探测意识障碍患者意识方面是很有帮助的。用该范式对两例闭锁综合征患者评估后发现，其中一例患者能很好地使用脑机接口，另一例患者却不能，这表明若该脑机接口对患者的评估结果为阴性，也不能就此断定患者意识丧失（Lulé，et al., 2012）。除此之外，基于 P300 的其他脑机接口也已开发出来，如可辅助肌萎缩性侧索硬化症和闭锁综合征患者进行绘画的脑机接口（Munssinger，et al., 2010）。

　　脑机接口采用的另一种脑电成分是感觉运动节律或称 mu 节律。感觉运动节律的频率为 8～15Hz，在静息状态下的初级感觉运动皮层最明显（Wolpaw，Birbaumer，McFarland，Pfurtscheller & Vaughan，2002），通常伴随一个 18～26Hz

的 beta 活动。当人的一侧肢体在运动准备或执行或大脑想象一侧肢体运动时，大脑对侧运动皮层的该节律会降低（去同步化），而在运动执行后或静息状态时，该节律的频率会增高（同步化）（Pfurtscheller & Lopes da Silva，1999）。因此，人不需要真正做出运动而只靠运动想象即可控制该节律的变化。克鲁斯（Cruse）等人（2011）将感觉运动节律运用到了意识障碍患者中，研究结果显示，16 例植物状态患者中有 3 例能对指令（想象握紧右手和想象移动所有脚趾）做出反应。

慢皮层电位是皮层产生的最慢的电位，也可用于脑机接口中。当皮层活动增强时，产生负向慢皮层电位，而正向的慢皮层电位与皮层活动的抑制有关（Birbaumer，1997）。基于慢皮层电位的脑机接口也可用来辅助肌萎缩性侧索硬化症患者与外界进行交流。在训练一段时间之后，肌萎缩性侧索硬化症患者能通过增加或降低他们的脑活动来选择目标字母进而拼写单词（Kubler，et al.，1999）。

综上所述，脑电图可以对大脑活动进行多种客观的测量，从而为患者意识水平的判断提供信息。然而，目前我们仍然无法在个体水平通过某个参数得出准确的诊断和预后的判断。将来，联合使用高时间分辨率的脑电图和高空间分辨率的功能磁共振成像来研究意识障碍将是一个巨大的机遇和挑战。同时，基于脑电的脑机接口技术在意识障碍患者的交流方面显示了良好的应用前景，这值得更进一步的研究探索。

2.2 神经影像学

（1）影像技术

基础磁共振成像技术：磁共振成像技术提高了我们对大脑中与觉醒和觉知相关的结构的理解，这些结构包括脑桥后上部的网状结构、大脑脚、丘脑、下丘脑、额叶前部以及楔叶（Kampfl，et al.，1998；Matsumura，Meguro & Narushima，2000；Salazar，et al.，1986；Tomlinson，1970；Uzan，et al.，2003）。对脑损伤（外伤和卒中，它们是意识障碍的主要病因）的了解，可以帮助临床医生选择合适的磁共振成像序列。外伤会导致大脑的挫伤和弥漫性轴索损伤，其中挫伤（通常位于颞叶和额叶）多是由脑实质和颅骨之间的碰撞造成的，而弥漫性轴索损伤多由大脑急剧变化的加速－减速状态所致，多分布于脑实质中密度异同的两个区域之间，例如近皮质或室周的白质、胼胝体、基底节和脑干（中脑和脑桥）。这些损伤可能是出血性或缺血性的，而不同的原因会导致不同的预后。脑卒中所致的缺氧损伤通常会伴随细胞水肿，这些损伤会自主修复或者导致组织坏死和出血（Ichise，et al.，1994）。

对昏迷后恢复的患者进行磁共振成像检查，选择正确的时间是很重要。磁共振成像检查容易发现可逆性的脑内损伤，如水肿，但是次级损伤很容易被忽略（如，患者全脑性的退化或者颅内高血压），这些损伤恰恰对大脑的功能恢复具有重要影响（Huisman，et al.，2004；Marino，et al.，2007；Ross，et al.，2010）。另外，晚期的磁共振成像检查能发现病变的最终变化以及脑组织的萎缩程度（Trivedi，et al.，2007；Weiss，Galanaud，Carpentier，Naccache & Puybasset，2007），但是这种检查对患者的治疗和预后判断价值不大。最理想的磁共振成像检查时间是在大脑水肿消失后的第三周。

三维 T1 序列能估计大脑的萎缩程度，而且还可以作为功能像激活位置的解剖参考。磁共振成像液体衰减反转序列常用来诊断缺血性损伤、挫伤以及弥漫性轴索（非出血性）损伤。这些损伤利用体层密度测量法是不能被发现的，而磁共振成像液体衰减反转序列可以对体层密度测量正常却存在意识障碍的患者做出解释。弥漫性轴索出血性损伤可以利用 T2 序列来诊断，T2 序列还可以发现低张量损伤，这取决于含铁血黄素的含量。形态学的 T2 序列检查所发现的这两种损伤的数目和患者的长期预后直接相关（Carpentier，et al.，2006；Yanagawa，et al.，2000）。但是如果双侧的脑干存在损伤，这种预测的效力将大大降低。因此，采用新的技术如磁共振波谱（magnetic resonance spectrum）和弥散张量成像（diffusion tensor imaging）是很有必要的。

磁共振波谱成像：与传统的依赖组织内水信号来成像的磁共振成像相比，磁共振波谱成像可以提供组织分子代谢信号。活体内用于磁共振波谱成像的原子主要有氢（^{1}H）、磷（^{31}P）、碳（^{13}C）、钠（^{23}Na，^{39}K）和氟（^{19}F）。

质子波谱成像常应用于昏迷后意识障碍患者，一般使用 1.5T 或 3.0T 磁共振，这种非侵入性的检查能定量测量与脑功能相关的几种分子的代谢情况。但是追踪这些分子仍然十分困难，因为它们散在分布，很难从广泛分布的水分子中区分出。不过依靠去除组织水抑制的技术使得采集有效的数据成为可能。除此之外，实质细胞厚度的异同需要我们使用 1cm³ 或者 2cm³ 体素做局灶性的检查。活体上的磁共振波谱检查，采用水信号抑制和 135ms 或者 270ms 的回波时间来追踪 4 种分子的代谢：（1）胆碱（Choline，Cho），百万分之三点二的出现概率是细胞膜合成和分解代谢的指标，白质中的分布多于灰质。它的出现率增高提示细胞增殖，多见于炎症和脱髓鞘。（2）肌酸（Creatine，Cr），出现概率为百万分之三，是需氧代谢的可靠指标。（3）N–乙酰天门冬氨酸（N-acetylaspartate，NAA），出现概率为百万分之二，多出现在神经元的细胞质以及轴索中，它在白质和灰质中均匀分布。部分研究表明这种代谢是大脑在进行可逆性变化的重要指标（Friedman，et al.，1999）。在所有出现神经元和轴索损伤的疾病中，它的含量都会降低，例如，神经元变性、脑卒中、外伤性脑损伤和胶质瘤等疾病，所以它是神经元和轴索是否完整的一个指标（Baslow，et al.，2003；Moffett，Ross，Arun，Madhavarao & Namboodiri，2007）。定量患者的脑损伤程度是目前磁共振波谱最重要的应用之一。（4）乳酸（Lactate，Lac）出现概率为百万分之一点三，是厌氧代谢的指标，但是很难检测到。在缺氧、缺血和严重外伤性脑损伤时，它的含量提高。

对昏迷后患者的研究需要使用到两种磁共振波谱序列，包括单体素质子磁共振波谱，它主要用于检测脑桥的后上部层面，因为这个部位包含维持觉醒的网状结构。除此之外，脑桥通常发生弥散性轴索损伤，这在磁共振成像液体衰减反转和 T2 序列中难以发现，短暂脑疝引起的继发性损伤也常出现于脑桥。多体素质子磁共振波谱主要用于检测基底节层面，可以检测到与觉醒和觉知相关的解剖结构的分子代谢情况，例如，丘脑、豆状核、额叶中部和枕叶室周白质。获得这些分子代谢定量结果的难易程度主要取决于某种代谢分子占所有代谢分子的比例或者是占其他稳定代谢物的比例。肌酸可以作为计算 NAA/Cr 或者 Cho/Cr 的参考，最近的一篇综述归纳了几个利用磁共振波谱对脑损伤患者预后进行判断的研究（Tshibanda, et al., 2009；Xiong, Zhu & Zhang, 2014），它进一步验证了崔（Choe）等人（1995）的初始研究，NAA/Cr 的比率下降提示外伤性脑损伤患者存在轴索损伤，这可以作为这类患者康复的代谢相关指标。通常情况下，NAA/Cr 等于或大于 1.5，NAA/NAA+Cho+Cr 等于 0.4。

在外伤性脑损伤中，NAA/Cr 比率的下降提示预后较差（Cecil, et al., 1998），在损伤发生后的几个小时内，这个比率下降最快，在 48 小时内达到最低点。这项指标约持续到伤后一个月，所以在大脑水肿程度减轻的伤后第三周进行磁共振成像检查是可行的。然而，这项指标在伤后六周到一年之间会有很大的波动，在这段时间里，一些研究者观察到 NAA/Cr 比率稳定下降（Garnett, et al., 2000；Holshouser, et al., 2006），但也有研究人员发现变化是双相的（升高／降低）。此外，使用肌酸作为计算 NAA 和 Cho 含量的可靠指标带来一个问题，就是肌酸浓度的稳定性。事实上，外伤性脑损伤中的肌酸含量并不稳定，有些研究表明，肌酸的浓度在低代谢的情况下升高，高代谢的情况下降低（Wood, et al., 2003）。

磁共振波谱还可以帮助建立预测严重脑损伤患者预后的功能性指标，跟踪 NAA/Cr 比率可以为临床做出预后判断提供参考，比率下降意味着不良的预后。

弥散张量成像：弥散张量成像是一种可以研究活体组织微观结构的磁共振成像技术，主要研究的是水分子的弥散。这种弥散在均匀分布没有限制的环境中是随机分布的，例如，在脑脊液中。限制的等方向弥散出现在水分子各个方向的运动都受到限制的情况下，限制的非等方向的弥散发生在某些方向上不存在对它们运动的限制的情况下，造成水分子速度和方向上的不同。轴索是白质内存在非均质扩散的主因，水分子的扩散因为受到轴索的限制而呈现轨道样的运行轨迹，被限制在同一根轴索中。因此，通过轴索的解剖连接的变化来研究认知功能的缺失是可行的。

弥散张量成像可以测量各向异性分数（fractional anisotrophy），水分子不受限运动时，这个参数的值为零，在运动受限时增大。所以，我们可以通过此方法获得由色彩渲染的白质的分布图，观察轴索的方向，弥散张量成像目前是唯一可以提供轴索分布图的成像技术。在意识障碍病例中，它可以测量脑桥后部、大脑脚、内外囊、室周白质的各向异性分数，轴索的破坏会导致各向异性分数的减小，这种利用 T2 和磁共振成像液体衰减反转序列进行的非侵入性检查可以提供关于轴索分布的参考指标（Huisman，Sorensen，Hergan，Gonzalez & Schaefer，1900）。帕尔巴格 Perlbarg 等人（2009）的研究发现一组外伤性脑损伤患者的大脑脚、内囊和胼胝体部的各向异性分数值降低，之后的跟踪显示这类患者预后较差。在调查外伤患者一年后的恢复情况后，托拉德（Tollard）等人（2009）发现患者部分脑区的各向异性分数值下降。通过联合波谱检查，它对预后判断的特异性达到了95%，与单独进行波谱（75%）、弥散张量成像（85%）相比，特异性明显增高。这些研究无不表明，各向异性分数是一种追踪白质损伤的可靠生物学指标。

正电子发射断层扫描（positron emission tomography）：正电子发射断层扫描技术可以检测意识障碍患者的脑部代谢活动强度和脑功能损伤程度，从侧面评估患者的觉知水平。与磁共振成像技术相比，正电子发射断层扫描的检测信息更加客观，但是昂贵的检查费用、较低的空间分辨率以及放射性损伤限制了它的应用。急性期的植物状态患者和正常人对比时，他们的大脑代谢水平明显下降。而闭锁综合征患者的代谢水平接近正常人，最小意识状态患者的代谢水平高于植物状态患者，接近正常人水平（Laureys，et al.，2010）。最小意识状态患者在进行听觉任务时，对比情绪性声音和噪声之间的差别发现，前者的代谢水平明显高于后者，而且这类患者在受到疼痛刺激时，正电子发射断层扫描显示他们的脑激活和正常人类似（Boly，et al.，2008；Laureys，et al.，2004）。在患者的预后判断中，联合结构的损伤和代谢强度的变化可以提供较为可靠的证据，但是这种结论还需要更多的研究来支持。

（2）神经功能影像研究模式的变化

被动模式神经功能影像：许多脑功能研究的文章都是利用外界给予的感觉刺激来引发严重脑损伤患者的对外界刺激的反应，我们进行这些任务时，需要患者处于觉醒状态，尽量避免头动。德容（De Jong）等人（1997）完成了一个对外伤后两个月、正处于植物状态的 16 岁男孩的正电子发射断层扫描研究，他们发现当男孩的妈妈在给他讲故事时（与没有文字意义的声音相比），他的前扣带回、右侧颞叶中部、右运动前区有激活，作者认为这个激活也许是大脑皮层对声音或演讲等外界刺激做出的情感活动。同样，在给植物状态患者听一段文字后，欧文（Owen）等人（2002）利用正电子发射断层扫描检测到患者的双侧高级听觉皮层的激活。洛雷（Laureys）等人（2000）通过正电子发射断层扫描检测到，尽管植物状态患者静息状态下的脑部代谢率只有正常人的 40% ～ 60%，在给予他们滴答声刺激时，患者两侧初级听觉皮层区都出现与正常被试类似的激活。他们还发现在利用正电子发射断层扫描对 15 位植物状态患者进行扫描时，与静息状态相比，使用直流电刺激正中神经（产生痛觉），每位患者的初级感觉皮层都出现大面积激活，但前扣带回、后顶叶、前额叶等感觉高级皮层未见激活（Laureys, et al., 2002）。博利（Boly）等人（2008）在此基础上利用功能磁共振成像对最小意识状态患者进行研究时发现，最小意识状态患者参与痛觉处理的脑区与正常人基本一致，并且激活面积明显大于植物状态患者。这也提醒我们把最小意识状态患者从植物状态患者中分离出来具有重要意义（Giacino, 2004）。吉亚奇诺等人（2006）利用正电子发射断层扫描检查发现，在对 5 位植物状态患者进行闪光刺激时，与黑暗状态相比，患者双侧视觉初级皮层出现激活，其他视觉加工高级皮层未见激活。狄等人（2007）在对 7 位植物状态和 4 位最小意识状态患者的功能磁共振成像研究中，患者在听到亲人唤名时，与静息状态相比，2 位植物状态患者各脑区均未发现激活，3 位植物状态患者的激活仅限于初级听觉皮层，而剩余 2 位植物状态和 4 位最小意识状态患者不仅初级听觉皮层存在激活，高级听觉皮层也存在激活。有趣的是，这两位植物状态患者在检查后的三个月都脱离植物状态进入最小意识状态。科尔曼（Coleman）等人（2007）为了研究严重脑损伤患者对语言的加工功能的脑区分布，设计了一个利用功能磁共振成像的多层次的听觉实验，在进行实验的 7 位植物状态、5 位最小意识状态和 2 位脱离最小意识状态患者中，2 位脱离最小意识状态的患者可以完成的三个层次的所有任务，其他患者只能完成部分或不能完成任何任务。值得注意的是，其中 3 位植物状态患者被证实在一定程度上存在语言理解能力。纵观以上这些任务我们发现，植物状态患者的初级感觉功能大多得以保存，但是与相关高级皮层的功能连接存在障碍，从而难以对外界刺激产生意识反应，但与之相比，最小意识状态患者虽然不能与外界建立有效稳定的交流，他们的确存在一定程度上对外界环境和自我的觉知，所以对各种刺激任务的反应比植物状态患者要好（Bernat，2006；Di，Boly，Weng，Ledoux & Laureys，2008）。但是我们所认为的植物状态患者可能只是行为表现上符合诊断植物状态的标准，这存在一定比例的假阴性。相反，在植物状态患者中，利用神经功能影像发现隐藏的认知能力具有更重要的意义（Nachev & Hacker，2010）。所以，我们需要更深入地研究不同状态患者的神经功能影像，证明其应用于临床的潜在价值。虽然通过与正常人的激活模式进行对比，推论出意识障碍患者存在一定程度的觉知，对临床诊断提供了很大的帮助，但显然这些研究在证据力度上并不强，所以我们需要一种逻辑上更有利于验证患者意识水平的实验，而以下所介绍的主动模式的神经功能影像似乎正在向这个方向迈进。

主动模式神经功能影像：最小意识状态评判标准的提出对神经功能影像研究也具有重要意义。这类患者表现出不稳定的但可辨别意识存在的证据，包括对命令的执行、言语表达、视觉追踪等（Schnakers，et al.，2009）。对简单命令的执行作为检测者判断患者是否处于最小意识状态的重要标准之一，其难度上较其他标准来说要低，也更容易设计成实验范式来验证临床行为诊断的准确性，甚至发现临床漏诊的患者。当然，能完成命令执行任务的患者不一定就只是最小意识状态患者，他们的认知水平有可能高于最小意识状态（脱离最小意识状态、闭锁综合征等）。针对以上所述，欧文等人2006年发表的文章无疑具有里程碑意义，作者利用功能磁共振成像研究一位因车祸造成严重大脑损伤、被临床诊断处于植物状态的女性患者，任务进行时，口令提示患者执行运动想象（打网球）和空间想象任务（在家中散步），实验结束后的数据处理显示患者脑区出现与正常人一致的激活，作者从而得出患者存在对任务的注意和执行，证明其存在一定程度的意识，并不是处于临床诊断的所谓植物状态（Owen & Coleman，2008）。有学者认为作者做出的患者存在对任务的理解和执行的结论并不可靠，有可能是提示语中的某个单词触发患者的自发反应，与意识并不相关（Nachev & Husain，2007）。但毋庸置疑的是，作者为严重脑损伤患者认知功能的研究指出了新的方向。随后，博利等人（2007）通过在正常人中筛选各种想象任务，发现运动想象和空间想象任务具有稳定而独特的皮层激活模式，适用于单个被试，完全可以用于严重脑损伤并伴有交流障碍的患者，它可以为此类患者存在意识提供有力证据。蒙蒂（Monti）等人（2009）在对一位最小意识状态患者研究时发现，在用耳机向这位患者播放一系列单词时，让患者完成对目标单词进行朗读次数统计的任务，功能磁共振成像数据处理后发现，这位患者的任务相关的激活脑区与正常人类似，显然，患者执行了作者的命令。之后，他们又进行了另外一项功能磁共振成像研究，结果发现 54 位（23 植物状态、31 最小意识状态）严重脑损伤患者在进行想象任务时（空间想象和运动想象），只有 5 位患者可以顺利完成，令人惊奇的是，这 5 位患者都处于植物状态。在此基础上，他们通过患者两种想象任务激活脑区空间分布的异同设计了一个交流任务，让患者通过两种想象任务完成对其过往生活中简单问题的回答（你爸爸是亚历山大吗？如果是，请想象打网球；如果不是，请想象在家中散步），有 1 位患者能回答六个问题中的五个，这已经能更有力地证明患者并不是单纯的处于植物状态，而是存在一定的任务执行和交流能力（Monti，Vanhaudenhuyse，et al.，2010）。

到目前为止，功能磁共振成像是唯一一种可辅助被诊断为植物状态的患者与外界进行准确交流的技术。最近也开发出了一些更复杂的方法，通过这些方法，正常被试能进行更复杂的交流。举个例子，正常被试能使用最近开发的功能磁共振成像技术实时地拼写单词。当拼写字母的时候，被试必须在特定的时间点激活特定的脑区并使激活持续一定的时间。不同的想象任务、任务开始的时间和持续时间之间的排列组合构成了二十七个特定的脑部激活反应，可对应二十六个字母和一个空格键，自动编码程序可通过实时分析单试次功能磁共振成像反应编译出被试的回答，正确率达 82%。

在正常被试中，基于脑活动的交流方法的潜力是毋庸置疑的。然而，这些方法在无行为反应的患者中的适用性还不是很清楚。最近，巴丁（Bardin）等人（2011）设计了一个多层次的主动模式的实验，与前人研究的主要区别是，他们入组患者的意识水平都较高（5位最小意识状态、1位闭锁综合征）。在进行运动想象任务（患者最喜欢的运动）后发现，只有3位患者可以按照命令提示完成规定的想象任务，在这些可以完成想象任务的患者中再进行第二步的双向选择任务（你喜欢在家中吃饭还是出去吃，在家中吃请想象游泳，出去吃则不要进行任何想象）。之后是第三步多项选择任务，让患者抽取一张扑克牌花牌（J，Q，K，A），记住它的大小和花色（♠ ♥ ♦ ♣），进行功能磁共振成像扫描时，依次播放询问患者选择的牌的大小和花色的提示语，如果和扫描前的选择的一致，就进行运动想象，否则不想象。最后发现，没有患者可以顺利完成后两步的交流任务，而且患者的任务相关脑区激活与正常人之间的差别很大，令人疑惑的是，这些患者的临床行为表现都较好，这就出现了临床行为表现和功能磁共振成像激活分离的现象。这个研究设计的目的也包括对功能磁共振成像在严重脑损伤者中使用的可行性进行验证，显然结果并不让人满意，这也提示我们在这类患者中使用神经功能影像手段还需要更多的基础研究和技术改进。

2.3 基于理论研究的意识检测技术

卡萨利（Casali）等人（2013）最近设计了一个新的实验性检测指标——扰动复杂度指数（perturbational complexity index），该指标可以用数字的形式量化有意识和无意识状态下个体对经颅磁刺激诱发脑电的反应。扰动复杂度指数可估算脑激活的信息量和整合情况。该研究结果显示，扰动复杂度指数可显著地将不同个体和不同条件下的意识和无意识区分开来，在健康觉醒的被试、最小意识状态、脱离最小意识状态和闭锁综合征患者中，以及快速眼动睡眠时，扰动复杂度指数值是高的（大于0.31）；在植物状态患者中，以及非快速眼动睡眠和全麻下，扰动复杂度指数值偏低（小于0.31）。扰动复杂度指数也可以在个体水平上将植物状态患者与意识恢复的患者（即最小意识状态、脱离最小意识状态和闭锁综合征患者）明确区分开来。不过该研究结果还需大样本研究来进一步证实。同时该研究也开启了基于理论研究的意识检测工具的开发，预示着其良好的应用前景。

　　综上所述，任何医学技术的发展最后都是为了服务于临床，而对于作为研究人脑功能重要工具的脑电图、功能磁共振成像和正电子发射断层扫描来说也不例外，而且最近的一些发现的确为其走向临床应用提供铺垫。到目前为止，行为检查仍然是判断严重脑损伤患者意识水平的黄金标准，神经功能影像和电生理技术无法作为独立的诊断手段投入临床应用，但作为辅助检查，其在诊断及预后判断方面显得越来越重要，尤其是在行为上被诊断为植物状态患者中的应用有重大意义。在这些客观检测技术的研究中，设计方法大致可分为被动模式和主动模式。被动模式多用来判断患者的预后。相比之下，主动模式则能更客观反映被检测者的意识水平。但令人遗憾的是，它的可操作性很低，对被检测患者的要求很高。所以，我们认为，对主动模式的神经功能影像范式的修改势在必行，更简单更易操作的范式应当被挑选出来，而这无疑也需要临床上对行为研究的进一步深入，对患者更仔细地分类。另外，基于理论研究的意识检测工具的开发也已展开，显示出了较大的临床应用潜力。综上，临床行为评估联合客观检测工具将会使临床误诊率大大下降，也必将使这类患者的治疗、预后和伦理法律等方面的困境有所改观。

三、意识障碍患者的预后

　　评估意识障碍患者的预后不仅对患者本身有益，而且对他们的家庭和照护人员也同样重要。这些患者的家庭需要面对患者由脑损伤所致的认知、运动、交流和情感障碍，医务人员则需要每天评估患者各种治疗的效果并考虑做出可能的终结生命的决定。患者的恢复可以从三个层面来考虑：存活 / 死亡、意识恢复（最小意识状态）和功能性恢复（脱离最小意识状态）。意识障碍患者的死亡率与以下几个因素相关：（1）格拉斯哥量表运动项评分小于或等于 2 分；（2）瞳孔对光反射和 / 或角膜反射缺失；（3）癫痫持续状态；（4）等电位脑电图（"平坦"脑电图）；

（5）体感诱发电位（N20）缺失；（6）血清神经元特异性烯醇化酶（neuron-specific enolase）浓度增高（Kirsch, et al., 2008）。

临床并发症如低血压、体温过高、高血糖、感染或长期机械通气也会降低患者的生存概率（Jennett, Teasdale, Braakman, Minderhoud & Knill-Jones, 1976; Sazbon & Groswasser, 1990）。在重症监护室和康复科中，患者最常见的死亡原因为尿路和肺部感染、心力衰竭、恶病质、猝死和器官衰竭（Higashi, et al., 1977; Multi-Society Task Force on PVS, 1994）。在急性期后，一旦患者的身体状况已经稳定，医务人员就应该对患者潜在的恢复能力进行评估。患者可能会显示出意识恢复或功能性恢复的迹象。意识是否恢复的判定依据为，患者对自身或周围环境能做出有意识的反应（对口头和/或书面要求做出不稳定的随意性反应，视觉追踪，对特定环境的情感反应等）（Giacino et al., 2002）。功能性恢复的特点为，患者的一些能力（如功能性交流、功能性使用物件的能力、学习和执行新任务的能力，以及参与个人、专业或文娱活动的能力）部分或全部恢复（脱离最小意识状态）。意识恢复可不伴随功能性恢复。那些能够恢复的植物状态患者通常先经历最小意识状态（部分意识恢复），然后可能会脱离最小意识状态而表现出功能性恢复，这种恢复会伴或不伴有生理、心理或神经心理障碍（Giacino et al., 2002）。

一些研究试图量化意识障碍患者的死亡率和恢复程度。尽管这些研究为我们提供了一些有价值的信息，但也存在诸多局限，也出于以下原因而不能指导医务工作者和患者家庭对患者做出治疗决策：（1）大多数研究只针对植物状态患者，而只有少部分是对最小意识状态患者的研究；（2）大多数研究是在最小意识状态患者诊断标准制定之前所做，把植物状态和最小意识状态等同视之，没有区分，显然这并不合理；（3）患者的入组标准欠明确；（4）这些研究的样本量有限，所得结论不能普遍推广。

比利时公共卫生联邦署（Belgian Federal Ministry of Public Health）曾启动了一项有关意识障碍患者医疗意见的计划，他们收集了15所神经康复中心大量意识障碍患者的病史、临床和流行病学数据。这些数据提高了我们对意识障碍患者的认识。一般采用修订版昏迷恢复量表（Giacino Kalmar & Whyte，2004）来评估脑损伤后一、三、六和十二个月的患者，从而确定他们的意识状态并做出可靠的诊断。患者的预后从上面提及的三个层面来考虑：存活／死亡、意识恢复（最小意识状态）、功能性恢复（脱离最小意识状态）。一些研究已将意识恢复和功能性恢复明确区分，昏迷科学研究组（Coma Science Group）的研究便是其中之一（Bruno, Gosseries, Vanhaudenhuyse, Chatelle & Laureys，2010）。这一区分使我们能够明确患者所处的状态：

（1）脑损伤后一年转为最小意识状态的慢性期植物状态患者（部分意识恢复）；（2）经历最小意识状态后脱离最小意识状态的植物状态患者（功能性恢复）；（3）本身为最小意识状态患者（受伤后一月）一年后脱离者（功能性恢复）。昏迷科学研究组的研究入组200名患者，脑损伤后一月诊断为植物状态的患者116名、最小意识状态患者84名。植物状态患者中52名为外伤性（交通意外、工作意外、高处坠落、遭受暴力等），64名为非外伤性（缺氧、中风、中毒、感染、脑肿瘤等）。最小意识状态患者中外伤者35名，非外伤者49名。对比以前的研究，该团队的研究有一些提高之处：（1）患者样本量大；（2）对患者进行了标准化的诊断；（3）用病因（外伤和非外伤）作为调节系数对植物状态和最小意识状态患者的预后进行了区分。

1. 死亡率

研究显示，脑外伤植物状态患者一年后的死亡率为42%（Bruno, et al., 2010）。该结果与以前研究显示的死亡率30% ～ 50% 一致（Braakman, Jennett & Minderhoud, 1988；Multi-Society Task Force on PVS, 1994；Sazbon & Groswasser, 1991）。Bricolo 及其同事于1980年对135名脑损伤后至少两周且处于"无反应状态"的患者做了研究，结果是患者一年后死亡率为30%（Bricolo, Turazzi & Feriotti, 1980）。布拉克曼（Braakman）和其同事（1988）跟踪观察了140例脑外伤植物状态患者，得出一年后死亡率为51%。持续性植物状态多学科工作组（1994）研究了434例脑外伤植物状态患者，报告了一年后的死亡率为33%。

关于非外伤植物状态患者一年后的死亡率，以前的研究显示为50% ～ 70%。Levy 及其同事于1978 年报告的非外伤患者一年后死亡率为70%（n=25）（Levy，Knill-Jones & Plum，1978），这与昏迷科学研究组的观察结果（死亡率为70%，n = 64）一致。持续性植物状态多学科工作组（1994），埃斯特拉尼奥（Estraneo）及其同事（2010）、萨兹本（Sazbon）及其同事（1991）报告的死亡率分别为53%（n=169）、43%（n=32）和46%（n=100）。这些观察数据各不相同，可能是由患者数量有限和入组标准各异造成的（Estraneo，et al., 2010；Levy，et al., 1978）。这些研究也表明，非外伤植物状态患者比外伤性患者的死亡率更高（Estraneo, et al., 2010；Higashi, et al., 1981；Higashi, et al., 1977；Luaute, et al., 2010；Multi-Society Task Force on PVS，1994；Sazbon & Groswasser，1990；Sazbon, Zagreba, Ronen，Solzi & Costeff，1993）。

迄今为止，关于最小意识状态患者死亡率的研究很少，而且这些研究中的大多数又有一定的局限性。事实上，由于这些研究的患者数量有限，而且缺乏有关患者病因方面的资料，使得所得结论无法推广。2005 年，拉米（Lammi）和其同事对18 例外伤性最小意识状态患者进行研究，结果显示脑损伤一年后死亡率为10%（Lammi，Smith，Tate & Taylor，2005）。在吉亚奇诺等人（1997）的研究中，非外伤性最小意识状态患者（n = 10）死亡率为20%，外伤性最小意识状态患者（n = 30）无死亡。最近卢奥特（Luauté）及其合作者（2010）的一项研究显示，最小意识状态患者的死亡率为36%，然而该研究并没有将患者（n = 36）按病因分类。昏迷科学研究组的研究显示，外伤性最小意识状态患者（n = 35）的死亡率为23%，非外伤患者（n = 49）为33%。以上这些对最小意识状态患者的研究拓展了我们对意识障碍预后方面的认识，而这类患者按外伤和非外伤分类后死亡率的不同与以前植物状态或最小意识状态的研究结果一致（Giacino，et al., 1997；Multi-Society Task Force on PVS，1994）。

2. 意识恢复和功能性恢复

2.1 植物状态患者

对于植物状态患者，意识恢复和功能性恢复可以被看作是同一类别。我们将使用通用的词"恢复"。文献中报告的外伤性植物状态患者的恢复率为 40～60%。昏迷科学研究组的研究发现，植物状态患者脑损伤后一年的恢复率为 37%（n = 52）（Bruno et al., 2010）。布拉克曼及其同事（1988）（n = 140）、埃斯特拉尼奥及其同事（2010）（n = 18）的研究结果与其一致，分别为 36% 和 44%。萨兹本及其同事（1993）的结果为 51%（n = 55），持续性植物状态多学科工作组（1994）的结果为 52%（n = 434），吉亚奇诺等人（1997）的结果为 56%（n = 30），杜布罗亚（Dubroja）及其同事（1995）的为 58%（n = 19），还有布里科洛及其同事（1980）的观察结果为 62%（n = 135）。以上数据的不同可能是由于患者入组标准和各研究人员对"恢复"的定义不同。

关于植物状态患者的意识恢复（植物状态患者转为最小意识状态患者），昏迷科学研究组的研究结果为，外伤性患者 14%（n=52），非外伤患者为 8%（n=64）恢复了意识（Bruno et al., 2010）。该结果与埃斯特拉尼奥及其同事（2010）对 18 例外伤性植物状态患者、32 例非外伤性植物状态患者 2 年的追踪结果一致。后者报告的意识恢复率为外伤性患者 17%，非外伤性患者为 7%。关于植物状态患者的功能性恢复（患者脱离最小意识状态），以往的研究之间很难进行比较，因为这些研究使用的功能性恢复评估标准和 / 或量表不同。一些研究用的是格拉斯哥结局量表（Glasgow Outcome Scale）（Rappaport, Hall, Hopkins, Belleza & Cope, 1982），而另一些研究用的则是残疾评定量表（Disability Rating Scale）（Danze, et al., 1994）。格拉斯哥结局量表包含五个等级：5 分项为恢复良好（患者可自理，伴或不伴神经缺损症状）；4 分项为中度残疾（患者可自理，伴中度神经和 / 或智力障碍）；3 分项为重度残疾（患者有意识，但日常活动需要照顾）；2 分项为植物状态；1 分项为死亡。残疾评定量表是用来评估患者功能状态的。最高分 30 分为患者死亡，25～29 分为极度植物状态患者，22～24 分为植物状态患者，17～21 分为极重度伤残，12～16分为重度伤残，7～11分为中到重度伤残，4～6分为中度伤残，2～3分为部分或轻度伤残，0分为无伤残。需要注意的是，以上两个量表可能会将最小意识状态患者和脱离最小意识状态的患者归到同一等级中，这两类患者可能会得到相同的格拉斯哥结局量表的3分和残疾评定量表的17～21分。这意味着拥有不同水平功能性恢复的患者将会得到同样的评分且被划归为同一类别。这明显增加了量化、解释和推广使用这些量表所得结果的难度。

在昏迷科学研究组的研究中，外伤性植物状态患者功能性恢复率——脑损伤后一年脱离最小意识状态——为23%（Bruno，et al.，2010）。一项来自布里科洛和其合作者（1980）对外伤性植物状态患者的研究显示，外伤后一年重度残疾者为31%，中度恢复者为18%，恢复良好者占13%（n = 135）。布拉克曼及其同事（1988）报告的数据为，伤后一年重度残疾为26%，中度或完全恢复（即患者可以自理）占10%（n = 140）。丹泽（Danze）及其同事（1994）报告的522例患者中，14%的患者恢复了认知和运动能力并能生活自理。吉亚奇诺等人（1997）报告的恢复率为30%（n = 30）。持续性植物状态多学科工作组（1994）报告的数据为，伤后一年重度残疾者占28%，中度残疾者占17%，恢复良好者占7%（n = 434）。尽管这些结果很难普遍化，但我们仍然可以估计外伤性植物状态患者的功能性恢复率为10%～30%。然而需要指出的是，能够生活自理的患者很少，为0%～14%。昏迷科学研究组的研究显示，非外伤植物状态患者伤后一年的功能性恢复率只有2%（Bruno et al.，2010）。同样，利维及其同事（1978）对25例患者的研究结果显示，没有患者能恢复到能够生活自理的状态。持续性植物状态多学科工作组（1994）报告了169例患者，3%为中度残疾，只有1%恢复良好。应该注意的是，植物状态患者以后（脑损伤后多于一年）恢复的可能性也存在，且多发生于外伤性患者当中（Childs & Mercer，1996；Groswasser & Sazbon，1990；Higashi，et al.，1977；Multi-Society Task Force on PVS，1994；Voss，et al.，2006）。

2.2 最小意识状态患者

昏迷科学研究组的研究显示外伤性最小意识状态患者脱离最小意识状态——

功能性恢复——的概率为 48%（Bruno et al., 2010）。吉亚奇诺等人（1997）使用残疾评定量表对 30 例最小意识状态患者的恢复水平进行了评估，结果为 23% 的患者部分或完全恢复，60% 的患者为轻到中度的恢复。格罗斯瓦瑟（Grosswasser）和萨兹本（1990）对 72 例最小意识状态（134 例患者中的一部分）患者进行了功能性恢复评估，结果为 49% 的患者能生活自理，19% 的患者能部分自理，32% 的患者仍需要他人照顾。关于患者恢复后的职业状况，7% 的患者找到了和脑损伤前类似的工作，49% 的患者受雇于福利工厂，40% 的患者不能重回工作。拉米及其同事（2005）的研究显示，18 例最小意识状态患者中 55% 有中到重度的残疾，15% 恢复良好或仅有轻度残疾。

关于非外伤性最小意识状态患者，昏迷科学研究组的研究显示了 26% 的功能性恢复率（Bruno et al., 2010）。还有一项研究也是关于非外伤性最小意识状态患者的功能性恢复率的，结果显示 50% 的患者有中到重度残疾，无恢复良好的患者（n = 10）。然而，该研究的患者数量太少，因而无法对结果做出解释。由上可知，在忽略病因后，最小意识状态患者的功能性恢复率比植物状态患者要高。事实上，有 23% 的外伤性植物状态患者和 48% 的最小意识状态患者在损伤后一年恢复了功能性交流和 / 或功能性使用物件的能力。

需要注意的是，一项包含了 72 例外伤性患者的研究显示，急性期无意识状态持续时间的长短会影响一年后的预后。六个月内没有脱离植物状态的患者比在此期间表现出意识迹象的患者程度更严重（Sazbon & Groswasser，2009）。

此外，也有研究证明了年龄因素之于患者预后的重要性。5 到 6 岁的儿童比成人有更好的预后（Ashwal，1994；Braakman, et al., 1988；Bruce, Schut, Bruno, Wood & Sutton, 1978；Higashi, et al., 1977；Johnston & Mellits, 1980；Multi-Society Task Force on PVS, 1994；Strauss, Shavelle & Ashwal, 1999）。大于 40 岁的患者比年轻患者的预后差（Groswasser & Sazbon, 1990；Levy, 1987；Multi-Society Task Force on PVS, 1994）。然而这些结果仍需要大样本的研究来进一步验证，并需要明确入组标准且更好地对恢复程度（最小意识状态或脱离最小

意识状态）做出区分。

综上研究数据表明，在忽略病因后，植物状态患者的死亡率高于最小意识状态患者。另外，非外伤性脑损伤患者死亡率高于外伤性患者。而患者的功能性恢复也有类似的情况。可以看到，无论病因如何，最小意识状态患者的功能性恢复比植物状态患者要好。同样的，外伤性患者比非外伤性患者有更好的功能性恢复（Bruno，et al., 2010）。

对意识障碍患者来说，从重症监护室到长期的康复机构，一个可靠的预后估计可有效指导对其的护理，外科、内科或者伦理决策也都将依靠这一信息。预后较好时，为患者建立高标准的治疗康复策略是理所应当的；而预后较差时，提供这些医疗措施可能就不会取得令人满意的效果。科学的进步使得人们能更好地了解植物状态和最小意识状态患者的死亡率和恢复，然而医疗工作者和家属在做伦理决策时应该慎之又慎。我们已经证明最小意识状态和植物状态的本质是不同的，最小意识状态患者的结局明显好于植物状态患者。另外，我们也知道脑损伤的病因会影响患者的预后，外伤性患者比非外伤性患者恢复功能性交流的可能性大。然而，我们仍需进一步的研究以更好地明确患者脱离最小意识状态后功能性恢复的特征，并更好地量化这些患者的认知障碍。

四、意识障碍的伦理问题

20世纪50年代机械通气的发明和60年代重症监护技术的发展使得大量重症患者能维持基本的生存功能并存活下来。尽管已取得如此的进步，但许多患者却遭受着意识障碍的折磨，这在以前是很罕见的，因为以前这些患者大都死于呼吸停止（Laureys & Boly, 2007）。第一个生物伦理委员会的创立反映了这些严重的无意识状态所带来的伦理影响，该委员会讨论了生命的重定义和治疗困难的概念。1968年，哈佛医学院特别委员会发表了一篇里程碑式的文章，将死亡重新定义为不可逆的昏迷和脑衰竭（Ad Hoc Committee of the Harvard Medical School to Examine the Definition of Brain Death，1968）。该委员会主要包括若干医生、一位神学家、一位律师和一位科学历史学家，这些人员参与了接下来的有关医学、法律和社会学的讨论。在此，我们将对与意识概念和意识障碍（如在重症监护室可以碰到的昏迷、植物状态和最小意识状态）患者医疗管理相关的伦理问题做一个简短的回顾，重点讨论患者的疼痛处理问题和撤除生命支持问题。

1. 临床管理的伦理问题

对事物产生混淆和争议的原因常常与我们如何定义它有关。意识就是这样一个复杂的词，它有很多分散的含义（Zeman，2006）。我们定义意识的方式很重要，因为它可能影响我们对意识障碍患者医疗管理的态度。例如，在一项针对医疗和辅助医疗专业人员的大范围调查（n = 1858）中，研究人员发现尽管大多数的健康照护人员不会将意识和脑加以区别，但仍有超过三分之一的医疗和辅助医疗专业人员把思想及脑看作是独立的实体。这种二元论观念会影响对意识本质科学问题的构建，也会影响意识障碍患者的临床管理和公众的接受度（Athena, et al., 2010）。这里我们采用这样一种观点：从临床的角度看，意识包含两个部分，觉醒和觉知（Posner & Plum，2007）。在此定义之下，很多不同的意识状态就被包含进来。最为人熟知的意识状态的改变是白天的觉醒到晚上的深度睡眠。我们睡得越沉，对外界和自身的觉知越少。其他的如处于昏迷和麻醉（即药物性昏迷）的患者是无觉知的，因为他们不能被唤醒，甚至是在疼痛刺激下也是如此。植物状态被定义为"有觉醒而无觉知"，这些患者能睁眼但不能表现出非反射性的随意运动（Jennett & Plum，1972）。最小意识状态患者能表现出一些意识迹象（如视觉追踪、疼痛定位或非系统性遵嘱行为），但不能传达他或她的想法和感受（Giacino, et al., 2002）。因为这些意识迹象常常不太明显而且时有波动，所以该状态很难被诊断并与植物状态区分（Schnakers, et al., 2009）。现在认为一旦发现不能交流的患者存在意识迹象，那么就有理由继续给予这些患者生命支持措施（Horne，2009；

Monti, Vanhaudenhuyse, et al., 2010; Owen & Coleman, 2008)。然而该做法的道德意义已引起质疑，因为维持一个严重残疾的生命可能并不总是最有利于患者的（Kahane & Savulescu, 2009）。

一个最具挑战性的问题是这些患者的疼痛感受。如莫斯奇（Merskey）（2012）"疼痛与痛苦是不愉快的体验，它们是在外周痛觉感受器和痛觉的外周及中枢的传入通路受刺激时产生的，或者它们也可能来源于人们自我感觉的深处"。因此疼痛是由躯体的（伤害感受）和心理的（痛苦）感受构成的一种意识体验，也就是说单独的伤害感受不足以引起疼痛。意识障碍患者的疼痛处理是困难的，因为植物状态或最小意识状态患者不能通过语言的或非语言的方式表达他们的感受和体验（Laureys & Boly, 2007），这将会影响临床医生如何看待这些患者的疼痛。有研究对健康照护专业人员做了调查，大多数的调查对象（96%）认为最小意识状态患者能感觉到疼痛，但是对植物状态患者能否感觉到疼痛却不太清楚（56%）（Demertzi, et al., 2009）。对意识障碍患者疼痛的认识不同可能会影响医生和照护人员对患者的疼痛的处理。近一半被调查的医生认为植物状态患者感觉不到疼痛，因此在患者的护理或在患者的人工水和营养撤除后的临终过程中，医生可能不会向这些患者提供止痛药物（Fins, 2006），因为他们认为患者的临终过程不会因饥饿或干渴而感到痛苦（Ahronheim & Gasner, 1990）。

医生应如何去判断植物状态或最小意识状态患者是否能感觉到疼痛呢？我们通常在患者床旁观察患者对疼痛的行为反应，但这样做是有局限性的。如果患者对疼痛刺激没表现出随意运动（即定位疼痛部位），这可能会被认为是他们没有体验到疼痛。意识清醒而躯体瘫痪的"闭锁综合征"患者是不会运动的，也不会表现出去大脑强直（即刻板性伸直）或去皮层强直（即刻板性屈曲），证明疼痛刺激不一定会导致行为上的反应。在受到疼痛刺激时，意识障碍患者常常会唤醒度增加（眼睛睁开或睁大，呼吸心跳加快，血压升高，扮鬼脸样或哭叫行为）。由于所有这些反应也会在先天无脑畸形的婴儿中观察到（Welch, 1990），所以它们被认为是皮层下起源的反应，而未必是有意识的疼痛感受的反应。然而，这些行为的缺失并不能作为意识体验丧失的证据（Mcquillen，1991），仅仅根据行为反应做出患者感受到疼痛或痛苦的推断是有误导性的。运用标准化的工具如最近开发的"痛感昏迷量表"（nociception coma scale）经有经验的检测者对疼痛的行为表现进行反复的临床检查、评估是很有必要的。另外，影像学研究可以帮助构建一幅清晰的临床图片。例如，一项正电子发射断层扫描研究显示，植物状态患者的大脑会对疼痛刺激进行处理（初级体感区域激活），但激活的区域是孤立的，未与高级相关脑区相连，而这些高级脑区被认为是有意识地感受疼痛所必需的（Laureys，et al.，2002）。需要指出的是，与植物状态患者相比，功能影像学研究发现最小意识状态患者的结果很不一样，其脑部激活区域非常广泛，和正常对照相似，这就提示这些患者可能有潜在疼痛感受（Boly，et al.，2008）。由于植物状态患者不完全的疼痛感受，诊断上存在的误诊风险，意识障碍患者所用药物作用的不确定性和影像学结果解释的局限性（Poldrack，2008），所以疼痛的预防和药物治疗被提议用于所有的意识障碍患者（Schnakers & Zasler，2007）。

在重症监护室中，医生和辅助人员每天都要面对很多重要的临床决策，如继续或撤除生命支持治疗。在患者接受医疗干预前或后，限制患者治疗的决策是不同的（Bernat，2004）。若为干预前，则决策可能为，放弃为心跳呼吸骤停的患者做心肺复苏（cardiopulmonary resuscitation）；若为干预后，则临床决策通常为，撤除治疗如人工呼吸或人工营养和水（artificial nutrition and hydration）。作为一种急救措施，心肺复苏总是机械地重复以恢复患者停止的心跳和呼吸，除非患者或其法定代理人事先做出拒绝复苏（do-not-resuscitate order）的声明。然而，需要注意的是，拒绝复苏声明并不一定阻止其他治疗，它们只是赋予了医生进行这种特殊治疗的权力（Youngner，1987）。当患者的临床状况已经稳定且预示不能逆转时，限制患者的人工营养和水的决策可能会被考虑。从生物伦理的角度看，撤除人工营养和水和撤除机械通气一样，虽然它们可能在情感体验上会不一样。在重症监护室中，大多数患者的死亡是因为其治疗被终止或撤除（Laureys，2005）。这样的决策是询证的且是根据已被验证的临床或亚临床的不良结局指标确立的（Boveroux, et al., 2008）。尽管人工营养和水是否属于医学治疗（Cochrane & Truog, 2006）且是否应该从患者身上撤除（Rosner, 1993）的争论一直存在，但大多数医学团体（尤其是 Anglo-Saxon）同意将人工营养和水看作是一种医学治疗，且患者和其决策代理人可以拒绝接受该治疗（Steinbrook & Lo, 1988）。在植物状态患者中，仅当患者的状况被认为是不可逆时，撤除人工营养和水的决定才是合理的（Working Party of the Royal College of Physicians, 2003）。目前，关于植物状态的指南（定义了植物状态的最终结局）认为，非外伤性 3 月内或外伤性 12 月内意识未恢复者可被认为是永久性植物状态患者（Merskey, 2012）。

有关意识障碍患者生命终止问题的争论在最近的一项欧洲调查中有所反映（n = 2475），大多数的照护专业人员（66%）同意将慢性植物状态患者的治疗撤除，而仅有 28% 的调查对象认为这种做法对慢性最小意识状态患者也适用。大部分的临床医生认为，如果他们自己处在慢性植物状态的情况下，他们希望自己不再活下去（82%），而有 67% 的医生认为如果自己是处于慢性最小意识状态，那么也不希望自己再存活（Demertzi, et al., 2011）。这些数据之间的差异可由地理分布和宗教信仰等因素的影响来解释（Demertzi, et al., 2011）。人们对这两类患者态度的不同可能是由于最小意识状态法律上的模糊性，这种模糊性影响了被调查者对自己和他人的不同偏好，或许他们认为他人可以实施安乐死。

临床医生对脑死亡的观点很不相同（Bernat, 2005）。如上文提到的，由于重症监护技术的发展，患者经历重伤后重要器官的功能可以得到维持，所以哈佛医学院特别委员会对死亡进行了重新定义。因为心跳、呼吸功能和脑功能可以是分离的，所以这反过来要求死亡的定义需从心跳、呼吸停止转到神经中枢方面来（即不可逆性昏迷）。根据后者，死亡可以被看作是全脑的死亡、脑干死亡（Bernat, 2008）或者新皮质的死亡（Brierley, Graham, Adams & Simpsom, 1971）。前两种定义是指整个脑机能不可逆性停止，不同于从解剖结构上得出的推断，而最后一种定义是指意识和社会交流能力不可逆性丧失，但该定义从来都没能使医学和法律学者信服。介绍脑死亡的主要用途是可以为移植获得重要的器官，前提是不能突破伦理限制，如死亡捐赠法（dead donor rule）（即在撤除基本生命支持，前患者必须被宣告死亡）。然而，按死亡的新皮质定义，植物状态和最小意识状态患者都可以被宣告死亡。争论的地方在于，新皮质定义在概念上是不充分的，实践中也不可行，尤其缺乏对高级意识机制的全面了解。因此，意识障碍患者并没有死亡（Laureys，2005），且选择这些患者作为器官供体的做法应被禁止，因为它违反了死亡捐赠法——尽管反对观点放弃了这种伦理原则（Truog & Robinson，2003）。

2. 意识障碍的法律问题

意识障碍患者的管理需要法律权威的仲裁以规范一些模糊而有争议的问题，如终止生命决策。当终止生命的愿望作为遗嘱未事先拟定时（即有行为能力者对自己未来无行为能力时做出的提前书面声明，以表明自己对治疗的选择和代理人的委托），代理决策者有资格承担起患者的临床管理的责任。法定代理人代表患者的方式依具体情况而定。首先，代理人应当尽可能遵照患者伤前口头或书面的愿望。其次，当患者的愿望不可知且遗嘱不可获得时，代理人应尽量根据患者的历史和个人价值观做出决策。最后，当上述方式都不可能时，决策应尽量客观以使患者的利益最大化（如恢复的可能性、疼痛的处理、对家庭的影响）（Bernat，2004；2008）。代理决策者应根据有益无害原则尽可能遵从患者的决定并保护他们的利益（即患者恢复的可能性极低，而继续治疗可能对患者无益时才放弃治疗）。

遗嘱在一定程度上可调节意识障碍患者临终时的治疗。一旦临终患者的意愿被知晓，医务人员可采取一些措施以限制这些患者的特殊治疗并节约可用资源给其他急需的患者。然而，并没有这样的理论阐述能满足现实和遗嘱的需求，临终关怀和减少无用照护也无助于临终经济方面的有效调节（Emanuel & Emanuel，2016）。尽管医生想使患者得到善终，但医疗资源并非没有限制，有时医生只能做一些力所能及的事。意识障碍患者的医疗资源分配和临终经济问题还没有被充分地研究。在重症监护室中，一些不成文的规定可以决定谁应该被治疗，像"先来"原则或"谁最可能从重症监护中受益"（Jennett，1976）。然而，对慢性意识障碍患者来说，资源分配的信息常常是缺乏的。这可能由慢性植物状态或最小意识状态患者的性质所致。这些严重脑损伤患者的治疗困境十分严峻，或者因为患者状况太差，治疗无效，或者因为患者的生活质量太低，这些都可能导致不明智的资源分配。

各个国家关于意识障碍患者生命终止问题的法律都不一样。在美国，采用的是以患者为中心的医疗框架，患者被允许参与自己的医疗规划。对于意识障碍患者，其法定代理人与临床工作者合作，并遵从患者先前的意愿，共同解决不可逆昏迷患者的长期治疗问题。然而，这些决策常常会引起利益冲突，或者是家庭和医生之间的冲突，如昆兰（Quinlan）案例（Beresford，2010），或者是家庭成员之间的冲突，如刚过去不久的斯基亚沃（Schiavo）案例（Quill，2005）。这些案例常常需要法庭的仲裁，它们常引起广泛的社会关注，而公众的观点也会参与进来并可能发起诸如维护生命权（pro-life）和死亡权（right-to-die）的运动（Wijdicks，2014）。在欧洲，人们对限制治疗的看法有些许不同，尤其是在北欧（更偏向维护死亡权）和南欧国家（更偏向维护生命权）之间（Demertzi, et al., 2011）。总之，限制治疗的决策应该在参考法院的仲裁后才能决定。而像荷兰、比利时、瑞士和斯堪的纳维亚这些国家对意识障碍患者限制治疗并不需要经过法庭（Monti，Laureys & Owen，2010）。

综上，有关意识障碍患者的研究和管理的伦理问题是各种各样的。人们对这些问题不同的思考构成了医疗、法律和公共争论的一部分，大多数情况下，这些争论都因国家而异。因此，在临床结局、预后和医疗管理方面，我们需要一个统一的伦理框架来指导医生和护理人员的日常工作。

五、意识障碍患者的治疗

1. 外周感觉促醒

意识障碍状态患者长期卧床，处在相对孤立的治疗环境，与正常的社会生活相隔离，无法获得常人应有的日常感觉输入，在某种程度上造成了感觉剥夺（Oh & Seo，2003）。由于认识到外周感觉刺激可能具有防止患者长时间感觉剥夺和加速患者认知功能恢复的作用，一些学者进行了感觉刺激对意识障碍患者的促醒疗效的研究（Ansell & Keenan，1989；Cope，1995；Laureys, et al., 2004；Mackay, Bernstein, Chapman, Morgan & Milazzo，1992）。

外周感觉刺激（sensory stimulation）包括视觉、听觉、触觉、嗅觉、味觉和本体感觉等通道的刺激输入，希望通过刺激不同的感觉通道，来解除患者的感觉剥夺，激活网状激动系统，增加大脑皮层的活动（Davis & White，1995；Gerber，2005）。

感觉刺激基本分为多通道刺激（所有听觉、视觉、嗅觉、触觉、味觉、本体感觉等通道）和单通道刺激两种。在治疗时间问题上，有学者认为，对于病情稳定的患者，每次治疗时间可长达 45～90 分钟。而索斯诺夫斯基（Sosnowski）和乌斯蒂克（Ustik）（1994）认为治疗时间若在 15～30 分钟就可能使患者太累而对感觉刺激失去反应，因此他们建议的治疗时间是 10～15 分钟。而欧（Oh）和赛欧（2003）（Oh & Seo，2003）实施感觉刺激采用中断时间序列法，每天 2 次，每周 5 天，感觉刺激干预周期为一个月，为了避免适应性以及确保观察到实施感觉刺激后的效果，在第一次实施感觉刺激干预后，插入了一个月的观察期。德贝纳法霍（Urbenjaphol）等人（2009）的感觉刺激治疗时间为 30 分钟，每次治疗间隔时间为 2 小时，持续治疗 14 天。

隆巴尔迪（Lombardi）等人（2002）（Lombardi, Taricco, De, Telaro & Liberati, 2002）系统地回顾了随机对照临床试验和非随机对照的临床试验，没有一项能提供关于昏迷或者植物状态患者的外周感觉刺激促醒效果的有力证据。欧和赛欧（2003）将外周感觉刺激应用于 7 名持续性植物状态患者中，该研究使用单一实验组中断时间序列法。治疗 2 周后，患者的意识水平有明显好转，并且持续稳定地改善了 3～4 周。当终止治疗 2 周后，患者的意识水平开始下降并持续到第 2 次治疗开始。再次治疗 2 周后，患者的意识水平又开始好转并持续到治疗结束。上述外周感觉刺激的实施与格拉斯哥量表的追踪评分之间达到了显著相关。德贝纳法霍等（2009）将40例格拉斯哥量表为3～8分的患者随机分为实验组和对照组，刺激实施通过5种通道，包括触觉、味觉、嗅觉、听觉和视觉，刺激后患者反应的评价使用SMART和格拉斯哥量表。结果表明，实施外周感觉刺激之后，实验组患者的SMART和和格拉斯哥量表平均分均显著高于对照组。该作者认为，外周感觉刺激能促进外伤性脑损伤患者的脑功能恢复。

从上述两项结果来看，外伤后脑损伤患者早期康复阶段的自然转归的影响还不能完全排除。由于存在脑损伤部位以及潜在的病理机制的多样性，要想选择完全类似的研究对象分组进行比较在方法学上是很困难的。尽管如此，我们还是可以改进其他方面来增加研究的可靠性，如选择更敏感的行为意识量表工具；采用中断序列刺激法（ABAB）实施自身对照；设计严密的双盲评估措施来分析结果；在实施感觉刺激期间，控制可能会造成感觉剥夺的背景噪音，保证房间环境的安静，避免患者产生适应；刺激呈现时语速放慢，确保患者能够理解刺激任务；实施过程中，使用精密设计个性化的感觉刺激方法；对参与的成员严格培训，鼓励患者亲属及护工等人的参与，以期最大限度地提高脑损伤患者的认知功能和行为能力；重视慢性期患者的研究；多中心联合开展感觉刺激促醒研究。

2. 药物治疗

有关意识障碍的实验研究和病例报告显示，用药物治疗这类患者的效果并不令人满意。一些药物通过作用于中枢神经系统各种通路促进意识障碍患者的意识恢复。人的感官知觉由复杂的神经网络控制，该网络包括网状结构－丘脑胆碱能投射系统、丘脑－皮层和网状结构－皮层谷氨酸能投射系统。连接这些网络的白质受损可能会影响意识和认知，包括多巴胺类在内的一些药物可作用于这个神经网络从而促进意识的恢复。下面总结了最近有关药物促进意识障碍患者意识恢复方面的知识，并讨论了这些药物促进觉醒和意识恢复的可能机制。另外，文中也讨论了一些探索性的和回顾性的研究，包含零星的有关意识恢复的个案报道。其中涉及的药物包括金刚烷胺、左旋多巴、溴隐亭、阿扑吗啡、哌甲酯、唑吡坦、巴氯芬、曲舍林、阿米替林、地昔帕明和拉莫三嗪。

金刚烷胺（amantadine）

金刚烷胺是一种多巴胺能药物，最开始用于治疗帕金森病。因为它的抗病毒作用，金刚烷胺也被用来治疗流感。在突触前和突触后水平，它能增加纹状体中多巴胺的效能，促进多巴胺的释放并延缓其再摄取，如此增加了突触多巴胺浓度。在突触后水平，金刚烷胺能增加多巴胺能受体的数量（Zafonte，Lexell & Cullen，2001），它也是剂量依赖性天冬氨酸受体激动剂。

一些服用金刚烷胺的重症脑外伤患者预后良好。例如，一项回顾性研究显示，在 74 例被诊断为植物状态的急性脑外伤患者中，当他们离开重症监护室时，接受过金刚烷胺治疗的患者（n = 41）的格拉斯哥量表评分高于未接受该药物治疗的患者（Born，1988；Saniova，Drobny，Kneslova & Minarik，2004）。治疗组的死亡率（6%）也低于非治疗组（51%）（Saniova, et al., 2004）。另一项 35 例患者的研究显示，处于严重脑外伤急性期的患者在接受超过 6 周的金刚烷胺治疗后，其行为评分（微小精神状态检测，Mini-Mental State Examination，MMSE）（Folstein，Robins & Helzer，1993）、格拉斯哥结局量表评分（Jennett & Bond，1975）和残疾评定量表评分（Rappaport, et al., 1982）评分都有所提高。需要注意的是，这两项研究都是在患者的急性期做的，这可能存在自发恢复偏倚而干扰研究的所得结果。不过，自发恢复也可能发生于意识障碍患者病期的较晚时候。

扎方特（Zafonte）等（1998）报告了一例头颅外伤后五个月被诊断为最小意识状态的患者，该患者对金刚烷胺有剂量依赖反应。治疗期间，患者恢复了他的交流能力且昏迷 / 近昏迷量表 [the Coma/Near Coma（CNC）scale]（Sandberg，2011）评分有所增加；当停止治疗时，该临床改善消失，而再次给予患者治疗时，患者又恢复了交流能力。施纳克斯等（2008）在一名缺氧后处于最小意识状态两年的患者身上也证明了金刚烷胺的作用。在用药之前，该患者仅仅有视觉追踪，用药后他能对命令做出回应，且修订版昏迷恢复量表评分也有增加。在对 30 例脑外伤后两个月到一年的患者进行评估后发现，金刚烷胺不仅能改善患者的意识水平，而且还能减少患者的疲劳、注意力分散和攻击性（Gualtieri，Chandler，Coons & Brown，1989）。在儿童群体中，一项针对 10 例严重脑外伤儿童的研究证实，在使用金刚烷胺和普拉克索（一种多巴胺激动剂）后，患者的行为量表（昏迷／近昏迷量表，残疾评定量表和 Western NeuroSensory Stimulation Profile－WSSNP；Ansell & Keenan，1989）评分有所增加（Patrick，et al.，2006）。然而，另外一项包含 123 例严重头颅外伤患者的研究发现，治疗组和非治疗组间患者意识恢复率无差异（Hughes，Colantonio，Santaguida & Paton，2005）。

到目前为止，所有讨论的这些研究仅使用行为量表来评估金刚烷胺的治疗作用。只有施纳克斯等（2008）运用正电子发射断层扫描做了相关研究并发现，在给予金刚烷胺治疗后，一位最小意识状态患者的额顶叶皮质和感觉运动区皮质的代谢率有所增加，而额顶叶皮层对于意识的出现是至关重要的。

左旋多巴（levodopa）

和金刚烷胺一样，左旋多巴是一种多巴胺能制剂，最初用于帕金森病的治疗。一位 24 岁头颅外伤男子被诊断为植物状态六个月后，经左旋多巴治疗后数天开始讲话，恢复十分明显（Haig & Ruess，1990）。需要注意的是，该研究中的患者未经过标准化的行为评估。像其他研究一样，该研究发表于 2002 年最小意识状态标准制定之前，所以最初的植物状态诊断可能不太准确。另一项研究中，经左旋多巴治疗后，5 例外伤性意识障碍患者的反应性有所增加，而最初使用该药的目的是治疗这些患者锥体外系症状（Matsuda，Komatsu，Yanaka & Matsumura，2005；Matsuda，Matsumura，Komatsu，Yanaka & Nose，2003）。在一项非对照非盲法研究中，8 例植物状态患者在经逐渐增量的左旋多巴治疗后恢复了意识迹象。所有患者在治疗的前两周可以对命令做出反应，其中 7 例（包括 2 例脑损伤后超过九个月的患者）可以进行功能性的互动（Krimchansky，Keren，Sazbon & Groswasser，2004）。

溴隐亭（bromocriptine）

溴隐亭是另一种多巴胺激动剂，主要用于治疗帕金森病。该药在意识障碍方面被研究的较少。它主要激动突触后多巴胺 D_2 受体。一项回顾性研究显示，经该药治疗后，患者从外伤后持续性植物状态转为最小意识状态的概率更高，治疗与结果有一定的相关性（Passler & Riggs，2001）。

阿扑吗啡（apomorphine）

阿扑吗啡是一种非选择性多巴胺能激动剂，可激动 D_1 和 D_2 受体，对后者作用更强。该药最初用于治疗帕金森病和勃起功能障碍，但后来发现其对一些严重脑损伤患者也有积极的作用。一例脑外伤后 104 天的最小意识状态患者在接受阿扑吗啡治疗一天后突然恢复了意识。他能按要求移动他的腿，并能回答是或否的问题，而这些以前都是不能的（Fridman, et al., 2009）。该患者恢复了完整的意识，甚至在停止治疗后也能维持明显的功能性恢复。如在这类患者中所预料的那样，弥散张量成像显示丘脑－皮层和皮层－丘脑投射有所恢复。在一项非对照研究中，8 例外伤性植物状态和最小意识状态患者经阿扑吗啡持续治疗后，除一例外，其他患者都出现了意识的恢复，且昏迷／近昏迷量表和残疾评定量表评分都有增加（Fridman, et al., 2010），甚至在停止治疗后，这些改善仍持续了至少一年。

哌甲酯（methylphenidate）

该药最初用于儿童注意缺陷多动障碍（attention deficit hyperactivity disorders），也用于治疗发作性睡病患者。它可以增加多巴胺和去甲肾上腺素的释放，该作用是通过阻断它们的再摄取和抑制单胺氧化酶实现的（Chew & Zafonte，2009）。

一项研究表明，在重症监护室中，严重外伤患者早期使用哌甲酯与缩短住院时间相关（Passler & Riggs，2001）。另外，对 22 例慢性严重脑损伤患者（外伤患者 17 例）的 meta 分析发现，在接受哌甲酯治疗后，患者对命令的反应率并没有临床改善（Martin & Whyte，2007）。

该药对恢复期急性或亚急性期患者的注意力方面有积极的作用。有研究显示，14 例脑外伤后出现注意力和记忆障碍的患者，在接受哌甲酯治疗后心境和警觉度都有主观上的改善（Gualtieri & Evans，1988）。其他的研究也表明哌甲酯对重度脑损伤患者的注意力和记忆力有同样积极的作用（Whyte，et al.，2004）。

另外，在一项非对照非盲法的前瞻性研究中，10 例儿童和青少年植物状态和最小意识状态患者接受多种多巴胺能药物（金刚烷胺、哌甲酯、溴隐亭、左旋多巴、普拉克索）联合治疗后，其对刺激的反应有所增加。

唑吡坦（zolpidem）

唑吡坦是一种咪唑并吡啶类药物，作用类似于抑制性 γ - 氨基丁酸（GABA）受体亚型 1 的激动剂。该药最初被推荐用于治疗失眠，有镇静、抗惊厥、抗焦虑和肌松作用。

一些研究报告了唑吡坦作为一种"促觉醒"药在植物状态和最小意识状态患者中的使用。该药偶尔会对严重脑损伤患者的意识水平产生明确而短暂的作用。唑吡坦的这个作用于 2000 年被第一次描述，是偶然被发现的。据说一位因头颅外伤而处于植物状态 3 年多的患者在该药治疗后 20 分钟开始说话，并与其家人进行交流（Whyte，et al.，2004）。克劳斯（Clauss）等（2006）报告了该药对 4 例外伤性和缺氧性脑损伤后 3 ～ 5 年处于植物状态的患者的明显作用。这些患者在服用单一剂量的唑吡坦（10mg）后不久就可以回答问题，可以说话并自己进食。而格拉斯哥量表评分（从 5 ～ 9 分增加到 10 ～ 15 分）和 认知障碍评定量表（Rancho Los Amigos）量表评分（从Ⅲ升到Ⅴ - Ⅶ）也有所改善（Dowling，1985）。在该药治疗后 4 小时患者的意识水平会返回到原来的状态，但再次给药后改善的状况又会出现。同样的现象在脑缺氧所致的最小意识状态患者中也被报道过（Brefel-Courbon，et al.，2007；Cohen & Duong，2008；Shames & Ring，2008）。

有一项研究调查了植物状态和最小意识状态患者的反应率（Cohen & Duong，2008）。该研究 15 例患者中，仅有 1 例从植物状态转为最小意识状态的患者表现出了明显的临床反应，其余 14 例患者没有表现出任何改善。因此唑吡坦治疗的反应率约为 7%。怀特（Whyte）等（2009）认为唑吡坦的作用因人而异，因为在对唑吡坦无反应的患者中并没有观察到改善的趋势。几个研究同样发现，在缺氧性脑病和严重脑外伤者中没有观察到改善情况（Lo，Tan，Ratnagopal，Chan &

Tan，2008；Singh，et al.，2008；Whyte & Myers，2009）。

一些研究将兴趣放在了阐明唑吡坦的作用机制上。单光子发射断层扫描显示，唑吡坦可增加外伤或缺氧后脑活动减弱区域的代谢率（Clauss & Nel，2006；Clauss, Guldenpfennig, Nel, Sathekge & Venkannagari，2000；Cohen, Chaaban & Habert，2004）。同样，运用正电子发射断层扫描对一例服用唑吡坦的最小意识状态患者的检查显示，神经心理方面的改善与额叶和后罗兰多区域（post-rolandic areas）脑代谢的增加相关。前扣带回和眶－额叶皮质也有激活，这些区域与动机加工过程有关。有研究者用细胞休眠机制来解释唑吡坦的作用，脑部特定的非特异性区域、邻近或远离受损的区域（如损伤同侧、损伤对侧的大脑半球或小脑）会因损伤而受到抑制。在服用唑吡坦后，这些受抑制的脑区会恢复其功能，从而意识也会恢复（Brefel-Courbon, et al.，2007；Clauss, et al.，2000；Clauss & Nel，2004；Cohen, et al.，2004；Hall, et al.，2010）。最近一项脑磁图研究也表明，唑吡坦减少了一例脑血管意外患者的病理性慢波的数量，而这些病理性慢波与脑组织的休眠有关（Hall, et al.，2010）。

唑吡坦可能通过调节皮层下连接从而与大脑的边缘系统相互作用，尤其是与苍白球的相互作用，后者可使丘脑－皮层活动恢复正常并使意识恢复（参看中央环路模型；Schiff，2010a）。从分子的角度看，靠近脑损伤部位的谷氨酸和 γ 氨基丁酸神经递质的水平发生改变。谷氨酸的释放可产生兴奋性毒性，并使抑制性 γ 氨基丁酸神经递质过量，使 γ 氨基丁酸受体长期过度敏感（Clauss, et al.，2000）。当抑制性神经递质与离子通道受体结合后，邻近脑区的代谢和血流下降，从而引起细胞休眠。而唑吡坦与休眠细胞的 γ 氨基丁酸受体结合后能逆转神经元的异常状态和代谢抑制。

巴氯酚（lioresal）

巴氯酚是一种 γ - 氨基丁酸受体激动剂，作用于脊髓后角，并主要用于治疗肌肉痉挛。痉挛是一种脑损伤后的常见症状，它可以限制意识障碍患者的随意运动。巴氯酚难以穿透血脑屏障，口服后起到较小的解痉作用。而直接在脑脊液中持续输注低剂量的巴氯酚能起到明显的作用。巴氯酚鞘内注射可有效拮抗意识障碍患者的肌痉挛及与之相关的疼痛，也可以控制患者持续的自主功能紊乱如心动过速、呼吸急促、发烧和呼吸困难，从而改善患者的生活质量。

在一些非对照病例研究中，有些使用巴氯酚治疗的植物状态患者恢复良好（Sarà, et al., 2007；Taira & Hori, 2007；Kawecki, Kwiatkowski, Grzegorzewski & Szlachta, 2007）。一个由于交通事故而致严重脑损伤的 8 岁儿童，在事故后两个半月开始使用巴氯酚治疗肌肉痉挛。治疗 3 天后，患者开始说话，可以回答口头请求，最后获得了良好的恢复。类似的是，一名因脑外伤而被诊断为植物状态的 18 岁男性，在事故后一个半月开始巴氯酚鞘内注射治疗。治疗 5 天后，他已经可以回答口头请求，后来同样恢复了运动和认知功能（Taira & Hori, 2007）。还有一个令人印象深刻的案例，一个 11 岁的小女孩在车祸后发生弥漫性轴索损伤，18 天后，她通过接受巴氯酚鞘内注射治疗，从肌肉痉挛、运动性和感觉性失语中恢复过来（Kawecki, et al., 2007）。然而需要注意的是，这 3 例患者脑损伤后时间较短，也有可能是自然恢复。

还有一项研究表明，5 例慢性期（伤后至少十九个月）植物状态患者经巴氯酚治疗 2 周后，除一例患者外，其他患者均表现出了稳定的临床改善，并维持了六个月。这些改善表现为从警觉性的增高到意识的恢复，与修订版昏迷恢复量表评分的变化相一致（Sarà, Pistoia, Mura, Onorati & Govoni, 2009）。另外，在一个病例研究中，接受巴氯酚鞘内注射治疗后，一名 44 岁的男性在非外伤性脑损伤（即动脉瘤破裂导致的蛛网膜下腔出血）十九个月后恢复了意识。尽管如此，该患者的日常活动仍然需要依靠他人（Sarà, et al., 2007）。

一些假设试图阐释巴氯酚在意识恢复中的作用。一些研究人员认为，巴氯酚对脊髓运动冲动的调节可能影响了皮层的反应（Sarà, et al., 2009）。巴氯酚可以改善脱髓鞘轴突的神经传导，也可能加快弥漫性轴索损伤的修复（Taira, 2009）。对睡眠觉醒周期的调节也可以看作是巴氯酚作用的一种机制（Sarà, et al., 2009）。但目前所有这些阐释都仅仅是假说。

5-羟色胺重摄取抑制剂

舍曲林是一种选择性 5-羟色胺重摄取抑制剂，用于治疗抑郁症。有报告称，急性期的脑损伤可使大脑 5-羟色胺增加，但慢性期时 5-羟色胺系统的调节功能有所下降。在一个前瞻性随机安慰剂对照研究中，经舍曲林治疗的 11 例严重脑损伤患者的意识水平并未改善（Meythaler，Depalma，Devivo，Guinrenfroe & Novack，2001）。而一项非对照非盲法研究显示，阿米替林和地昔帕明（三环类抗抑郁药，也可阻断 5-羟色胺的再摄取）促进了 3 例严重脑外伤患者的恢复（Reinhard，Whyte & Sandel，1996）。其中的两位患者尽管停止治疗后情况出现了恶化，但恢复治疗后改善状况又可以被观察到了，而第三位患者一年多后开始讲话。这其中的机制目前仍不清楚。

拉莫三嗪（lamotrigine）

拉莫三嗪是一种抗癫痫药物，曾用于治疗癫痫和双相障碍。通过抑制电压依赖性钠通道，它可以稳定神经元细胞膜并抑制兴奋性神经递质谷氨酸释放。它通过作用于钠离子通道来抗癫痫，而通过抑制谷氨酸的释放产生一种神经保护作用。有研究表明，拉莫三嗪对意识障碍患者的功能性恢复有一定的促进作用，表现为患者意识和认知功能恢复且出院时间提前，特别是已经脱离最小意识状态的患者（Showalter & Kimmel，2000）。

3. 药物治疗的可能机制

每种药物可作用于一条或几条特定的神经通路。金刚烷胺、左旋多巴、溴隐亭、哌甲酯和脱水吗啡主要作用于多巴胺能系统，唑吡坦和巴氯酚则主要影响 γ-氨基丁酸能系统（虽然分布于神经系统的不同部位），而舍曲林、阿米替林和去郁敏主要作用于 5-羟色胺系统。这些药物对意识障碍患者的康复有一定的积极作用，但其潜在的神经机制目前尚未完全了解。我们已经观察到，金刚烷胺和唑吡坦可增加脑活动减低区的代谢率（Clauss，2010；Schnakers，Hustinx, et al., 2008）。唑吡坦主要对边缘系统的 γ-氨基丁酸能系统起作用，而巴氯酚作用于脊髓并可辅助运动神经元的重建（Sarà, et al., 2009）。

最近提出的中央环路模型（The model of mesocircuit）试图解释各种药物在意识恢复中的作用机制（Schiff, 2010a, 2010b）。丘脑中央核（central thalamic nuclei）在意识的出现方面显得尤为重要。丘脑中央核接受来自脑干的上行投射，这些投射包含控制很多皮层和丘脑神经元活动的觉醒系统。丘脑中央核受脑干觉醒系统的胆碱能、5-羟色胺能和去甲肾上腺素能传入的支配，同时也受额顶叶皮层下行投射的支配。这些上行和下行的投射似乎共同调控着意识水平（Schiff, 2010b）。额顶叶皮层（以及其经由纹状体、苍白球和丘脑的皮层下调节）对于意识的出现也很重要，通常情况下，来自丘脑中央核的丘脑－皮层投射激活皮质和纹状体的神经元。这个水平的损伤会导致大脑代谢率的降低。纹状体神经元可抑制内侧苍白球的活动，但其需要强有力的基础突触活动以及高水平的多巴胺能神经支配来维持这些神经元的激活状态。没有纹状体到苍白球的投射（例如缺乏多巴胺能的神经支配），苍白球本身会抑制丘脑中央核，这将会反过来抑制皮层结构，最终导致严重的意识障碍。这个中央环路的紊乱会影响整个皮层－丘脑和额顶叶系统（Laureys & Schiff, 2012）。因此，多巴胺能药物可促进纹状体对苍白球的作用，从而调节额顶叶皮层神经元并修复皮层－皮层下环路。唑吡坦被认为可直接作用于苍白球并可将其抑制（该作用通常是由纹状体承担的），这也可使丘脑中央核的活动得以恢复，而谷氨酸能药物（如拉莫三嗪）则直接作用于丘脑中央核。

综上，目前没有强有力的证据支持或者否定药物在改善意识障碍患者意识水平方面的特殊作用。如上述讨论过的，一些小的没有对照组的病例报告或队列研究已经报告了这些药物的临床效果。事实上，在各种病因的（外伤性脑损伤、脑血管意外、缺氧等）植物状态或最小意识状态患者中，我们已观察到短暂或持久的改善。已报告的改善有觉醒度增加、部分意识恢复、运动、言语或交流能力恢复和认知功能完全恢复。一些药物似乎对意识障碍患者有益（如金刚烷胺、唑吡坦、巴氯芬），而另一些（如哌甲酯、拉莫三嗪）看起来可改善保留意识的脑损伤患者的注意力缺失障碍。这些作用持续时间长短不一，可由单一剂量药物（如唑吡坦）产生，也可由持续治疗（如金刚烷胺、巴氯芬、左旋多巴）而产生。

迄今为止，我们还没有多中心随机双盲安慰剂对照研究为不同病因、不同病程的特殊意识障碍患者（植物状态和最小意识状态）提供循证治疗指南。事实上，这些报告的数据都来自病例或队列研究，有其方法学上的局限性，也不能将治疗效果与自发转归区别开来。包含大量患者的研究尤其会受到意识障碍患者的极端异质性的影响，这些异质性包括脑损伤的部位、损伤与接受治疗的时间间隔、混杂药物的影响、并发症等。还有，研究之间也很难进行比较，因为它们所用方法、治疗持续时间、药物剂量、患者的基本特征和临床状态都不同。各种研究使用的测量工具和行为量表也不尽相同（如修订版昏迷恢复量表，残疾评定量表，格拉斯哥量表，昏迷/近昏迷量表，WSSNP），因此，临床评估的标准化看起来是必要的。这个领域最适用的量表是修正版昏迷恢复量表，它可以区分植物状态和最小意识状态患者。很明显，在得出某治疗对这些患者有效果的结论之前，进行多中心随机双盲安慰剂对照研究是必不可少的。

尽管目前提出了一些假说，如中央环路模型，但对严重脑损伤患者的恢复和残余神经功能的可塑性所基于的神经机制和涉及的神经递质仍需进一步的了解。运用神经影像或电生理方法来提供意识恢复的生物指标也是必不可少的，我们也需要更好地明确治疗的反应性指标（如基因标志物）。多药物或多种非药物干预的联合可能也大有裨益（尽管方法学上比较复杂），这样可以优化繁复高压的干预（基于数量和强度的治疗）。非药物干预如身体和认知的康复治疗还有感觉刺激治疗可作为意识障碍患者治疗计划中必要的辅助治疗。另外，深部脑刺激作为一种治疗方法已被应用到了一些经严格挑选的外伤性最小意识状态患者身上，但该方法仍在研究阶段，在作为临床常规之前仍需经过更多且更深入的研究（Schiff, et al., 2007）。

参考文献

d Hoc Committee of the Harvard Medical School to Examine the Definition of Brain Death. 1968. A definition of irreversible coma: report of the Ad Hoc Committee of the Harvard Medical School to Examine the Definition of Brain Death [J]. *JAMA,* *205*(6): 337—340.

Ahronheim, J., & Gasner, M.1990. The sloganism of starvation[J]. *Lancet,* 335(8684): 278—279.

Amantini, A., Grippo, A., Fossi, S., Cesaretti, C., Piccioli, A., Peris, A., Pinto, F. 2005. Prediction of 'awakening' and outcome in prolonged acute coma from severe traumatic brain injury: evidence for validity of short latency SEPs[J]. *Dkgest of the World Latest Medical Information,* 116(1): 229.

American Congress of Rehabilitation Medicine 1995. Recommendations for use of uniform nomenclature pertinent to patients with severe alterations in consciousness[J]. *Archives of Physical Medicine & Rehabilitation,* 76(2): 205— 209.

Amp, L. & Wilkins. 1995. Practice parameters for determining brain death in adults: (Summary statement)[J]. *Neurology,* 45(5).

Andrews, K. 1996. International Working Party on the Management of the Vegetative State: summary report[J]. *Brain Inj,* 10(11): 797—806.

Andrews, K., Murphy, L., Munday, R., & Littlewood, C. 1996. Misdiagnosis of the vegetative state: retrospective study in a rehabilitation unit[J]. *BMJ,* 313(7048): 13—16.

Ansell, B., & Keenan, J. 1989. The Western Neuro Sensory Stimulation Profile: a tool for assessing slow-to-recover head-injured patients[J]. *Arch Phys Med Rehabil,* 70(2): 104—108.

Ashwal, S. 1994. The Persistent Vegetative State in Children[J]. *Advances in Pediatrics,* 41(3): 195—222.

Athena, D., Charlene, L., Didier, L., Marie–Aurélie, B., Michael, S., Steven, L., & Adam, Z. 2010. Dualism persists in the science of mind[J]. *Ann N Y Acad Sci,* 1157(1):

1—9.

Avesani, R., Gambini, M., & Albertini, G. 2006. The vegetative state: a report of two cases with a long-term follow-up[J]. *Brain injury: [BI]*, 20(3): 333.

Bardin, J., Fins, J., Katz, D., Hersh, J., Heier, L., Tabelow, K., Voss, H. 2011. Dissociations between behavioural and functional magnetic resonance imaging-based evaluations of cognitive function after brain injury[J]. *Brain*, 134(Pt 3): 769—782.

Baslow, M., Suckow, R., Gaynor, K., Bhakoo, K., Marks, N., Saito, M., Berg, M. 2003. Brain damage results in down-regulation of N-acetylaspartate as a neuronal osmolyte[J]. *Neuromolecular Med*, 3(2): 95—103.

Beresford, H. 2010. The quinlan decision: Problems and legislative alternatives.[J] *Ann Neurol*, 2(1): 74—81.

Bernat, J. 2004. Ethical issues in the perioperative management of neurologic patients[J]. *Neurol Clin*, 22(2): 457—471.

Bernat, J. 2005. The concept and practice of brain death[J]. *Prog Brain Res*, 150(150): 369—379.

Bernat, J. 2006. Chronic disorders of consciousness[J]. *The Lancet*, 367(9517): 1181—1192.

Bernat, J. 2008. *Ethical issues in neurology*: Lippincott Williams & Wilkins.

Birbaumer, N. 1997. Slow cortical potentials: their origin, meaning and clinical use Tilburg[M]. The Netherlands: Tilburg Univ. Press, 25—29.

Boly, M., Coleman, M., Davis, M., Hampshire, A., Bor, D., Moonen, G., Owen, A. 2007. When thoughts become action: an fMRI paradigm to study volitional brain activity in non-communicative brain injured patients[J]. *Neuroimage*, 36(3): 979—992.

Boly, M., Faymonville, M., Schnakers, C., Peigneux, P., Lambermont, B., Phillips, C., Laureys, S. 2008. Perception of pain in the minimally conscious state with PET activation: an observational study[J]. *Lancet Neurol*, 7(11): 1013—1020.

Born, J. 1988. The Glasgow-Liège Scale. Prognostic value and evolution of motor response and brain stem reflexes after severe head injury[J]. *Acta Neurochir (Wien)*, 91(1—2): 1.

Boveroux, P., Kirsch, M., Boly, M., Massion, P., Sadzot, B., Lambermont, B., Damas, F. 2008. Évaluation du pronostic neurologique dans les encéphalopathies postanoxiques[J]. *Réanimation,* 17(7): 613—617.

Braakman, R., Jennett, W., & Minderhoud, J. 1988. Prognosis of the posttraumatic vegetative state[J]. *Acta Neurochir (Wien),* 95(1—2): 49—52.

Brefel-Courbon, C., Payoux, P., Ory, F., Sommet, A., Slaoui, T., Raboyeau, G., Cardebat, D. 2007. Clinical and imaging evidence of zolpidem effect in hypoxic encephalopathy[J]. *Ann Neurol,* 62(1): 102—105.

Brenner, R. 2005. The interpretation of the EEG in stupor and coma[J]. *Neurologist,* 11(5): 271—284.

Bricolo, A., Turazzi, S., & Feriotti, G. 1980. Prolonged posttraumatic unconsciousness: therapeutic assets and liabilities[J]. *J Neurosurg,* 52(5): 625—634.

Brierley, J., Graham, D., Adams, J., & Simpsom, J. 1971. Neocortical death after cardiac arrest: a clinical, neurophysiological, and neuropathological report of two cases[J]. *Lancet,* 2(7724): 560—565.

Bruce, D., Schut, L., Bruno, L., Wood, J., & Sutton, L. 1978. Outcome following severe head injuries in children[J]. *J Neurosurg,* 48(5): 679—688.

Bruno, M., Gosseries, O., Vanhaudenhuyse, A., Chatelle, C., & Laureys, S. 2010. *État végétatif et état de conscience minimale: un devenir pire que la mort?* [M] Springer Paris.

Carpentier, A., Galanaud, D., Puybasset, L., Muller, J., Lescot, T., Boch, A., Dormont, D. 2006. Early morphologic and spectroscopic magnetic resonance in severe traumatic brain injuries can detect "invisible brain stem damage" and predict "vegetative states"[J]. *J Neurotrauma,* 23(5): 674—685.

Casali, A., Gosseries, O., Rosanova, M., Boly, M., Sarasso, S., Casali, K., Massimini, M. 2013. A theoretically based index of consciousness independent of sensory processing and behavior[J]. *Sci Transl Med.,* 5(198): 198ra105.

Cecil, K., Hills, E., Sandel, M., Smith, D., Mcintosh, T., Mannon, L., Lenkinski, R. 1998. Proton magnetic resonance spectroscopy for detection of axonal injury in the splenium of the corpus callosum of brain-injured patients[J]. *J Neurosurg,* 88(5): 795—801.

Chatelle, C., De Val, M., Catano, A., Chaskis, C., Seeldrayers, P., Laureys, S., Schnakers, C. 2016. Is the Nociception Coma Scale-Revised a Useful Clinical Tool for Managing Pain in Patients With Disorders of Consciousness?[J]. *Clin J Pain,* 32(4): 321—326.

Chew, E., & Zafonte, R. 2009. Pharmacological management of neurobehavioral disorders following traumatic brain injury--a state-of-the-art review[J]. *Journal of Rehabilitation Research & Development,* 46(6): 851.

Childs, N., & Mercer, W. 1996. Brief report: late improvement in consciousness after post-traumatic vegetative state[J]. *New England Journal of Medicine,* 334(1): 24—25.

Childs, N., Mercer, W., & Childs, H. 1993. Accuracy of diagnosis of persistent vegetative state[J]. *Neurology,* 43(8): 1465—1467.

Choe, B., Suh, T., Choi, K., Shinn, K., Park, C., & Kang, J. 1995. Neuronal dysfunction in patients with closed head injury evaluated by in vivo 1H magnetic resonance spectroscopy[J]. *Investigative Radiology,* 30(8): 502.

Clauss, R. 2010. Neurotransmitters in coma, vegetative and minimally conscious states, pharmacological interventions[J]. *Med Hypotheses,* 75(3): 287—290.

Clauss, R., & Nel, W. 2004. Effect of zolpidem on brain injury and diaschisis as detected by 99mTc HMPAO brain SPECT in humans[J]. *Arzneimittelforschung,* 54(10): 641—646.

Clauss, R., Guldenpfennig, W., Nel, H., Sathekge, M., & Venkannagari, R. 2000. Extraordinary arousal from semi-comatose state on zolpidem. A case report[J]. *S Afr Med J,* 90(1): 68—72.

Clauss, R., & Nel, W. 2006. Drug induced arousal from the permanent vegetative state[J]. *NeuroRehabilitation,* 21(1): 23.

Cochrane, T., & Truog, R. 2006. The controversy over artificial hydration and nutrition[J]. *Neurology,* 66(11): 1618—1619.

Cohen, L., Chaaban, B., & Habert, M. 2004. Transient improvement of aphasia with zolpidem[J]. *N Engl J Med,* 350(9): 949—950.

Cohen, S., & Duong, T. 2008. Increased arousal in a patient with anoxic brain injury after administration of zolpidem[J]. *Am J Phys Med Rehabil,* 87(3): 229—231.

Coleman, M., Rodd, J., Davis, M., Johnsrude, I., Menon, D., Pickard, J., & Owen, A. 2007. Do vegetative patients retain aspects of language comprehension? Evidence from fMRI[J]. *Brain,* 130(10): 2494—2507.

Cope, D. 1995. The effectiveness of traumatic brain injury rehabilitation: a review[J]. *Brain injury: [BI],* 9(7): 649—670.

Cruse, D., Chennu, S., Chatelle, C., Bekinschtein, T., Fernandez-Espejo, D., Pickard, J., Owen, A. 2011. Bedside detection of awareness in the vegetative state: a cohort study[J]. *Lancet.*

Danze, F., Veys, B., Lebrun, T., Sailly, J., Sinquin, J., Rigaux, P., Parge, F. 1994. Prognostic factors of post-traumatic vegetative states: 522 cases[J]. *Neuro-Chirurgie,* 40(6): 348.

Davis, A., & White, J. 1995. Innovative sensory input for the comatose brain-injured patient[J]. *Critical Care Nursing Clinics of North America,* 7(2): 351—361.

De Jong, B., Willemsen, A., & Paans, A. 1997. Regional cerebral blood flow changes related to affective speech presentation in persistent vegetative state[J]. *Clin Neurol Neurosurg,* 99(3): 213—216.

De Sousa, L., Colli, B., Piza, M., Da, C., Ferez, M., & Lavrador, M. 2007. Auditory brainstem response: prognostic value in patients with a score of 3 on the Glasgow Coma Scale[J]. *Otology & Neurotology,* 28(3): 426—428.

Demertzi, A., Ledoux, D., Bruno, M., Vanhaudenhuyse, A., Gosseries, O., Soddu, A., Laureys, S. 2011. Attitudes towards end-of-life issues in disorders of consciousness: a European survey[J]. *J Neurol,* 258(6): 1058—1065.

Demertzi, A., Schnakers, C., Ledoux, D., Chatelle, C., Bruno, M., Vanhaudenhuyse, A., Laureys, S. 2009. Different beliefs about pain perception in the vegetative and minimally conscious states: a European survey of medical and paramedical professionals[J]. *Prog Brain Res,* 177: 329—338.

Di, H., Yu, S., Weng, X., Laureys, S., Yu, D., Li, J., Chen, Y. 2007. Cerebral response to patient's own name in the vegetative and minimally conscious states[J]. *Neurology,* 68(12): 895—899.

Di, H., & Schnakers, C. 2012. *Sensory Stimulation Program*[M]: Springer London.

Di, H., Boly, M., Weng, X., Ledoux, D., & Laureys, S. 2008. Neuroimaging activation studies in the vegetative state: predictors of recovery?[J]. *Clin Med (Lond),* 8(5): 502—507.

Di, H., He, M., Zhang, Y., Cheng, L., Wang, F., Nie, Y., Schnakers, C. 2017. Chinese translation of the Coma Recovery Scale-Revised[J]. *Brain Inj,* 31(3): 363—365.

Donchin, E., Spencer, K., & Wijesinghe, R. 2000. The mental prosthesis: assessing the speed of a P300-based brain-computer interface[J]. *IEEE Trans Rehabil Eng,* 8(2): 174—179.

Dowling, G. 1985. Levels of Cognitive Functioning[J]. *Journal of Neuroscience Nursing,...* 129—134.

Dubroja, I., Valent, S., Miklić, P., & Kesak, D. 1995. Outcome of post-traumatic unawareness persisting for more than a month[J]. *J Neurol Neurosurg Psychiatry,* 58(4): 465—466.

Emanuel, E., & Emanuel, L. 2016. The Economics of Dying -- The Illusion of Cost Savings at the End of Life[J]. *N Engl J Med,* 330(8): 540—544.

Estraneo, A., Moretta, P., Loreto, V., Lanzillo, B., Santoro, L., & Trojano, L. 2010. Late recovery after traumatic, anoxic, or hemorrhagic long-lasting vegetative state[J]. *Neurology,* 75(3): 239—245.

Etheredge, Wade B. 1994. Problems with initial glasgow coma scale assessment caused by prehospital treatment of patients with head injuries: Results of a national survey[J]. Marion DW, Carlier PM. J Trauma. 1994; 35(1): 89-95. *Journal of Trauma,* 36(1): 89.

Fins, J. 2006. Affirming the right to care, preserving the right to die: disorders of consciousness and neuroethics after Schiavo[J]. *Palliative & Supportive Care,* 4(2): 169.

Fischer, C., Dailler, F., & Morlet, D. 2008. Novelty P3 elicited by the subject's own name in comatose patients[J]. *Clinical Neurophysiology,* 119(10): 2224—2230.

Fischer, C., Luaute, J., & Morlet, D. 2010. Event-related potentials (MMN and novelty P3) in permanent vegetative or minimally conscious states[J]. *Clinical Neurophysiology,* 121(7): 1032—1042.

Fischer, C., Luauté, J., Adeleine, P., & Morlet, D. 2004. Predictive value of sensory and cognitive evoked potentials for awakening from coma[J]. *Neurology,* 63(4): 669—673.

Fischer, C., Luauté, J., Némoz, C., Morlet, D., Kirkorian, G., & Mauguière, F. 2006. Improved prediction of awakening or nonawakening from severe anoxic coma using tree-based classification analysis[J]. *Critical Care Medicine,* 34(5): 1520—1524.

Folstein, M., Robins, L., & Helzer, J. 1993. The Mini-Mental State Examination[J]. *Journal of the American Geriatrics Society,* 41(3): 346.

Fridman, E., Calvar, J., Bonetto, M., Gamzu, E., Krimchansky, B., Meli, F., Zafonte, R. 2009. Fast awakening from minimally conscious state with apomorphine[J]. *Brain injury: [BI],* 23(2): 172—177.

Fridman, E., Krimchansky, B., Bonetto, M., Galperin, T., Gamzu, E., Leiguarda, R., & Zafonte, R. 2010. Continuous subcutaneous apomorphine for severe disorders of consciousness after traumatic brain injury[J]. *Brain Inj,* 24(4): 636—641.

Friedman, S., Brooks, W., Jung, R., Chiulli, S., Sloan, J., Montoya, B., Yeo, R. 1999. Quantitative proton MRS predicts outcome after traumatic brain injury[J]. *Neurology,* 52(7): 1384.

Furdea, A., Halder, S., Krusienski, D., Bross, D., Nijboer, F., Birbaumer, N., & Kubler, A. 2009. An auditory oddball (P300) spelling system for brain-computer interfaces[J]. *Psychophysiology,* 46(3): 617—625.

Garnett, M., Blamire, A., Corkill, R., Cadouxhudson, T., Rajagopalan, B., & Styles, P. 2000. Early proton magnetic resonance spectroscopy in normal-appearing brain correlates with outcome in patients following traumatic brain injury[J]. *Brain,* 123 (Pt 10)(10): 2046—2054.

Gelling, L., Shiel, A., Elliott, L., Owen, A., Wilson, B., Menon, D., & Pickard, J. 2004. Commentary on Oh H. and Seo W. 2003. Sensory stimulation programme to improve recovery in comatose patients[J]. Journal of Clinical Nursing 12, 394–404. *J Clin Nurs, 13*(1): 125.

Gerber, C. 2005. Understanding and managing coma stimulation: are we doing everything we can?[J] *Critical Care Nursing Quarterly,* 28(2): 94—108.

Giacino, J. 2004. The vegetative and minimally conscious states: consensus-based criteria for establishing diagnosis and prognosis[J]. *NeuroRehabilitation,* 19(4): 293—298.

Giacino, J., Ashwal, S., Childs, N., Cranford, R., Jennett, B., Katz, D., Zafonte, R. 2002. The minimally conscious state: Definition and diagnostic criteria[J]. *Neurology,* 59(9): 1473—1474.

Giacino, J., Hirsch, J., Schiff, N., & Laureys, S. 2006. Functional neuroimaging applications for assessment and rehabilitation planning in patients with disorders of consciousness[J]. *Archives of Physical Medicine & Rehabilitation,* 87(12 Suppl 2): S67.

Giacino, J., Kalmar, K., & Whyte, J. 2004. The JFK Coma Recovery Scale-Revised: measurement characteristics and diagnostic utility[J]. *Arch Phys Med Rehabil,* 85(12): 2020—2029.

Giacino, Joseph, T., Kalmar, & Kathleen. 1997. The Vegetative and Minimally Conscious States: A Comparison of Clinical Features and Functional Outcome[J]. *Journal of Head Trauma Rehabilitation,* 12(4): 36—51.

Giacino, Joseph, T., Zasler, & Nathan, D. 1995. Outcome after severe traumatic brain injury: Coma, the vegetative state, and the minimally responsive state[J]. *Journal of Head Trauma Rehabilitation,* 10(1): 40—56.

GillThwaites, H., & Munday, R. 1999. The Sensory Modality Assessment and Rehabilitation Technique (SMART): A Comprehensive and Integrated Assessment and Treatment Protocol for the Vegetative State and Minimally Responsive Patient[J]. *Neuropsychol Rehabil,* 9(3—4): 305—320.

Gillthwaites, H., & Munday, R. 2004. The Sensory Modality Assessment and

Rehabilitation Technique (SMART): a valid and reliable assessment for vegetative state and minimally conscious state patients[J]. *Brain Inj,* 18(12): 1255—1269.

Glass, I., Sazbon, L., & Groswasser, Z. 1998. Mapping "cognitive" event-related potentials in prolonged postcoma unawareness state[J]. *Clinical Eeg,* 29(1): 19—30.

Granovsky, Y., Sprecher, E., Hemli, J., & Yarnitsky, D. 1998. P300 and stress in mild head injury patients[J]. *Electroencephalogr Clin Neurophysiol,* 108(6): 554—559.

Groswasser, Z., & Sazbon, L. 1990. Outcome in 134 patients with prolonged posttraumatic unawareness. Part 2: Functional outcome of 72 patients recovering consciousness[J]. *J Neurosurg,* 72(1): 81.

Gualtieri, C., & Evans, R. 1988. Stimulant treatment for the neurobehavioural sequelae of traumatic brain injury[J]. *Brain Inj,* 2(4): 273—290.

Gualtieri, T., Chandler, M., Coons, T., & Brown, L. 1989. Amantadine: a new clinical profile for traumatic brain injury[J]. *Clinical Neuropharmacology,* 12(4): 258—270.

Guérit, J. 2005. Evoked potentials in severe brain injury[J]. *Prog Brain Res,* 150(150): 415.

Guérit, J., Verougstraete, D., Tourtchaninoff, M., Debatisse, D., & Witdoeckt, C. 1999. ERPs obtained with auditory oddball paradigm in coma and altered states of consciousness: clinical relationships, prognostic value, and origin of components[J]. *Clinical Neurophysiology Official Journal of the International Federation of Clinical Neurophysiology,* 110(7): 1260.

Haig, A., & Ruess, J. 1990. Recovery from vegetative state of six months' duration associated with Sinemet (levodopa/carbidopa)[J]. *Archives of Physical Medicine & Rehabilitation,* 71(13): 1081—1083.

Hall, S., Yamawaki, N., Fisher, A., Clauss, R., Woodhall, G., & Stanford, I. 2010. GABA(A) alpha-1 subunit mediated desynchronization of elevated low frequency oscillations alleviates specific dysfunction in stroke − A case report[J]. *Clinical Neurophysiology Official Journal of the International Federation of Clinical Neurophysiology,* 121(4): 549—555.

Haupt, W., Pawlik, G., & Thiel, A. 2006. Initial and serial evoked potentials in cerebrovascular critical care patients[J]. *Journal of Clinical Neurophysiology Official Publication of the American Electroencephalographic Society,* 23(5): 389.

Higashi, K., Hatano, M., Abiko, S., Ihara, K., Katayama, S., Wakuta, Y., Yamashita, T. 1981. Five-year follow-up study of patients with persistent vegetative state[J]. *J Neurol Neurosurg Psychiatry,* 44(6): 552—554.

Higashi, K., Sakata, Y., Hatano, M., Abiko, S., Ihara, K., Katayama, S., Zenke, M. 1977. Epidemiological studies on patients with a persistent vegetative state[J]. *Journal of Neurology Neurosurgery & Psychiatry,* 40(9): 876.

Holdgate, A., Ching, N., & Angonese, L. 2006. Variability in agreement between physicians and nurses when measuring the Glasgow Coma Scale in the emergency department limits its clinical usefulness[J]. *Emergency Medicine Australasia,* 18(4): 379—384.

Holshouser, B., Tong, K., Ashwal, S., Oyoyo, U., Ghamsary, M., Saunders, D., & Shutter, L. 2006. Prospective longitudinal proton magnetic resonance spectroscopic imaging in adult traumatic brain injury[J]. *Journal of Magnetic Resonance Imaging,* 24(1): 33—40.

Horne, M. 2009. Are people in a persistent vegetative state conscious?[J]. *Monash Bioeth Rev,* 28(2): 1—12.

Hughes, S., Colantonio, A., Santaguida, P. L., & Paton, T. 2005. Amantadine to enhance readiness for rehabilitation following severe traumatic brain injury[J]. *Brain injury: [BI],* 19(14): 1197—1206.

Huisman, T., Schwamm, L., Schaefer, P., Koroshetz, W., Shettyalva, N., Ozsunar, Y., Sorensen, A. 2004. Diffusion tensor imaging as potential biomarker of white matter injury in diffuse axonal injury[J]. *Ajnr Am J Neuroradiol,* 25(3): 370—376.

Huisman, T., Sorensen, A., Hergan, K., Gonzalez, R., & Schaefer, P. 1900. Diffusion-weighted imaging for the evaluation of diffuse axonal injury in closed head injury[J]. *Journal of Computer Assisted Tomography,* 27(1): 5—11.

Ichise, M., Chung, D., Wang, P., Wortzman, G., Gray, B., & Franks, W. 1994.

Technetium-99m-HMPAO SPECT, CT and MRI in the evaluation of patients with chronic traumatic brain injury: a correlation with neuropsychological performance[J]. *Journal of Nuclear Medicine,* 35(2): 217—226.

Jennett, B. 1976. Resource Allocation for the Severely Brain Damaged[J]. *Archives of Neurology,* 33(9): 595—597.

Jennett, B., & Bond, M. 1975. Assessment of outcome after severe brain damage[J]. *Lancet,* 305(7905): 480—484.

Jennett, B., & Plum, F. 1972. Persistent vegetative state after brain damage[J]. *Injury-international Journal of the Care of the Injured,* 1(7753): 734—737.

Jennett, B., Teasdale, G., Braakman, R., Minderhoud, J., & Knill-Jones, R. 1976. Predicting outcome in individual patients after head injury[J]. *Lancet,* 307(7968): 1031—1034.

Johansen, J., & Sebel, P. 2000. Development and clinical application of electroencephalographic bispectrum monitoring[J]. *Anesthesiology,* 93(5): 1336.

Johnston, R., & Mellits, E. 1980. Pediatric coma: prognosis and outcome[J]. *Developmental Medicine & Child Neurology,* 22(1): 3.

Kahane, G., & Savulescu, J. 2009. Brain damage and the moral significance of consciousness[J]. *J Med Philos,* 34(1): 6—26.

Kalmar, K., & Giacino, J. T. 2005. The JFK Coma Recovery Scale--Revised[J]. *Neuropsychol Rehabil,* 15(3—4): 454—460.

Kampfl, A., Schmutzhard, E., Franz, G., Pfausler, B., Haring, H. P., Ulmer, H., … Aichner, F. 1998. Prediction of recovery from post-traumatic vegetative state with cerebral magnetic-resonance imaging[J]. *Lancet,* 351(9118): 1763—1767.

Katz, D., Polyak, M., Coughlan, D., Nichols, M., & Roche, A. 2009. Natural history of recovery from brain injury after prolonged disorders of consciousness: outcome of patients admitted to inpatient rehabilitation with 1—4 year follow-up[J]. *Prog Brain Res,* 177(177): 73.

Kawecki Z, Kwiatkowski S, Grzegorzewski P, Szlachta Jezioro I. 2007. Sudden improvement of all neurological functions after general anesthesia and two-day intrathecal infusion of baclofen in a child with primary brain-stem injury[J]. *Przegląd Lekarski, 64 Suppl 2*(1): 13—14.

Kirsch, M., Boveroux, P., Massion, P., Sadzot, B., Boly, M., Lambermont, B., Laureys, S. (2008). Comment prédire l'évolution du coma post-anoxique?[J]. *Revue Médicale De Liège*, 63(5—6): 263—268.

Kotchoubey, B. 2005. Event-related potential measures of consciousness: two equations with three unknowns[J]. *Prog Brain Res*, 150: 427—444.

Krimchansky, B., Keren, O., Sazbon, L., & Groswasser, Z. 2004. Differential time and related appearance of signs, indicating improvement in the state of consciousness in vegetative state traumatic brain injury (VS-TBI) patients after initiation of dopamine treatment[J]. *Brain injury: [BI]*, 18(11): 1099—1105.

Kubler, A., Furdea, A., Halder, S., Hammer, E., Nijboer, F., & Kotchoubey, B. 2009. A brain-computer interface controlled auditory event-related potential (p300) spelling system for locked-in patients[J]. *Ann N Y Acad Sci*, 1157: 90—100.

Kubler, A., Kotchoubey, B., Hinterberger, T., Ghanayim, N., Perelmouter, J., Schauer, M., Birbaumer, N. 1999. The thought translation device: a neurophysiological approach to communication in total motor paralysis[J]. *Exp Brain Res*, 124(2): 223—232.

Lammi, M., Smith, V., Tate, R., & Taylor, C. 2005. The minimally conscious state and recovery potential: a follow-up study 2 to 5 years after traumatic brain injury[J]. *Arch Phys Med Rehabil*, 86(4): 746—754.

Laureys, S. 2005. Death, unconsciousness and the brain[J]. *Nature Reiview Neuroscience*, 6(11): 899—909.

Laureys, S. 2005. Science and society: death, unconsciousness and the brain[J]. *Nature Reviews Neuroscience*, 6(11): 899—909.

Laureys, S. 2005. The neural correlate of (un)awareness: lessons from the vegetative state[J]. *Trends Cogn Sci*, 9(12): 556—559.

Laureys, S. 2007. Eyes open, brain shut[J]. *Sci Am*, 296(5): 84—89.

Laureys, S., & Boly, M. 2007. What is it like to be vegetative or minimally conscious?[J]. *Curr Opin Neurol,* 20(6): 609.

Laureys, S., & Schiff, N. 2012. Coma and consciousness: paradigms (re)framed by neuroimaging[J]. *Neuroimage,* 61(2): 478—491.

Laureys, S., Celesia, G., Cohadon, F., Lavrijsen, J., Leon-Carrion, J., Sannita, W., European Task Force on Disorders of, C. 2010. Unresponsive wakefulness syndrome: a new name for the vegetative state or apallic syndrome[J]. *BMC Med,* 8: 68.

Laureys, S., Faymonville, M., Degueldre, C., Fiore, G., Damas, P., Lambermont, B., Luxen, A. 2000. Auditory processing in the vegetative state[J]. *Brain,* 123(8): 1589—1601.

Laureys, S., Faymonville, M., Peigneux, P., Damas, P., Lambermont, B., Del Fiore, G., Maquet, P. 2002. Cortical Processing of Noxious Somatosensory Stimuli in the Persistent Vegetative State[J]. *Neuroimage,* 17(2): 732—741.

Laureys, S., Owen, A., & Schiff, N. D. 2004. Brain function in coma, vegetative state, and related disorders[J]. *Lancet Neurol,* 3(9): 537—546.

Laureys, S., Pellas, F., Van Eeckhout, P., Ghorbel, S., Schnakers, C., Perrin, F., Goldman, S. 2005. The locked-in syndrome: what is it like to be conscious but paralyzed and voiceless?[J]. 150: 495—611.

Laureys, S., Perrin, F., Faymonville, M., Schnakers, C., Boly, M., Bartsch, V., Maquet, P. 2004. Cerebral processing in the minimally conscious state[J]. *Neurology,* 63(5): 916—918.

Laureys, S., Perrin, F., Schnakers, C., Boly, M., & Majerus, S. 2005. Residual cognitive function in comatose, vegetative and minimally conscious states[J]. *Curr Opin Neurol,* 18(6): 726—733.

Lehembre, R., Marie-Aurelie, B., Vanhaudenhuyse, A., Chatelle, C., Cologan, V., Leclercq, Y., Noirhomme, Q. 2012. Resting-state EEG study of comatose patients: a connectivity and frequency analysis to find differences between vegetative and minimally conscious states[J]. *Funct Neurol,* 27(1): 41—47.

Leoncarrion, J., Martinrodriguez, J., Damaslopez, J., Jm, B., & Dominguezmorales, M. R. 2008. Brain function in the minimally conscious state: a quantitative neurophysiological study[J]. *Clinical Neurophysiology,* 119(7): 1506—1514.

Levy, D. 1987. Coma after cardiac arrest--how much care is enough?[J]. *Western Journal of Medicine,* 147(2): 191—193.

Levy, D., Knill-Jones, R., & Plum, F. 1978. The vegetative state and its prognosis following nontraumatic coma[J]. *Ann N Y Acad Sci,* 315(1): 293—306.

Lew, H., Dikmen, S., Slimp, J., Temkin, N., Lee, E. H., Newell, D., & Robinson, L. 2003. Use of somatosensory-evoked potentials and cognitive event-related potentials in predicting outcomes of patients with severe traumatic brain injury[J]. *Am J Phys Med Rehabil,* 82(1): 80—80.

Lo, Y., Tan, E., Ratnagopal, P., Chan, L., & Tan, T. 2008. Zolpidem and its effects on hypoxic encephalopathy[J]. *Ann Neurol,* 64(4): 477—478.

Lombardi, F., Taricco, M., De, T., Telaro, E., & Liberati, A. 2002. Sensory stimulation of brain-injured individuals in coma or vegetative state: results of a Cochrane systematic review[J]. *Clin Rehabil,* 16(5): 464—472.

Luaute, J., Maucort-Boulch, D., Tell, L., Quelard, F., Sarraf, T., Iwaz, J., Fischer, C. 2010. Long-term outcomes of chronic minimally conscious and vegetative states[J]. *Neurology,* 75(3): 246—252.

Lulé, D., Noirhomme, Q., Kleih, S., Chatelle, C., Halder, S., Demertzi, A., Schnakers, C. 2012. Probing command following in patients with disorders of consciousness using a brain computer interface[J]. *Clinical Neurophysiology.*

Mackay, L., Bernstein, B., Chapman, P., Morgan, A., & Milazzo, L. 1992. Early intervention in severe head injury: long-term benefits of a formalized program[J]. *Arch Phys Med Rehabil,* 73(7): 635—641.

Mantz, J., Storck, D., Tempe, J., & Hammann, B. 1982. Prolonged coma[J]. *Annales De Biologie Clinique,* 24(5), 583.

Marino, S., Zei, E., Battaglini, M., Vittori, C., Buscalferri, A., Bramanti, P., Stefano, N. 2007. Acute metabolic brain changes following traumatic brain injury and their relevance to clinical severity and outcome[J]. *Journal of Neurology Neurosurgery & Psychiatry,* 78(5): 501.

Martin, R., & Whyte, J. 2007. The effects of methylphenidate on command following and yes/no communication in persons with severe disorders of consciousness: a meta-analysis of n-of-1 studies[J]. *Am J Phys Med Rehabil,* 86(8): 613—620.

Matsuda, W., Komatsu, Y., Yanaka, K., & Matsumura, A. 2005. Levodopa treatment for patients in persistent vegetative or minimally conscious states[J]. *Neuropsychol Rehabil,* 15(3—4): 414—427.

Matsuda, W., Matsumura, A., Komatsu, Y., Yanaka, K., & Nose, T. 2003. Awakenings from persistent vegetative state: report of three cases with parkinsonism and brain stem lesions on MRI[J]. *Journal of Neurology Neurosurgery & Psychiatry,* 74(11): 1571—1573.

Matsumura, A., Meguro, K., & Narushima, K. 2000. Differentiation of mechanism and prognosis of traumatic brain stem lesions detected by magnetic resonance imaging in the acute stage[J]. *Clin Neurol Neurosurg,* 102(3): 124—128.

Mcquillen, M. 1991. Can people who are unconscious or in the "vegetative state" perceive pain?[J]. *Issues Law Med,* 6(4): 373—383.

Merskey, H. 2012. Classification of chronic pain: Descriptions of chronic pain syndromes and definitions of pain terms[J]. *Pain Supplement,* 3(2): S1.

Meythaler, J., Depalma, L., Devivo, M., Guinrenfroe, S., & Novack, T. A. 2001. Sertraline to improve arousal and alertness in severe traumatic brain injury secondary to motor vehicle crashes[J]. *Brain Inj,* 15(4): 321—331.

Moffett, J., Ross, B., Arun, P., Madhavarao, C., & Namboodiri, M. 2007. N-Acetylaspartate in the CNS: From Neurodiagnostics to Neurobiology[J]. *Progress in Neurobiology,* 81(2): 89—131.

Monti, M., Coleman, M., & Owen, A. 2009. Executive functions in the absence of behavior: functional imaging of the minimally conscious state[J]. *Prog Brain Res,* 177: 249—260.

Monti, M., Laureys, S., & Owen, A. 2010. The vegetative state[J]. *BMJ,* 341(aug021).

Monti, M., Vanhaudenhuyse, A., Coleman, M., Boly, M., Pickard, J., Tshibanda, L.,

Laureys, S. 2010. Willful modulation of brain activity in disorders of consciousness[J]. *N Engl J Med,* 362(7): 579—589.

Multi-Society Task Force on, P. V. S. 1994. Medical aspects of the persistent vegetative state (2)[J]. *N Engl J Med,* 330(22): 1572—1579.

Munssinger, J., Halder, S., Kleih, S., Furdea, A., Raco, V., Hosle, A., & Kubler, A. 2010. Brain Painting: First Evaluation of a New Brain-Computer Interface Application with ALS-Patients and Healthy Volunteers[J]. *Front Neurosci,* 4: 182.

Münte, T., & Heinze, H. 1994. Brain potentials reveal deficits of language processing after closed head injury[J]. *JAMA Neurol,* 51(5): 482—493.

Mutschler, V., Chaumeil, C., Marcoux, L., Wioland, N., Tempé, J., & Kurtz, D. 1996. Auditory P300 in subjects in a post-anoxic coma. Preliminary data[J]. *Neurophysiologie Clinique-clinical Neurophysiology,* 26(3): 158—163.

Nachev, D., & Husain, M. 2007. Comment on "Detecting Awareness in the Vegetative State" [J]. *Science,* 315(5816): 1221.

Nachev, P., & Hacker, P. 2010. Covert cognition in the persistent vegetative state[J]. *Progress in Neurobiology,* 91(1): 68—76.

Nijboer, F., Sellers, E., Mellinger, J., Jordan, M., Matuz, T., Furdea, A., Kubler, A. 2008. A P300-based brain-computer interface for people with amyotrophic lateral sclerosis[J]. *Clin Neurophysiol,* 119(8): 1909—1916.

Noirhomme, Q., Boly, M., Bonhomme, V., Boveroux, P., Phillips, C., Peigneux, P., Maquet, P. 2009. Bispectral index correlates with regional cerebral blood flow during sleep in distinct cortical and subcortical structures in humans[J]. *Arch Ital Biol,* 147(1—2): 51.

Oh, H., & Seo, W. 2003. Sensory stimulation programme to improve recovery in comatose patients[J]. *J Clin Nurs,* 12(3): 394—404.

Owen, A., & Coleman, M. 2008. Detecting awareness in the vegetative state[J]. *Ann N Y Acad Sci,* 1129: 130—138.

Owen, A., Menon, D., Johnsrude, I., Bor, D., Scott, S., Manly, T., Pickard, J. 2002. Detecting residual cognitive function in persistent vegetative state[J]. *Neurocase,* 8(5):

394—403.

Passler, M., & Riggs, R. 2001. Positive outcomes in traumatic brain injury-vegetative state: patients treated with bromocriptine[J]. *Archives of Physical Medicine & Rehabilitation,* 82(3): 311—315.

Patrick, P., Blackman, J., Mabry, J., Buck, M., Gurka, M., & Conaway, M. R. 2006. Dopamine agonist therapy in low-response children following traumatic brain injury[J]. *Journal of Child Neurology,* 21(10): 879—885.

Pegado, F., Bekinschtein, T., Chausson, N., Dehaene, S., Cohen, L., & Naccache, L. 2010. Probing the lifetimes of auditory novelty detection processes[J]. *Neuropsychologia,* 48(10): 3145—3154.

Pereda, E., Quiroga, R., & Bhattacharya, J. 2005. Nonlinear multivariate analysis of neurophysiological signals[J]. *Progress in Neurobiology,* 77(1–2): 1—37.

Perlbarg, V., Puybasset, L., Tollard, E., Lehéricy, S., Benali, H., & Galanaud, D. 2009. Relation between brain lesion location and clinical outcome in patients with severe traumatic brain injury: A diffusion tensor imaging study using voxel–based approaches[J]. *Hum Brain Mapp,* 30(12): 3924—3933.

Perrin, F., Schnakers, C., Schabus, M., Degueldre, C., Goldman, S., Bredart, S., Laureys, S. 2006. Brain response to one's own name in vegetative state, minimally conscious state, and locked-in syndrome[J]. *Arch Neurol,* 63(4): 562—569.

Pfurtscheller, G., & Lopes da Silva, F. 1999. Event-related EEG/MEG synchronization and desynchronization: basic principles[J]. *Clin Neurophysiol,* 110(11): 1842—1857.

Poldrack, R. 2008. The role of fMRI in cognitive neuroscience: where do we stand?[J]. *Curr Opin Neurobiol,* 18(2): 223.

Pollonini, L., Pophale, S., Situ, N., Wu, M., Frye, R., Leoncarrion, J., & Zouridakis, G. 2010. Information communication networks in severe traumatic brain injury[J]. *Brain Topography,* 23(2): 221.

Posner, J., & Plum, F. 2007. Plum and Posner's diagnosis of stupor and coma[J]. *Journal of Neurology Neurosurgery & Psychiatry,* 79(1): 110—110.

Quill, T. 2005. Terri Schiavo--a tragedy compounded[J]. *N Engl J Med,* 352(16): 1630—1633.

R, D. 2004. Politique de la santé à mener à l'égard des patients en état végétatif persistant ou en état pauci-relationnel[J]. *Moniteur Belge,* 69334—69340.

Rappaport, M., Hall, K., Hopkins, K., Belleza, T., & Cope, D. 1982. Disability rating scale for severe head trauma: coma to community[J]. *Arch Phys Med Rehabil,* 63(3): 118—123.

Reinhard, D., Whyte, J., & Sandel, M. 1996. Improved arousal and initiation following tricyclic antidepressant use in severe brain injury[J]. *Arch Phys Med Rehabil,* 77(1): 80—83.

Robinson, L., Micklesen, P., Tirschwell, D., & Lew, H. 2003. Predictive value of somatosensory evoked potentials for awakening from coma[J]. *Critical Care Medicine,* 31(3): 960—967.

Rosner, F. 1993. Why nutrition and hydration should not be withheld from patients[J]. *Chest,* 104(6): 1892—1896.

Ross, B., Ernst, T., Kreis, R., Haseler, L., Bayer, S., Danielsen, E., Caton, W. 2010. 1H MRS in acute traumatic brain injury[J]. *Journal of Magnetic Resonance Imaging,* 8(4): 829—840.

Royal College of Physicians 1996. The permanent vegetative state. Review by a working group convened by the Royal College of Physicians and endorsed by the Conference of Medical Royal Colleges and their faculties of the United Kingdom[J]. *J R Coll Physicians Lond,* 30(2): 119— 121.

Salazar, A., Grafman, J., Vance, S., Weingartner, H., Dillon, J. D., & Ludlow, C. 1986. Consciousness and amnesia after penetrating head injury: neurology and anatomy[J]. *Neurology,* 36(2): 178—187.

Sandberg, M. 2011. Coma/Near Coma Scale[J]. *Encyclopedia of Clinical Neuropsychology.*

Saniova, B., Drobny, M., Kneslova, L., & Minarik, M. 2004. The outcome of patients with severe head injuries treated with amantadine sulphate[J]. *J Neural Transm*

(Vienna), 111(4): 511—514.

Sarà, M., Pistoia, F., Mura, E., Onorati, P., & Govoni, S. 2009. Intrathecal baclofen in patients with persistent vegetative state: 2 hypotheses[J]. *Archives of Physical Medicine & Rehabilitation,* 90(7): 1245—1249.

Sarà, M., Sacco, S., Cipolla, F., Onorati, P., Scoppetta, C., Albertini, G., & Carolei, A. 2007. An unexpected recovery from permanent vegetative state[J]. *Brain Inj,* 21(1): 101.

Sazbon, L., & Groswasser, Z. 1990. Outcome in 134 patients with prolonged posttraumatic unawareness. Part 1: Parameters determining late recovery of consciousness[J]. *J Neurosurg,* 72(1): 75.

Sazbon, L., & Groswasser, Z. 1991. Medical complications and mortality of patients in the postcomatose unawareness (PC-U) state[J]. *Acta Neurochir (Wien),* 112(3—4): 110.

Sazbon, L., & Groswasser, Z. 2009. Time-related sequelae of TBI in patients with prolonged post-comatose unawareness (PC-U) state[J]. *Brain Inj,* 5(1): 3—8.

Sazbon, L., Zagreba, F., Ronen, J., Solzi, P., & Costeff, H. 1993. Course and outcome of patients in vegetative state of nontraumatic aetiology[J]. *Journal of Neurology Neurosurgery & Psychiatry,* 56(4): 407.

Schiff, N. 2006. Multimodal neuroimaging approaches to disorders of consciousness[J]. *J Head Trauma Rehabil,* 21(5): 388—397.

Schiff, N. 2007. *Large Scale Brain Dynamics and Connectivity in the Minimally Conscious State*[M]. Springer Berlin Heidelberg.

Schiff, N. 2010a. Recovery of consciousness after brain injury: a mesocircuit hypothesis[J]. *Trends Neurosci,* 33(1): 1—9.

Schiff, N. D. 2010b. Recovery of consciousness after severe brain injury: the role of arousal regulation mechanisms and some speculation on the heart-brain interface[J]. *Cleve Clin J Med, 77 Suppl* 3(Suppl_3): S27—33.

Schiff, N., Giacino, J., Kalmar, K., Victor, J., Baker, K., Gerber, M., Rezai, A. 2007. Behavioural improvements with thalamic stimulation after severe traumatic brain injury[J]. *Nature*, 448(7153): 600—603.

Schiff, N., Ribary, U., Moreno, D., Beattie, B., Kronberg, E., Blasberg, R., Llinás, R. 2002. Residual cerebral activity and behavioural fragments can remain in the persistently vegetative brain[J]. *Brain A Journal of Neurology*, 125(Pt 6): 1210.

Schnakers, C., & Zasler, N. 2007. Pain assessment and management in disorders of consciousness[J]. *Curr Opin Neurol*, 20(6): 620—626.

Schnakers, C., Chatelle, C., Vanhaudenhuyse, A., Majerus, S., Ledoux, D., Boly, M., Laureys, S. 2010. The Nociception Coma Scale: a new tool to assess nociception in disorders of consciousness[J]. *Pain*, 148(2): 215—219.

Schnakers, C., Hustinx, R., Vandewalle, G., Majerus, S., Moonen, G., Boly, M., Laureys, S. 2008. Measuring the effect of amantadine in chronic anoxic minimally conscious state[J]. *J Neurol Neurosurg Psychiatry*, 79(2): 225—227.

Schnakers, C., Ledoux, D., Majerus, S., Damas, P., Damas, F., Lambermont, B., Laureys, S. 2008. Diagnostic and prognostic use of bispectral index in coma, vegetative state and related disorders[J]. *Brain Inj*, 22(12): 926—931.

Schnakers, C., Perrin, F., Schabus, M., Majerus, S., Ledoux, D., Damas, P., Moonen, G. 2008. Voluntary brain processing in disorders of consciousness[J]. *Neurology*, 71(20): 1614—1620.

Schnakers, C., Vanhaudenhuyse, A., Giacino, J., Ventura, M., Boly, M., Majerus, S., Laureys, S. 2009. Diagnostic accuracy of the vegetative and minimally conscious state: clinical consensus versus standardized neurobehavioral assessment[J]. *BMC Neurol*, 9(1): 35.

Sellers, E., & Donchin, E. 2006. A P300-based brain computer interface: initial tests by ALS patients[J]. *Clinical Neurophysiology*, 117(3): 538—548.

Selvan, D. 2009. The John Hopkins Atlas of Digital EEG: an interactive training guide[J]. *Br J Neurosurg*, 21(6): 631—631.

Shames, J., & Ring, H. 2008. Transient reversal of anoxic brain injury-related minimally conscious state after zolpidem administration: a case report[J]. *Arch Phys Med Rehabil*, 89(2): 386—388.

Shiel, A., Horn, S., Wilson, B., Watson, M., Campbell, M., & Mclellan, D. 2000. The Wessex Head Injury Matrix (WHIM) main scale: a preliminary report on a scale to assess and monitor patient recovery after severe head injury[J]. *Clin Rehabil,* 14(4): 408—416.

Showalter, P., & Kimmel, D. 2000. Stimulating consciousness and cognition following severe brain injury: a new potential clinical use for lamotrigine[J]. *Brain Inj,* 14(11): 997—1001.

Singh, R., Mcdonald, C., Dawson, K., Lewis, S., Pringle, A., Smith, S., & Pentland, B. 2008. Zolpidem in a minimally conscious state[J]. *Brain Inj,* 22(1): 103—106.

Smart, C., & Giacino, J. 2015. Exploring caregivers' knowledge of and receptivity toward novel diagnostic tests and treatments for persons with post-traumatic disorders of consciousness[J]. *NeuroRehabilitation,* 37(1): 117—130.

Sosnowski, C., & Ustik, M. 1994. Early intervention: coma stimulation in the intensive care unit[J]. *Journal of Neuroscience Nursing Journal of the American Association of Neuroscience Nurses,* 26(6): 336.

Stam, C. 2005. Nonlinear dynamical analysis of EEG and MEG: review of an emerging field[J]. *Clinical Neurophysiology,* 116(10): 2266—2301.

Steinbrook, R., & Lo, B. 1988. Artificial feeding--solid ground, not a slippery slope[J]. *New England Journal of Medicine,* 318(5): 286.

Strauss, D., Shavelle, R., & Ashwal, S. 1999. Life expectancy and median survival time in the permanent vegetative state[J]. *Pediatr Neurol,* 21(3), 626.

Taira, T. 2009. Intrathecal administration of GABA agonists in the vegetative state[J]. *Prog Brain Res,* 177(177): 317–328.

Taira, T., & Hori, T. 2007. *Intrathecal baclofen in the treatment of post-stroke central pain, dystonia, and persistent vegetative state*[M]. Springer Vienna.

Teasdale, G., & Jennett, B. 1974. Assessment of coma and impaired consciousness. A practical scale[J]. *Lancet,* 2(7872): 81.

Tennant, A., & Gill-Thwaites, H. 2016. A study of the internal construct and predictive validity of the SMART assessment for emergence from vegetative state[J].

Brain Inj, 1—8.

Tennant, A., & Gill-Thwaites, H. 2017. A study of the internal construct and predictive validity of the SMART assessment for emergence from vegetative state[J]. *Brain Inj*, 31(2): 185—192.

The Quality Standards Subcommittee of the American Academy of Neurology 1995. Practice parameters: assessment and management of patients in the persistent vegetative state (summary statement)[J]. *Neurology*, 45(5): 1015—1018.

Tollard, E., Galanaud, D., Perlbarg, V., Sanchez-Pena, P., Le, F. Y., Abdennour, L., Puybasset, L. 2009. Experience of diffusion tensor imaging and 1H spectroscopy for outcome prediction in severe traumatic brain injury: Preliminary results[J]. *Critical Care Medicine*, 37(4): 1448—1455.

Tomlinson, B. 1970. Brain-stem lesions after head injury[J]. *Journal of Clinical Pathology Supplement*, 4(91): 154.

Trivedi, M., Ward, M., Tm, Gale, S., Dempsey, R., Rowley, H., & Johnson, S. 2007. Longitudinal changes in global brain volume between 79 and 409 days after traumatic brain injury: relationship with duration of coma[J]. *J Neurotrauma*, 24(5): 766.

Truog, R., & Robinson, W. 2003. Role of brain death and the dead-donor rule in the ethics of organ transplantation[J]. *Critical Care Medicine*, 31(9): 2391.

Tshibanda, L., Vanhaudenhuyse, A., Galanaud, D., Boly, M., Laureys, S., & Puybasset, L. 2009. Magnetic resonance spectroscopy and diffusion tensor imaging in coma survivors: promises and pitfalls[J]. *Prog Brain Res*, 177: 215—229.

Urbenjaphol, P., Jitpanya, C., & Khaoropthu, S. 2009. Effects of the sensory stimulation program on recovery in unconscious patients with traumatic brain injury[J]. *J Neurosci Nurs*, 41: 10—16.

Uzan, M., Albayram, S., Dashti, S., Aydin, S., Hanci, M., & Kuday, C. 2003. Thalamic proton magnetic resonance spectroscopy in vegetative state induced by traumatic brain injury[J]. *Journal of Neurology Neurosurgery & Psychiatry*, 74(1): 33—38.

Vanhaudenhuyse, A., Laureys, S., & Perrin, F. 2008. Cognitive Event-Related

Potentials in Comatose and Post-Comatose States[J]. *Neurocrit Care,* 8(2): 262—270.

Voss, H., Ulug, A., Dyke, J., Watts, R., Kobylarz, E., McCandliss, B. D., Schiff, N. 2006. Possible axonal regrowth in late recovery from the minimally conscious state[J]. *J Clin Invest,* 116(7): 2005—2011.

Weiss, N., Galanaud, D., Carpentier, A., Naccache, L., & Puybasset, L. 2007. Clinical review: Prognostic value of magnetic resonance imaging in acute brain injury and coma[J]. *Critical Care,* 11(5): 230.

Welch, G. 1990. The infant with anencephaly[J]. *Health Policy,* 16(2): 615.

Westmoreland, B., Klass, D., Sharbrough, F., & Reagan, T. 1975. Alpha-coma. Electroencephalographic, clinical, pathologic, and etiologic correlations[J]. *JAMA Neurol,* 32(11): 713—718.

Whyte, J., & Myers, R. 2009. Incidence of clinically significant responses to zolpidem among patients with disorders of consciousness: a preliminary placebo controlled trial[J]. *Am J Phys Med Rehabil,* 88(5): 410—418.

Whyte, J., Hart, T., Vaccaro, M., Griebneff, P., Risser, A., Polansky, M., & Coslett, H. 2004. Effects of methylphenidate on attention deficits after traumatic brain injury: a multidimensional, randomized, controlled trial[J]. *Am J Phys Med Rehabil,* 83(6): 401.

Wijdicks, EF, Young, G, Bassetti, C, Wiebe S. 2006. Practice Parameter: Prediction of outcome in comatose survivors after cardiopulmonary resuscitation (an evidence-based review)[J]. *Neurology,* 67(2): 20—210.

Wijdicks, E. 2014. *The Comatose Patient*[M]. Oxford Univ Pr.

Wijdicks, E., Bamlet, W., Maramattom, B., Manno, E., & Mcclelland, R. 2010. Validation of a new coma scale: The FOUR score[J]. *Ann Neurol,* 58(4): 585—593.

Wijnen, V., van Boxtel, G., Eilander, H., & De, G. 2007. Mismatch negativity predicts recovery from the vegetative state[J]. *Clinical Neurophysiology,* 118(3): 597—605.

Wolf, C., Wijdicks, E., Bamlet, W., & Mcclelland, R. 2007. Further validation of the FOUR score coma scale by intensive care nurses[J]. *Mayo Clinic Proceedings,* 82(4): 435—438.

Wolpaw, J., Birbaumer, N., McFarland, D., Pfurtscheller, G., & Vaughan, T. 2002. Brain-computer interfaces for communication and control[J]. *Clin Neurophysiol,* 113(6): 767—791.

Wood, S., Berger, G., Velakoulis, D., Phillips, L., Mcgorry, P., Yung, A., Pantelis, C. 2003. Proton Magnetic Resonance Spectroscopy in First Episode Psychosis and Ultra High-Risk Individuals[J]. *Schizophr Bull,* 29(4): 831—843.

Working Party of the Royal College of Physicians 2003. The vegetative state: guidance on diagnosis and management[J]. *Clinical Medicine, 3*(3): 249—254.

Xiong, K., Zhu, Y., & Zhang, W. 2014. Diffusion tensor imaging and magnetic resonance spectroscopy in traumatic brain injury: a review of recent literature[J]. *Brain Imaging & Behavior,* 8(4): 487—496.

Yanagawa, Y., Tsushima, Y., Tokumaru, A., Unno, Y., Sakamoto, T., Okada, Y., Shima, K. 2000. A quantitative analysis of head injury using T2*-weighted gradient-echo imaging[J]. *Journal of Trauma & Acute Care Surgery,* 49(2): 272—277.

Young, G., Mclachlan, R., Kreeft, J., & Demelo, J. 1997. An electroencephalographic classification for coma[J]. *Canadian Journal of Neurological Sciences Le Journal Canadien Des Sciences Neurologiques,* 24(4): 320—325.

Youngner, S. 1987. Do-not-resuscitate orders: no longer secret, but still a problem[J]. *Hastings Center Report,* 17(1): 24—33.

Zafonte, R., Lexell, J., & Cullen, N. 2001. Possible applications for dopaminergic agents following traumatic brain injury: part 2[J]. *J Head Trauma Rehabil,* 15(5): 112—116.

Zafonte, R. D., Watanabe, T., Mann, N. R. 1998. Case study: Amantadine: a potential treatment for the minimally conscious state[J]. *Brain Inj, 12*(7): 617—621.

Zeman, A. 2006. Consciousness[J]. *Brain A Journal of Neurology,* 124(Pt 7): 1263.

意识障碍患者的无意识活动问题

唐孝威

意识障碍的评估和康复是一个复杂的问题，需要通过多种途径来进行研究。意识障碍患者的无意识活动问题也许是一个需要研究的问题。

一、问题的提出

人的心智活动包括有意识的活动和无意识的活动。那些被个体觉知的心智活动称为有意识活动，而那些不被个体觉知的心智活动称为无意识活动。

个体对自己的有意识活动有主观体验，有意识活动包括可以用语言报告的内容以及受意识支配的动作等。无意识活动有许多种不同情况，如阈下刺激，即强度在意识阈以下的物理刺激引起的心智活动及自动化的行为等。无意识活动是大量存在和并行加工的。虽然个体对自己的无意识活动并不觉知，但这时脑内进行着信息加工，它们还会影响人的行为。

对于意识障碍的患者，通常着重关注的是患者的有意识活动的障碍，而不讨论患者的无意识活动的障碍。我提出的问题是，意识障碍患者的无意识活动的障碍及其康复问题。

目前我们对正常人的无意识活动还不十分清楚，要讨论意识障碍患者的无意识活动问题，是否言之过早？但我觉得这个问题是值得研究的，其理由是：

第一，在人的心智活动中，既有有意识活动，又有无意识活动，而其中极大部分是无意识活动，有意识活动是少量的。所以在研究意识障碍患者的有意识活动的障碍之外，我们也不能忽视意识障碍患者的无意识活动的障碍。

第二，人的有意识活动和无意识活动之间有密切联系，它们在一定条件下会相互转变，所以不能把它们割裂开来。在康复工作中，我们不要孤立地研究意识障碍患者的有意识活动障碍的康复，同时也要研究患者的无意识活动障碍的康复。

这个问题又包括以下两个方面：

第一，意识障碍患者除有意识活动发生障碍之外，他们的无意识活动是否也发生障碍呢？有哪些无意识活动发生障碍呢？

第二，对意识障碍患者的有意识活动的障碍进行康复训练，是否同时也要对他们的无意识活动的障碍进行康复训练呢？这些训练是否会有助于患者有意识活动障碍的康复呢？

二、诊断意识障碍患者的无意识活动的障碍

对上面提出的第一方面的问题，我们能不能认为，意识障碍患者脑部损伤，不但有意识活动发生障碍，而且无意识活动也会发生障碍。

从临床诊断来说，除了考虑患者的有意识活动的障碍之外，我们还需要考虑患者的无意识活动的障碍，也就是不但要诊断患者的有意识活动障碍的情况及程度，而且还要诊断患者的无意识活动障碍的情况及程度，并且研究患者无意识活动障碍的相关神经环路。

我们能否通过行为、脑电、脑磁、肌电、脑影像等实验资料，来了解患者的无意识活动的障碍情况及程度？具体的办法有待于实验中探索。

三、对意识障碍患者进行无意识活动障碍的康复

对上面提出的第二方面的问题，我们能不能认为，意识障碍患者的康复不仅是对患者进行有意识活动障碍的康复，对患者进行无意识活动障碍的康复也是一个需要考虑的措施。

从临床康复来说，除了对患者进行有意识活动障碍的康复训练外，同时我们还要进行患者无意识活动障碍的康复训练，它们可能会促进患者意识障碍的全面康复。

我们能否对患者进行长期感官刺激和长期低强度被动运动的训练？具体的办法有待于实践中探索。

参考资料

唐孝威 . 2008. 心智的无意识活动 [M]. 杭州：浙江大学出版社 .

第四部分

机器意识 / 动物意识

机器意识及其哲学分析 *

周昌乐

一、引言

自 20 世纪 90 年代以来，人们再次高度关注意识问题，众多的哲学家、心理学家与神经科学家在此领域开展深入的研究工作（Zelazo，Moscovitch & Thompson，2007）。与此同时，人们也开始使用计算方法试图让机器装置拥有意识能力（Zelazo，et al., 2007）。这类研究逐渐被称为"机器意识"的研究。早期有关机器意识的研究比较初步，研究工作较少得到学术界的认同，甚至早些年提到"机器意识"还有不合时宜的顾虑。

但是随着研究工作的不断深入，尽管哲学上有着不同观点的争论，一些有远见的专家学者开始充分认识到开展机器意识研究的重要意义，并专门撰文进行了精辟论述。比如英国皇家学院电子工程系的亚历山德（Aleksander）教授通过追踪从 20 世纪 90 年代的怀疑到 21 世纪的转变，以及目前不断得到的巩固，指出机器意识的影响与日俱增，并预计了机器意识对科学与技术发展的潜在影响，特别是改变人们对意识的理解、对改进计算装置与机器人方面的概念贡献，意义更为重

---

* 本文原刊于《人民论坛·学术前沿》2016 年第 13 期（中国人大报刊资料《科学技术哲学》全文转载）。

大（Aleksander, 2009）。

无独有偶，美国伊利诺伊大学哲学系海科宁（Haikonen）教授则专门撰文强调机器意识是新一代信息技术产业发展的一个新机遇，认为新产品与系统的发展机会起因于信息技术发展的下一步，而现有的人工智能基于预先编程算法，机器与程序并不能理解其所执行的内容。显而易见，不考虑意识就没有对自身行为的理解，而机器意识技术的涌现可以弥补这一短处，因此，机器意识技术可以为信息技术产业的发展提供新的契机（Haikonen, 2009）。

意大利巴勒莫大学机器人实验室的切尔拉（Chella）教授则指出，开展**机器意识不仅是一种技术挑战，也是科学和理论上开展那些人工智能及机器人尚未得到满意解答主题的新途径**（Chella & Manzotti, 2009）。最近，土耳其中东技术大学的格克（Gök）和赛扬（Sayan）两位学者进一步认为，开展机器意识的计算建模研究还有助于推进对人类意识现象的理解，推动构建更加合理的意识理论（Gök & Sayan, 2012）。

上述这些学者的论述无疑说明，机器意识研究不但对于深化人工智能的研究有着重要的推动作用，而且对于科学解释神秘的意识现象也同样具有更为重要的推动作用。正因为有着如此重要的科学意义和推动未来信息技术革新的潜在价值，随着最近 10 年的研究发展，机器意识现在已经成为广泛关注的热点研究领域，并形成了数量相当可观的研究成果和实验系统，有些成果已经被运用到实际的机器认知系统的开发之中，机器意识研究也成为人工智能最为前沿的研究领域。

二、机器意识研究现状分析

有关机器意识 2006 年之前的研究状况，英国皇家学院电子工程系的研究团队已经做过了比较全面的综述（Aleksander, 2009；Gamez, 2008）。因此，我们这里主要就对在此之后国际上有关机器意识研究概况和发展趋势进行分析。据我们的文献检索，截止到2015年底，在机器意识研究领域发表的学术论文超过350篇，其中最近10年就有占了其中一半以上。归纳起来，由于对意识的哲学解释不同，目前机器意识研究的主流研究，往往是以某种意识科学理论为出发点来进行具体建模研究和实现。由于涉及的文献过多，无法一一列举，因此下面我们仅就一些影响较大的典型研究进行分析。

在意识科学研究中，一种较早的理论观点就是用量子机制来解释意识现象（Zelazo，et al.，2007），自然，这样的出发点也波及有关机器意识建模的研究。**量子理论描述意识产生机制的有效性，并不是说物质的量子活动可以直接产生意识，而是强调意识产生机制与量子机制具有跨越尺度的相似性**。近年来，意识的量子模型发展又有了新的动向。比如作为量子意识理论解释的进一步发展，中国科学院电子学研究所的高山提出了**意识的一种量子理论，研究了量子塌缩与意识之间的关系，假定量子塌缩是一种客观的动态过程**（Gao，2008）。日本秋田（Akita）国际大学的施罗德（Schroeder）另辟蹊径，**在构建统一意识模型中不涉及量子力学的量子相干性方面做出了全新的探索，主要目标是说明现象意识能够依据量子力学的物理解释，用量子力学的形式化代数性质来描述**（Schroeder，2009）。俄罗斯列别德夫（Lebedev）物理研究所的门斯基（Michael B. Mensky）利用意识的量子概念提出了一种主观选择的数学模型，说明意识和超意识的这些特性如何能够通过简单的数学模型给出（Mensky，2011）。当然，更多的是有关意识量子机制描述的可能性争论，正反两方面的观点都有（Görnitz，2010；Mensky，2009；Yu & Nikolic，2011）。特别是在2012年 *Physics of Life Reviews* 第9卷第3期上，以巴尔斯（Baars）和埃德尔曼（Edelman）所著论文 "Consciousness, biology and quantum hypotheses" 为核心（Baars & Edelman，2012），组织了十余名相关领域的学者分别撰文，对是否能够通过量子机制来描述意识现象展开多方位的辩论。特别是最近巴奇（Susmit Bagchi）从分布式计算的角度，较为全面地讨论了生物演化与量子意识之间的关系（Bagchi，2015a，2015b，2015c）。遗憾的是，迄今为止对此问题，学术界尚未达成一致的结论。

在机器意识研究中，第二种有重大影响的理论观点就是全局工作空间理论（Velmans & Schneider，2007）。全局工作空间理论（global workspace theory）是由美国加利福尼亚大学圣地亚哥分校神经科学研究所的巴尔斯研究员于 1988 年提出的有影响的意识解释理论。在该理论的指导下，由巴尔斯等人组成的研究团队开展长达 20 多年的机器意识研究工作，最终开发完成了 LIDA 认知系统（Baars & Franklin，2009；Franklin，D.Mello，Baars & Ramamurthy，2009；Ramamurthy & Franklin，2009；Ramamurthy，Franklin & Agrawal，2012）。LIDA（learning intelligent distribution agent），是在该研究团队等人早期开发的 IDA（intelligent distribution agent）基础上发展起来的。其主要依据 Baars 全局工作空间理论，采用神经网络与符号规则混合计算方法，通过为每个软件主体建立内部认知模型来实现诸多方面的意识认知能力，如注意、情感与想象等。该系统可以区分有无意识状态、有效运用有意识状态，以及具备一定的内省反思能力等，并得到一些应用和扩展。从机器意识的终极目标看，该系统缺乏现象意识的特征，比如意识主观性、感受性和统一性均不具备。

指导机器意识研究的第三种重要意识理论观点是意识的信息整合理论（Velmans & Schneider，2007）。意识的信息整合理论是美国威斯康星－麦迪逊大学精神病学的托诺尼（Tononi）教授于 1998 年提出的。自该理论提出以来，就有不少研究团队以信息整合理论为依据，主要采用神经网络计算方法，来开展机器意识的研究工作。其中主要典型的代表有英国亚历山德教授的研究团队和美国海科宁教授的研究团队所开展的系统性研究工作。英国皇家学院亚历山德教授领导的研究团队长期开展机器意识的研究工作，发表相关论文 30 多篇。早期的研究主要给出了有关意识的公理系统及其神经表征建模实现（Aleksander，2008），比较强调采用虚拟计算机器来建模意识。最近几年，亚历山德研究团队采取仿脑策略（Hussain，Aleksander，Smith & Chrisley，2009），开始强调信息整合理论的运用（Aleksander & Gamez，2011；Beaton & Aleksander，2012），建立了若干仿脑（brain-inspired）意识实现系统，更好地实现了所提出五个意识公理的最小目标。美国伊利诺伊大学哲学系海科宁教授的研究团队则主要采用联想神经网络来进行机器意识系统的构建工作，自1999年以来开展了富有成效的研究工作 (Haikonen，2012)。海科宁教授在所提出的认知体系模型的基础上，实现了一个实验型认知机器人 XCR-1 系统 (Haikonen，2011)。应该说，海科宁所开展的机器意识研究，虽然其出发点是为了揭示意识现象本性的，但却是目前机器意识研究最为典范的研究工作之一。

在意识科学研究中，也有将人类的意识能力看作是一种高阶认知能力的，提出意识的高阶理论 (Velmans & Schneider，2007)。在机器意识研究中，以这样的高阶理论为指导，往往会采用传统的符号规则方法来建立某种具有自我意识的机器系统。其中，一个比较系统的研究工程就是意大利巴勒莫大学机器人实验室切尔拉教授领衔用10年时间开发的 Cicerobot 机器人研究项目 (Chella，Frixione & Gaglio，2008；Chella & Gaglio，2012)。该机器人包括**一种自我意识的认知结构机制**，主要由三个部分构成：亚概念感知部分、语言处理部分和高阶概念部分。这样，通**过机器人高阶感知（一阶感知是指对外部世界的直接感知，高阶是对机器人内部世界的感知），就形成了具有自我反思能力的机器人。这项研究工作的主要特点是将逻辑形式化方法与概念空间组织相结合**，强调对外部事物的一种心理表征能力，并对外部环境进行内部模拟。在高阶认知观点的自我意识建模研究方面，另一个做出非常突出贡献的是美国乔治梅森大学的萨姆索诺维奇 (Samsonovich) 教授率领的研究团队。该团队经过十余年的研究，开发了一个基于仿生认知体系 GMU-BICA (George Mason University-Biologically Inspired Cognitive Architecture) (Samsonovich，2012；Samsonovich，Jong & Kitsantas，2009；Stocco，Lebiere & Samsonovich，2010)。在该系统中定义的心理状态不但包含内容，也包含主观观察者，因此拥有"自我"意识的主观能力。系统实验是用所提出的认知结构模型控制虚拟机器人来完成一些简单的走迷宫活动，其可以表现出具有人类意识所需要的行为。相比而言，与 Cice 机器人 (Cicerobot) 机器人强调自我意识是一种反思能力不同，GMU-BICA 系统则将自我意识理解为"自我"的意识。当然不管是 Cice 机器人还是 GMU-BICA，跟其他强调高阶认知的机器自我意识研究一样，这样的高阶认知模型，往往对心理扫视、主观体验与统一意识等一些意识本质方面的表现兼顾不足。

除了上述介绍的这些有代表性的机器意识模型与系统的构建实现研究外，对于机器意识研究而言，还有一个如何判定机器具有意识能力的检验问题，这也构成了目前机器意识研究十分重要的一个方面。显然，要判断开发的机器意识系统是否真正具备预期的意识能力，就需要开展相应意识特性分析、评判标准建立以及检测方法实现等方面的研究工作。在这方面，由于目前对意识现象的认识存在许多争议（Zelazo，et al.，2007），对于意识评测特性分析方面也难以有统一的认识（Boltuc，2009），因此给出的机器意识特性需求分析也比较零散（Goertzel，2014；Long & Kelley，2009；Miyazaki & Takeno，2014；Plebe & Perconti，2010；Thomsen，2011）。倒是在评判标准的建立方面，西班牙卡洛斯三世马德里大学计算机科学系的阿拉贝尔斯（Arrabales）教授的研究团队做出了比较系统研究。该团队自 2008 年开始在这方面开展意识特性分析（Arrabales & de Miguel，2008），然后进一步给出了计算人工意识的一种量化测量方法 ConsScale（Arrabales，Ledezma & Sanchis，2009a，2009b，2009c）以及对感受质的功能性刻画（Arrabales，Ledezma & Sanchis，2010a），接着又给出了一种 ConsScale 修订版，并讨论了在机器中产生感受质和现象意识状态的可能性（Arrabales，Ledezma & Sanchis，2010b），最后通过构建 CERA-CRANIUM 认知体系（采用意识全局工作空间理论建模）来检验产生的视觉感受质（Arrabales，Ledezma & Sanchis，2011）以及实现的内部言语（Arrabales，2012）。所有这些成果初步为机器意识能力的检测，提供了一种实用的标准。当然，也有将镜像认知看作是机器拥有自我意识能力的一种检测标准，依据是人类和一些其他动物能够在镜子中认出自己，这一能力被看作是拥有自我意识的明证（Gallup，1970）。因此，海科宁认为在镜像中的自我识别，即镜像测验，也可以用来确认机器潜在的自我意识能力（Haikonen，2007）。于是，在意识能力检测方法研究方面，许多研究工作是有关通过镜像测试的认知能力实现方面的（Donaldson & Kawell，2011；Komatsu & Takeno，2010；Takiguchi & Takeno，2013）。但也有研究认为，即使通过镜像测验也不能证明意识能力的存在，要证明具有意识能力，还需要通过更加复杂的测验。比如埃德尔曼就提出三种意识检验的途径，即意识的语言报告、神经生理信号及意识行为表现（Edelman，Baars & Seth，2005）。

总而言之，从上述综述不难看出，机器意识的研究主要围绕着量子涌现机制、全局工作空间、信息整合理论、意识高阶理论以及意识能力检测等方面展开。从研究的策略来看，它则主要分为算法构造策略（algorithm）与仿脑构造策略（brain-inspiration）两种途径。具体的实现方法主要可以分为三类，一是采用类神经网络的方法，二是采用量子计算方法，三是采用规则计算方法。当然，虽然经过 20 多年的发展，机器意识的研究取得了众多的研究成果，大大推进了机器意识的研究进程，但相对于人类意识表现方面，目前机器意识能力的表现还是非常局限的。根据厦门大学周昌乐教授以及土耳其中东技术大学的格克和赛扬发表的论文（周昌乐，刘江伟，2011；Gök & Sayan，2012），目前机器意识系统主要具备的能力都是功能意识方面的，偶尔涉及自我意识和统一性意识（很难说是否真正实现了）。可见，意识计算模型的研究还有很长的路要走，特别是关于内省反思能力、可报告性能力、镜像认知能力、情感感受能力、主观性现象等（Haikonen，2012），更是需要进一步加强研究和探索的方面。

三、人类意识能力的唯识学分析

我们人类意识能力的基础是神经活动，尽管神经活动本身是意识不到的，也不是所有的神经活动都能产生意识，但正是这样的神经活动却能够产生有意识的心理活动，这便形成了人类的意识能力。

根据现有相关科学与哲学研究成果，一种人类意识运行机制大致可以是这样的：物质运动变化创生万物，生物所基于的生理活动支持着神经活动，神经活动涌现意识（有意识的心理活动），意识感受生理表现并指导意向性心智活动的实现，从而反观认知万物之理。

这样，除了心理活动所涉及的神经系统外，主要的心理能力包括感觉（身体感受）、感知（对外部事物的感知能力，包括视、听、味、嗅、触）、认知（记忆、思考、想象等）、觉知（反思、意识、自我等）、情感（情绪感受）、行为（意志、愿望、情欲等）、返观（禅观、悟解）等。

必须强调的是，迄今为止，对有意识的心理能力进行最为系统解析的学说体系并非是现在的脑科学研究，而是起源于古印度的唯识学。唯识学所研究的对象就是心识问题，相当于我们这里界定的有意识的心理活动。如图 1-1 所示，其理论体系主要包括五蕴八识的心法体系（周昌乐，刘江伟，2011）。

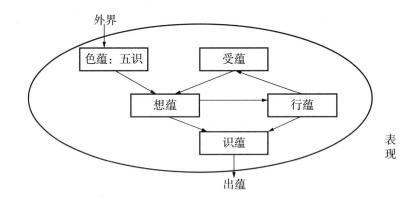

图 1-1　佛教五蕴心理描述体系中心理能力及其关系

第一，前五识归为色蕴，对应的心法称为色法，相当于当代心理学中的感知，其意识的作用称为五俱意识（所谓"俱"就是伴随）。如果这种感知是真实外境的感知，则其伴随性意识称为同缘意识，如果是有错觉的感知，则称不同缘意识。如果这种感知活动产生后像效应，则称为五后意识（属于不相应法）。一般而言，色蕴对应的心理活动都是有意向对象的，因此属于意向心理活动。

第二，受蕴是一种心所法（具体的心理能力），主要是指身体与情感状态的感受。注意这里要区分身识中的身体状态感受与色蕴是完全不同的心理能力，身识相当于触觉，是一种感知能力，而身体状态的感受不是感知能力，而是感受身体疼痛、暖冷等的体验能力。受蕴的心理活动，虽然具有意识，但不具有意向对象，因此不属于意向性心理活动。

第三，想蕴是另一种心所法，用现代认知科学的话讲，就是狭义的思维能力，如思考、记忆、想象等。属于认知的高级阶段，显然是属于意向性心理活动。

第四，行蕴也是一种心所法，主要指一切造作之心，用现代认知科学的话讲，如动机、欲望、意愿、行为等。唯识学中的"行"，与"业"的概念相互关联，一般分为三种，即身业（行动）、语业（说话）和意业（意想），但它们都强调有意作为的方面，因此行蕴也属于意向性心理活动。

第五，识蕴是整体统一的心法，更加强调的是后两识（第七末那识、第八阿赖耶识）的心法，现代西方的认知科学尚无对应的概念。它主要强调的是自我意识，特别是返观能力，即对根本心识的悟解能力。

总之，色蕴是色法（感知能力），受蕴、想蕴、行蕴都是心所法（具体的心理能力），他们本身就是具有意识的心理活动（统归于心法），其中色法的意识作用是伴随性的五俱意识，其他三蕴的意识作用与伴随性的意识则又有不同，称为独散意识（受蕴、想蕴、行蕴所涉及的意识，是一种周遍性意识活动）。

当然，如果所有意识作用出现在梦中，唯识学中则另外称之为梦中意识（做梦时的意识活动，属于不相应法）。在唯识学的五蕴学说中，识蕴比较复杂，唯识理论特别单列的一种根本心法，除了强调自我意识的末那识"我执"外，更强调达到定中意识的阿赖耶识"解脱"，属于去意向性心理活动。

总之，从意向性的角度看，我们的心理能力可以分为无意向性的受蕴和意向性的色蕴（前五识）、想蕴、行蕴，以及元意向性的意识、去意向性的识蕴。其中识蕴是一种特定的禅悟能力，对其性质的认识与禅宗的心法观有关。

四、机器意识研究面临的困境

对于目前的人工智能研究而言，实际上我们涉及的心智能力，如果按照五蕴分类体系来分析，那么大致只有色蕴、想蕴与行蕴中的部分能力。如果考虑到目前有关机器意识的研究，也仅仅涉及五俱同缘的伴随性意识、想蕴与行蕴中的独散意识、识蕴中的自我意识，以及意识活动本身的机制问题。其他像不相应法的梦中意识、五后意识、定中意识、五俱不同缘意识等都没有涉及。

这样一来，根据上面有关心识能力的唯识学分析，对于机器而言，真正困难的机器意识实现问题则是受蕴性独散心识（体验性意识能力）与识蕴性心识两个方面，一个涉及无意向心理活动的表征问题，另一个涉及去意向性心理活动的表征问题，都是目前计算理论与方法无法解决的问题。反过来讲，机器最有可能实现的心智能力部分应当是那些具有意向性的心识能力（色蕴、想蕴与行蕴），即唯识学心法中的色法与若干心所法。

很明显，意向性心理活动一定伴随有意向对象，于是就有可能对此进行计算表证，并完成相关的某种计算任务。因此反过来说，我们认为意向性心理能力是人工智能的理论限度（是上界，但并非是上确界），我们能够实现的是人类意识能力，不可能超越意向性心识的范围。这也就是我此次文章观点讨论的基点，并具体给出如下方面论据的分析。

首先，我们来看心智机器的成功标准。从我们的立场看，如果要构建具有与人类一样心智能力的机器，成功的标准起码应该通过图灵测验。主要理由是，由于"他心知"问题的存在，行为表现可能是唯一的判断标准，此时图灵测验也许不失为一种可行的测试途径，关键是"巧问"的设计。原则上，通过言行交流，也是人类之间默认具有心智能力的唯一途径。其次，根据摩根准则，在没有把握的情况下，宁肯选择比较简单的解释。因而，对图灵测验的解释中，我们也必须注意摩根准则，诸如机器思维或者机器经过思考的行动这类有关心智能力的假设在大多数情况下应该被丢弃。

现在我们就来进行一场图灵测验，看看机器到底会遭遇什么样的困境。为了看清本质，我们的方式异常简单，就是进行如下提问（所谓"多大年纪"思想实验，参见我以前的文章《重新发现图灵测验的意义》，周昌乐，2015）。

你多大年纪？

此时会发生怎样复杂的情形呢？当提问者一而再，再而三不断重复这一问题的询问时，机器很快就会暴露出其致命的缺陷，就是缺乏不可预见性的反应能力。

那么，面对这么简单的提问，机器为什么会无所适从呢？其实这跟机器形式系统的局限性有关。众所周知，图灵机是个形式系统，而哥德尔不完全性说明足够复杂的形式系统不能证明某些真命题。这是否说明人的某些知识是计算机器永远不能得到的？或者反过来说，是否说明不是所有的知识都能形式化呢？这样就引出了如下第二个论据的讨论。

从形式系统角度看，确实存在不可计算（证明）的问题，而且是大量的（用数学术语就是几乎处处的），但这些问题对于人类同样也是不可计算（证明）的。比如图灵停机问题，如果换成了人，结果是一样的。至于知识，可能首先要分清知识的含义与性质，知识是动词还是名词，要不要考虑元知识？如果这样看待知识，那么肯定不是所有知识都是可以形式化的。因此，我们可以发现，问题不在于形式系统是否有局限性，而在于对于意识现象能不能给出一致性的形式描述。

那么，我们可以对人类的意识现象给出一致性描述吗？回答显然是否定的。因为在人类的意识现象中，存在着意识的自反应心理现象：我们的意识活动是自明性的。从逻辑上讲，如果一个系统允许自涉，那么该系统一定是不一致的，也就是说无法对该系统给出一致性的形式化描述。

其实，人类的心理活动本来就是建立在神经集群活动的自组织涌现机制之上的，因此出现意识的自明性现象是必然的。这也就是美国哲学家普特南给出"钵中之脑"思想实验所要说明的道理。

比如，对于"我们都是钵中之脑"命题，在事先并非知晓这一事实的前提下，使用知道逻辑的反证法，可以明确加以否定。因此，我们人类的意识能力，显然不可能为机器所操纵。这样，由于计算机器形式化能力的局限性，靠逻辑机器是不可能拥有人类全部意识能力的，起码意识的自明性能力不可能为机器所拥有。

进一步，作为第三个论据讨论，我们再来看人类的意义指称能力问题。我们需要明确的问题是：机器能处理符号，但它能真正理解符号所代表的意义吗？如果人的概念依赖于人类的躯体和动机（涉身性认知），那机器怎么可能掌握它们呢？

这个问题主要是指机器是否能够拥有指称能力，塞尔的"中文之屋"提出了反对意见。其实这个问题的关键还是要弄清什么是"意义"，如果意义是指所谓抽象的"概念"内涵而非表征形式，那么就必然存在一条语义鸿沟，因为机器内部能够处理或变换的只是不同的形式语言而已。但如果意义是指"行为表现"，那么这个问题就回到了上面图灵测验的第一个论据上去了。

人类语言表达意义不在语言形式本身，而在于意识能力。正因为这样，才会有许多超出常规的意义表达方式。从根本上讲，我们也不必一一列举种种机器难以拥有的指称能力，诸如矛盾性言辞、元语言表述、整体性语境等难以一致性描述的状况，而只需指出，机器不可能拥有人类的终极指称能力即可。

那么，什么是终极指称能力呢？宋代临济宗禅师惠洪在《临济宗旨》中指出："心之妙不可以语传，而可以语言见。盖语言者，心之源、道之标帜也。标帜审则心契，故学者每以语言为得道浅深之候。"其中所谓的"心之妙"者，就是终极指称能力。由于超越了概念分别，难以用语言来描述，这就为形式化描述带来了根本的困境。

第四个论据的讨论涉及所谓预先设定程序的问题。我们知道，目前的机器只能遵循给定的程序运行（预先设定的程序），这样的话，机器又怎么可能拥有真正的创造性和灵活性呢？也许人工智能的目的就是要让机器的"计算"更加灵活"聪明"，但基于目前预先设定程序的机器，显然是不可能是灵活的，更不用说创造性能力了。

显然事情越有规则，机器就越能掌控，这就是预先设定程序的界限。比如对于表面复杂结构的分形图案，由于可以靠简单规则加以迭代产生，机器就可以靠预先编程规则自如产生。但是对于人类常常出现的出错性，由于毫无规律可言，机器便不可能预先加以编程，机器也就不可能拥有出错性了。人是易于犯错误的，而机器按照设定的程序运行，永远不会出错，这就是预先编程的一个致命弱点，这也是第一个论据讨论中机器无法通过图灵测验的根本原因。

要知道，出错性表面上似乎是一个负面品质，但其实质上则包含着灵活性和创造性，是一切新事物涌现机制的基础。比如，如果没有生物基因的出错性，自然选择就没有了作用的对象，繁复的生物多样性也就无从谈起。同样，如果没有了思想模因的出错性，文化选择也同样没有了作用的对象，博大的思想多样性同样无从谈起。可见，出错性是机器难以企及人类心智能力的一个分界线，而这一切都归结为机器的预先编程的局限性。

同样的道理，由于预先编程问题，也带来了机器也不可能真正拥有情感能力的新问题，这也构成了机器难以拥有人类心识能力的第五个论据。我们知道，情感从某种意义上讲，就是常规理性活动过程中的"出错性"，是非理性的，但基于逻辑的机器是理性的。也许人们会说，非理性的情感在心理表现中是不重要的，甚至是不起作用的。但我们要强调，即使是理性思维，情感和其他非理性因素也在其中扮演重要角色（倾向性指导作用）。如果说理性的认知能力是前进的方向，那么非理性的情感能力就是前进的动力，人类的心理活动中岂可或缺情感能力？！而对于机器而言，缺少了情感能力，机器怎么能够像人类一样思维？！

机器是有逻辑性的，难以体现情感本性，目前有关情感计算只是实现了情感的理性成分。我比较赞同这样的观点：理智是方向性的舵手，情感是驱动性的马达，在航行中情感与理智相互依存。因此，如果情感不能计算，那么也谈不上实现人类意识的计算，因为情感难以计算的本质就是意识的感受问题。

五、机器能拥有意识能力吗

通过上述对机器实现人类心智能力所面临种种困境的讨论，我们就可以进一步引申出机器是否能够跟人类一样拥有意识能力的问题。为了避免陷入不必要的信念之争，我认为学术辩论主要应对事实或可能事实开展分析讨论。因此针对此次讨论的话题，由于计算机器的概念相对明确，争论的焦点多半会聚焦到有关人类"意识能力"的界定之上。所以，下面先给出我所理解的人类"意识能力"分析描述，然后再围绕着我们讨论的主题，展开观点的陈述。

意识包括功能意识、自我意识和现象意识，其中功能意识大体上均涉及意向性的心理能力，除了前面已经讨论的五个论据外，似乎并不存在特别的新困难。但自我意识和现象意识不同，由于涉及去意向性和非意向性的表征问题，这便构成了机器心识的最大困扰。

首先，我们要清楚"自我意识"不是关于"自我"的意识，而是一种自身内省反思能力。因此，自我意识是意识的核心功能。其次，我们必须澄清那个所谓的"体验意识"（qualia）到底是指什么，是精神的本性还是虚构的对象？这涉及哲学基本问题，非常复杂，观点纷呈。机器能否拥有意识能力的核心问题，其实就在于此。

由于涉及心灵的一些本质问题，机器意识研究一开始就引起了哲学上的广泛关注，有专门讨论机器意识研究的哲学基础，也有讨论机器意识所会面临的困难，包括像意识（consciousness）、感受质（qualia）和自我觉知（self-awareness）这些回避不了的、显而易见的困难问题，以及一些与意识相关的认知加工，如感知、想象、动机和内部言语上的技术挑战。但更多是延续早期对人工智能的哲学反思，对机器意识的可能性提出质疑。涉及强弱人工智能之争、人工通用智能问题、意识的难问题、中文之屋的新应用、人工算法在实现意义能力方面的局限性、蛇神机器人不可能拥有主观性、现象意识等众多方面的争论。

那么机器能够拥有这种现象意识状态吗？对于现象意识的存在性问题，有截然不同的两种观点。一种是神秘论的观点，认为我们神经生物系统唯有共有的就是主观体验，这种现象意识是不可还原的为物理机制或逻辑描述的，靠人类心智是无法把握的。另一种是取消论的观点，认为机器仅仅是一个蛇神（zombie）而已，除了机器还是机器，不可能具有任何主观体验的东西。在这两种极端观点之间，还存在各种不同偏向的种种观点，如还原论、涌现论、唯心论、二元论等。

其实，依我来看，无须做上述复杂的讨论，我们只要从意向性角度来看，便可以澄清机器意识的可能性问题。我的观点是，凡是具有意向性的心理能力，理论上机器均有可能实现，反之则肯定不能实现。因为一旦缺少了意向对象，机器连可表征的内容都不存在，又如何可以形式化并进而进行计算呢！

通过上述分析讨论，我们发现，机器意识难以达成的主要困境可以归纳为这样三个方面。第一个是形式化要求，特别是一致性要求导致的局限性，使得机器智能局限于具有意向性的心识能力，如色蕴、想蕴、行蕴。第二个则是机器缺乏不预见性的反应能力，智能通过预先设定的程序来应对环境。第三个就是无法拥有终极指称能力，无法实现去意向性的识蕴能力。最后补充一点则是，对于涉及现象意识的感受性能力（受蕴），由于没有意向对象可以作为形式化的载体，因而对其计算压根儿无从入手。

于是，我们可以很清楚地看到，意向性就是实现机器意识能力的一条不可逾越之界线。用数学的术语说，机器能够拥有的意识能力的上界就是意向性心识能力。当然这并非是上确界，因为不可预见性反应能力也属于意向性能力，但从前面的分析中可以看出，目前基于预先编程的机器仍然无法拥有。或许可以期待于更为先进的量子计算机器来突破预先编程能力，但意向性心识能力的边界，依然是无法突破的。

这样，当我们把目前有关机器意识的研究分为面向感知能力实现的、面向具体特定意识能力实现的、面向意识机制实现的、面向自我意识实现的、面向受蕴能力实现的这五个类别时，就可以同唯识学中意识的五蕴学说相对比，从而更加清楚地认识其中的本质问题所在。

我们的结论是，对于机器意识研究与开发，应该搁置有争论的主观体验方面（身心感受）的实现研究，围绕意向性心识能力（环境感知、认知推理、语言交流、想象思维、情感发生、行为控制），采用仿脑与量子计算思想相结合的策略来开发具有一定意向能力的机器人，并应用到社会服务领域。

六、机器意识未来研究展望

围绕着上述分析所得出的主要结论，我们认为未来机器意识的研究，主要应该开展如下五个方面的研究工作。

第一，构建面向机器实现的意识解释理论：由于意识问题本身的复杂性，目前存在众多不同的意识解释理论（周昌乐，刘江伟，2011；Zelazo, et al., 2007；Velmans & Schneider，2007），其中只有部分理论用于指导机器意识的研究。为了更好地开展机器意识研究工作，取得更加理想的机器意识表现效果，我们必须直接面向机器意识实现问题本身，综合并兼顾已有意识解释理论，提出一种更加有利于机器意识研究的、有针对性的、全新的意识解释理论。提出的新理论应该不但能够清晰地刻画各种意识特性及其关系，而且应该符合机器意识实现的要求，更好地用以指导机器意识的开展。为此，我们具体需要开展现有意识解释理论的梳理研究、机器意识限度与范围的分析研究、意识特性刻画标准规范的构建研究等方面的研究工作。

第二，探索机器意识计算策略与方法：过去的研究表明，要想让机器拥有意识这样的能力，传统的人工智能方法是无能为力的，我们必须寻找全新的计算方法（Haikonen，2012）。因此，机器意识的深入开展需要有不同于传统人工智能的计算策略和方法。就目前机器意识研究中所遇到的问题而言，在计算方法方面起码需要开展亚符号（神经信号）表征到符号（逻辑规则）表征之间的相互转换计算方法、在非量子体系中实现类量子纠缠性的计算方法，以及神经联结与符号规则相互融合的计算方法等方面的研究。而在计算策略方面，我们需要开展仿脑与算法相结合策略的研究，只有确定了行之有效的计算策略和方法，才能真正推动机器意识进一步的深入发展。

第三，构建机器意识的综合认知体系：作为机器意识研究的主要任务，就是要构建具有（部分）意识现象表现的机器认知体系。给出的意识机器认知体系应该满足一些基本需求（Komatsu & Takeno，2010），起码应该包括：（1）实现具有感受质和外部感知对象的感知过程；（2）实现过程内容的内省反思；（3）允许各模块无缝整合的可报告性；（4）配备本体感知系统的基本自我概念。因此，这部分的研究内容应该结合机器意识计算策略与方法的探索，参照已有各种机器意识认知体系的优点，有针对性地进行构建工作，以期满足基本的意识特性需求。

第四，开发实验性的意识机器人系统：在已有智能机器人开发平台的基础上，嵌入构建好的机器意识综合认知体系，形成具体的意识机器人系统，并开展具体的系统实验分析研究。通过各种意识特性的实验，检验机器意识综合认知体系的性能是否满足基本的意识特性需求，最终给出一种实验性意识机器人系统的范例。

第五，搭建机器意识测试平台：如何评测意识机器人系统所拥有的意识特性以及到达的意识能力程度，也是机器意识研究的一个不可或缺的重要方面。具体研究内容包括建立机器意识评测标准体系、构建开展评测的环境平台（比如镜像认知能力的测验装置与软件、机器人行为表现分析设备与软件，以及意向性人机对话评测系统等）。总之，通过搭建的评测平台，我们能够对意识机器人系统的意识特性和能力开展有效的评测工作。

总之，通过上述五个方面的研究，我们希望能够在建立全面体现意识特性的评测标准、提出行之有效的计算方法以及构建内省意识的认知体系这三个关键科学问题方面有所突破，切实推进机器意识的研究进程。这样，通过在机器意识研究方面形成一套较为成熟的机器意识理论、方法和技术，方能为推动机器意识学术研究的快速发展做出真正的贡献。

参考文献

周昌乐 . 2015. 博学切问 [M]. 厦门：厦门大学出版社 .

周昌乐，刘江伟 . 2011. 机器能否拥有意识——机器意识研究及其意向性分析 [J]. 厦门大学学报（哲学社会科学版），1—8.

Alan, R., Pentti, O., Haikonen, A. 2012. Consciousness and Robot Sentience[J]. *World Scientific*, Singapore.

Aleksander, I. 2008. Neural Approaches to Machine Consciousness，8th International Conference on Computing Anticipatory Systems, AUG 06—11, 2007 Liege[J]. *belgium, computing anticipatory systems: aip conference proceedings*, vol.1051: 3—14.

Plebe, A. Perconti, P. 2010. Qualia turing test：designing a test for the phenomenal mind, Proceedings of the 1st International Symposium on Towards a Comprehensive Intelligence Test: Reconsidering the Turing Test for the 21st Century[J]. *TCIT 2010 - A Symposium at the AISB 2010 Convention*, 16—19.

Alexei, V. 2009. Samsonovich, Kenneth A. Jong, Anastasia Kitsantas, The mental state formalism of GMU-BICA[J]. *International Journal of Machine Consciousness*, v 1, n 1, 111—130.

Alexei, V. 2013. Samsonovich, Extending cognitive architectures, Advances in Intelligent Systems and Computing, v 196 AISC, Biologically Inspired Cognitive Architectures 2012 - Proceedings of the Third Annual Meeting of the BICA Society[J]. *BICA*.

Hussain, A., Aleksander, I., Smith, L., Chrisley, R. 2009. Brain inspired cognitive systems (BICS)[J]. *Neurocomputing*, v72, 1(4—6): 683—684.

Stocco, A., Lebiere, C., Alexei, V. 2010. Samsonovich, The B-I-C-A of biologically inspired cognitive architectures[J]. *International Journal of Machine Consciousness*, v 2, n 2, 171—192.

Chella, A., Manzotti, R. 2009. Machine consciousness: a manifesto for robotics[J].

International Journal of Machine Consciousness, v 1, n 1, 33—51.

Chella, A., Salvatore. 2012. Gaglio, Synthetic phenomenology and high-dimensional buffer hypothesis[J]. *International Journal of Machine Consciousness*, v 4, n 2, 353—365.

Arrabales, R. 2008. de Miguel AS，Applying machine consciousness models in autonomous situated agents[J]. *pattern recognition letters*，vol. 29，no.8，1033—1038.

Goertzel, B. 2014. Characterizing Human-Like Consciousness: An Integrative Approach, in Samsonovich, AV; Robertson, P, eds[J]. *Proceedings of 5th Annual International Conference on Biologically Inspired Cognitive Architectures*, MIT Campus, Cambridge, MA, NOV 07—09.

Bernard, J., Baars, B., David, B. 2012. Edelman, Consciousness, biology and quantum hypotheses[J]. *Physics of Life Reviews*, v 9, n 3, 285—294.

Bernard, J., Baars, B., Franklin, S. 2009. Consciousness is computational: The LIDA model of global workspace theory[J]. *International Journal of Machine Consciousness*, v 1, n 1, 23—32.

Chella, A., Frixione, M., Gaglio, S. 2008. A cognitive architecture for robot self-consciousness[J]. *ARTIFICIAL INTELLIGENCE IN MEDICINE*，vol.44，no.2，147—154.

Donaldson, S., Kawell, J., Walling, C. 2011. Computer, know thyself: exploring consciousness via self-aware machines[J]. *Proceedings of the 49th Annual Association for Computing Machinery Southeast Conference*, 70—74.

Edelman, D., Baars B., Seth A. 2015. Identifying Hallmarks of Consciousness in Non-mammalian Species[J]. *Conscious Cognition*, 14:169—187.

Gallup, G. 1970. Chimpanzees: self-recognition[J]. *Science*, 167(3914): 86—87.

Gamez, D. 2008. Progress in machine consciousness[J]. *Consciousness And Cognition*，vol. 17，no.3，887—910.

Gao, S. 2008. A quantum theory of consciousness[J]. *Minds and Machines*, v 18, n 1, 39—52.

Görnitz, T. 2010. Quantum theory - Essential from cosmos to consciousness[J]. *Journal of Physics: Conference Series*, v 237.

Aleksander, I, Gamez, D. 2011. Informational theories of consciousness: a review and extension, from brains to systems: brain-inspired cognitive systems 2010[J]. *Advances in Experimental Medicine and Biology*, vol.718v, 139—147.

Aleksander, I. 2009. Designing conscious systems[J]. *Cognitive Computation*, vol.1, no.1, 22—28.

Aleksander, I. 2009. The potential impact of machine consciousness in science and engineering[J]. *International Journal of Machine Consciousness*, v 1, n 1, 1—9.

Miyazaki, K., Takeno, J. 2014. The necessity of a secondary system in machine consciousness, in Samsonovich, AV; Robertson, P, eds. Proceedings of 5th Annual International Conference on Biologically Inspired Cognitive Architectures, MIT Campus, Cambridge, *MA, NOV* 07—09.

Thomsen, K. 2011. Consciousness for the ouroboros model[J]. *International Journal of Machine Consciousness*, v 3, n 1, 163—175.

Komatsu, T., Takeno, J. 2010. Research and development of conscious robot mirror image cognition experiments using small robots[J]. *Proceedings of 2nd International Conference on Agents and Artificial Intelligence*, v 1, 479—482.

Long, L., Troy, D., Kelley. 2009. The requirements and possibilities of creating conscious systems[J]. *AIAA Infotech at Aerospace Conference and Exhibit and AIAA Unmanned...Unlimited Conference*.

Velmans, M., Schneider, S. 2007. *The Blackwell Companion to Consciousness*[M]. Blackwell Publishing Ltd.

Mensky, M. 2009. Can quantum computers simulate consciousness?[J]. *Proceedings of the 9th WSEAS International Conference on Applied Computer Science*, 62—67.

Mensky, M. 2011. Mathematical Models of Subjective Preferences in Quantum Concept of Consciousness[J]. *NEUROQUANTOLOGY*, vol.9, no.4, 614—620.

Beaton, M, Aleksander, I. 2012. World-related integrated information: enactivist and phenomenal perspectives[J]. *International Journal of Machine Consciousness*, v 4, n 2, 439—455.

Pentti, O., Haikonen. 2007. Reflections of consciousness: the mirror test, AAAI Fall Symposium - Technical Report, v FS-07—01, 67—71, AI and Consciousness: Theoretical Foundations and Current Approaches - Papers from the AAAI Fall Symposium[J]. *Technical Report.*

Pentti, O., Haikonen. 2011. XCR-1: an experimental cognitive robot based on an Associative Neural Architecture[J]. *COGNITIVE COMPUTATION* , vol.3, no.2, 360—366.

Pentti, O., Haikonen. 2013. Consciousness and the quest for sentient robots, in proceedings of Biologically Inspired Cognitive Architectures 2012, A.Chella et al., (Eds.)[J]. *Advances in Intelligent Systems and Computing*, v196 AISC, 19—27.

Pentti, O., Haikonen. 2009. Machine consciousness: new opportunities for information technology industry[J]. *International Journal of Machine Consciousness*, v1, n2, 181—184.

Zelazo, P, Moscovitch, M. Thompson, E. 2007. *The Cambridge Handbook of Consciousness*[M]. Edited by Cambridge University Press.

Boltuc, P. 2009. The philosophical issue in machine consciousness[J]. *International Journal of Machine Consciousness*, v 1, n 1, 155—176.

Arrabales, R, Ledezma, A. Sanchis, A. 2011. Simulating Visual Qualia in the CERA-CRANIUM Cognitive Architecture, FROM BRAINS TO SYSTEMS: BRAIN-INSPIRED COGNITIVE SYSTEMS 2010[J]. *Advances in Experimental Medicine and Biology*, vol.718, 223—238.

Arrabales, R., Ledezma, A., Sanchis, A. 2009. Establishing a Roadmap and Metrics for Conscious Machines Development[J]. *proceedings of the 8th ieee international conference on cognitive informatics*, 94—101.

Arrabales, R., Ledezma, A., Sanchis, A. 2010. On the practical nature of artificial qualia[J]. *Proceedings of the International Symposium on AI Inspired Biology - A Symposium at the AISB 2010 Convention*, 8—13.

Raúl Arrabales, Agapito Ledezma, Araceli Sanchis. 2009. Assessing and characterizing the cognitive power of machine consciousness implementations[J]. *AAAI Fall Symposium - Technical Report*, v FS-09—01, 16—21.

Raúl Arrabales, Agapito Ledezma, Araceli Sanchis. 2010. The cognitive development of machine consciousness implementations[J]. *International Journal of Machine Consciousness*, v 2, n 2, 213—225.

Raúl Arrabales, AgapitoLedezma, Araceli Sanchis. 2009. Strategies for measuring machine consciousness[J]. *International Journal of Machine Consciousness*, v 1, n 2, 193—201.

Arrabales, R. 2012. Inner speech generation in a video game non-player character: From explanation to self?[J]. *International Journal of Machine Consciousness*, v 4, n 2, 367—381.

Schroeder, M. 2009. Quantum coherence without quantum mechanics in modeling the unity of consciousness[J]. *Lecture Notes in Computer Science (including subseries Lecture Notes in Artificial Intelligence and Lecture Notes in Bioinformatics)*, v 5494, 97—112.

Gök, S., Sayan, E. 2012. A philosophical assessment of computational models of consciousness[J]. *Cognitive Systems Research*, v 17—18, 49—62.

Franklin, S., D'Mello, S., Baars, B., Ramamurthy, U. 2009. Evolutionary pressures for perceptual stability and self as guides to machine consciousness[J]. *International Journal of Machine Consciousness*, v 1, n 1, 99—110.

Bagchi, S. 2014. A Distributed Computational Model of State of Consciousness, 8th International Conference on Genetic and Evolutionary Computing (ICGEC)[J]. *Advances in Intelligent Systems and Computing*, vol. 329, 235—245.

Bagchi, S. 2015. Distributed Computation using Evolutionary Consciousness: An Approach[J]. international journal of computational intelligence systems, vol.8, no.5, 928—942.

Bagchi, S. 2015. On the Convergence of Quantum and Distributed Computational Models of Consciousness[J]. *14th International Conference on Artificial Intelligence and*

Soft Computing (ICAISC), 14—18.

Takiguchi, T, Takeno, J. 2013. A robot uses an evaluation based on internal time to become self-aware and discriminate itself from others[J]. *Advances in Intelligent Systems and Computing*, v 196 AISC, 309—315.

Ramamurthy, U., Franklin, S., Agrawal, P. 2012. Self-system in a model of cognition[J]. *International Journal of Machine Consciousness*, v 4, n 2, 325—333.

Ramamurthy, U., Franklin, S. 2009. Resilient architectures to facilitate both functional consciousness and phenomenal consciousness in machines[J]. *International Journal of Machine Consciousness*, v 1, n 2, 243—253.

Yu, S., Nikolic, D. 2011. Quantum mechanics needs no consciousness[J]. *Annalen der Physik (Leipzig)*, v 523, n 11, 931—938.

动物有意识吗？*

汪云九

一、引言

"动物有意识（灵魂）吗？"这个简单的问题眼下却不能做出简单明了的问答，反倒引出作者下面的一番议论。

佛教教义信奉众生平等，人不过是宇宙大家庭中的一员。如果罪过太多，来世投胎成牛马，所以人在生死大轮回中可以与其他动物互相转化。近期热播的电视剧《红高粱》中，酿酒师罗汉，认为高粱是有灵性的，因而与日本侵略军发生冲突，最终被处死。美洲的印第安人把玉米敬奉为神灵，声称"玉米是墨西哥文化的根基，是墨西哥的象征，是我们无穷无尽的灵感的源泉"。在他们的信念中把灵性从动物扩大到植物界了。我国的藏民族相信一山一水皆有神灵，所以他们一辈子都走在朝圣的路上，一辈子都有磕不完的头。这种信念在哲学上称为泛灵论（animism or panpsychism），他们相信万物皆有神灵（Koch，2014）。与此相反的观

---

*　感谢国家自然科学基金 31271172（武志华主持）资助、本文另载于《意识的神经科学原理》(浙江教育出版社)，略有改动。

点认为，人是万物至尊，君临天下，其他动植物概莫能言。

那么客观上究竟哪种观点是对的呢？

二、人和动物的比较：传说和行为学研究

所谓意识，心理学字典定义为"觉知和自觉"，也就是主体能知道本身的状况和感知周围环境的情况。大家知道人有五种感觉（视、听、嗅、味和触觉），五种情感状态（喜、怒、哀、乐、愁）以及许多认知能力（学习、记忆、语言、识别等）。但是许多动物或多或少也有这些功能。我们可以把脑功能的三个主要方面——情感、智能、意识，在进化历程中不同种类动物发展过程列表 1-1 中，我们来考察比较哪些是人类特有，哪些是人类不及其他动物的。

表 1-1　脑行为的进化历程

动物	智能	情感	意识
人	政治、宗教、审美、牺牲、埋葬、语言、自杀……	多种感情、死亡恐怖、绝望……	自我意识、目标设定、执着
高等动物	概念形成（数字、顺序、关系）、工具使用、游戏、好奇心、欺骗……	感情反应、笑、悲、嫉妒、发脾气、失望、讥笑……	镜像认识
中等动物	合作	喜欢	
低等动物	判断、预知、互助……	恐慌、权势……	行为的控制、注意、警戒
最低等动物	趋向性、反射、遗传决定行为……	敏感化、兴奋、抑制……	觉醒

注：本表列出脑功能的三个主要方面（情感，意识和智能）从最低等动物直至人类的进化过程。（引自酒井正树"低等动物的心理活动"，松本修文主编：心灵之谜多面观，P：74，上海科技出版社，2007）

意识的基础是感觉，上面说到人有五种感觉，其实是不太科学和不严格的。更准确地说人的感觉分两大类，一类感觉受到外界环境变化，包括视、听、化学（味，嗅）和皮肤感觉（压力，温度，痛觉等）；第二类是体内感觉，包括：内耳平衡感、肌肉牵张感觉、内脏感觉等。比较人和动物的感觉范围及灵敏度，人并非绝对冠军。

表 1-1 中给出的脑功能之间的划分，并非严格的区分，而是粗略的甚至有点模糊的。例如智能表现，必须是在意识清醒状态下进行。各种情态表现也是在意识清醒状态下考虑的。所谓低等、中等和高等动物之间的区分也是粗略的，因为动物的进化并非是一条跑道上进行的，而是形成一棵进化树，有时对一片叶子（物种）而言很难说它是高等、中等还是低等的。

先说感知觉。人是视觉动物，百分之八十以上的环境信息通过视觉进入大脑。但是某些鹰类的分辨力比人类高十倍。人只有三种色素细胞，而有种螳螂虾的色素细胞多达十种！有些蛇类有红外线感受器，用它来发现鼠类的动静。有的蜜蜂有紫外线感受能力，而沙漠蚁则根据偏振光导航。这些低等动物的光感受范围就比人类视觉感受范围大得多了。大象的足上有极低频振动感受器，有些鲸类也用极低频水中声波进行数千里远的通信，蝙蝠和海豚则利用人类听不到的超声通信和捕食。所以在人的听觉频率范围（20～25000Hz）之外的频率，还有许多动物在利用。人所共知，犬的嗅觉比人要灵敏数十万倍。电鳗生活在热带河流中，河水浑浊，它们的视觉几乎没用，靠电场来定位和捕食。这些都表明动物在感觉性质的内容以及灵敏度上，比之人类有优势，更不能说人类是绝对全能冠军。感官是心灵的窗户，多一扇窗户或者开一个大窗户，肯定可以多看一些风景。从这个意义上说，人类的意识世界不见得一定比其他动物丰富。正常人难以理解盲人的精神世界，人类也难以理解其他动物的意识世界。

我们再来对比一下人类与其他动物的情感世界。中医把人的情感分为七种：喜、怒、忧、思、悲、恐和惊。国外心理学认为有八种基本情绪：恐惧、惊讶、悲痛、厌恶（disgust）、愤怒、期待（anticipation）、快乐和接受。在此基本情绪基础上还有部分混合情绪，例如：接收与恐惧混合则成屈从，接受与快乐混合则成爱等等。

在比较人与动物的情感表述能力时不得不考虑到两个大障碍：一是人类有丰富的感情表达的肌肉，集中在脸部，当然肢体也有部分的表达能力。其他动物则缺少丰富的脸部肌肉表达感情能力，即使猴子和猩猩等高等哺乳动物，也只有少数感情表达能力。二是人的语言能力，这是动物界中独一无二的。人类社会中语言也是感情的极重要的载体。

在谈到情感问题时，不能不谈到进化论创立者达尔文（Charles Darwin）所著的《人与动物的情感》一书（达尔文，1999）。该书被誉为人类文明史上第一部关于人类及动物的情感表达方式及其起源的系统研究。他通过对世界上各大洲的土著人及物种的调查研究，并利用他友人及学者提供的资料，对分布在澳洲，新西兰，马来岛，中国，印度，非洲以及美洲的人类、犬、猫、鼠、猴、鹅、蛇、马、羊以及狒狒等动物进行观察，历时三十余年，写成此开山之作。在此书中他详尽描述了人类特殊的情感表述有八种：1. 苦恼与涕哭；2. 忧郁、担心、悲哀、丧胆与绝望；3. 喜悦、高兴、情爱、柔情、皈依；4. 反省、默想、不高兴、不平、下决心；5. 怨恨与愤怒；6. 侮辱、轻蔑、厌恶、过失、傲慢、无力、忍耐、肯定、否定；7. 惊异、惊愕、恐怖、震骇；8. 惭愧、羞耻、谦虚、赧颜。这些特殊的情感表达在世界各地方的民族中都有表现，而且大多数通过面部表情呈现，当然也伴随躯体的其他活动，如呼吸急促，心跳加快，毛孔张开，瞳孔放大等等。有些情感反应与后天教育及文化背景有关。而动物的情感反应则相对比较原始，脸部表情比较简单，躯体反应比较明显：如吼声、毛发竖立、摆尾、露牙……这些反应常常是与生俱来的，而非后天学习而得。显然人的情感表情比之其他动物则远为丰富多彩。

20 世纪末学术界掀起用自然科学方法研究意识问题的高潮，其中的领军人物，诺贝尔奖获得者克里克（F. Crick）在他的《惊人的假设》一书中写道，"哲学家大体上可分为两类：自己养狗的确信狗有灵魂，自己没有狗的则否认灵魂的存在"（克里克，1998）。科赫（Koch）是克里克的忘年交，他（克里克）的书封页上写明是献给他（科赫）的，现在克里克已故去，科赫是国际上研究意识问题的骨干人物，他在曾在 *Ubiquitous Minds* 一文中写道，他从小与一条爱犬一起长大，所以他自认为是泛灵论者。

日本有一个家喻户晓的关于义犬的故事：20世纪20年代，一只名为八公的幼犬被一贵族装在木笼内带着上火车，不幸在车站丢失，后被一位东京大学农学教授收养，主人非常喜欢它，与它形影不离。每天早上教授从涩谷登车到上野站下车到东大讲课。出门时八公总是跟在后面，到了车站教授拍八公的脑袋说："我要去上班了，晚上记得来车站来接我！"说完八公在原地蹲下看着教授上车。每天下午六时，八公会在车站接教授。这一习惯一直保持4年。1925年底，教授在回家途中心脏病突发去世，但八公依然每天到车站等候教授，一连9年始终不渝。女主人卖了房子，把它送到别处寄养，但八公仍到车站去等候。1934年八公年迈，下雪天仍在车站坐等，直至死去，躯体被大雪覆盖。人们为纪念这只忠诚的义犬，在东京涩谷车站塑立一座八公的铜像，现称"八公出入口"，他的遗体被制成标本保存。

八公的行为虽属情感范围，却已上升至道德层面，因为忠诚已不是简单的情感反应了。

我们从小就听说，牛羊之类的家畜在牵赴屠宰场的路上会跪地不起，流泪不止，好像它知道自己的悲惨下场似的。

这些故事还有许多。有的故事可能确有其事，可以做进一步研究。有的却是虚构臆想的，只能作茶余饭后的谈资之用（威尔斯，1999；法布尔，1998；勒格罗，1999）。

从认知功能来比较人与其他动物的优劣，人的认知能力应当占有绝对优势，因为人类拥有高度发达的大脑语言皮质，精巧的发音器官和灵敏的听觉器官。语言成为人类通信的重要的手段。而后发明文字，近代又发展成信息时代。现阶段信息的发展已达到几何级数的速度，是其他的动物望尘莫及的。

但是我们换个角度来考虑问题，譬如，从生存技巧角度来比较人与其他动物，人类在许多方面只好甘拜下风了。角马、斑马等食草动物在出生后数分钟内就会自己站立，略加练习就会奔跑自如。而人需要练习二三年时间才会奔跑。更令人感叹的是，鸟类幼鸟待到羽毛丰满后，不需要母亲教导，就能一飞冲天，翱翔天空。而人类如不依赖机械是绝不可能飞上天空的。所以说，人类上天靠的是头脑，而鸟类上天靠的是翅膀和神经系统的控制。世界上成千上万的昆虫也会飞翔，是上苍给予他们的本能。

1973 年诺贝尔生理学和医学奖获得者冯·弗里希（Karl von Frisch）发表名为《动物的建筑艺术》的高级科普著作（弗里施，卡尔，1983），这是一本动物行为学方面的经典之作，他观察了许多鼠类（禾鼠、瞳鼠、松鼠等），鸟类（啄木鸟、鸟、翠鸟等），昆虫（蜜蜂、蚂蚁、白蚁等），鱼类（鲑、虾虎鱼、刺鱼等），蛙类（树蛙等），爬行类（龟、鳄鱼等）等动物，非常详细生动地讲述了它们的生活习性，特别是它们的筑巢和挖洞本领，并配上许多手绘插图，异常精美。作者的文笔以及译者的文字功夫都相当精到，使得我们外行人看起来是一种享受。本文想引用该书关于白蚁筑巢一节的一些内容，其读起来使科技发达的人类有点汗颜。白蚁巢可高达 3～4 米，内住多达数百万只白蚁，在此生活、劳动、繁殖。巢内都需要氧气供应和废气的排出，否则白蚁十二小时内就会窒息而亡。白蚁是一种天生的伟大的建筑师，巢内建有自然通风的通道，不需空调设备，又节能又环保。而人类到 21 世纪还解决不好这个问题。顺便提一句，蚁冢的高度相比白蚁的大小，相当于人造帝国大厦的四倍。白蚁在建造如此高的超级大厦时就设计安装好绿色空调设备，实在令人感叹！Frisch 在该书的最后说："……有些造化将永远不会被理解，即使是以人类的智力！"作者对动物的敬畏之心跃然纸上！

三、从脑科学角度研究动物的意识

绝大多数民众和科学家都认为情感、智能和意识是动物的精神产物，那么动物的意识问题就变成了人脑与其他动物之间的差别问题了。直观上考虑，第一个反应就认为人的脑子比其他的动物都要大都要重。脑科学资料告诉我们，人脑确实比大多数动物的脑要重和大。但是从脑重的绝对值来说，大象的脑重4000g，而人脑只有1300g。于是，马上有人认为脑重的绝对性不能说明问题，应当从相对于体重之比来比较，人的脑体比为1/50，但是某些鸟类和小型哺乳类中的脑体比，远大于人的，例如：麻雀为1/34，小白鼠为1/12.8，而有的鸟类为1/12，所以在整个动物界中，人的脑体化不算最高。脑科学中又想出一个指标，称为大脑指数K，它是由脑重c和体重p按下列公式算出：$K=c/(2p/3)$。

公式中2p/3相当于身体的表面积，那么K意味着可用于认知功能的大脑体积，图1-1又列出几种动物和人的K值，可以看出人的K值位列榜首。

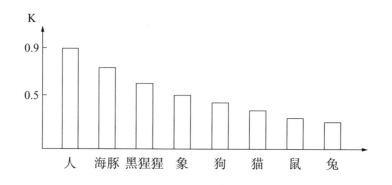

图1-1 人和几种动物的大脑指数K值比较

脑科学告诉我们，人的大脑从个体发育和系统进化角度考虑，由三大部分组成，旧皮质（paleocortex），古皮质（archicortex）和新皮质（neocortex）。从个体发育和进化角度考虑，旧皮质发生最早，然后是古皮质，最后才是新皮质，在人的大脑中，新皮质异常发达，覆盖了前两个皮质。旧皮质已见于蛇、鳄、蛙等爬虫类动物，故又称爬虫脑。古皮质亦已见于鼠、猫等哺乳动物，又称哺乳类脑。高等哺乳动物中新皮质得到高度发展，在人的脑中几乎占绝对大的比重。几种动物和人脑中各类皮质的比例列在表 1-2 中。可见人脑是除海豚以外所有动物中新皮质占比最高的。这里必须再提一下海豚，海豚大脑重达 1600g，其中新皮质占比是所有动物中超过人脑的唯一动物，而且皱褶也很多。动物学家认为海豚智力不亚于人类。美国和俄罗斯各自训练一支海豚突击队，执行海上侦察、起雷、暗杀等等任务。

表 1-2　人与哺乳动物新皮层、旧皮层和古皮层的比较

种类	总表面积	新皮层		旧皮层		古皮层	
	mm²	mm²	%	mm²	%	mm²	%
人类	83,591	80,222	95.9	480	0.6	1,863	2.2
海豚	46,427	45,696	97.8	438	0.9	386	0.8
黑猩猩	24,353	22,730	93.3	325	1.3	783	3.3
海豹	15,136	14,284	94.4	266	1.8	337	2.2
犬	6,523	5,480	84.2	447	6.8	416	6.3
食蚁兽	4,489	2,566	57.2				
袋鼠	3,964	2,742	69.2	371	9.3	568	14.4
兔	843	471	56.2	118	14.0	201	23.8
鼠	254	82	32.4	76	29.8	51	20.2

注：引自：唐仲良等，《神经系统生理学》。

　　但是从脑功能的三个方面（情、智、意）考虑，情感系统在进化过程中没有太大的变化，只是更复杂更细致更细腻而已，人脑中杏仁核、边缘系统负责情感反应，新皮质主要起抑制作用。去皮质的猫仍旧有龇牙咆哮等攻击愤怒反应。人脑新皮质的高度发展，与人的智能高度发展是平行相关的。

从进化角度考虑，爬虫脑（或脑干）在 2.5 亿年前就停止进化，所以人的脑干与现有爬虫类没有太大不同，控制着个体的心率以及呼吸、攻击、躲避等行为。它不会从经验中学习变化，不受意识控制，只有刻板式反应。哺乳脑则在 5000 万年前停止进化，人的哺乳脑与所有哺乳动物一样，负责感觉、情感活动，包括玩乐、母性等爬虫类动物没有的行为。从意识角度考虑，属于潜意识范围，但是又是动物本身的价值系统，它与情绪有联系（沃克莱尔，2000；哈特，1998）。

鸟类却是个例外，也许是因为它位于进化树上另外一枝的顶端。它没有新皮质，却又有很高的脑体比，脑中小脑和脑干高度发展，所以它能掌握飞行复杂技巧。

鸟类情感系统也高度发展，整日生活在欢乐的歌声之中，没有愁眉苦脸，没有负能量。即使变成"落汤鸡"，也是脸不改色、无动于衷，雌雄鸟之间的情爱也是人们理想中的模范，"在天愿作比翼鸟"是人类婚姻的最高境界。鸟笼中一对鹦鹉相依相偎亲嘴的情景人人都见过。还有一个真实的故事，说的是元朝诗人元好问，16 岁时（1205 年）赴并州（今太原）参加科举考试，途遇捕雁者，正收网捕雁，获雁一对，一只被杀死，另一只脱网逃脱，逃脱者并不飞远，只在上空盘旋哀鸣，后来竟投地而死。元好问为之感动，买下二只雁，将其埋葬在河边，垒上石块作为记号，称为"雁丘"并作词一首，记录于下。

摸鱼儿·雁丘词（上阕）

问世间，情是何物，直教生死相许？天南地北双飞客，老翅几回寒暑。欢乐趣，离别苦，就中更有痴儿女。君应有语，渺万里层云，千山暮雪，只影向谁去？

该词的第一个问句："问世间，情是何物，直教生死相许？"常出现在文艺作品之中，但是这个问题至今没有人做出正确的回答。

如果把人的感情（喜、怒、哀…）分成两类，一类正面，有利于健康和心态，包括喜、乐等；另一类负面的，包括哀、怒、愁等不利于健康的心态，那么鸟类的情感世界中正面情感大大超过负面情感。如果我可做自由选择的话，我宁愿做飞鸟而不做人类。

《动物有意识吗？》一书认为，同情心应当作为有意识的一种表现，因为只有能设身处地考虑到对方的感受，才能产生同情心（阿尔茨特，比尔梅林，2004）。该书记载安妮·拉莎在肯尼亚沙漠观察到的情景。一只小猫鼬在战斗中负伤，不能用前爪抓东西，走路一瘸一拐，也不能捕食了。它日见衰弱下去，这时其他猫鼬帮助行动开始了，它们把捕到的小虫子与它共享。但小猫鼬的健康状况日益恶化，也无力舔擦自己的皮毛了，其他同伴帮它搞清洁卫生工作。最后小猫鼬气息奄奄，别的猫鼬依偎在它周围，似乎为它送终。一直到小猫鼬死去，它们仍再守护几天才散去恢复正常生活。猫鼬在动物进化树中并非位于最高端，它们属于灵猫科，就有同情怜悯之心，令人惊异。

心理学家设计一种所谓"镜像测试"来鉴别动物是否有意识，这种测试非常简单，只要把动物放在一面大镜子前，看它能不能认出镜中是它自己的形象。

黑猩猩能通过镜像测试，动物学家认为它们具有自我意识。科学家观察到猩猩会说谎、欺骗，甚至搞点恶作剧和小阴谋，来愚弄饲养员。因为它们不会使用语言表达心灵感受，所以 1962 年诺贝尔奖获得者沃森（James D. Waston）（他与克里克一起提出 DNA 的双螺旋结构模型）在讨论动物应有某些权利时说："这样做出的后果是，我们将不再进行任何研究而是尽一切可能让猴子们过得舒服。我不喜欢猴子。"（摘自"泰晤士报"1993 年 3 月 22 日）实际上，人类会说话是因为人类有发声器官、接收器官和语言皮质，利用空气作为媒介，传递信息。人的肢体动作也可以传递信息。嗅觉在狗的生活中起重要的作用。猴子和猩猩没有语言能力，科学家想出办法来与它们"对话"，取得相当惊人的成效。有的科学家用手势动作与它们交流。有的干脆用美国哑语与它们交谈。最有兴趣的是使用键盘语言与它对话，键盘上有两百多个按键，每个按键上印有不同的几何图案，一个图案代表一个单词或数字。侏儒黑猩猩的康兹很快学会使用这套语言"系统"（这套系统是在美国亚特兰大叶科灵长类动物研究中心开发的，也称"叶科"语言）

与人对话和表达需求。如你问它：你感觉怎么样？它根据情况回答"好"，"饿"或者"渴"。又如，它看到同伴被关在笼子里，难过得哭泣。这时问它，你同伴感觉怎么样？它会回答："感觉—难过—外面。科学家还进行过一次测试，考察它与小女孩的语言能力。例如："把黄瓜放在碗里"，或"把胡萝卜从微波炉里拿出来"等等一共六百个句子。康兹与小女孩在二岁时打了个平手，到二岁半时小女孩略胜一筹。可见，猩猩会使用"特殊语言"造句遣词，形成概念，表达需求，也能理解别人的感情状况，因此，可以毫不夸张地说，其有一定程度的意识水平。

我出生在浙江农村，离绍兴不过百里之遥，在那里度过我的童年。我也喜欢草间捉虫，河里摸鱼，所以当我读到鲁迅的《从百草园到三味书屋》一文和法布尔的《昆虫物语》等等时产生强烈共鸣。后来在科学院工作，当我读到达尔文的《人与动物的感情》，诺贝尔奖获得者冯·弗里希的《蜜蜂生活》《动物的建筑艺术》等等著作时更感到西方科学家耐心的观察、孜孜不倦的探索精神，敬佩他们俯身田野，用平视的角度变成昆虫界的一员来描述它们的生活。他们翔实的生动的报告，使我对昆虫界有了新的了解，从而对于自然界中的这些小精灵，不由得产生敬畏之心。

蚂蚁国的女王深处地下宫殿中央，不见天日，它与子蚁们的通信靠视觉是无能为力的，主要化学信号，它分泌一些化学物质，称为外激素（pheromone），子蚁们不断舔食，然后出去传达女王旨意，把整个蚂蚁王国管理得井井有条。蚂蚁个体之间的交流，也主要靠化学物质（库宝善，1992）。这与人类的感觉世界有很大的不同，人的感觉信息中视觉占80%以上。蚂蚁虽有复眼，但重要性仅居第三位，第二信息载体是肢体语言，可能是生活在地下的缘故，蚂蚁个体间相遇后相互嗅闻和用触角碰触。每个工蚁身上都有分泌化学信号的腺体，分泌的外激素用于不同场合，表达例如警戒，捕食，跟随等等意义。

据报道，蚂蚁分泌的外激素多达20种，如：乙醛类，乙醇类，十一烷，油酸辛烯醇等等。这些化学信号还可以组合使用，传达更复杂的信息。更为离奇的是，不同种群之间同一腺体分泌的化学物质是不同的，也就是各个蚂蚁群内部使用不同的"方言土语"，别个群体的蚂蚁是"听不懂"的。所以，说已查明有15000种蚂蚁，它们使用着 15000 种化学语言进行通信。

蚂蚁的情感世界是比较平淡的，平日里蚂蚁的面部没有表情可呈现，据报 70% 的工蚁躲在巢内发呆（是否在做白日梦？）。有外敌入侵时，兵蚁们兴奋起来，豪迈出征。战斗中勇敢杀敌，但不动声色。战斗结束后，恢复平静，绝对没有哀伤痛苦的表现。只有女王婚飞时才引起整个蚁群的大骚动，雄蚁追随女王外出婚配，剩下蚁群乱作一团。科学家研究表明，蚂蚁也有发声器官，只是因为音量小，人类听不到。蚂蚁也会"唱歌"解闷。

总之，蚂蚁的感觉世界主要是由嗅觉构成的，蚁群作为整体考虑，群体内使用化学物作为有二十个"字母"的外激素语言，群体之间没有多少共同的语言，各自使用方言土语，蚂蚁的情感世界是平乏的。但是从生存技巧来说，它的社会性得到高度发展，它的群体内分工明确，效率极高。

肖特（Shoort）自认为是狂热的动物爱好者，他在著作《动物的语言》中讲到（哈特，1998），动物之间还会进行欺骗。书中提到瓦尔（Waal）在荷兰动物园中观察到一只猩猩 A 在与另一只黑猩猩 B 打斗时负伤，走路一瘸一拐。但仔细观察发现，只有当 B 在场时 A 才一瘸一拐，当 B 消失时它立刻变得正常起来，像完全恢复了。这种欺骗行为不仅在高等动物中存在，在某些昆虫中也存在。夏日夜晚雄萤火虫尾部一闪一闪的发光，向雌虫求爱。有的种类的雄虫以捕食同类雄虫为生，它发生相同的频率的闪光，诱惑雄虫，成功率达 10%。一些狡猾的雄虫还会抢先接近雌虫，进行确认，然后交配，而别的雄虫仍在犹豫和戒备之中，失去了机会。

四、动物意识的综合研究

埃德尔曼（Edelman）和塞斯 (Seth)（2009）在《神经科学动态》（*Trends in Neuroscience*）上发表论文提出用综合途径（synthetic approach）研究动物的意识问题。由于动物都无法用语言表述自己的主观感受，所以整个 20 世纪几乎没有对动物的意识问题进行过认真研究。作者认为，行为学、神经生理学和神经解剖学等研究表明，动物具备起码的原始意识（primary consciousness）。他们提出研究动物意识问题时，以人的意识研究为标杆，以现代科学技术为手段，对动物的意识现象从神经生理、行为学和解剖学等途径进行综合研究。他们选取两种不同种类的动物——鸟类和头足类（章鱼）作为范例，解释如何进行研究（图1-2）。这两类动物从进化角度考虑并不在同一进化树的分枝上，更不在同一进化水平上，但它们都有复杂的意识的神经相关物（neural correlates of consciousness）活动，即伴随意识活动时，脑区和相关神经核团的兴奋性生理变化，例如：人在觉醒状态时丘脑—皮质间讯号出现，EEG（脑电图）中快速无规则低幅波出现，以及与意识内容有关的广泛分布的皮层活动出现等等。把这些用于人的意识研究方法和指标以研究鸟类和章鱼的意识现象。

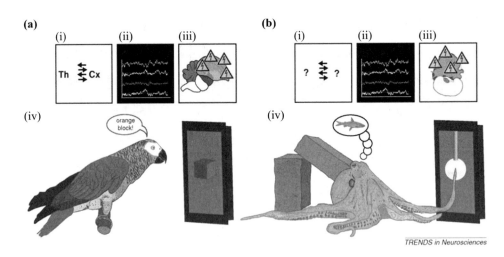

注：在这一安排中，与研究人的意识相类似，研究丘脑—皮质之间的讯号的再进入（a, i），EEG图中快速无规则的低幅讯号（a和b, ii），皮质上广泛分布的电活动（a, iii）及其类似的功能结构，这些活动在实验中被认为与意识相关的活动。（a, iv）中显示对美洲鹦鹉所做的语言实验，以及（b, iv）显示章鱼的颜色和形状实验。（引自 Edelman & Seth（2009））

图1-2　研究鸟类和头足动物的意识状态的实验安排

上文已提到鸟类在飞行技巧上相比人类有压倒性优势，在情感世界里特别是正向情感方面也更具优势。行为学研究表明，有些鸟类还能学习人类语言，而且对学习的语句有一定的理解能力。鸟类还可以使用工具，从树洞中勾取虫子。有的鸟还会欺骗同类。有的鸟还能通过简单的心理测试，例如：延迟匹配测试。

现代神经解剖学和生理学发现，鸟类的神经结构和过程，十分类似于哺乳动物的脑结构（图1-3）。鸟禽的发声涉及前脑（包括基底神经节及纹状核，叫作 X 区），此处神经结构与哺乳动物的神经结构十分类似。有一点差别是，哺乳动物纹状区中发现 4 类神经细胞在鸟类中都有，而鸟类还有一类第五类细胞却是哺乳类动物所没有的。这些结果表明，用于发音的中枢神经结构在鸟类和哺乳动物中基本上是相似的。

佩珀伯格（Irene Pepperberg）研究绿鹦鹉的认知功能20多年，她养的一只绿鹦鹉叫 Alex，在学界很有名气，她在 Alex 身上做的实验，写成两本书：*Alex and Me* 和 *The Alex Studies: Cognitive and Communicative Abilities of Grey Parrots*。书中描述了绿鹦鹉的学习过程：Irene 拿一块糖果给它看，同时问"这是什么"，她助手在一旁显示糖果一词，然后再问这是什么，如果说对，给予奖励，让它玩一会糖果。开始时学习进展十分缓慢，后来就越来越快了。最后，绿鹦鹉可识别分类五十个对象，7种颜色，5 种形状，计数到六个，有大小、多少概念，其智力与幼儿和灵长类动物相比毫不逊色。绿鹦鹉在实验室活了 19 年，此时它已 31 岁了。临死前最后一句话是："you be good，I love you."但是学界认为绿鹦鹉并不是鸟类中最聪明的，最聪明的是乌鸦。

章鱼在进化层次中位于更低层次，但是它的脑子巨大，眼睛类似人的单眼，还有八只触手。章鱼十分聪明，常常被科学家用来做实验。章鱼的感觉细胞和神经细胞有一万七千至五万个之多。乌贼脑中已区分出三十个神经核团，其中视核包含 65 百万个神经元，视核的功能不仅与视觉识别有关，而且还参与运动控制和记忆功能。某些核团的功能类似于脊椎动物前脑的功能。章鱼运动控制系统中，有一种平行的分布式网络存在。章鱼使用的神经递质（DA.NA.5-HT）与哺乳动物是完全一样的。生理学家还记录了章鱼的 EEG（脑电）图，还有事件相关电位，这是清醒的脊椎动物中才有的。章鱼 EEG 比之人的 EEG，振幅略小，也是快速无规律活动。

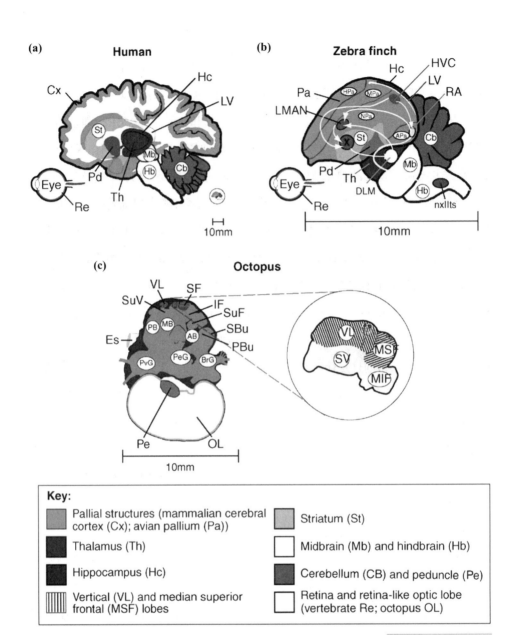

图 1-3 哺乳动物脑与鸟类脑有着类似的结构和功能回路

注：头足类的复杂神经系统显示有类似于高等脊椎动物的功能线路。（引自 Edelman & Seth）本图中用相同颜色表示在人类、斑马雀和章鱼脑内执行相同意识功能的区域。图注：Cx- 哺乳动物脑皮质，Pa- 鸟类脑皮质，Th- 丘脑，VL- 垂直上前球，MSF- 中上前球，St- 纹状区，Mb- 中脑，Hb- 丘脑，Pe- 脑脚，Re- 视核团，OL- 章鱼的视核团。[引自 Edelman & Seth（2009）]

《动物有意识吗》（阿尔茨特，比尔梅林，2004）一书中，记着一个故事，意大利那不勒斯动物实验室养着一只章鱼，每天早晨有一位试验员穿着白大褂去喂养章鱼，章鱼游过来迎接他。后来他想是不是白大褂是章鱼识别他的标志。他脱下白大褂去喂食，章鱼仍旧出来迎接。后来他叫别人穿上白大褂去喂食，章鱼没有反应。看来章鱼是利用它异常发达的眼睛和头脑来识别人脸的。人脸识别是相当复杂的认知能力，位于进化树底层的章鱼能具备如此高级的认知能力，是十分令人惊奇的。

蒋志刚在《关于动物意识的难题》（2006）一文中认为意识属于永远无法回答的问题，又认为目前意识基本上还是不可探索的，意识也分高级和低级。这些论点在本文作者看来过于片面和悲观。上文中已经列出许多事例，证明动物是有意识的。本文中介绍了埃德尔曼和塞斯的研究框架，说明不仅高等动物，即使像鸟类及章鱼这样比较低等动物，从神经生理学和神经解剖学角度研究，也证明它们具备人类那样的神经结构和反应。虽然，埃德尔曼和塞斯也认为它们只具备原始（primary）的意识。而本文作者认为，动物具有各自特有的意识，对于意识而言无法区别优劣和高低。达尔文在论及情感问题时认为，情感问题上无法划分出一条清晰界线用于区分高低级。同样，意识问题比之情感问题包含更多的内容，因此是一个更复杂的多维空间里的一个问题，无法比较它们的优劣和高低。设想二维空间内有点 A（x1，y1）和 B（x2，y2），如果 x1>x2，y1<y2，你怎么区分哪个点在前哪个点在后呢？更何况意识问题是一个多维度多指标的问题，无法区分高低和优劣。中国人认为活得长久是幸福，西方人认为活得痛快是幸福，你说谁对谁错呢？春江水暖鸭先知，许多动物都有比人更灵敏的感觉，大地震前鸡飞狗跳，而人们浑然不知，大矿难前许多老鼠早就搬家撤离危险，而矿工还在井下劳动，你能说人类比之动物有更高级的意识吗？现代人住在高楼大厦内，室内装有电脑电视，而医院内挤满抑郁病患者，难道可以说人类比动物更幸福吗？

庄子的鱼之乐问题是认识论哲学史上一个著名论题，这个问题光用思辨的方法是无法解答的，但是神经科学发展到今日，谜底逐渐揭晓。人类的下丘脑是情绪的控制中心，用电极插到腹侧被盖区、隔核部位产生快乐的情绪反应，此时分泌更多的多巴胺神经递质。在老鼠脑中相应部位埋入电极，按动某种按钮，可能以使电极通电，使老鼠感到快乐，老鼠尝到甜头后就不停地按动电钮，直至精疲力竭而亡！所以，如果用现代技术可以实时检测鱼脑内多巴胺递质的多少，就可以推断游鱼是快乐还是痛苦，就可以回答庄子提出的问题。

庄子鱼之乐问题的困难在于人与动物之间难以交流和理解，这种困难不仅存在人与动物之间，人与人之间、男人与女人之间、正常人与盲人、正常人与聋哑人之间……也都存在这种困难。

五、动物的社会性群体意识

许多动物生活在社会集体之中，整个群体表现出"有意识的"行为方式，某些方面类似于单个人体乃至人类社会的行为模式。因此研讨动物的意识必须谈到动物的社会意识方面。

蜜蜂和蚂蚁是这类动物的典型例子（弗里希·卡尔，1983；霍伊特，2002）。在进化阶梯中它们位于低档次的。蚁群中有女王、工蚁、兵蚁之区别，可以经营养殖、放牧、保育、采食、运输等等许多社会功能。一只蚂蚁的"脑子"很小，只有二十万个神经元，但是百万个蚂蚁组成的蚁群，它的神经元数可达数千亿个之多。这个数量就超过人类大脑中的神经元数了。而文献中记载，有一白蚁群中数量达 2.5 亿个。一只蚂蚁脱离蚁群就无法生活，正像人的单个神经元脱离系统也无法完成动作。所以现在看蚁群必须从整体角度看。目前在研究意识的理论问题时，有一种观点认为，系统复杂到一定程度才出现意识现象。那么，蚁群许多社会行为也可以认为是意识的另外一种表现形式。世界上有各种形式的动物，也应当有各种形式的意识表现。

霍罗卜勒（Hollobler）和威尔逊（Wilson）二人自幼对昆虫世界兴趣盎然，长大后成昆虫学家，二人经过 20 年合作出版巨作《蚂蚁》一书（2003），这是一本真正的巨著：长达 732 页，重量达 7.5 磅。收集 8800 种蚂蚁的形态和生活习性，次年获普利策奖，是科学类著作中获此殊荣的第一部作品。由于该书过于专业，他们二人又合作写出 Journey to the Ants 一书，供非专业人士和一般民众阅读。从这本科普作品中我们了解蚂蚁社会的真实面目。经过亿万年的进化，蚂蚁已形成 9500 多种，在全球占领的领地与人类相当，这样多种蚂蚁之间，大小和形态各异，体型最小蚂蚁与最大体型之比，犹如大象与小白鼠。在巴西热带雨林里，蚂蚁的干重约为陆生动物的 4 倍。

日本北海道曾发现一个石狩红蚁的超级部落，有多达三亿多只工蚁和一百个女王，生活在 4.5 万个巢穴内，占地面积过 1 平方英里。

最值得我们关注的是蚂蚁世界的社会性，内有女王、工蚁、兵蚁、雄蚁等等。它们分工十分细致，例如切叶蚁工蚁之中还分为上树切割大叶片的工蚁，搬运至洞穴后交给另一种工蚁，它们把大叶片切割成小叶片，再交给另外的工蚁，它们负责把小片叶子咀嚼成了小团，吐出来接种上真菌放在培养室内繁殖。整个蚁群的营养供应靠采食真菌为生，所以，从这个意义上来说，蚂蚁社会从人类社会发展来看，已从游牧社会、奴隶社会进入靠种植为生的农耕社会，而且这种养殖作业是在室内进行的，好比今天的温室养殖生产方式。我们在上文中提到生存技巧一词，该词还必须包含种群与环境的关系方面，应该说蚂蚁在数万年进化过程中与环境是和谐发展的，与其他物种是共生共荣的，不像人类才快速发展数百年就对环境造成极大污染，致使不少其他物种灭绝。

蚂蚁群中还有一种"蜜罐蚁"的工蚁，它不必外出劳作，只是等在巢内张开嘴吸取采食工蚁吐出的蜜露，把肚子填的鼓圆，在其他工蚁帮助下挂在天花板上，成为蚁群贮存食品的罐子，它一动也不动，忠于职守甘心当"梁上君子"，达数月之久，犹如一架活的机器。蚂蚁牧场中，圈养了多种"奶牛"，最多的是蚜虫，还有树蚤、泡沫虫、介壳虫、白蝇等，蚂蚁收集虫子的卵，贮起来加以孵化，然后放在树草上去放养，定期观察，用触角碰触，使其分泌蜜露，然后取食。因此，现存世上的上万种蚂蚁是漫长进化历程中的成功者！

讨论动物的意识问题，必须从群体的角度考虑，不仅蜜蜂、蚂蚁是群居性社会动物，狼、猴、狮、鹿、鼠等也是群体性动物，离开群体单身个体无法生活，狼、狮等在捕猎过程中表现出高度的协调配合，令人感叹。每个群体有个领头者，每个成员必须听命于它。在与外敌战斗时，或者捕猎时，它就是最高司令官。群体社会不仅提供个体成员食物和安全，还提供成员情感交流和慰藉。

最近上演的电影《狼图腾》，描写的是一群狼的故事，为了拍摄这个电影，剧组专门找寻到蒙古狼的幼崽，人工喂养其长大。这群狼中有一只头狼叫 Cloudy，英武强壮。该电影由国际著名导演让·阿诺执导，他执导过多部与动物有关的电影，他与头狼从未谋面，头一次见面头狼没有陌生抗拒，竟然给他一个湿吻。有一次头狼得了肠梗阻，动大手术后，与医生护士相处融洽，似乎知道感恩似的，不像人类小孩到医院打预防针以后见到穿白大褂的医生后就啼哭。头狼由电影制片人王为民亲手喂大，他十分疼爱头狼，电影拍摄完成，狼群要被送到加拿大基地放养，上飞机前，头狼拼命挣扎冲撞钢笼，到了基地仍旧暴怒拒食，大病一场。数月后王为民到基地看望狼群，其余的狼上前表示欢迎，唯独头狼躲藏别处，不予理睬。可能它有怨恨之情不能用语言表达出来。

六、关于研究动物意识的剑桥宣言

一些国际上著名的科学家，包括认知科学家、神经生理学家、神经解剖家和计算神经科学家，在英国剑桥大学丘吉尔学院召开克里克荣获诺贝尔奖五十周年纪念会，讨论人类和非人类（动物）的意识问题，会后于 2012 年 7 月 7 日晚签署了一个宣言，称为"关于动物意识的剑桥宣言"（The Cambridge Declaration on Consciousness），由于著名数理科学家 S. Hawking（霍金）也要参加签署，所以一直到当日深夜才签署完毕，然后向全世界发布。

该宣言重新评估人和非人动物（以下简称为动物）的意识经验的神经生物学基础，虽然，这种比较研究由于动物无语言表达能力而无法了解其内部状态，从而受到阻碍，但是下面一些观察结果却清楚得到公认。

意识研究的领域得到快速发展，用于研究人和动物意识功能的新技术和策略得到开发，从而获得许多实验资料，使得早先成立的概念需要定期重新评估。与人意识类似的动物脑中有关的脑线路被分离出来，并可方便地进行研究。在人的研究中，探索意识的神经相关物（neuronal correlates of consciousness）的无损伤技术，已经开发存在了。

情感的神经基质（neural substrates）看来不必局限于皮质结构。人受激行为产生于皮质下神经网络的被唤醒，这一点对于动物产生情感行为也是十分重要的。

人的某些幻觉效应看来与皮质的前馈和反馈过程有关。使用干扰人意识行为的化学药物，把它用于动物同样可以干预动物的行为反应。已有证据表明，人的皮质活动与觉知行为有关，但这并不排除皮质下或早期皮质加工的可能贡献，如视觉觉知的情况。人和动物的情感感觉来自类似的皮质下脑结构，说明在进化历程上它们共享原始的感觉觉知过程。

新皮质的缺失并不妨碍有机体脱离经历中的受激状态。许多证据一致地表明，动物在神经解剖、神经化学和神经生理上有意识的基质，从而有能力表达意向性行为。因此，人类并不是唯一具有产生意识的神经基质的物种。非人动物，包括哺乳动物、鸟类以及许多其他动物，包括章鱼，也有这些神经基质。

在这份宣言上签名的科学家虽然只有十七位，除了霍金其余的都是直接参加意识研究的第一线的顶尖的自然科学家，例如：科赫是诺贝尔奖获得者克里克的忘年交，国际上意识问题研究的权威之一，埃德尔曼就是本文上面介绍的综合研究动物意识问题的提出者。十七名科学家相比国际上研究意识问题的科学家队伍来说，是比较少了些，但真理最先为少数人发现和掌握。而且我估计有数以亿计的科学家和普通人对动物的意识问题感兴趣。遗憾的是，我国没有一位科学家参与这一份宣言的产生和签署。同样，国内对此问题感兴趣的科学家和普通人不在少数。

这份宣言的签发应该是研究动物意识问题历史上的一个重要的转折点，它用明确语言表述，非人动物同样也具有与人类相类似的意识状态。动物与人一样能感知，能感到痛痒，有情感上的反应。这个结论来自科学实验，而不是哲学家们喋喋不休的思辨式争论，也不是来自好心的佛教徒的悲悯心理。这个观点来自现代神经科学和脑科学的实验结果，冷静和客观的分析判断。所以有着无可争辩的坚固性与客观性。随着越来越多实验结果的获得，动物也具有意识的观点，将会得到越来越多的证实。

剑桥宣言的发表，可能对人类的生活产生历史性影响。因为动物也有意识，所以素食主义者找到了科学依据，人类不应当再杀生为食了！因为动物也有意识，所以动物保护主义者也有了科学论据，人类不应当再虐待动物了，拿动物做实验的合理性会引起争议，动物园笼子关着的动物应不应当放出来……宣言精神的普及，可能使科学家用平等平视的角色来对待动物，也许人类会逐渐进入一个众生平等的和谐世界。

七、总结

我们从与动物意识问题的早期民间传说相关的文字记载开始，引用行为科学的观察结果，进入脑科学的研究阶段，对动物的感官知觉、情感表达、生存技巧和智能行动与人类进行比较，认为动物生活在它们自己的感觉世界之中，许多动物具有有别于人类的感觉器官，从而生成有别于人类的"主观世界"。动物也有不同于人类的感情世界，但是人的表情肌肉远较它们丰富，再加语言文字的帮助，使得人类的情感世界远较动物更丰富和细腻。语言和文字是人类特有的社会生活的信息传递工具，从而使得人类在智能方面大大超越其他动物。但是从生存技巧上考虑，人类在许多方面不及其他动物。因此，作者认为动物与人类的意识状态处于不同的维度上，各自生活在自己的主观世界之中，不存在有无和优劣的问题。

参考文献

福尔克·阿尔茨特，伊曼努尔·比尔梅林 2004. 动物有意识吗 [M]. 马怀琪，陈琦，译. 北京：北京理工大学出版社.

查尔斯·达尔文 1999. 人与动物的情感 [M]. 余人，等译. 成都：四川人民出版社.

J·H. 法布尔. 1998. 昆虫物语 [M]. 太阳工作室，译. 石家庄：河北教育出版社.

卡尔·丰·弗里希. 1983. 蜜蜂的生活 [M]. 李灿茂，宋绍俊，郑可成译. 上海：上海科学技术出版社.

卡尔·冯·弗里施. 1983. 动物的建筑艺术 [M]. 王家骏，王家骅译. 北京：科学普及出版社.

斯蒂芬·哈特 1998. 动物的语言 [M]. 朱江，周郑等译. 北京：中国青年出版社.

斯蒂芬·哈特 1998. 感情的语言 [M]. 朱江，周郑等译. 北京：中国青年出版社.

贝尔特·荷尔多布勒，爱德华·O. 威尔逊 2003. 蚂蚁的故事 [M]. 夏侯炳，译. 海口：海南出版社.

埃里奇·霍依特 2002. 蚂蚁帝国 [M]. 李若溪，译. 海口：海南出版社.

蒋志刚. 2006. 关于动物意识的难题 [J]. 科学，6：16—23.

克里克. 1998. 惊人的假设——灵魂的科学探索 [M]. 汪云九，齐翔林，吴新年，管晓东，译. 长沙：湖南科技出版社.

库宝善. 1992. 动物与人行为探秘 [M]. 北京：北京医科大学中国协和医科大学联合出版社.

勒格罗. 1999. 太阳工作室编译，敬畏生命 [M]. 太阳工作室，编译. 北京：作

359

家出版社.

H. G. 威尔斯. 1999. 感情动物——行为的爱和探索的美 [M]. 梅友，关东生，编译. 北京：作家出版社.

雅克·沃克莱尔. 2000. 动物的智能 [M]. 侯健，译. 北京：北京大学出版社.

Edelman, D., Seth, A. 2009. Animal consciousness: a synthetics approach[J]. *Trends in Neuroscience*, 32: 476—484.

Koch, C. 2014. Ubiquitous minds[J]. *Scientific American Mind*, Jan/Feb: 27—29.

第五部分

意识的实验研究

自我及自我意识的自然科学研究

宋晓兰

　　意识问题是人类认识自身的终极问题，近年来正越来越多地得到关注，并且开始有越来越多的研究尝试用自然科学的方法和技术去探索它。而自我意识作为人类意识现象的一个较高级层次，是意识研究领域中最终无法回避的一个核心问题。我们几乎可以肯定地说，自我意识是仅被少数几种物种拥有的高级意识[*]，而人类的自我意识又是其中最为高等的形式。自我意识代表着一种能够跳出单纯的刺激－反应控制，将自我作为不同于环境中的任何客体来看待的一种高级认知能力。有了它，人类才得以跳出实体局限反观自身，发展出高级的智能行为；有了它，人类才能够理解"心理"世界，并具有同情他人的能力，并进一步形成复杂的人类社会。可以说，人类的这种对自身的认识能力是我们这个世界之所以缤纷多彩的关键原因。

---

[*]　宽吻海豚、类人猿和大象是目前已知的在一定程度上具有自我觉知的非人类物种，因为他们可以通过镜像测验（mirror test）。

一、基本概念

就像目前对意识的定义仍然存在争议一样，我们对"什么是自我意识"这个问题也未达成一致看法，涉及自我意识的研究中存在着很多含混不清的概念。以下是几个常用的概念。

（1）自我意识（self-consciousness），指的是个体以自身作为认知对象的一种认知过程，包括对自身生理和心理状态的认知。

（2）自我觉知（self-awareness），指的是对自己作为一个独特实体的觉知状态。

（3）自我（self），指的是一种独特的心理结构或心理表征。在这个结构中，和自我有关的各种内容被统合在一个体系内。这个表征体系不同于对外界任何其他事物的表征，构成个体独特的内心世界，是人格形成的基础。

（4）自我感（a sense of self），指的是对自我作为一个独特实体的感知。即"我知道我是有自我的"，或者"我知道'我'是存在的"这么一种感受。

（5）主体感（agency），指的是将自身认知为行为（包括心理过程）的主体。

（6）所有感（ownership），指的是对物理和心理现象归属的认知，即一种"我的"的感受。

在以上概念中，自我意识是哲学和社会心理学中常用的词，特别是在社会心理学中，自我意识特指个体对自身的认知过程，包括自我认识、自我评价、自我体验等。但在更广的范畴里，对自我意识的研究扩展为对"自我"的研究。自我是一个涵盖更为广泛的结构，它既包括了我们上面提到的以自我为意识对象的认知过程，即客体我的过程，也包括了主体感、所有感，这些对"我"作为认知主体和发出者的认知。在确立以自我意识为研究对象时，我们需要对"自我"或"自我意识"有一个清晰的界定，这是在很多研究中都没能注意到的问题。针对这个问题，Gillihan & Farah 认为，缺乏对自我的统一定义并不能成为研究自我的障碍，各个研究结果可以对"什么是自我"提供事后（post hoc）的回答（Gillihan & Farah，2005）。

二、自我的层次

1. 逻辑的层次

自我是一个多层次的复杂系统，包含由低到高多个层面的认知过程。其中第一个也是最基础的层次是奈瑟（Neisser）提出的生态自我（ecological self）（Bayne，2004；Morin，2006；Neisser，1988）。生态自我指的是将自己觉知为一个统合的实体，它是最基础的自我觉知，各种基础感觉和较高层次的主体感等都在生态自我这个大平台上得以展开。或者说生态自我就是对各种感知觉过程的觉知，有了它，自我得以表达为一个具体化的实体。但正像达马西奥（Damasio）等提出的原型自我（proto-self）一样，它是在无意识的层面上运作的（Damasio，2000；Lou，et al，2004）。

第二个层次是达马西奥（2000）提出的核心自我（core self），指的是在统合内外信息的基础上形成的一个初级的"我"，这是一个心理的而非生理的我，有了这个核心自我，个体形成对自己行动和思想的主体感及拥有感，并且能够在心理而不仅仅是生理层面上将自我作为一个独特的实体。即核心自我是对"我"作为认知主体的觉知。这是一个前语言的层次，并且其内容随时间实时变更。

第三个层次为反省的自我（reflective self），指的是将自己作为认知对象，即客体我的信息加工过程（Kjaer，Nowak & Lou，2002）。这是一种独特的高级心理过程，在这个层次上，个体形成自我的心理表征，产生对心理世界的理解，并且在此基础上产生理解他人的能力和一系列社会技能（Vogeley，et al，2001）。

第四个层次为扩展的自我（extended self），即在时间维度上将过去的自己和现在的自己认知为同一个个体。这是一种在时间知觉上发展起来的能力，同时还要有整合情景记忆的功能，并进一步形成个人独特的自传体记忆（autobiographical memory）和自知意识（autonoetic consciousness）（Naito，2003），统合的人格也在此基础上形成。

2. 发展的层次

自我意识在种系发生上有一定的顺序，高等灵长类动物有初级的自我意识，比如黑猩猩能够通过镜像测试，即能够认出镜子中的自己。但高度发展的自我意识只有人类具有。在人类个体身上，自我意识也并不是一出生就具备的，也是随着各种感知觉的发展和神经系统的成熟，有一个从无到有、从低级到高级的发展过程（Rochat，2003）。

新生儿不能区分自我和环境，因而不具有自我意识。过一段时间后，他们开始认识到镜像是不同于环境中其他事物的客体，但此时还不能明确地将两者区分，只是模糊地感觉到两者的不同。十五至十八个月左右的大多数幼儿能够认出镜中的自己，然后慢慢发展到意识再到自我的独特性，直到形成在时间上稳定的自我感，并最后形成高级的元认知的能力，即意识到自己有"自我意识"，这是一个循序渐进的过程，大概需要4到5年的时间才能完成全过程。这也能部分解释幼儿经验失忆症的现象，即在4岁之前，个体的自我结构还未发展成熟，因而不能根据自我这个结构将过去的经历组织成为自传体记忆。

三、自我及自我意识的研究方法

1. 自我是独特的吗

心理学对自我及自我意识的研究多局限在社会心理学及临床心理学领域，这可以追溯到弗洛伊德的精神分析学说提出的 ego 的概念。研究多指向对自我结构的抽象讨论以及心理治疗上的应用，或者是对人格结构的理解。随着认知神经科学的崛起，从神经层次上讨论自我的发生、发展已经成为自我意识研究领域的一个新趋势，研究的热点问题之一是，自我到底是不是一个独立的结构，包括功能上的独立和神经机制上的独立。

自我如果在功能上是独立的，那么它的运作应该不依赖于其他系统。此时，双重分离可以作为一种功能独立的检验标准，即某些因素可以独立影响自我功能而不影响其他功能，同时又有一些因素影响其他功能而不影响自我功能。

自我如果在神经机制上是独立的，那么应该有某些特定的神经结构只参与自我表征加工而不涉及其他功能，并且相同类别的自我表征加工涉及的神经结构应该是稳定的。

除此之外，我们还可以考虑自我在种系发生上的独特性——自我是否为人类独有。

曾有研究者针对自我研究中的各种结果根据以上标准进行过总结，发现在自我研究领域，就目前的研究结果来看，还没有充分的证据能证明自我表征是一个独立的结构，同样的实验任务引起的皮层激活部位并不完全一致，甚至有相互矛盾的地方，比如有的自我表征任务，如表征人脸或者自我相关词汇任务发现右半球优势，而有的实验却得出左半球优势的结论。无论是在功能上还是在结构上，都还缺乏强有力的实验证据能够统合以上矛盾。究其原因，不难发现，其采用的自我相关加工任务（self-referential processing）里混杂了大量其他因素，如情景记忆、情绪和注意负荷的问题，而且，我们在选取被试和实验准备方面做得并不完善，从而导致解释实验结果的困难。而某些临床脑损伤导致自我功能受损的案例又难以保证损伤部位的单纯性，因而也难以得出有说服力的结论。虽然确实有几个为数不多的个案说明自我的某些功能是独立的，如情景记忆和人脸识别，但都仅限于脑损伤案例，进一步的结论有待于在正常被试得出的实验结果。

针对自我表征加工引起的皮层激活区域不完全一致的结果，也有研究从一个更加宽泛的标准去考察自我表征加工的结构独立性（Northoff, et al, 2006；Northoff, 2004），结果发现虽然各种自我参照加工任务激活的脑区并不完全一致，但它们都大致落在一个皮层中部结构（cortical midline structre，CMS），它包括前额叶、扣带回和顶叶的一些区域。这些区域很可能在加工涉及自我的刺激时起了独特的作用（Northoff，2004）。

勒格朗（Legrand）和鲁比（Ruby）（2009）针对更多研究数据进行的元分析发现，那些将"自我"作为任务中的认知对象而非认知主体的研究，比如将个体加工自我相关刺激与个体加工自我无关的刺激进行对比（包括辨识自己的名字、面孔，评价自己的特质和情感，或者将一个行动归结为自己发出的），这些研究发现的自我相关脑区包括了前额叶内侧、楔前叶/扣带回后部、颞叶、颞顶连接、脑岛、中央后回、顶上皮层、中央前回、前额叶后部皮层、海马旁回、梭状回以及枕叶皮层。尽管如此分散的脑区让人很难相信存在一个独立的、特殊的脑区来表征"自我"，但在这些并不集中的众多成像结果中，至少有四个脑区总是在自我和非自我的对比中被激活：前额叶内侧皮层、楔前叶/扣带回后部、颞顶连接以及颞极。勒格朗将这些脑区组成的区域称为 E 网络（E-network）。组成 E 网络的脑区和另一类任务——读心（mind reading）（即表征他人心理活动）——中激活的脑区有着惊人的相似。表征自我和表征他人之间的共同认知过程可以解释这两者在脑活动上的相似，即推论式的加工（inferential processing）和记忆提取。也就是说，尽管这些自我相关任务激活了一些相对固定的脑区，但这些脑区也并不只为"自我"服务。

当脑成像实验无法通过上述方法找到一个独立表征自我的系统时，研究者们开始思考，以这样的方式寻找独特的自我表征系统真的是可行的吗？勒格朗和鲁比认为，上述方法没有找到表征自我的系统，并不能说明自我并不存在，因为我们的"自我"感是那么强烈，无论从直觉还是对现象的观察上。前述研究没能找到自我表征的独特系统，只是因为这些研究所采用的任务没能触碰到自我的核心（Koch，et al，2011）。我们的自我感并不仅仅来自我们能辨认那些属于"我"的东西，更重要的是来自"我"作为认知主体而非认知客体时所产生的那种主体感，这种主体感几乎包含在所有的心理过程中。"我"品尝到苹果的美味，是因为"我"正拿着苹果并且咬了一口。在这个过程中，神经信号的传出（efference）以及由此导致的感觉信息的重入（reafference），也就是个体发出的动作以及信息反馈两者之间的系统关联形成了我们的自我感。尽管在任务中把这种第一人称视角（first-person perspective）的心理过程从前述以自我相关刺激为认知对象的第三人称视角（third-person perspective）中分离出来是比较困难的，但还是有一些研究能够使实验条件和对照条件中所涉及的自我感有程度上的差异，比如在保持刺激一致的情况下，对比被试回答"你看到了什么"和"他看到了什么"之间的脑活动差异。在这样的研究中，中央后回和脑岛（体感皮层）在第一人称视角条件下获得了更大的激活，这与主体感基于传出和重入信息整合，也就是感觉运动信息整合的假设一致。这种从自我经验的主体感角度出发，而不是将自我作为认知客体进行自我意识研究的角度，得到了近年来越来越多研究者的认可（Koch, et al., 2011）。

首先应该承认的是，自我本身是一个多层次的复杂体系，这就决定了我们不应该用其中某一个或几个与自我相关的加工过程来替代整个的自我功能。很多实验任务仅仅涉及自我意识中的一个或几个方面，如动作的主体感、自我特质的表征或是某种类型（如视觉表征形式）的自传体记忆等，那么这些研究结果也就只能反映自我意识的一个或几个方面。

2. 自我研究中的常用任务

第一类：涉及主体我的任务。较多以主体感（agency）为着手点。较常用的实验范式为在动觉信号和视觉反馈信号间制造某种不一致（时间延迟或动作不一致）来观察被试此时的自我感是否受到干扰，以及相应的大脑活动的变化（Farrer, 2002）。初步的结论是个体行动的主体感在歪曲感觉反馈时会受到干扰，但个体对此并不十分敏感，且有一些脑区与鉴别这种活动意愿、动觉信号与感觉反馈之间的一致程度有关，但这些脑区在不同实验间并不完全一致。另一类涉及主体感的研究来自主体感障碍的个体，如精神分裂症病人一系列的阳性症状，如

369

被动体验、思维插入等（Kircher & Leube，2003）。

第二类：涉及客体我的任务。多为自我辨认（self-recognition）任务。其中有的采用自我人脸识别或是自我的声音、名字等刺激的判断为任务（Perrina, et al., 2003；Keenan，2000）。这类实验结果多发现自我表征的右脑优势，但也有相反的情况，具体原因目前还不清楚（Morin，2002）。还有涉及自我决策的任务，如对某些特质词语做是否与自己或他人相符的判断，得到一些较为一致的参与此类判断任务的脑区，如前额叶中部（Kjaer & Lou，2002）。另外一些实验采用完全内省而不用外部刺激的方法来引发自我参照加工（Kjaer & Lou，2002）。这些任务引起的大脑活动多落在皮层中部结构上。但任务本身的复杂性以及控制组任务设计的缺陷，使得实验的结果本身不够单纯，比如，不能排除这些区域的激活不是因为任务本身需要利用自传体记忆或者情绪性线索的因素。如何排除任务中共同的情绪和记忆线索的作用是大部分自我参照加工任务都存在的问题。

第三类：涉及情景记忆和自传体记忆的任务。因为高级形式的自我意识，如自知意识和独特的自传体自我一定是随着时间发展和个人经历的增加而不断积累发展起来的。没有了情景记忆，没有了这种"重新体验过去"的能力，也就没有了自我的高级形式。目前的研究大致集中在两方面，一是自传体记忆的独特性，即自传体记忆系统以及情景记忆系统在行为和功能层面与其他语义记忆系统的区别，包括在个体发展上的区别，这类实验已经可以说明情景记忆系统是一个独立的心理结构。另一类研究集中在参与情景记忆和自传体记忆的神经结构上（Fink, et al.，1996；Gilboa，2004），这些区域与前面自我表征的皮层中部结构有很多的重合。但仍然存在实验任务中牵涉到的情绪线索不能完全去除的问题。

第四类：心理理论任务。它涉及心理视角的转换问题，要求被试在实验中从自己的角度或者从另外一个个体的角度考虑问题（Vogeley, et al.，2001）。心理理论能力是在自我意识形成之后才可能具有的一种能力，因而两者在神经表征上自然会有重合的地方。

除了上述四种常用任务外，还有一些研究发现静息态大脑活动情况和自我加工任务时大脑的活动情况有很多类似，因而进行了很多对比的研究，任务个体在清醒静息的时候，大脑很有可能进行着某种形式的自我加工（Wicker，Royet & Fonlupt，2003；Qin & Northoff，2011）。

四、自我研究进展评述

自我和意识一样，本身是一个目前还不甚明了的概念。界定上的困难造成了研究结果上的杂乱。

第一，要研究自我，需要对"自我"有一个较为一致的定义，指明它的层次、成分和结构。目前仍缺乏一个统一的、达成广泛一致的自我意识理论，我们还不能清晰地回答"什么是自我，它包括哪些过程，有哪些内容，具有哪些特点"诸如此类的问题。精巧的心理学行为实验在这方面应该有所作为。

第二，只求自我的"定位"可能是一个误区。心理事件在脑内的加工方式并不一定仅仅是区域性的，就算证明了某个心理事件与某个特定区域的活动有关，如果不能阐明这种联系的机制，即"为什么会有这样的联系"，仍然是没有多少意义的。此外，自我如果是一个独立表征，那么它的脑内表征方式除了具有某种空间特性，还有可能具备时间特性，目前缺乏这方面的研究。

第三，对自我的研究应该与对意识的研究结合起来考虑。在自我的核心层次，如涉及主体感的问题，其本身就是一个意识觉知的问题。自我是意识的一个"内嵌"结构，是意识发展到较高层次的产物。在研究意识问题时，我们不能不考虑"自我"的作用。同时，我们还应该注意到持续不断的无意识加工和自我加工之间的关系。

参考文献

Bayne, T. 2004. Self-consciousness and the unity of consciousness[J]. *Monist*, 87(2): 219—236.

Christoff, K., Cosmelli, D., Legrand, D., & Thompson, E. 2011. Specifying the self for cognitive neuroscience[J]. *Trends in Cognitive Sciences*, 15(3): 104.

Damasio, A. 2000. The feeling of what happens: body and emotion in the making of consciousness[J]. *Quarterly Review of Biology*, 51(12): 1579—1579.

Farrer, C., Frith, C. 2002. Experiencing oneself vs another person as being the cause of an action: the neural correlates of the experience of agency[J]. *Neuroimage*, 15(3): 596—603.

Fink, G., Markowitsch, H., Reinkemeier, M., Bruckbauer, T., Kessler, J., & Heiss, W. 1996. Cerebral representation of one's own past: neural networks involved in autobiographical memory[J]. *Journal of Neuroscience the Official Journal of the Society for Neuroscience*, 16(13): 4275.

Gilboa, A. 2004. Autobiographical and episodic memory-one and the same? evidence from prefrontal activation in neuroimaging studies[J]. *Neuropsychologia*, 42(10): 1336.

Gillihan, S., Farah, M. 2005. Is self special? a critical review of evidence from experimental psychology and cognitive neuroscience[J]. *Psychological Bulletin*, 131(1): 76—97.

Keenan, J., Wheeler, M., Gallup, G., & Pascualleone, A. 2000. Self-recognition and the right prefrontal cortex[J]. *Trends in Cognitive Sciences*, 4(9): 338—344.

Kircher, T., Leube, D. 2003. Self-consciousness, self-agency and schizophrenia[J]. *Conscious Cogn*, 12(4): 656—669.

Kjaer, T., Nowak, M., & Lou, H. 2002. Reflective self-awareness and conscious states: pet evidence for a common midline parietofrontal core[J]. *Neuroimage*, 17(2): 1080.

Legrand, D., Ruby, P. 2009. What is self-specific? theoretical investigation and critical review of neuroimaging results[J]. *Psychological Review*, 116(1): 252—282.

Lou, H., Posner, M. 2004. Parietal cortex and representation of the mental self[J]. *Proc Natl Acad Sci U S A*, 101(17): 6827—6832.

Morin, A. 2002. Right hemispheric self-awareness: a critical assessment[J]. *Consciousness & Cognition*, 11(3): 396—401.

Morin, A. 2006. Levels of consciousness and self-awareness: a comparison and integration of various neurocognitive views[J]. *Consciousness & Cognition*, 15(2): 358—71.

Naito, M. 2003. The relationship between theory of mind and episodic memory: evidence for the development of autonoetic consciousness[J]. *Journal of Experimental Child Psychology*, 85(4): 312—336.

Northoff, G., Bermpohl, F. 2004. Cortical midline structures and the self[J]. *Trends in Cognitive Sciences*, 8(3): 102.

Northoff, G., Heinzel, A., De, G., Bermpohl, F., Dobrowolny, H., & Panksepp, J. 2006. Self-referential processing in our brain--a meta-analysis of imaging studies on the self[J]. *Neuroimage*, 31(1): 440—457.

Northoff, G., Qin, P., & Feinberg, T. 2011. Brain imaging of the self-conceptual, anatomical and methodological issues[J]. *Consciousness & Cognition*, 20(1): 52—63.

Perrin, F., Maquet, P., Peigneux, P., Ruby, P., Degueldre, C., & Balteau, E., et al. 2005. Neural mechanisms involved in the detection of our first name: a combined erps and pet study[J]. *Neuropsychologia*, 43(1): 12.

Piolino, P., Desgranges, B., Clarys, D., Guillerygirard, B., Taconnat, L., & Isingrini, M., et al. 2006. Autobiographical memory, autonoetic consciousness, and self-perspective in aging[J]. *Psychology & Aging*, 21(3): 510—525.

Qin, P., & Northoff, G. 2011. How is our self related to midline regions and the default-mode network?[J]. *Neuroimage*, 57(3): 1221—1233.

Rochat, P. 2003. Five levels of self-awareness as they unfold early in life[J]. *Consciousness & Cognition*, 12(4): 717—731.

Neisser, U. 2008. Five kinds of self–knowledge[J]. *Philosophical Psychology*, 1(1):

35—59.

Vogeley, K., Bussfeld, P., Newen, A., Herrmann, S., Happé, F., & Falkai, P., et al. 2001. Mind reading: neural mechanisms of theory of mind and self-perspective[J]. *Neuroimage*, 14(1): 170—181.

Wicker, B., Ruby, P., Royet, J., & Fonlupt, P. 2003. A relation between rest and the self in the brain?[J]. *Brain Res Brain Res Rev*, 43(2): 224—230.

心智游移

宋晓兰

一、引言

认知心理学研究一般采用"刺激－反应"的实验模式，研究个体应对外界环境的方式及其内部机制。随着认知神经科学的建立，对脑活动机制的研究也采取类似的模式。但是，脑仅仅是一个对环境需求做反应的被动系统吗？在大量无须对环境刺激做反应的空隙，我们的"意识流"（stream of consciousness）（James，1890）如何保持连续呢？

当处于空闲状态，甚至在进行某项工作或完成某项任务时，我们的意识常常会转移到与当前环境或任务完全无关的一些内部思维、想象或体验中去，而且它的出现、跳转和消失完全不受个体的意志控制，我们称这样一种常见的现象为"心智游移"（mind wandering，MW）（Smallwood & Schooler，2006）。可以说 MW 是最为普遍的心理现象之一，在不同种类的任务中，被试都会或多或少地报告有 MW 的发生。在 fluency 和编码任务中，被试有 15% 的时间 MW（Smallwood，Obonsawin & Heim，2003）；在阅读任务中，被试有 20% 的时间 MW（Schooler，Reichle & Halpern，2004）；在简单的信号检测任务中，被试有高达 50% 的时间 MW（Giambra，1995；Smallwood，O'Connor，Sudberry，Haskell & Ballantyne，2004）；而在日常生活中，个体平均有约 30% 的意识体验可以归入

MW（McVay，Kane & Kwapil，2009），一项研究中96%的成年个体每天都报告有白日梦的体验（Singer，1966）。MW的发生如此频繁和普遍，随时都会占据个体的意识中心，填补了"意识流"的空隙，而现代心理学却对MW的研究留下了一些空隙，令其长期被主流心理学所忽视。国内心理学界至今仍较少有相关方面的涉猎，已有的研究将这一现象译为心智游移。

近年来，脑功能成像领域的一些发现让我们了解到，脑在不执行任务时仍然保持活跃，它的能量消耗并未减少（Raichle & Mintun，2006），不同区域的低频自发活动还呈现出时间相关性（Cordes, et al., 2000；Fox，Corbetta，Snyder，Vincent & Raichle，2006；Vincent, et al., 2006），说明所谓"静息"时候的脑并不静息（Buckner & Vincent，2007），而是一个持续活动的系统。

MW的普遍存在和脑持续工作的事实说明脑很可能是一个内驱动系统，即使在没有任务时也仍然活跃，外界刺激的作用只会调整而非决定这一系统的活跃程度（Raichle，2006），提示研究无刺激作用时的心理现象和脑活动的重要性，这一新的课题已引起了越来越多研究者的兴趣。

二、心智游移的概念

一直以来，MW现象在不同的研究背景下有着不同的名称，如任务不相关想法（task-unrelated thought，TUT）（Smallwood，Baracaia，Lowe & Obonsawin，2003；Smallwood，Davies, et al., 2004；Smallwood，O. Connor, et al., 2004；Smallwood，Obonsawin, et al., 2003）、任务不相关图像和想法（task-unrelated images and thoughts）（Giambra，1995）、独立于刺激的想法（stimulus-independent thought，SIT）（McGuire，Paulesu，Frackowiak & Frith，1996）、心智涌现（mind pops）（Kvavilashvili & Mandler，2004）、自发思维过程（spontaneous thought process）（Christoff，Ream & Gabrieli，2004）、白日梦（daydreaming）（Singer，1966）、分

心思维（off-task thinking）（Kane, et al., 2007）等。这些名词其实说的都是同一个心理现象：自发产生的、与当前外界环境无关的思维加工，斯莫尔伍德（Smallwood）等人将它称为心智游移（Smallwood & Schooler, 2006）。

MW 具有两个特征：一是自发性，一是内向性。并非所有注意指向内部的现象都叫 MW，比如有些任务要求被试主动地构建一些画面或回忆一些场景，这些就不属于 MW。也并非所有自发性的注意转移现象都叫 MW，比如外部突现的刺激如闪电所引起的注意的转向也不是 MW。由于 MW 的复杂性，到目前为止，我们对它还没有一个全面的操作性定义，为了研究的方便，大部分研究都将它默认为 TUT，即注意从当前主要任务自发地转向内部信息加工的现象（Smallwood & Schooler, 2006）。

三、心智游移的主要研究方法

MW 未能进入主流认知研究的原因之一在于对它操作上的困难，通常的觉知过程都可以通过对刺激的反应认识到，而 MW 是一种独立于外部刺激的内部思维加工过程，很难捕捉到。同时，MW 还是一种自发产生的心理现象，一般刺激－反应的范式无法用于 MW 的诱导。因此，目前对 MW 的研究仍主要基于口头报告，有时还会使用一些问卷和量表，此外，行为、生理和眼动指标，以及认知神经科学的方法也正尝试着用于 MW 的研究。

1. 口头报告法

口头报告法可以是即时报告（Giambra, 1995；Kane, et al., 2007；McVay, et al., 2009），也可以是事后通过内省的方式回答一些问题（Giambra, 1979）。即时报告包括思维取样（thought sampling）（Giambra, 1995）和经验取样（experience sampling）（Kane, et al., 2007；McVay, et al., 2009）两种，前者指在实验情境中，

让被试在完成某项任务中时不时地报告自己的意识体验；后者则指在日常情境中对被试的主观体验进行测量，在这一范式中，被试需要随身携带一只寻呼机，通过它随机地提醒被试完成简短的问卷，报告当时的意识体验以及背景信息，具有较高的生态效度。

即时报告的方式还分为探针式（probe-caught）和自我发现式（self-caught）两种。在探针式报告中，被试会在完成任务时或自然情境中被突然打断，要求其报告当时的意识状态（Giambra，1995；Schooler，et al.，2004），这一打断好比插入了一根"探针"，该方式无须被试自己监控意识内容，因此可以探测到自己当时并未发现的 MW。研究证明，探针的插入对 MW 的发生频率影响很小，所以我们能够得到比较可靠的结果（Giambra，1995）。

在自我发现式的报告中，要求被试监控自己的意识状态，一旦发现 MW 时便报告（Giambra，1993）。该方式依赖于被试对意识的监控即元意识的能力（Schooler，et al., 2004），因此我们只能得到有元意识的 MW 的频率，对于研究 MW 的总体趋势来说并非一个好的指标。自我发现式的报告需要被试关注自己的意识内容，有可能改变自然状态下 MW 的频率，不过已有的研究尚未发现这一影响（Schooler，et al., 2004；Smallwood，Baracaia，et al., 2003）。由于探针式的报告法可以获得总体的 MW 发生频率，而自我发现式的报告法能够提供具有元意识的 MW 的信息，两者的结合可以得到有无元意识的 MW 的全面信息。

自我报告的方法通常会引起对其信度和效度的质疑，已有的研究结果打消了这一疑虑。研究发现，个体报告的 MW 的倾向在不同主要任务中是稳定的，也就是说，虽然个体在不同状态下 MW 的发生频率会有所波动，但容易发生 MW 的个体始终比不易发生 MW 的个体报告有更高的 MW 频率，并且这一倾向具有较高的重测信度（M =.81）（Giambra，1995），在不同通道的警觉任务间也有很高的一致性（M =.86）（Giambra，1995）。通过比较日常生活中 MW 的发生趋势和实验室中得到的结果，我们发现在完成实验任务时报告较多 MW 的被试在日常生活中同样具有更多的 MW 体验（McVay，et al., 2009）。由此可见，MW 是一种相对稳定的心理过程，口头报告的方法能够得到较为可靠有效的结果。

2. 问卷调查

问卷也是研究 MW 的一个有效工具，它的内容通常十分详细，覆盖了内部心理活动的多个方面，包括 MW 的产生形式、发生频率及内容等，并且可以提供有效的数据用于因素分析，反映 MW 在被试内或被试间的差异（Christoff，et al.，2004）。梅逊（Mason）等人就使用了想象加工问卷（imaginal processes inventory，IPI）（Singer & Antrobus，1970）中的白日梦频率量表（daydream frequency scale）来研究 MW 频率的个体差异（Mason，Norton，et al.，2007）。

3. 客观辅助指标法

无论是即时报告还是问卷调查，都是基于被试的主观内省，近年来一些客观指标被引入来指示 MW 的发生，作为主观指标的一个补充。

3.1 行为指标

目前较为常用的是行为指标，采用双任务干扰范式（dual-task interference paradigms）来检测 MW 和任务相关加工之间的交互作用（Christoff, et al., 2004）。实验中，被试需要完成一些主要任务，如信号检测任务或阅读任务，而次要任务则是要求他们报告自己的 MW。次要任务又可分为外显和内隐两种形式，外显的次要任务要求被试采取自我发现式的报告方式（Filler & Giambra，1973），内隐的次要任务则使用探针式的报告方法（Teasdale，et al.，1995）。由于外显的次要任务需要被试自己监控 MW，这会增加注意和记忆的负担，从而对主要任务的绩效产生干扰，所以内隐的双任务干扰范式使用更为普遍。

内隐的双任务干扰范式中使用最多的是对反应的持续性注意任务（sustained attention to response task，SART）（Robertson，Manly，Andrade，Baddeley & Yiend，1997）。它是一个 go/no-go 任务，要求被试对小概率的目标刺激不做反应，而对大概率的其他刺激按键反应。为了很好地完成任务，被试要对他们的反应保持持续的注意，以便当目标出现时他们可以及时地抑制优势反应，一旦注意缺失或 MW 发生，就很可能增加反应的错误率。因此，SART 任务的正确率可以用来作为 MW 的指标。SART 任务中常插入"探针"，用于收集被试的口头报告，这样，将行为反应和口头报告结合起来，可以相互印证，这是目前研究 MW 较为理想的方法。

3.2 生理和眼动指标

MW 通常还伴随着一些生理指标的变化，如心率的增加和皮肤电的降低（Smallwood，Davies，et al.，2004），这也可以作为 MW 的辅助标志。

一项对 MW 和眼动的研究发现，阅读中发生 MW 时，被试的眨眼频率会增加而注视点的跳转频率会减少（Smilek，Carriere & Cheyne，2010）。另一项研究则发现，心不在焉地阅读时，被试的注视时间会变长，且不容易受到文中词汇和语言变化的影响，此外，在被试自己发现 MW 的前一刻，他的眼动会变得十分不稳定。虽然这些研究无法阐明 MW 和眼动的因果关系，却也提供了另一种辅助性指标。

4．认知神经科学方法

随着认知神经科学的发展，研究者也试图通过记录脑活动的方式来研究 MW 的神经机制。通过操作不同的实验条件间接提取出 MW，或利用上述的一些指标指示出 MW，然后使用正电子发射断层扫描（positron emission tomography，PET）、功能磁共振成像（functional magnetic resonance imaging，fMRI）等成像技术或脑电（electroencephalogram，EEG）技术来寻找 MW 现象背后的脑活动模式。

克里斯托夫（Christoff）等人将静息状态（个体睁眼或闭眼并保持清醒的非任务状态）作为自发认知过程频发的状态，而另一种对外界刺激做简单反应的任务，由于其认知需求很低，所以被看作类似于静息状态，只是在 MW 这一因素上有所不同。于是通过比较两种状态下的脑活动，研究者得到了 MW 所对应的一些脑区（Christoff，et al.，2004）。不过，这样的比较并不严密，简单任务下其实也会有大量的 MW。梅逊等人则是操作对任务的练习程度，认为相较于新异任务，熟练任务的自动化程度更高，因此会伴随有更多的 MW，并通过事后报告证实了这一观点。该研究比较这两种任务下的脑活动，从而得到了与 MW 相关的脑区（Mason, Norton, et al., 2007）。不过，这样的操作只是提供了一个间接证据。克里斯托夫等人的最新研究则使用插有"探针"的 SART 任务，直接探测出 MW 的发生点，将其与任务状态的脑活动进行比较，得出可能参与 MW 活动的脑区（Christoff, Gordon, Smallwood, Smith & Schooler, 2009）。

由于 MW 本身是一个复合的认知过程，包含了许多复杂的认知成分，到目前为止尚未有任何一种方法能够准确地指示 MW 的发生，所以寻找更为有效的方法来研究 MW 也是这一领域的研究方向之一。

四、心智游移的理论假说

随着对 MW 研究的不断深入，一些理论框架逐渐构建起来。早期的有当前关注理论（current concern theory）（E. Klinger, 1971；Mason, Bar & Macrae, 2007），认为内在目标一旦建立就成为当前关注的焦点，只要外界环境或内部思维触发了这一焦点，它便会和任务目标驱动的思维竞争注意资源。自发动机理论（auto-motive theory）（Bargh, 1997）与此类似，认为 MW 无须意志控制，甚至可以违背意志，是因为与个人相关却和任务无关的内在目标自发地激活，从而暂时将注意从主要任务上拉开。此外，还有讽刺性加工理论（ironic processes theory）（Smallwood, 2010），认为企图对觉知进行控制，反而会导致 MW 的增加。目前较为常见的几种理论对 MW 和执行控制的关系产生了争议，分别是 MW 的执行控制理论（executive-control theory）（Smallwood & Schooler, 2006）、控制失败假说（control-failure hypothesis）（McVay & Kane, 2010）和全局可用性假说（global availability hypothesis）（Smallwood, 2010）。

一方面，MW 的发生会对任务有干扰作用（Schooler, et al., 2004；Smallwood, Baracaia, et al., 2003；Smallwood, Davies, et al., 2004；Smallwood, McSpadden & Schooler, 2008；Smallwood, O. Connor, et al., 2004；Smallwood, O. Connor, Sudbery & Obonsawin, 2007）；另一方面，需要消耗注意资源的任务对 MW 又有抑制作用（Forster & Lavie, 2009；Giambra, 1995；Mason, Norton, et al., 2007；Smallwood, Davies, et al., 2004；Teasdale, et al., 1995），斯莫尔伍德（Smallwood）和斯库勒（Schooler）（2006）认为 MW 会消耗执行控制资源，占用工作记忆容量，从而提出了 MW 的执行控制理论，试图将 MW 整合进主流的执行注意模型。该理论认为 MW 是执行控制从目标导向的主要任务转移到与个人目标相关的心理事件上的过程，这一转移是非自主的，不受主观意愿控制，却是由内在目标指引的，这一目标可以被自动触发，从而使得注意从外部刺激转向内部心理事件，于是分配给外部任务的资源减少，任务绩效下降，反之亦然。

麦克维（McVay）和凯恩（Kane）（2010）却认为 MW 并不占用执行控制资源，而是代表了执行控制的失败，它的产生受到两个因素的影响，一个是执行控制能力，另一个是个体当前所关心事件的重要程度，以及当时外部或内部刺激可以引发这些事件的可能性。第二个因素沿袭了早期的当前关注理论，是两个理论所公认的，所以争论主要集中于第一个因素。来自实验室和日常生活的研究表明，在完成较高要求任务时，具有高工作记忆容量（working memory capacity，WMC）的个体比低工作记忆容量的个体报告有更少的 MW，而工作记忆容量通常用于执行控制的指标（Engle, 2002）。病理心理学也有证据表明执行控制能力弱的焦虑症患者会产生更高频率的 MW（Smallwood, O. Connor & Heim, 2005）。正如前面列出的，疲劳、酒精和烟瘾等都会使 MW 增多，而这些因素都会导致执行控制力的减弱。如果 MW 需要消耗执行控制资源，这一资源的减少本会使得 MW 随之减少，但结果却恰恰相反，说明 MW 反映了执行控制的失败而并不占用它。

斯莫尔伍德（2010）承认了先前理论在细节说明上的不足，因此进一步改进，结合麦克维和凯恩（2010）的假说，提出了全局可用性假说。控制失败假说只是说明了导致 MW 的原因，但列举的证据其实无法否认 MW 需要消耗注意资源。前两个理论产生分歧的原因主要在于对执行加工的理解不同，麦克维和凯恩（2010）主要着重其抑制控制的属性，而斯莫尔伍德和斯库勒（2006）之前的理论对它的定义比较含糊，因此在新的假说中，斯莫尔伍德（2010）给出了清晰的概念，认为它是指系统中某些必要信息能够得以利用，以实现相应的功能。这一概念基于巴尔斯（Baars）（1988）的全局工作空间模型（global workspace models），该模型假设信息系统中存在大量的特化模块，分别处理不同的子任务（如感觉加工），此外还有一个全局工作空间，特化模块经过竞争进入全局工作空间，从而被个体意识到，同时，进入全局工作空间的内容还向其他所有模块进行"广播"，进而更新它们的工作。模型中一个关键的假设就是，某一信息一旦可以被意识到，它就是全局可用的，因为它进入了全局工作空间，便有了特权去影响其他信息加工甚至行为。因为 MW 的体验是有意识的，从而具有全局可用性，所以当 WM 发生时，相关信息模块便会占据全局工作空间，这表明 MW 是需要认知资源的。麦克维和凯恩（2010）的假说能够很好地阐释高要求任务下 MW 的发生，却无法解释只需要很少注意资源的任务下发生 MW 的情况。全局可用性假说认为，MW 和任务相关信息的加工共同竞争着进入全局工作空间，获取注意资源，当个人内在目标的激活使得相关信息具有了全局可用性，则抑制控制失败，MW 发生。

不论是麦克维和凯恩，还是斯莫尔伍德，他们的假说都体现出了 MW 和任务相关信息间的竞争关系，MW 是通过个人内在目标的重要性和外部或内部诱因对其的触发程度来影响其竞争力，而任务加工则是通过抑制控制的能力以及当前任务对抑制控制的需求来左右其竞争力的，在所有这些因素的共同作用下，胜出者便可以进入意识中心。从这些假说中，我们可以看到 MW 的产生机制，并能看出它的一些功能。MW 竞争胜利时，与个人目标相关的内容进入意识而被个体觉知，并可以向整个系统进行广播，这对于这些重要问题的解决有很大帮助。

五、心智游移的行为研究

1. 心智游移的早期行为研究

认知心理学兴起之后，对 MW 的研究始于辛格（Jerome Singer）的一本很有影响力的著作《白日梦》（*Day Dreaming*）（Singer，1966）。早期的研究主要是对白日梦现象的描述性研究，侧重其特征、发生内容以及存在的意义，发现它与认知加工、生理指标以及眼动存在相关，发生内容包含了从近期发生的琐事到对将来的计划和期望，研究者认为它并非只是起分心或幻想作用，还有一定的适应性功能，如预测并计划将来（E. Klinger，1971；Singer，1966）。此外，还有研究考察了它和人格特质间的关系（Singer & Antrobus，1963，1972）。

后来几十年的研究都是建立在这些结果的基础之上，一些行为学的实验方法逐渐建立起来，研究主要关注于 MW 的相关特性、功能，以及不同因素对 MW 的影响。

2. 心智游移的近期行为研究

2.1 心智游移的时间属性

MW 通常具有时间指向的特征，其中指向过去和将来的居多，在不同的情境中，MW 的时间指向会有所变化。一般来说，展望将来的 MW 成分要多于回顾过去的，而在完成需要较多注意资源的任务时，MW 的将来成分会大大减少，而过去成分则变化不大，说明展望将来比回顾过去需要消耗更多的资源（Smallwood，Nind & O. Connor，2009）。有意思的是，在进行阅读任务时，阅读材料的吸引力对两种时间成分都会产生影响。阅读有趣的文章时，MW 的将来和过去成分都会受到抑制。阅读无聊的文章时，若文章的主题为被试所熟悉，则其 MW 的过去成分较多，反之，则被试 MW 的将来成分更多，说明 MW 的时间指向受到当前任务和个体已有经历的共同作用（Smallwood，Nind，et al., 2009）。

由于 MW 可以使个体自由地游走于过去、现在和未来，所以我们可以将它看作是一场自发的心灵时间旅行（mental time travel），研究发现这场"旅行"的时间信息还会受到空间信息的影响。在呈现会引发空间相对运动错觉（vection）背景的显示器上，实验让被试来完成简单的警觉任务，结果发现，导致向后运动错觉的背景会引发更多过去的 MW 内容，导致向前运动错觉的背景则会引发更多将来的 MW 内容（Miles, Karpinska, Lumsden & Macrae, 2010），表明这场心灵之旅受到时空信息整合的影响。

还有研究探讨了自我反思（self-reflection）对 MW 时间属性的影响，发现完成了自我反思任务的被试，其接下来的 MW 中指向将来的成分要多于未做过该任务的被试。并且这一影响还体现在个体差异上，即更善于对自我相关信息进行记忆编码的个体，其 MW 中将来的成分也更多（Smallwood, et al., 2011）。

目前对 MW 时间属性的研究还处于初级阶段，与已有的关于心灵时间旅行的研究一致的是，展望式的意识内容在正常人群中更为普遍（Buckner & Carroll, 2007），这说明人脑随时收集过去信息为将来做准备（Schacter, Addis & Buckner, 2007），具有一定的进化意义。而不同因素对 MW 的时间指向会产生不同影响，其内部机制还有待进一步挖掘。

2.2 心智游移与元意识

根据是否能够经由口头报告，意识可以分为有意识和无意识，而斯库勒认为，除此之外，意识还包含了另一个成分，即元意识（meta-consciousness），它指的是对意识内容的外显觉知（Schooler, 2002）。因此根据是否具有元意识，我们又可以把 MW 分为注意转移（turning out）和走神（zoning out）（Smallwood, McSpadden, et al., 2008），前者指个体知道自己正在发生 MW，后者指个体没有觉察到 MW 的发生。

一项评估走神频率的实验，要求被试在阅读任务中一旦发现自己 MW 就立刻按键记录下来，同时，实验中还间或插入了一些探针，以捕捉被试自己不能发现的 MW，结果表明，被试约有 13% 的时间是在 MW 而自己却没有觉察到（Schooler, et al., 2004）。另有一些研究也发现了类似的比例（Smallwood & Schooler, 2006）。

MW 是否有元意识会对当前任务有不同程度的影响。在一个 go/no-go 的反应抑制任务中，被试的反应抑制正确率仅和无元意识时的 MW 相关，且被试走神时的反应时间比任务状态下的反应时间要明显变快，而注意转移却对反应时间没有显著影响（Smallwood，McSpadden & Schooler，2007）。我们在阅读任务中同样发现无元意识时 MW 对任务的影响，对文章全局的把握和走神发生的时期而非多少相关，在推理关键处走神会导致对文章的整体理解变差（Smallwood，McSpadden，et al.，2008）。这些结果都说明了元意识在 MW 影响任务加工上的重要性。

2.3 心智游移对认知加工的影响

MW 通常被看成是集中注意发生失误时的一种现象，有研究考察了它对不同任务的影响。当个体发生 MW 时，他们的信号检测能力下降（Smallwood，Davies，et al.，2004），对外界刺激的编码加工"浅层化"（Smallwood，Baracaia，et al.，2003；Smallwood，O. Connor，et al.，2004；Smallwood，O. Connor，et al.，2007），在阅读任务中对文章细节的理解变差（Schooler，et al.，2004）。这些结果表明，在 MW 时，注意已从对外界信息的处理转向了对个体内部思维和感觉的加工，因此这可以看作是一种注意解离（decoupled attention）的过程（Smallwood，Obonsawin，et al.，2003；Smallwood & Schooler，2006）。

当然，WM 的存在并不仅仅是为了干扰主要任务，自辛格以来，一些研究者也都提出 MW 和一些重要的功能性影响有关，特别是，MW 可以促进问题的解决（Binder，et al.，1999），不少研究都支持这一观点。根据经验取样得到的结果，发现被试 MW 的内容通常与通过问卷得到的其关注的事件相关（E. Klinger & Cox，1987）。一项研究通过引发被试对某一突出事件的关注（在正式实验前播放一条广播，暗示中国已经参与到越南战争），发现相较于给予中性广播的控制组，实验组表现出了更高的 MW 的频率和任务的错误率（Antrobus，Singer & Greenberg，1966）。这些证据说明当 MW 发生时，个体很可能在自发地处理他们当前的挂念（current concern）（E. Klinger，1999）。对 MW 的问题解决功能更直接的证据是，一些研究发现 MW 的内容和之后的应对策略有一致而可靠的相关（Greenwald & Harder, 1995, 1997）。来自焦虑症人群的一些证据也为 MW 的这一功能提供了间接支持。研究显示，焦虑症个体具有更多当前关心的事件（Ruehlman, 1985），而他们在很多任务中也表现出高于一般人群的 MW（Smallwood, O. Connor, et al., 2007），我们结合起来可以看出 MW 和个人近期目标以及生活事件有明显联系，个体可能在不断地处理其未完成的事件。

2.4 心智游移发生频率的影响因素

MW 的发生频率是在动态变化的，它受到很多不同因素的影响。不同的警觉状态会影响 MW 的多少，有研究在 26 小时内，每两小时让被试完成一次目标检测任务，同时用探针报告法获得 MW 频率，发现它与体温呈正相关，而体温通常是警觉和觉醒水平的指标（Giambra, 1995）。随着疲劳程度的增加，MW 也会增 多（Smallwood, Davies, et al., 2004；Smallwood, Riby, Heim & Davies, 2006；Teasdale, et al., 1995）。而随着年龄的增长，MW 却会减少（Giambra, 1989）。

对主要任务的不同属性进行操作亦会使 MW 的产生趋势发生改变。如提高刺激的呈现频率（Giambra, 1995；Smallwood, Davies, et al., 2004）、增加工作记忆的负荷（Teasdale, et al., 1995）、增强认知负荷等都会使 MW 减少（Forster & Lavie, 2009），而对主要任务多次练习后产生 MW 的可能性会增加（Mason, Norton, et al., 2007）。

不同的情绪状态也会改变 MW 的多少。早先的研究表明，抑郁症病人在阅读时报告有更多的 MW（Watts, MacLeod & Morris, 1988）。斯莫尔伍德等人对具有焦虑情绪的大学生的研究发现，这些学生表现出更多的 TUT，同时还伴随有更高的生理觉醒程度（Smallwood, O. Connor, et al., 2007）。他们最近对正常被试的研究显示，相比于正性情绪，负性情绪会导致更多的 MW、更多的行为失误，而且更难从错误中回过神来继续投入任务中（Smallwood, Fitzgerald, Miles & Phillips, 2009）。这些结果说明，负性情绪减弱了注意对当前任务的投入，而且可能由此来加强对自身所关心事件的聚焦（Smallwood, Fitzgerald, et al., 2009）。

对意识状态的改变同样也会影响 MW。在完成阅读任务时，喝了酒的被试比没喝酒的明显产生更多的 MW，而且本身对自己 MW 的觉知也会降低（Sayette，Reichle & Schooler，2009）。烟瘾具有同样的作用，对于同样吸烟的被试来说，阅读时，禁止吸烟的人比未禁止的人探测出更多的 MW，而对 MW 的元意识却减弱（Sayette，Schooler & Reichle，2010）。

六、心智游移的认知神经研究

还有一类研究关心 MW 的脑活动机制，寻找发生 MW 时的脑活动模式，目前 MW 与默认网络（Default Network）之间的关系备受关注。当被试从无任务的静息状态转向目标导向的任务状态时，总有些固定脑区降低了活跃度，或称"负激活"（deactivation）（Mazoyer，et al.，2001）。这些负激活的脑区在静息时也有着最高的能量代谢（Gusnard & Raichle，2001），而且，各脑区之间在神经活动上还有着高度的时间相关性，具有这些一致性特征的脑区构成了"默认网络"（Buckner，Andrews-Hanna & Schacter，2008）。默认网络在静息时更加活跃，说明即使在没有外界任务的情况下脑中仍在加工着某些信息，而这些信息在注意转向任务时便会被抑制，这与 MW 的活动十分类似，所以它们很自然地被联系在了一起。

早期研究使用 PET 技术发现了 SIT 频率和默认网络中的内侧前额叶（medial prefrontal cortex，MPFC）活动的相关性（McGuire，et al.，1996），后来又有研究表明 TUT 频率和负激活脑区活动呈正相关（Mckiernan，D. Angelo，Kaufman & Binder，2006），并且，随着任务难度的增加，TUT 减少，负激活脑区的活动强度减弱（Mckiernan，et al.，2006；Mckiernan，Kaufman，Kucera-Thompson & Binder，2003）。梅逊等人（2007）通过操作对任务的练习程度得出了类似的结论，即 SIT 越多，默认网络的活跃程度越高，他们进一步探究了不同被试间 MW 的个体差异，发现越容易发生 MW 的个体，其默认网络越活跃。近期，克里斯托夫及其合作者（2009）的一项研究直接将被试的实时 MW 报告和同时扫描得到的 fMRI 数据联系起来，发现被试报告 MW 时的默认网络，比报告专注于任务时更活跃，而且在无元意识时活跃强度最高。这些结果都显示了默认网络和 MW 间有着密切的关系，目前越来越多对默认网络的研究也可以为我们了解 MW 的功能提供另一条途径。

此外，对 MW 时脑电成分的研究也有助于我们了解 MW 的机制。斯莫尔伍德等人结合了 SART 和探针式报告法探测出 MW，观察此时事件相关电位（event-related potential，ERP）的变化，发现在 MW 发生之前，P300 的幅值减小，说明此时个体对外界刺激的加工减弱（Smallwood，Beach，Schooler & Handy，2008）。最新的研究采用自我发现式报告法指示 MW，让被试完成一些简单任务，发现被试报告 MW 时，其 EEG 的 θ 波（4～7Hz）和 δ 波（2～3.5Hz）的活动增强，而 α 波（9～11Hz）和 β 波（15～30Hz）的活动减弱。在被动呈现听觉 oddball 范式时，MW 发生时得到的失匹配负波幅值减小，而 P2 波的幅值却增大，这些结果说明 MW 时个体对外界的警觉程度和感觉加工都减弱了（Braboszcz & Delorme，2011）。

七、总结与展望

MW 的存在如此普遍，而且与默认网络的活动还有着千丝万缕的联系，已被越来越多的研究者关注。通观对 MW 的已有研究，早期的描述性研究使我们对这一现象有了大概的了解，目前的行为学研究探究了 MW 的时间属性，引入了元意识的概念，很多研究主要将它看成是一种对目标导向性任务的干扰过程，探讨它对不同认知过程、情绪和行为的影响，同样也研究这些因素对它的作用。当然，作为如此普遍的一个现象，必定有它存在的适应性功能，因此研究者们也在寻找它的积极意义。当前对心智游移和执行控制的讨论开始触及对心智游移机制的思考，而对心智游移的认知，神经学研究则从生理学角度对心智游移的脑机制展开了探索。然而，关于 MW 的研究仍处于一个发展阶段，还有很多问题有待进一步研究。

首先，对于 MW 的产生机制，目前仍主要停留在假说阶段，仅仅是根据一些研究结果做出的间接猜想，缺乏直接的实验证据。如针对 MW 是否消耗注意资源的问题，首先需要明确所谓的"注意资源"究竟是什么，我们知道，MW 包含了情景、语词句子和图像等内容（宋晓兰，2009），这就让我们想起了巴德利（Baddeley）（2000）提出的工作记忆模型。那么，MW 是否会占据视觉空间画板、语音回路或情境缓冲器的资源呢？而麦克维和凯恩（2010）所谓的执行控制是否正对应于中央执行系统的协调功能呢？再比如说，和 MW 关系最为密切的认知过程就是注意，而注意又可以划分为注意警觉、注意指向和执行注意这三种成分（Fan，et al., 2009；Fan，McCandliss，Sommer，Raz & Posner，2002），而已有的研究只涉及 MW 和执行控制间的关系，想要全面了解心智游移的注意机制，我们还必须探讨注意的各种成分与 MW 的关系。而对于 MW 神经机制的探索，更是将来研究的重点。

其次，对于 MW 的功能，已有的研究更多着眼于其对当前任务的干扰，虽然不少研究者提出它的存在必定有其进化意义，包括有助于个体当前关注事件的问题解决（Smallwood & Schooler，2006），以及它与创造力间的关系（Baars，2010）等，但至今为止只有少量的研究，更是缺乏直接的证据，因此这就成为今后研究需要进一步加强的重要方面。

最后，对于 MW 的研究方法，一方面，如前所述，当前使用较多的仍是口头报告法，虽然很多研究已证明了它的可信度和有效性，但即使是最常使用的探针式报告仍会或多或少地打断被试连续的意识流，从而造成一些干扰。因此，未来的研究需要寻找更为有效的辅助指标或改进实验范式。另一方面，现在大部分研究都将 MW 看成是一个整体进行探讨，而实际上，MW 是一个包含了许多认知成分的复杂认知过程，将多种成分混合在一起研究必然会掩盖很多细节的加工机制，也会造成解释上的模棱两可，所以，要想全面地认识 MW，我们就需要将 MW 拆分。已有的对不同时间指向的 MW 以及是否具有元意识的 MW 的研究已经开始了拆分 MW 的尝试，不过还未引起足够的重视。因此，解构 MW 是后续研究努力的一个重中之重。

参考文献

宋晓兰. 2009. 心智游移现象及其脑机制研究 [D]. 博士学位论文. 杭州：浙江大学.

Antrobus, J., Singer, J., & Greenberg, S. 1966. Studies in the stream of consciousness: experimental suppression of spontaneous cognitive processes[J]. *Perceptual and Motor Skills,* 23(2): 399—417.

Baars, B. 1988. *A cognitive theory of consciousness*[M]. Cambridge, England: Cambridge University Press.

Baars, B. 2010. Spontaneous repetitive thoughts can be adaptive: postscript on "mind wandering" [J]. *Psychological Bulletin,* 136(2): 208—210.

Baddeley, A. 2000. The episodic buffer: a new component of working memory?[J]. *Trends in cognitive sciences,* 4(11): 417—423.

Bargh, J. 1997. The automaticity of everyday life. In R. S. W. Jr. (Ed.)[J]. *The automaticity of everyday life: Advances in social cognition* (Vol. 10, 1—61). Mahwah, NJ: Lawrence Erlbaum Associates.

Binder, J., Frost, J., Hammeke, T., Bellgowan, P., Rao, S., & Cox, R. 1999. Conceptual processing during the conscious resting state: a functional MRI study[J]. *Journal of Cognitive Neuroscience,* 11(1): 80—93.

Braboszcz, C., Delorme, A. 2011. Lost in thoughts: neural markers of low alertness during mind wandering[J]. *Neuroimage,* 54(4): 3040—3047.

Buckner, R., Carroll, D. 2007. Self-projection and the brain[J]. *Trends in cognitive sciences,* 11(2): 49—57.

Buckner, R., Vincent, J. 2007. Unrest at rest: default activity and spontaneous network correlations[J]. *Neuroimage,* 37(4): 1091—1096.

Buckner, R., Andrews-Hanna, J., & Schacter, D. 2008. The brain's default network: anatomy, function, and relevance to disease[J]. *New York Academy Sciences Annals,* 1124: 1—38.

Christoff, K., Gordon, A., Smallwood, J., Smith, R., & Schooler, J. 2009. Experience sampling during fMRI reveals default network and executive system contributions to mind wandering[J]. *Proceedings of the National Academy of Sciences,* 106(21): 8719—8724.

Christoff, K., Ream, J., & Gabrieli, J. 2004. Neural basis of spontaneous thought processes[J]. *Cortex,* 40(4—5): 623—630.

Cordes, D., Haughton, V., Arfanakis, K., Wendt, G., Turski, P., Moritz, C., Meyerand, M. 2000. Mapping functionally related regions of brain with functional connectivity MR imaging[J]. *American Journal of Neuroradiology,* 21(9): 1636—1644.

Engle, R. 2002. Working memory capacity as executive attention[J]. *Current Directions in Psychological Science,* 11(1): 19—23.

Fan, J., Gu, X., Guise, K., Liu, X., Fossella, J., Wang, H., & Posner, M. 2009. Testing the behavioral interaction and integration of attentional networks[J]. *Brain and cognition,* 70(2): 209—220.

Fan, J., McCandliss, B., Sommer, T., Raz, A., & Posner, M. 2002. Testing the efficiency and independence of attentional networks[J]. *Journal of Cognitive Neuroscience,* 14(3): 340—347.

Filler, M., & Giambra, L. 1973. Daydreaming as a function of cueing and task difficulty[J]. *Perceptual and Motor Skills,* 37(2): 503—509.

Forster, S., Lavie, N. 2009. Harnessing the wandering mind: The role of perceptual load[J]. *Cognition,* 111(3): 345—355.

Fox, M., Corbetta, M., Snyder, A., Vincent, J., & Raichle, M. 2006. Spontaneous neuronal activity distinguishes human dorsal and ventral attention systems[J].

Proceedings of the National Academy of Sciences, 103(26): 10046—10051.

Giambra, L. 1979. Sex differences in daydreaming and related mental activity from the late teens to the early nineties[J]. *International Journal of Aging and Human Development,* 10(1): 1—34.

Giambra, L. 1989. Task-unrelated-thought frequency as a function of age: A laboratory study[J]. *Psychology and Aging,* 4(2): 136—143.

Giambra, L. 1993. The influence of aging on spontaneous shifts of attention from external stimuli to the contents of consciousness[J]. *Experimental gerontology,* 28(4—5): 485—492.

Giambra, L. 1995. A laboratory method for investigating influences on switching attention to task-unrelated imagery and thought[J]. *Consciousness and cognition,* 4(1): 1—21.

Greenwald, D., Harder, D. 1995. Sustaining fantasies, daydreams and psychopathology[J]. *Journal of clinical psychology,* 51(6): 719—726.

Greenwald, D., & Harder, D. 1997. Fantasies, coping behavior and psychopathology[J]. *Journal of clinical psychology,* 53(2): 91—97.

Gusnard, D., Raichle, M. 2001. Searching for a baseline: functional imaging and the resting human brain[J]. *Nature Reviews Neuroscience,* 2(10): 685—694.

James, W. 1890. *The principles of psychology*[M]. New York: Holt.

Kane, M., Brown, L., McVay, J., Silvia, P., Myin-Germeys, I., & Kwapil, T. 2007. For whom the mind wanders, and when[J]. *Psychological Science,* 18(7): 614—621.

Klinger, E. 1971. *Structure and functions of fantasy*[M]. New York: Wiley-Interscience.

Klinger, E. 1999. Thought flow: properties and mechanisms underlying shifts in content. In J. A. Singer & P. Salovey (Eds.)[J]. *At play in the fields of consciousness: Essays in the honour of Jerome L. Singer.* Mahwah, NJ: Erlbaum, 29—50.

Klinger, E., Cox, W. 1987. Dimensions of thought flow in everyday life[J]. *Imagination, cognition and personality,* 7(2): 105—128.

Kvavilashvili, L., Mandler, G. 2004. Out of one's mind: a study of involuntary semantic memories[J]. *Cognitive Psychology,* 48(1): 47—94.

Mason, M., Bar, M., & Macrae, C. 2007. Exploring the past and impending future in the here and now: mind wandering in the default state[J]. *Cognitive Science,* 3(2): 143–162.

Mason, M., Norton, M., Van Horn, J., Wegner, D., Grafton, S., & Macrae, C. 2007. Wandering minds: The default network and stimulus-independent thought[J]. *Science,* 315(5810): 393—395.

Mazoyer, B., Zago, L., Mellet, E., Bricogne, S., Etard, O., Houde, O., Tzourio-Mazoyer, N. 2001. Cortical networks for working memory and executive functions sustain the conscious resting state in man[J]. *Brain Research Bulletin,* 54(3): 287—298.

McGuire, P., Paulesu, E., Frackowiak, R., & Frith, C. 1996. Brain activity during stimulus independent thought[J]. *NeuroReport,* 7(13): 2095—2099.

Mckiernan, K., D'Angelo, B., Kaufman, J., & Binder, J. 2006. Interrupting the "stream of consciousness": an fMRI investigation[J]. *Neuroimage,* 29(4): 1185—1191.

Mckiernan, K., Kaufman, J., Kucera-Thompson, J., & Binder, J.R. 2003. A parametric manipulation of factors affecting task-induced deactivation in functional neuroimaging[J]. *Journal of Cognitive Neuroscience,* 15(3): 394—408.

McVay, J., & Kane, M. 2010. Does mind wandering reflect executive function or executive failure? Comment on Smallwood and Schooler (2006) and Watkins (2008)[J]. *Psychological Bulletin,* 136(2): 188—197.

McVay, J., Kane, M., & Kwapil, T. 2009. Tracking the train of thought from the laboratory into everyday life: an experience-sampling study of mind wandering across controlled and ecological contexts[J]. *Psychonomic bulletin & review,* 16(5): 857—863.

Miles, L., Karpinska, K., Lumsden, J., & Macrae, C. 2010. The meandering mind: vection and mental time travel[J]. *PloS one,* 5(5): e10825.

Raichle, M. 2006. The brain's dark energy[J]. *Science,* 314(5803): 1249—1250.

Raichle, M., & Mintun, M. 2006. Brain work and brain imaging[J]. *Neuroscience,* 29: 449—476.

Robertson, I., Manly, T., Andrade, J., Baddeley, B., & Yiend, J. 1997. 'Oops!':

Performance correlates of everyday attentional failures in traumatic brain injured and normal subjects[J]. *Neuropsychologia,* 35(6): 747—758.

Ruehlman, L. 1985. Depression and affective meaning for current concerns[J]. *Cognitive Therapy and Research,* 9(5): 553—560.

Sayette, M., Reichle, E., & Schooler, J. 2009. Lost in the sauce: the effects of alcohol on mind wandering[J]. *Psychological Science,* 20(6): 747—752.

Sayette, M., Schooler, J., & Reichle, E. 2010. Out for a smoke[J]. *Psychological Science,* 21(1): 26—30.

Schacter, D., Addis, D., & Buckner, R. 2007. Remembering the past to imagine the future: the prospective brain[J]. *Nature Reviews Neuroscience,* 8(9): 657—661.

Schooler, J. 2002. Re-representing consciousness: dissociations between experience and meta-consciousness[J]. *Trends in cognitive sciences,* 6(8): 339—344.

Schooler, J., Reichle, E., & Halpern, D. 2004. Zoning out while reading: Evidence for dissociations between experience and metaconsciousness. In D. T. Levin (Ed.), *Thinking and Seeing: Visual Metacognition in Adults and Children*[M]. Cambridge, MA: MIT Press, 203—226.

Singer, J. 1966. *Daydreaming*[M]. New York: Random House.

Singer, J., & Antrobus, J. 1963. A factor-analytic study of daydreaming and conceptually-related cognitive and personality variables[J]. *Perceptual and Motor Skills,* 17(1): 187—209.

Singer, J., Antrobus, J. 1970. Imaginal process inventory[J]. *Center for Research in Cognition and Affect.*

Singer, J., Antrobus, J. 1972. Daydreaming, imaginal processes, and personality: a normative study. In P. W. Sheehan (Ed.), *The Function and Nature of Imagery*[M]. New York: Academic Press, 175—202.

Smallwood, J. 2010. Why the global availability of mind wandering necessitates resource competition: reply to McVay and Kane (2010)[J]. *Psychological Bulletin,* 136(2): 202—207.

Smallwood, J., Schooler, J. 2006. The restless mind[J]. *Psychological Bulletin,*

132(6): 946—958.

Smallwood, J., Baracaia, S., Lowe, M., & Obonsawin, M. 2003. Task unrelated thought whilst encoding information[J]. *Consciousness and Cognition,* 12(3): 452—484.

Smallwood, J., Beach, E., Schooler, J., & Handy, T. 2008. Going AWOL in the brain: mind wandering reduces cortical analysis of external events[J]. *Journal of Cognitive Neuroscience,* 20(3): 458—469.

Smallwood, J., Davies, J., Heim, D., Finnigan, F., Sudberry, M., O'Connor, R., & Obonsawin, M. 2004. Subjective experience and the attentional lapse: task engagement and disengagement during sustained attention[J]. *Consciousness and cognition,* 13(4): 657—690.

Smallwood, J., Fitzgerald, A., Miles, L., & Phillips, L. 2009. Shifting moods, wandering minds: negative moods lead the mind to wander[J]. *Emotion,* 9(2): 271—276.

Smallwood, J., McSpadden, M., & Schooler, J. 2007. The lights are on but no one's home: meta-awareness and the decoupling of attention when the mind wanders[J]. *Psychonomic bulletin & review,* 14(3): 527—533.

Smallwood, J., McSpadden, M., & Schooler, J. 2008. When attention matters: the curious incident of the wandering mind[J]. *Memory & cognition,* 36(6): 1144—1150.

Smallwood, J., Nind, L., & O'Connor, R. 2009. When is your head at? An exploration of the factors associated with the temporal focus of the wandering mind[J]. *Consciousness and cognition,* 18(1): 118—125.

Smallwood, J., O'Connor, R., & Heim, D. 2005. Rumination, dysphoria, and subjective experience[J]. *Imagination, cognition and personality,* 24(4): 355—367.

Smallwood, J., O'Connor, R., Sudberry, M., Haskell, C., & Ballantyne, C. 2004. The consequences of encoding information on the maintenance of internally generated images and thoughts: the role of meaning complexes[M]. *Consciousness and cognition,* 13(4): 789—820.

Smallwood, J., O'Connor, R., Sudbery, M., & Obonsawin, M. 2007. Mind-wandering and dysphoria[J]. *Cognition & Emotion,* 21(4): 816—842.

Smallwood, J., Obonsawin, M., & Heim, D. 2003. Task unrelated thought: the role of distributed processing[J]. *Consciousness and cognition,* 12(2): 169—189.

Smallwood, J., Riby, L., Heim, D., & Davies, J. 2006. Encoding during the attentional lapse: accuracy of encoding during the semantic sustained attention to response task[J]. *Consciousness and cognition,* 15(1): 218—231.

Smallwood, J., Schooler, J., Turk, D., Cunningham, S., Burns, P., & Macrae, C. 2011. Self-reflection and the temporal focus of the wandering mind[J]. *Consciousness and cognition,* 20(4): 1120—1126.

Smilek, D., Carriere, J., & Cheyne, J.A. 2010. Out of mind, out of sight[J]. *Psychological Science,* 21(6): 786—789.

Teasdale, J., Dritschel, B., Taylor, M., Proctor, L., Lloyd, C., Nimmo-Smith, I., & Baddeley, A. (1995). Stimulus-independent thought depends on central executive resources[J]. *Memory and Cognition,* 23(5): 551—559.

Vincent, J., Snyder, A., Fox, M., Shannon, B.J., Andrews, J., Raichle, M., & Buckner, R. 2006. Coherent spontaneous activity identifies a hippocampal-parietal memory network[J]. *Journal of Neurophysiology,* 96(6): 3517—3531.

Watts, F., MacLeod, A., & Morris, L. 1988. Associations between phenomenal and objective aspects of concentration problems in depressed patients[J]. *British Journal of Psychology,* 79(2): 241—250.

身体意象可塑吗？——同步性和距离参照系对身体拥有感的影响 *

张静　　陈巍

一、引言

在当前认知科学的实验范式中，身体意象（body image）是由一系列与身体有关的知觉、态度及信念构成的。作为意识层面上对"我"的身体应该是"如何"的一种表征，它所表征的是主体对自己身体大小、形状以及与众不同的特点所感知到的形式（例如，从监视器视频中认出"我自己"）（De Vignemont，2010；Gallagher，2005；Gallagher & Meltzoff，1996）。身体意象的确认依赖于一类更为精细的具身体验——"拥有感"（sense of ownership），即"我"是那个拥有身体的某个部分或正在经历某种体验的人的感觉（De Vignemont，2011；Maister，Slater，Sanchez-Vives & Tsakiris，2015）。

虽然身体意象一直被认为是后天在与环境的交互作用中不断发展的（De Vignemont，2010；Gallagher，2005），但很多研究者认为成年人的身体意象是相对稳定的，并且在我们的认知活动过程中发挥着重要作用。异常的身体意象往往是与某些躯体障碍或神经精神疾病有着某种程度的联系。例如，神经性厌食症

* 本文原刊于《心理学报》2016 年第 48 卷第 8 期。

（anorexia nervosa，AN）、异己手综合征（alien hand syndrome，AHS）、假肢妄想症（somatoparaphrenia）以及身体整合意象障碍（body integrity image disorder，BIID）等（Ramachandran，Brang，McGeoch & Rosar，2009；Tsay，Allen，Proske & Giummarra，2015）。来自后天截肢病人对幻肢上产生的触觉（包括痛觉与痒觉等）的临床报告进一步确认了成人身体意象所具有的稳定性（Ramachandran，Rogers-Ramachandran & Cobb，1995）。然而，随后相关领域中的大量实验证据显示，后天截肢病人在接受诸如运动想象（motor imagery）、镜像视觉反馈训练（mirror visual feedback treatment，MVFT）等学习与训练后，幻肢体验能够被纠正，随附的痛觉体验会得到缓解（Giummarra，et al.，2010）。近来甚至有研究发现，先天患有海豹肢畸形症（phocomelus），也可以通过镜像视觉反馈训练逐渐获得完整的幻手指体验（McGeoch & Ramachandran，2012）。这些研究不仅质疑了身体意象的稳定性，甚至对身体意象是否存在提出了科学挑战。身体意象究竟是稳定不变的？还是可塑的？如果它具有可塑性，那么它的变化是否会影响拥有感？对这个问题的讨论与检验引发了新一轮的热议。其中，橡胶手错觉（rubber hand illusion）研究范式在该主题的研究上扮演了重要的角色（Farmer，Tajadura-Jiménez & Tsakiris，2012；Guterstam，Gentile & Ehrsson，2013；Carruthers，2013）。

橡胶手错觉是一种将人造的橡胶手感受为自己真实身体一部分的知觉体验。该错觉最初是由认知心理学家波特韦尼克（Botvinick）和科恩（Cohen）等发现的。他们将一只橡胶手置于被试面前，同时将被试相应的左手或右手隐藏于其视线之外。当真手和橡胶手同时被两把一样的刷子轻刷 10 分钟后，被试的主观报告显示他们会将橡胶手感受为自己身体的一部分。同时本体感觉偏移（proprioceptive drift）测量结果也显示，被试在判断自己真手位置的时候会出现往橡胶手所放置位置的偏移（Botvinick & Cohen，1998）。类似的错觉同样存在于将橡胶手替换为他人的脸时（Tsakiris，2008）、将橡胶手替换为人的整个身体时（Petkova，et al.，2011）以及在虚拟环境中呈现橡胶手时（Sanchez-Vives，Spanlang，Frisoli，Bergamasco & Slater，2010）。

围绕橡胶手错觉所展开的一系列研究表明时间一致性、空间一致性以及特征一致性是影响错觉产生的主要因素。时间一致性是指必须尽可能让两把刷子同时刷被试可见的橡胶手和不可见的真手（Shimada, Fukuda & Hiraki, 2009）；空间一致性是指橡胶手与被试的真手所放置的位置要尽可能接近，超过一定距离后错觉程度会显著下降甚至消失（Lloyd, 2007）；特征一致性则是指橡胶手所呈现的样子与被试真手之间的差异不能过大（Guterstam, Petkova & Ehrsson, 2011；Tsakiris & Haggard, 2005）。之所以会出现这些现象，研究者认为是因为同步的多感官刺激会导致自我－他者的融合（self-other merging）（Paladino, Mazzurega, Pavani & Schubert, 2010），以至于中央神经系统将外部对象即橡胶手归类为身体的一部分（Haans, Kaiser, Bouwhuis & Ijsselsteijn, 2012），而之所以空间原则和特征原则特别重要则是因为身体意象在其中扮演的重要作用（Davies, White & Davies, 2013；Suzuki, Garfinkel, Critchley & Seth, 2013）。具体而言，时间一致性所代表的是自下而上（bottom-up）的加工机制对身体拥有感的影响。即输入反馈总是让虚拟手和被试的真手保持同步会让人更容易产生错觉，反之则不容易。与之相对，空间一致性和特征一致性则表明了自上而下（top-down）的加工机制的影响。即对于"我的手应该是怎么样的"（如形态与尺寸）或"我的手通常在什么位置"（如不能位于解剖学上不可能的位置），被试有着较为稳定的内部表征。当外界输入与之相匹配时，更容易对虚拟手产生拥有感错觉体验，反之更不容易（张静，李恒威，2016）。视觉－触觉输入与被试原有的身体意象越接近时越容易让人产生更强、更稳定的错觉（Hohwy & Paton, 2010），即外部对象想要被表征为身体的一部分，必须尽可能与原有的身体意象保持一定的相似性，因此我们在对自我进行识别和表征时所采取的是，一种基于稳定的身体意象的自上而下的策略似乎顺理成章。

然而，并不是所有研究都与此一致。除了同步性之外，均有研究结果不支持空间一致性与特征一致性的假设。已有的研究发现只要同步性存在，即便真手和橡胶手之间的距离增加至远大于之前研究所给出的 27.5 厘米，拥有感错觉依旧存在（Zopf, Truong, Finkbeiner, Friedman & Williams, 2011）。对于真假手之间距离的影响，阿梅尔（Armel）和拉马钱德拉（Ramachandran）（2003）的研究甚至发现，当橡胶手被移至距离被试真手 3 英尺（约 91 厘米）的位置时，拥有感错觉仍能产生。他们的研究还发现，即便是不放置橡胶手，面对光秃秃的桌面，被试仍报告说他们能感到触觉是位于桌面上的。并且，在被试真手和桌面上都贴有创可贴的情况下，撕掉桌面上的创可贴的时候，皮肤电传导反应（skin conductance response，SCR）能监测到被试情绪的变化，可见这种情况下被试仍会产生对桌面的拥有感。此外，麻（Ma）和霍默尔（Hommel）（2015）基于虚拟手错觉范式的研究也表明，被试会对虚拟气球和木块产生拥有感。据此，他们指出身体意象是可变的，人脑在识别并纠正感官输入方面具有惊人的能力。甚至，即使研究者用刷子在被试身体的不同部位刷过，而被试透过显示器中看到的仅仅是刷子同步在空气中的相应部位划过，只要触觉和视觉体验之间保持同步性，后者也会对根本不存在任何物体的空间产生强烈的身体拥有感错觉（Guterstam, Abdulkaraim & Ehrsson, 2015）。这些实验证据暗示了个体拥有感的产生并不需要依赖于预先存在的身体意象。在经历几分钟同步的视触刺激后，个体便能产生对橡胶手的拥有感。这与拉马钱德拉等（1996）基于幻肢病人所开展的研究所得出的理论假设相一致，即身体意象只是一种幻觉，它是大脑为了统一和方便而建构出来的。因此，较之基于身体意象的自上而下的解释机制，或许基于贝叶斯逻辑（Bayesian logic）的自下而上的匹配过程更适合。

综上可见，当前橡胶手等相关错觉研究的结果或者肯定了身体意象作为一种稳定的内部表征而在拥有感体验中所发挥的作用，或者发现影响拥有感体验的因素似乎并不是那么稳定，暗示着身体意象存在的可塑性。近期，弗利斯通（Friston）等基于贝叶斯逻辑提出并论证的脑的自由能量原理（free-energy principle）或最小震惊原理（minimal surprise principle）（Friston & Stephan, 2007；Friston, 2010；Friston, et al., 2015）为整合上述两种加工机制提供了新的视角。该理论认为生物自主体（agent）的大脑是一个热力学系统，自由能量类似于"熵能"（entropy energy）。其工作原理遵从贝叶斯预测的最优化，从而以一种尽可能减少对环境的预测错误（prediction errors）方式保持热力学平衡。自由能量总是流向这一目标，从而迫使自主体通过作用于环境改变输入，或通过更新内部表征对输入信息的评估来减少来自环境意外事件的不确定性并避免出现震惊。据此，橡胶手错觉与视错觉、幻肢现象一样都是脑为了保持热力学平衡而更新的内部表征（Brown, Adams, Parees, Edwards & Friston, 2013；De Ridder, Vanneste & Freeman, 2014）。身体意象具有一定的先验（a priori）内部表征形态，又具有相当程度的可塑性。

为了考察空间一致性与时间一致性的交互作用及其对于身体拥有感的影响，进而检验身体意象的可塑性，我们试图通过改变知觉体验的环境来加以研究。情境参照系的引入是其中的一种做法。例如，科斯坦蒂尼（Costantini）和哈格德（Haggard）（2007）发现改变人手的位置使其与橡胶手的位置不一致对拥有感的影响很小，但改变橡胶手的位置使其与真手位置不一致却会大幅度降低被试的拥有感体验程度，因此他们认为只要两只手上的刺激在以手为中心（hand-centered）的空间参照系（reference frame）中一致就会产生拥有感错觉。值得一提的是，除了橡胶手错觉作为当前对身体拥有感进行研究的主要范式外，虚拟手错觉作为橡胶手错觉的一个虚拟现实的版本在同类研究中已有严谨的理论设想、技术支持与操作实例（Ma & Hommel, 2013；Zhang & Hommel, 2015）。在虚拟手错觉实验中，被试可以通过移动自己的手来控制电脑呈现的虚拟手的运动，当虚拟手的运动和真手运动同步时，被试会报告感受到了一种强烈的对虚拟手的拥有感。相较于橡胶手错觉对视触同步性的高度依赖，虚拟手错觉中预期状态和实际状态反馈之间的一致性至关重要。众多虚拟手错觉的研究表明，作为橡胶手错觉的变式，虚拟手错觉与橡胶手错觉等发生机制类似（尽管并非完全一致），能够产生与橡胶手错觉类似的效果，且在同步性等变量控制上更为精确。此外，基于两者所开展的研究也具有一定的可比性，这使得虚拟手错觉成为当前广受青睐的用以研究拥有感错觉体验的范式之一（Christ & Reiner, 2014；Ma & Hommel, 2013）。

我们以虚拟手错觉为研究手段，以空间一致性为切入点，在实验 1 中考察以同步性和绝对距离为自变量，分别考察自上而下的身体意象和自下而上的刺激匹配对拥有感体验的影响。尽管以往橡胶手错觉研究中已有对同步性和距离因素的影响进行探讨的研究，但是基于大量橡胶手错觉研究结果表明不同实验设置条件下可能出现的结果偏差，我们有必要在虚拟手设置中对同步性和距离的影响进行检验，同时也为实验 2 中参照系的影响提供一个可供比较的水平。在实验 2 中引入距离参照系，即相对距离，设置"先近后远"和"先远后近"两种条件，探究其对拥有感体验的影响。基于以往的相关研究我们发现，尽管大部分情况下拥有感错觉程度都会随着真假手之间的绝对距离的增加而减少，即受绝对距离的影响，但是也存在一些例外（Armel & Ramachandran，2003；Zopf, Savage & Williams，2010）。一方面，实验设置的不同版本可能会导致一些偏差，但另一方面，这些发现也说明可能还存在空间相对参照系的影响。本研究通过两个实验，试图解决以下两个问题：（1）自上而下的身体意象与自下而上的刺激匹配哪一个对拥有感体验更重要？（2）知觉环境，即距离参照系是否会在同一位置对虚拟手拥有感体验产生影响，相对位置的影响是否大于绝对位置的影响？最终通过这两个问题的研究来揭示虚拟手错觉中身体意象的可变性。

二、实验 1

1. 实验目的和假设

实验 1 在虚拟环境中，模拟经典橡胶手错觉，分别以虚拟手距离被试的绝对距离和真手、虚拟手之间的同步性为自变量，考察其对拥有感错觉程度的影响。基于以往研究，错觉的产生与否受真手和虚拟手之间相似程度（包括距离远近）以及两者运动同步性的影响（Ehrsson，2012；Lloyd，2007）。前者代表的影响被解释为自上而下的影响，而后者代表的影响则是自下而上的影响。如果较之不同步的情况，真假手之间的距离越近越能产生拥有感错觉，那么就说明自上而下的身体意象在影响知觉体验；如果视觉－触觉刺激同步时，拥有感错觉更强烈，那么就意味着自下而上的匹配同样不可或缺。

2. 研究方法

2.1 被试

128 名荷兰莱顿大学（Leiden University）的在校国际学生自愿参加本实验。所有被试之前均未参加或听说过橡胶手 / 虚拟手错觉的研究。所有被试均为右利手，并且裸眼视力或矫正视力正常。本研究经学校相关心理研究道德委员会（Psychology Research Ethics Committee，PREC）审批通过。书面的实验告知书会在实验开始之前给被试过目并获得被试口头及书面签字确认后正式进入实验阶段。实验结束后被试可自行选择获得实验学分或现金作为报酬。

2.2 实验设备及材料

本实验在虚拟实验室中进行，实验设备包括方位追踪仪（orientation tracker，InterSense）、数据手套（dataglove）以及投影仪。实验控制程序通过虚拟现实软件（virtual reality software，Vizard）编写。被试戴上数据手套及方位追踪仪之后，与其真手有关的信息会实时传至后台控制程序，通过实验程序所设定的同步或不同步的刺激也能够通过数据手套作用在被试的真手上。虚拟手呈现在被试面前的投影仪上，根据程序设定而出现在不同的位置（近或远）。

采用拥有感问卷来评估被试的错觉体验程度。实验中我们所采用的问题根据以往橡胶手错觉和虚拟手错觉研究中的相关问题改编而成（Botvinick & Cohen，1998；Kalckert & Ehrsson，2014；Ma & Hommel，2013；Zhang & Hommel，2015）。因被试为来自不同国家的留学生，故实验中所采用的问卷为英文版。其中问题 1~5 为拥有感体验问题，即问题本身即可反映拥有感的不同程度。问题 6~9 为拥有感控制问题，这些问题与拥有感体验问题类似，但并不会受自变量的影响而在不同条件下有显著差异。问卷采用 Likert 量表法进行计分，所有问题都含有从 0（非常不同意）到 6（非常同意）七个等级。最终的拥有感得分统计问题 1~5 的平均分，而问题 6~9 则用于检验本实验设置是否能有效地对因变量的影响加以研究。

2.3 实验设计和程序

本实验为 2×2 被试间设计。两个自变量分别是视觉刺激和触觉刺激的同步性（包含同步、不同步两个水平）以及真手和虚拟手之间的距离（包含近、远两个水平）。每个被试被随机分配至四个序列的其中之一进行实验。

实验正式开始之前，主试为被试的右手戴上数据手套与方位追踪仪并引导被试在正对着投影仪的椅子上坐下。被试前方的桌子上有一个特制的黑色箱子用于遮挡被试的视线以保证在实验过程中，被试无法看到自己戴着手套的右手。实验过程中被试必须将戴着数据手套和方位追踪仪的右手掌心朝上放置于特制的黑箱子内的特定位置，并尽量保持静止不动（如图1-1A所示）。

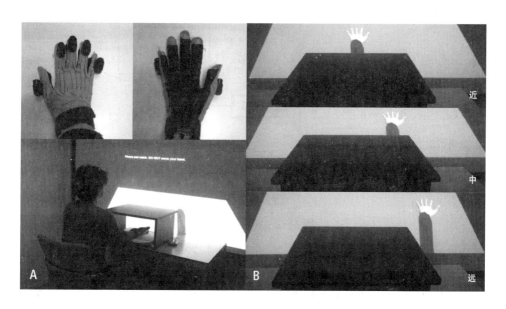

图1-1　实验设备及条件设置效果

实验中屏幕上的虚拟手可能位于被试的视线正前方，真手与虚拟手的中指位于同一切面上（近），也可能位于距离被试真手正前方44厘米的位置（远）（如图1-1B）。实验过程中被试会看到一个小球在被试的掌心上下跳动，在视触同步的情况下，当小球触及虚拟手时，被试的真手上也同时产生振动触觉；在视触不同步的情况下，振动触觉在小球跳至最高点时而不是在小球碰到虚拟手时产生。整个

405

视触体验的呈现时间为 96 秒，其中小球从最高点下落到掌心和从掌心回升到最高点的时间各为 4 秒。同步或不同步条件下每次振动触觉的持续时间均为 1 秒。最终的四个序列分别是：虚拟手出现在被试正前方，视觉刺激和触觉刺激同步；虚拟手出现在被试正前方，视觉刺激和触觉刺激不同步；虚拟手出现在距离被试很远的位置，视觉刺激和触觉刺激同步；虚拟手出现在距离被试很远的位置，视觉刺激和触觉刺激不同步。

实验过程如图 1-2 所示：

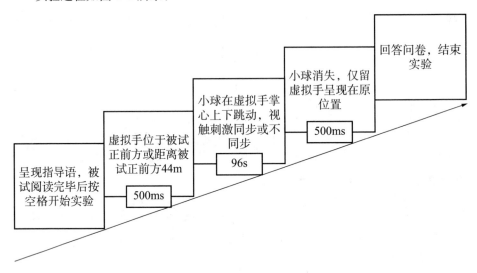

图 1-2 实验 1 流程图

3. 实验结果

使用 SPSS 19.0 对实验结果进行 2×2 方差分析，结果如图 1-3 所示。同步性主效应显著，$F_{(1, 127)} = 57.91$，$p < 0.001$，$\eta^2 p = 0.55$，说明被试在同步（$M = 3.13$，$SD = 1.32$）与不同步（$M = 1.58$，$SD = 1.04$）的条件下所体验到的对虚拟手的拥有感程度有显著差异，无论虚拟手呈现在哪个位置。距离的主效应也显著，$F_{(1, 127)} = 5.49$，$p = 0.021$，$\eta^2 p = 0.17$，可见虚拟手与真手之间的距离远（$M = 2.12$，$SD = 1.36$）近（$M = 2.59$，$SD = 1.45$）也会对拥有感错觉产生不同影响，但较之同步性的影响，距离所产生的影响程度要小很多。此外，同步性和距离之间

的交互作用也显著，$F (1, 127) = 4.79$，$p = 0.030$，$\eta^2p = 0.39$，同步性在虚拟手位于被试面前时的拥有感错觉影响要显著大于在虚拟手离被试很远时对拥有感错觉的影响。进一步的简单效应分析显示，在虚拟手离被试近的情况下，同步性对拥有感错觉的影响差异显著，$F (1, 63) = 58.36$，$p < 0.001$，$\eta^2p = 0.69$，并且在虚拟手离被试很远的时候，同步性对拥有感的影响依旧显著，$F (1, 63) = 12.48$，$p = 0.001$，$\eta^2p = 0.41$。此外，在视触刺激同步的情况下，虚拟手离被试的远近对拥有感错觉的影响差异显著，$F (1, 63) = 8.77$，$p = 0.004$，$\eta^2p = 0.35$，但在视触刺激不同步的情况下，距离的影响并无显著差异，$F (1, 63) = 0.01$，$p = 0.906$。

对问卷中拥有感控制问题（Q6~Q9）的分析显示，无论是距离、同步性的主效应或是交互作用对其影响都不显著。这一结果同样与以往研究一致。拥有感控制问题是指与知觉到的拥有感有关的过程或现象，而且问题本身在表述上与拥有感问题类似，但它们并不与拥有感体验直接相联系。控制问题在不同处理条件下的得分差异不显著，说明问卷中所选用的拥有感问题是有效的，即不同处理条件影响的只是被试的拥有感体验而非其他。

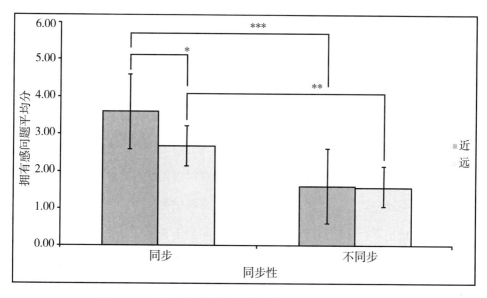

图 1－3　实验 1 拥有感问题得分情况（误差线为标准误）

注：*表示 $p < 0.05$，**表示 $p < 0.01$，***表示 $p < 0.001$

4. 讨论

实验 1 的结果证实了我们的假设，即同步性和真假手之间的距离均会对最终的拥有感体验产生不同的影响。即无论距离远近，当视触刺激同步出现时，被试都会对投影上的虚拟手产生较之视触刺激不同步时更强的拥有感。并且，无论同步与否，当虚拟手出现在离被试较近的位置时，被试也会对虚拟手产生较远情况下更强的拥有感。这一结果说明：

首先，本虚拟手实验与以往主张自上而下的加工影响拥有感错觉产生的研究在某些方面得到的结论是一致的，在绝对条件下，无论是自上而下的身体表征还是自下而上的同步刺激都会对最终的拥有感错觉产生决定性的影响，即证实了时间一致性和空间一致性的影响。空间一致性是否可以成为影响橡胶手错觉产生的必要条件并不像时间一致性的影响那样广受认可，事实上对空间一致性的影响一直以来都存在较大的争议。即使暂且不去深究到底是实验设置不一致还是因变量不统一等原因造成不同研究之间的出入，根据实验 1 的结果也至少能够说明这一实验设置与身体意象支持者的实验设置之间的相似性和可比性。

其次，尽管绝对距离与同步性对拥有感的影响差异均显著，但较之同步性的影响，绝对距离的影响仍然有所不同。同步性的影响要大于绝对距离的影响。无论虚拟手与被试之间的绝对距离是远还是近，同步的视触刺激总是要比不同步的视触刺激条件产生更强的拥有感。但绝对距离的影响只有在视触刺激同步的情况下才有显著差异，即当视触刺激同步时，较之远处的虚拟手，近处的虚拟手会让被试体验到更强的拥有感。但当视触刺激不同步时，无论远近被试所体验到的拥有感程度都会比较弱。换言之，纵使虚拟手距离被试很远时，只要同步的视触刺激存在，被试也不会体验到特别强烈的虚拟手不属于身体一部分的感觉，但是如果同步的视触刺激小时，即便虚拟手出现在眼前，被试也无法体验到较强的拥有感。这一结果和已有的基于橡胶手错觉的研究结果一致（Kalckert & Ehrsson, 2014），同时也符合扎克瑞斯（Tsakiris）(2010) 所提出的理论解释，即拥有感知觉的其中一个评判标准就是作为当前感官输入和身体相关的相对参照系之间进行比较的结果而出现的。实验 2 的主要目的就是考察不同距离参照系情况下，被试对出现在同一位置虚拟手的拥有感体验。

三、实验 2

1. 实验目的和假设

实验 1 不仅证实了绝对距离和同步性对拥有感错觉体验的影响，同时也说明了我们的实验设置能够很好地重现经典橡胶手错觉，并与之具有可比性。但正如我们在引言部分所述，为了探索身体意象存在可变的可能性，在实验 2 中，我们需要引入相对距离，即研究不同知觉环境下的拥有感体验。实验 2 仍在与实验 1 相同的虚拟环境中以模拟经典橡胶手错觉的方式进行。但实验 2 中引入了以往研究不曾使用过的距离参照系作为变量，考察同步性和距离参照系对拥有感错觉程度的影响。我们分别选择实验 1 中的两个位置作为近、远两个位置，测定被试对位于这两个位置中点的虚拟手的拥有感。实验 1 中我们以绝对距离考察身体意象对拥有感体验自上而下的影响，结果表明与正常身体意象越接近的条件越容易引发拥有感错觉。实验 2 中我们在不同的顺序条件下考察被试对相对位置虚拟手的拥有感体验。如果虚拟手在先出现在近处再出现在中点位置与先出现在远处再出现在中点位置这两种条件下的拥有感体验不一样，说明即便身体意象依旧存在，它在影响知觉体验的过程中的作用也是可变的。

2. 研究方法

2.1 被试

与实验 1 相同，实验 2 的被试也是 128 名莱顿大学的在校学生，他们以获取实验学分或现金作为报酬自愿参加本实验。所有被试筛选条件均与实验 1 相同。实验开始前向被试呈现实验告知书并获得被试口头及书面签字认可后进入正式实验。

2.2 实验设备及材料

所用设备与拥有感错觉评估方式也同实验 1 一样。

2.3 实验设计和程序

本实验为 2×2 被试间设计。两个自变量分别是视觉刺激和触觉刺激的同步性（包含同步、不同步两个水平）以及距离参照系（包含先近后中、先远后中两个水平）。实验包含四个不同的序列，每个被试被随机分配至其中之一序列进行实验。

实验正式开始之前，主试为被试的右手戴上数据手套与方位追踪仪，并引导被试在正对着投影仪的椅子上坐下。被试前方的桌子上有一个特制的黑色箱子用于遮挡被试的视线以保证在实验过程中被试无法看到自己戴着手套的右手。实验过程中，被试要将戴着数据手套和方位追踪仪的右手掌心朝上放置于特制的黑箱子内的特定位置，并尽量保持静止不动。

实验中屏幕上的虚拟手可能先位于被试的视线正前方（近），也可能先位于距离被试真手正前方 44 厘米的位置（远），随后虚拟手会出近、远位置的中点，即距离被试真手正前方 22 厘米的位置（中）。视触同步性的控制方式与实验 1 相同，即同步的情况下，当小球触及虚拟手时在被试的真手上也同时产生振动触觉；不同步的情况下，振动触觉在小球跳至最高点时而不是在小球碰到虚拟手时产生。因此最终的四个序列分别是：虚拟手出现的位置先近后中，视觉刺激和触觉刺激同步；虚拟手出现的位置先近后中，视觉刺激和触觉刺激不同步；虚拟手出现的位置先远后中，视觉刺激和触觉刺激同步；虚拟手出现的位置先远后中，视觉刺激和触觉刺激不同步。实验过程如图 1-4 所示：

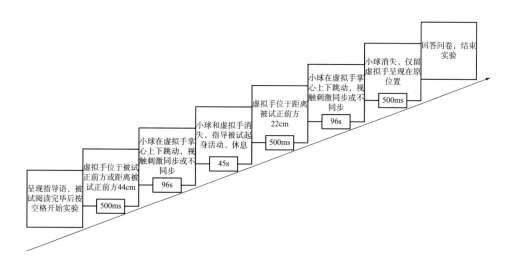

图 1-4　实验 2 流程图

3. 实验结果

使用 SPSS 19.0 对实验结果进行 2×2 方差分析，结果如图 1-5 所示。同步性主效应显著，$F_{(1, 127)} = 48.06$，$p < 0.001$，$\eta^2 p = 0.51$，说明被试在同步（$M = 3.16$，$SD = 1.28$）与不同步（$M = 1.71$，$SD = 1.19$）的条件下所体验到的对虚拟手的拥有感程度有显著差异，无论虚拟手是先近后中呈现，还是先远后中呈现。距离参照系的主效应也显著，$F_{(1, 127)} = 11.35$，$p = 0.001$，$\eta^2 p = 0.25$，可见虚拟手以先近后中（$M = 2.08$，$SD = 1.32$）与先远后中（$M = 2.79$，$SD = 1.46$）两种不同方式呈现时也会对拥有感错觉产生不同影响，但较之同步性的影响，距离参照系所产生的影响程度要相对小一些。但是，同步性和距离参照系两个变量之间的交互作用并不显著，$F_{(1, 127)} = 2.29$，$p = 0.133$。进一步的简单效应分析显示，在虚拟手以先近后中的方式呈现时，同步性对拥有感错觉的影响差异显著，$F_{(1, 63)} = 14.26$，$p < 0.001$，$\eta^2 p = 0.43$，并且当虚拟手以先远后中的方式呈现时，同步性对拥有感的影响差异也显著，$F_{(1, 63)} = 36.77$，$p < 0.001$，$\eta^2 p = 0.60$。此外，在视触刺激同步的情况下，先近后中和先远后中的呈现顺序对拥有感错觉的

影响差异显著，$F(1, 63) = 11.87$，$p = 0.001$，$\eta^2 p = 0.40$，但在视触刺激不同步的条件下不同呈现顺序的影响差异并不显著，$F(1, 63) = 1.73$，$p = 0.193$。

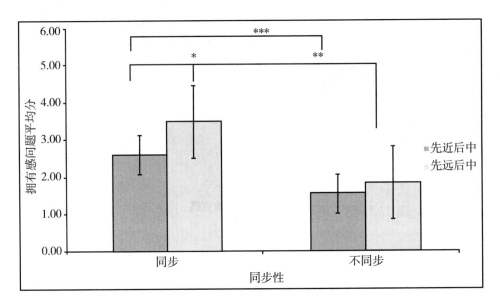

图1-5　实验2拥有感问题得分情况（误差线为标准误）

注：*表示$p < 0.05$，**表示$p < 0.01$，***表示$p < 0.001$

4. 讨论

从实验2的结果可以发现，同步性的影响依旧存在且无论距离参照系如何变化，视触同步条件下的拥有感都要显著高于视触不同步条件下的拥有感。并且，和实验1中的得分情况类似，较之传统橡胶手错觉的研究，虚拟手错觉所产生的拥有感体现在问卷评分上要相对较低。但除此以外，实验2更有价值的发现是，即便是对于同一个位置（中）上的虚拟手，被试也会因为其呈现顺序的不同而产生统计差异显著的不同程度的拥有感体验。

在实验1中通过改变虚拟手呈现在屏幕上的绝对位置发现，随着虚拟手与被试之间的距离增加，被试拥有感体验会下降，且两种情况下差异显著。在实验2中，最终考察的是当虚拟手位于实验1近、远两个位置中点的位置上时被试的拥有感体验。如果如实验 1 所揭示的不同位置的虚拟手会对拥有感产生影响，并且这种影响是因为身体意象以一种自上而下的方式在发挥作用，那么实验 2 中同一个绝对位置上的拥有感程度应该是相同或至少是相似的。然而在实验 2 中可以看到，尽管考察的是同一个位置上的虚拟手错觉的程度，但是由于不同的呈现顺序，即距离参照系的存在会让个体对同一绝对位置的虚拟手产生不同的拥有感体验。近、中两个位置的比较让中点位置似乎离被试更远，而远、中两个位置的比较则让中点位置似乎离被试更近。尽管我们不能据此认定身体意象不存在，但至少可以猜测或许身体意象确实并不是那么稳定，因此，当外界信息发生改变时，身体意象变会发生改变，从而影响个体对身体拥有感的体验。

四、综合讨论

作为一种能够让正常被试对非自己身体的一部分产生拥有感的实验范式，橡胶手 / 虚拟手错觉使得我们对身体意象、自我表征和拥有感等问题进行实证的检验成为可能。经典橡胶手 / 虚拟手错觉研究发现的空间一致性和特征一致性等影响错觉产生与否的制约因素被认为是稳定的、预先存在的身体意象在自我表征过程中发挥作用的证据。然而，随着越来越多的研究揭示出在某些条件下，不仅位于解剖学上不可能位置的橡胶手会被感受为自己身体的一部分，甚至虚拟的气球、木块乃至不存在任何物体的空间等也能被感受为自己身体的一部分，身体意象作为一种稳定不变的存在开始受到质疑。最为极端的主张是阿梅尔和拉马钱德拉（2003）所提出的"身体意象只是一种幻觉，它是大脑为了统一和方便而建构出来的"。本研究的主要目的是在虚拟环境中重现橡胶手错觉来探讨身体意象是否稳定以及是否存在，并主要通过考察以下三方面的内容来试图回答上述问题。

1. 同步性对身体拥有感的影响

两个实验均显示同步性对身体拥有感的重要性，无论是虚拟手位于何处，不管是其出现的顺序如何，视触刺激同步下的身体拥有感都要显著高于视触刺激不同步时对虚拟手的拥有感。这与以往众多的橡胶手/虚拟手错觉研究中所得到的时间一致性原则也是吻合的（Ehrsson，2012；Tsakiris, Longo & Haggard，2010）。并且进一步的简单效应分析显示，同步性对拥有感的影响不仅在虚拟手离被试近的情况下差异显著，而且即便当虚拟手离被试很远的时候，同步性对拥有感的影响依然存在显著差异。此外，实验2中先近后远和先远后近的条件下，同步性对拥有感体验的影响也分别显著。并且，较之另一个变量的绝对距离或相对距离，同步性对身体拥有感的影响程度也要更大。本实验中所发现的同步性对身体拥有感的影响也从另一个角度为自下而上的加工方式影响错觉的产生（Tsakiris, Carpenter, James & Fotopoulou，2010）提供了佐证。这些结果再次证实了同步性是橡胶手/虚拟手错觉产生的一个必要条件，但同步性的影响是否像贝叶斯逻辑所主张的那样，只要存在同步的视觉刺激和触觉刺激，知觉学习机制便会发生作用，即同步的视触刺激或同步的视觉运动刺激是身体拥有感错觉产生的充分条件？绝对位置对身体拥有感的影响似乎更支持自上而下的加工起主导作用这一取向。

2. 绝对位置对身体拥有感的影响

通过分别考察虚拟手位于被试正前方和距离被试很远的屏幕上这两种情况下的身体拥有感体验，发现无论是否同步，被试对两种情况下的虚拟手所产生的拥有感程度在统计学上是有显著差异的，即个体对于越远的虚拟手越不容易对其产生拥有感。但是因为较之绝对位置的影响，同步性的影响更强，因此如果不对是否同步进行区分，无论是近处的虚拟手还是远处的虚拟手，被试对其拥有感的体验都是负值。只有在视触刺激同步且虚拟手位于被试面前的情况才能让人产生相对较强的拥有感。同步性和绝对位置的交互作用显著，在视触同步的情况下，被

414

试对位于不同绝对位置的虚拟手所产生的拥有感体验有较大的差异，而在视触不同步的情况下，被试对不同绝对位置的虚拟手所产生的拥有感体验几乎没有差别，即当视觉上的接触刺激和手上所感受到的触觉刺激之间有较大的时间间隔时，无论虚拟手的绝对位置如何，被试均不会产生拥有感。可见，本研究在绝对位置对身体拥有感的影响上所发现的不同位置的显著差异的主效应主要是来源于同步情况下的差异。以往研究在谈论这些影响橡胶手/虚拟手错觉产生的因素时往往喜欢分开讨论，但是从本研究的结果可以看到，无论是同步性的影响还是绝对位置的影响都不是孤立地发生作用。这也就引出了下一个需要探讨的问题，既然这些因素对拥有感的影响同时还受其他因素的影响，那么如果这些因素本身受到影响也可能会影响身体拥有感。

3. 相对位置对身体拥有感的影响

同步性和绝对位置分别作为自下而上和自上而下的代表性影响因素，实验 1 所揭示出的其对身体拥有感的影响显而易见，这同时也说明了身体意象是存在的，或者至少存在某种类似于身体意象的东西以自上而下的方式影响自我表征。然而至此，我们依然好奇的是身体意象是否可变的问题。为了研究影响橡胶手/虚拟手错觉的产生因素，即本身受到影响时会对拥有感产生什么样的影响，同时也为了更好地回答身体意象是否可变的问题，本研究通过引入距离参照系，从虚拟手的相对位置来考察其对身体拥有感的影响。较之绝对位置上的拥有感体验情况，在视觉刺激和触觉刺激同步的情况下，先近后中的呈现方式会降低被试的拥有感体验，而先远后中的呈现方式则会加强被试的拥有感体验。这一发现与身体拥有感是受稳定的身体意象以一种自上而下的方式进行调节的假设并不一致。距离参照系的引入改变了我们体验身体拥有感的环境，尽管两种条件下都是对中间位置的虚拟手的拥有感进行判断，但是在先近后中的条件下，较之先前位于近处的虚拟手，中间位置的虚拟手远离了被试，以近处的身体意象为标准，中间位置的虚拟手变得更不像自己的手。而在先远后中的条件下，较之先前位于远处的虚拟手，中间位置的虚拟手靠近了被试，以远处的身体意象为标准，中间位置的虚拟手会变得更像自己的手。当然这里有一个预设前提，即身体意象在一定范围内是可变的。因为如果只存在一种并且是稳定的身体意象，总是以一种自上而下的方式影响自我表征，那么无论呈现虚拟手的环境信息如何变化，对于同一个位置的虚拟手，被试的拥有感体验应该都是一致的。

值得注意的是，按照自由能量原理或最小震惊原理的解释，这种身体意象的可塑性不仅不会导致"自我"的瓦解或混乱，而且还是维系"自我"的重要保障。受到自上而下与自下而上加工的交互作用，自由能量将得以流动与重新组织。身体意象的表征作用和感官系统输入信息之间的联合会产生一个动态的评价过程。大脑会根据新的信息输入不断地进行评估，即什么是最可能属于"我"的。为了保证以最优的方式处理问题，大脑必须"学会"构建一个良好的稳定模型来预测感官输入的结果（Apps & Tsakiris，2014）。这种建构以避免震惊或震惊最小化作为最终目的。身体意象在个体的日常体验以及实验1的条件下便发挥着类似的作用，帮助其快速判断一个对象是否属于自己身体的一部分。在视触刺激同步情况下，距离身体越远的虚拟手越处于解剖学上不可能的位置，将会产生越弱的拥有感。然而，动态的评价过程意味着大脑会根据新的信息输入不断更新表征，因此相应的自我表征便应该是可变的，从而身体意象也不可能一直以稳定不变的形式存在。在实验2中，距离参照系的引入所产生的相对位置意味着环境信息的改变。这一改变所引起的大脑重新评估使得身体意象也发生了一定程度的改变（被试对于中间位置虚拟手的拥有感会受到距离参照系的影响而产生变化）。这种变化的目的是维系自我并避免震惊（Friston & Stephan，2007；Friston，et al.，2015）。

4. 研究的理论与实践意义

伴随具身认知（embodied cognition）运动的不断推进，研究者越来越不满于从实验或理论上关注"身体如何因果性地影响认知活动"以及"身体是理解认知的必要条件"等主题（Glenberg，Witt & Metcalfe，2013）。一种融合第一人称（first-person）与第三人称（third-person）视角的具身主体（embodied subject）体验或"具身感"（the sense of embodiment）成为新的热点（Carruthers，2015）。身体拥有感就是具身感的主要表现形式之一，也是对身体意象进行操作化的主要科学指标。

按照以往研究的理论假设，表征和识别身体意象（或产生更为广泛的"具身感"）是一个将身体对单模态特征与来自其他感官系统的多模态信息进行整合的过程，这种整合至少包含两种加工模式：自下而上（bottom-up）的时间一致性加工机制与自上而下（top-down）的空间一致性（或特征一致性）加工机制。然而，绝大多数研究仍然选择分别考察这两种加工机制，并引发了诸多的争论。本研究通过引入距离参照系与同步性，同时考察了上述两种加工模式对身体拥有感的影响方式及其交互作用，进而初步确认了身体意象的可塑性。这也从实验层面上支持了扎克瑞斯（2010）提出的理论构想，即身体拥有感是当前的感官输入和身体的内部模型之间交互作用的产物。最终体验到的身体拥有感是自上而下的内部表征和自下而上的多感官整合之间比较的结果，两种加工方式缺一不可。布朗（Brown）等（2013）基于自由能量原则或最小震惊原则的解释指出，行动与知觉的耦合产生了贝叶斯意义上最优的适应行为（adaptive behaviour）。它以预测错误的最小化形式存在，即我们要么通过知觉来改变预测以解释感觉输入，要么积极地改变感觉输入以满足我们的预测。因此，身体意象可能既不像拉马钱德拉等（1996）认为的那样是一种可以随意塑造的幻觉，也不是绝对稳定、一成不变的内部表征，而是具有一定的可塑性。身体意象的这种存在方式可以满足预测错误的最小化，从而避免震惊。当然，身体意象究竟在何种程度上是可塑的，有关身体意象的先验内部表征是否存在"刚性"的边界不容塑造？这些都有待后续研究予以检验。

在实践上，身体意象的可塑性可以部分解释临床上神经性厌食症（anorexia nervosa）或神经性暴食症（bulimia nervosa）等自我具身性障碍（disorders of self-embodiment）类精神疾病的发病机制（Giummarra, Gibson, Georgiou-Karistianis & Bradshaw, 2008）。根据美国精神障碍诊断统计手册第五版（DSM-V）的诊断标准，身体意象扭曲（body image distortion）通常被认为是神经性厌食症或暴食症的关键症状（Kostopoulou，Varsou & Stalikas，2013；Phillipou, et al., 2016）。当前，对于神经性厌食症或暴食症的治疗，无论是药物治疗还是心理治疗，都往往只能在患者发病乃至病情较严重后进行干预，至今对于上述疾病在其症状出现之前进行预测或者早期诊断方法尚不多见。鉴于身体意象容易受不同的社会因素和心理因素的影响，这种对身体意象的敏感性有可能导致神经性厌食症或暴食症的易感性。目前已有研究证实女性厌食症患者比正常女性更容易产生橡胶手错觉（Keizer，Smeets，Postma，van Elburg & Dijkerman，2014），女性暴食症患者比正常女性与男性个体更容易产生异己手错觉（alien hand illusion）（一种将自己的手体验成他人的手的错觉，可以由同步性刺激所诱发）（Sørensen，2005）。因此，未来可以将对虚拟手错觉产生的拥有感的易感性作为罹患神经性厌食症或暴食症等饮食障碍的一项临床诊断指标，从而为更好地筛查出易感人群以便提前干预提供更具操作性的启示。

五、结论

第一，无论是同步性还是绝对位置都会对虚拟手错觉中的拥有感产生影响，但同步性对拥有感的影响要大于绝对位置对拥有感的影响，即视触刺激的影响要大于身体意象的影响。同步性对拥有感的影响在虚拟手位于近、远两处的情况下都存在，而绝对位置对拥有感的影响则主要源于视觉刺激和触觉刺激的同步性。

第二，不同的距离参照系对同一位置的拥有感体验影响差异显著，先近后远的呈现方式会减弱错觉而先远后近的呈现方式则会加强错觉。相对位置对身体拥有感的影响与我们之前假设身体意象以一种稳定的内部表征的方式影响知觉体验的情形并不一致，我们至少可以认为外界一些因素会改变它在身体拥有感体验过程中的影响。

参考文献

张静，李恒威. 2016. 自我表征的可塑性：基于橡胶手错觉的研究 [J]. 心理科学，39(2): 299—304.

Apps, M., Tsakiris, M. 2014. The free-energy self: a predictive coding account of self-recognition[J]. *Neuroscience & Biobehavioral Reviews,* 41: 85—97.

Armel, K., Ramachandran, V. 2003. Projecting sensations to external objects: evidence from skin conductance response[J]. *Proceedings of the Royal Society of London B: Biological Sciences*, 270(1523): 1499—1506.

Botvinick, M., Cohen, J. 1998. Rubber hands 'feel' touch that eyes see[J]. *Nature*, 391(6669): 756.

Brown, H., Adams, R., Parees, I., Edwards, M., & Friston, K. 2013. Active inference, sensory attenuation and illusions[J]. *Cognitive Processing*, 14(4): 411—427.

Carruthers, G. 2013. Toward a cognitive model of the sense of embodiment in a (rubber) hand[J]. *Journal of Consciousness Studies*, 20(3–4): 33—60.

Carruthers, G. 2015. Who am I in out of body experiences? Implications from OBEs for the explanandum of a theory of self-consciousness[J]. *Phenomenology and the Cognitive Sciences*, 14: 183—197.

Christ, O., Reiner, M. 2014. Perspectives and possible applications of the rubber hand and virtual hand illusion in non-invasive rehabilitation: technological improvements and their consequences[J]. *Neuroscience and Biobehavioral Reviews*, 44(7): 33—44.

Costantini, M., Haggard, P. 2007. The rubber hand illusion: Sensitivity and reference frame for body ownership[J]. *Consciousness and Cognition*, 16(2): 229—240.

Davies, A., White, R., & Davies, M. 2013. Spatial limits on the nonvisual self-touch illusion and the visual rubber hand illusion: subjective experience of the illusion and proprioceptive drift[J]. *Consciousness and Cognition*, 22(2): 613—636.

De Ridder, D., Vanneste, S., & Freeman, W. 2014. The Bayesian brain: phantom percepts resolve sensory uncertainty[J]. *Neuroscience and Biobehavioral Reviews*, 44:

4—15.

De Vignemont, F. 2010. Body schema and body image-Pros and cons[J]. *Neuropsychologia*, 48(3): 669—680.

De Vignemont, F. 2011. Embodiment, ownership and disownership[J]. *Consciousness and Cognition*, 20: 82—93.

Ehrsson, H. 2012. The concept of body ownership and its relation to multisensory integration. In B. E. Stein (Ed.), The new handbook of multisensory processing [M]. *Massachusetts: MIT Press*, 775—992.

Farmer, H., Tajadura-Jiménez, A., & Tsakiris, M. 2012. Beyond the colour of my skin: how skin colour affects the sense of body-ownership[J]. *Consciousness and Cognition*, 21(3): 1242—1256.

Friston, K. 2010. The free-energy principle: a unified brain theory?[J]. *Nature Reviews Neuroscience*, 11(2): 127—138.

Friston, K., Stephan, K. 2007. Free-energy and the brain[J]. Synthese, 159: 417—458.

Friston, K., Rigoli, F., Ognibene, D., Mathys, C., FitzGerald, T., & Pezzulo, G. 2015. Active inference and epistemic value[J]. *Cognitive Neuroscience*, 6(4): 187—224.

Gallagher, S. 2005. How the body shapes the mind[M]. New York: Cambridge University Press.

Gallagher, S., Meltzoff, A. 1996. The earliest sense of self and others: merleau-Ponty and recent developmental studies[J]. *Philosophical Psychology*, 9(2): 211—233.

Giummarra, M., Georgiou-Karistianis, N., Nicholls, M., Gibson, S., Chou, M., & Bradshaw, J. 2010. Corporeal awareness and proprioceptive sense of the phantom[J]. *British Journal of Psychology*, 101: 791—808.

Giummarra, M., Gibson, S., Georgiou-Karistianis, N., & Bradshaw, J. 2008. Mechanisms underlying embodiment, disembodiment and loss of embodiment[J]. *Neuroscience & Biobehavioral Reviews*, 32(1): 143—160.

Glenberg, A., Witt, J., & Metcalfe, J. 2013. From the revolution to embodiment: 25 years of cognitive psychology[J]. *Perspectives on Psychological Science*, 8(5): 573—

585.

Guterstam, A., Abdulkaraim, Z., & Ehrsson, H. 2015. Illusory ownership of an invisible body reduces autonomic and subjective social anxiety responses[J]. *Scientific Reports*, 5: 9831.

Guterstam, A., Gentile, G., & Ehrsson, H. 2013. The invisible hand illusion: multisensory integration leads to the embodiment of a discrete volume of empty space[J]. *Journal of Cognitive Neuroscience*, 25(7): 1078—1099.

Guterstam, A., Petkova, V., & Ehrsson, H. 2011. The illusion of owning a third arm[J]. *PLoS One*, 6(2): e17208.

Haans, A., Kaiser, F., Bouwhuis, D., & Ijsselsteijn, W. 2012. Individual differences in the rubber-hand illusion: predicting self-reports of people's personal experiences[J]. *Acta Psychologica*, 141(2): 169—177.

Hohwy, J., Paton, B. 2010. Explaining away the body: experiences of supernaturally caused touch and touch on non-hand objects within the rubber hand illusion[J]. *PLoS One*, 5(2): e9416.

Kalckert, A., & Ehrsson, H. 2014. The moving rubber hand illusion revisited: comparing movements and visuotactile stimulation to induce illusory ownership[J]. *Consciousness and Cognition*, 26: 117—132.

Keizer, A., Smeets, M., Postma, A., van Elburg, A., & Dijkerman, H. 2014. Does the experience of ownership over a rubber hand change body size perception in anorexia nervosa patients?[J]. *Neuropsychologia*, 62: 26—37.

Kostopoulou, M., Varsou, E., & Stalikas, A. 2013. Thought-shape fusion in anorexia and bulimia nervosa: a comparative experimental study[J]. *Eating and Weight Disorders*, 18(3): 245—253.

Lloyd, D. 2007. Spatial limits on referred touch to an alien limb may reflect boundaries of visuo-tactile peripersonal space surrounding the hand[J]. *Brain and Cognition*, 64(1): 104—109.

Ma, K., Hommel, B. 2013. The virtual-hand illusion: Effects of impact and threat on perceived ownership and affective resonance[J]. *Frontiers in Psychology*, 4: 604.

Ma, K., Hommel, B. 2015. Body-ownership for actively operated non-corporeal objects[J]. *Consciousness and Cognition*, 36: 75—86.

Maister, L., Slater, M., Sanchez-Vives, M. V., & Tsakiris, M. 2015. Changing bodies changes minds: owning another body affects social cognition[J]. *Trends in Cognitive Sciences*, 19(1): 6—12.

McGeoch, P., Ramachandran, V. 2012. The appearance of new phantom fingers post-amputation in a phocomelus[J]. *Neurocase*, 18(2): 95—97.

Paladino, M., Mazzurega, M., Pavani, F., & Schubert, T. 2010. Synchronous multisensory stimulation blurs self-other boundaries[J]. *Psychological Science*, 21(9): 1202—1207.

Petkova, V., Björnsdotter, M., Gentile, G., Jonsson, T., Li, T., & Ehrsson, H. 2011. From part-to whole-body ownership in the multisensory brain[J]. *Current Biology*, 21(13): 1118—1122.

Phillipou, A., Rossell, S., Gurvich, C., Castle, D., Troje, N., & Abel, L. 2016. Body image in anorexia nervosa: body size estimation utilising a biological motion task and eyetracking[J]. *European Eating Disorders Review*, 24: 131—138.

Ramachandran, V., Brang, D., McGeoch, P., & Rosar, W. 2009. Sexual and food preference in apotemnophilia and anorexia: interactions between "beliefs" and "needs" regulated by two-way connections between body image and limbic structures[J]. *Perception*, 38(5): 775—777.

Ramachandran, V., Levi, L., Stone, L., Rogers-Ramachandran, D., McKinney, R., Stalcup, M., ... Flippin, A. 1996. Illusions of body image: what they reveal about human nature. In L. Rodolfo & P. S. Churchland (Eds.), The Mind-brain Continuum: Sensory processes [M]. Massachusetts: MIT Press, 29—60.

Ramachandran, V., Rogers-Ramachandran, D., & Cobb, S. 1995. Touching the phantom limb[J]. *Nature*, 377(6549): 489—490.

Sanchez-Vives, M., Spanlang, B., Frisoli, A., Bergamasco, M., & Slater, M. 2010. Virtual hand illusion induced by visuomotor correlations[J]. *PLoS One*, 5(4): e10381.

Shimada, S., Fukuda, K., & Hiraki, K. 2009. Rubber hand illusion under delayed visual feedback[J]. *PLoS One*, 4(7): e6185.

Sørensen, J. 2005. The alien-hand experiment[J]. *Phenomenology and the Cognitive Sciences*, 4: 73—90.

Suzuki, K., Garfinkel, S., Critchley, H., & Seth, A. 2013. Multisensory integration across exteroceptive and interoceptive domains modulates self-experience in the rubber-hand illusion[J]. *Neuropsychologia*, 51(13): 2909—2917.

Tsakiris, M. 2008. Looking for myself: current multisensory input alters self-face recognition[J]. *PLoS One*, 3(12): e4040.

Tsakiris, M. 2010. My body in the brain: a neurocognitive model of body-ownership[J]. *Neuropsychologia*, 48(3): 703—712.

Tsakiris, M., Haggard, P. 2005. The rubber hand illusion revisited: visuotactile integration and self-attribution[J]. *Journal of Experimental Psychology: Human Perception and Performance*, 31(1): 80—91.

Tsakiris, M., Carpenter, L., James, D., & Fotopoulou, A. 2010. Hands only illusion: multisensory integration elicits sense of ownership for body parts but not for non-corporeal objects[J]. *Experimental Brain Research*, 204(3): 343—352.

Tsakiris, M., Longo, M., & Haggard, P. 2010. Having a body versus moving your body: neural signatures of agency and body-ownership[J]. *Neuropsychologia*, 48(9): 2740—2749.

Tsay, A., Allen, T., Proske, U., & Giummarra, M. 2015. Sensing the body in chronic pain: a review of psychophysical studies implicating altered body representation[J]. *Neuroscience and Biobehavioral Reviews*, 52: 221—232.

Zhang, J., Hommel, B. 2015. Body ownership and response to threat[J]. *Psychological Research*, 1—10.

Zopf, R., Savage, G., & Williams, M. 2010. Crossmodal congruency measures of lateral distance effects on the rubber hand illusion[J]. *Neurophychologia,* 48(3): 713—725.

Zopf, R., Truong, S., Finkbeiner, M., Friedman, J., & Williams, M. 2011. Viewing and feeling touch modulates hand position for reaching[J]. *Neuropsychologia*, 49(5): 1287—1293.

冥想者的头脑和意识变化

汪云九

佛经教导信徒要通过修行达到大智慧，这里的大智慧并非聪明之意，更不是小聪明。大智慧就是悟彻人生和宇宙万物。大智慧也非现代大学里的学位等级，学生到校上课，老师讲道，学生听讲，考试及格就能学得到。多数人一辈子都悟不出真谛，六祖慧能目不识丁却能继承衣钵。冥想是一种悟道方式，闭目静坐，意守丹田，呼吸吐纳，渐入身心平静状态。持之以恒，豁然开朗，大彻大悟。中国佛教中的禅宗信奉这种修行方法。印度的瑜伽，道教的修炼，气功的练功等东方文化、哲学、宗教、健身思想体系都有类似的修行方法。那么在这种修行过程中，修行者的头脑和意识层面上有些什么变化？脑科学和神经科学研究中使用的现代科学仪器能否检测出这些变化呢？

这些问题也引起国际学术界的兴趣，进入 21 世纪后，有专门的学术会议和专著发表（Thompson，2006；Koch，2013）。本文将选择其中二三项研究工作扼要介绍，以供国内学界参考探讨。

一、练功者的脑电（EEG）变化

卢茨（Lutz）等人（2004）在美国科学院院刊上发文报道他们在长期修炼人

员头部检测到的结果。八位平均年龄49岁的教职人士，他们在15～40年时间内进行过一万～五万小时的修炼（如果每天进行八小时修炼，一年才两三小时，一万小时修炼至少得花三四年时间）。对照组为十位年轻学生，平均年龄21岁，他们事先都没有进行过冥想等训练。实验时命被试者闭目入静，心怀"慈悲心理"进入冥想状态。此时不要求被试者一定要注意呼吸或者特殊事务，只要被试者心情平静。

图1-1是S4号受试者头颅上记录冥想前后六个电极上讯号，开始时先休息静坐45秒，然后进入冥想，可以看到高振幅ϒ频段的脑电波随时间进行单调增加。ϒ波是频率在25～42Hz的波形。功率谱表明，ϒ波功率谱随冥想而线性增加。在脑电记录波形中，分δ波段（0.5～3.5Hz），θ波段（4～7Hz），α波段（8～13Hz），β波段（14～34Hz）和ϒ波段（30～40Hz）。人在浅睡时θ波占优势。深睡时δ波占优势，醒来活动时α、β波占优势，称为觉醒波。γ波表示人注意力高度集中时的波形。

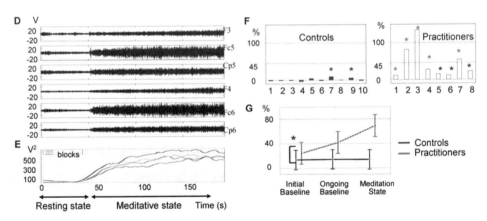

注：D，一位长期练功者在冥想开始前后六个头皮电极（右列标记F3，FC5，CP5，F4，FC6，CP6）上记录到 ϒ 波段内脑电振幅的增加。E. 这些电极记录的 ϒ 波段的功率谱变化。（引自Davidson & Lutz，2008）

图1-1　冥想者在练功前后脑电波的变化及分析

图1-1的六条记录轨线是来自同一位受试者头皮上不同地区电极上的讯号，它们在冥想开始后都产生强烈的ϒ节律的振荡，表明在冥想时不同脑区之间产生

强烈的同步振荡。神经电生理研究告诉我们，神经突触前后神经发放的同步产生，影响突触的可塑性，从而成为学习和记忆的生理基础。由此可见，修行者在冥想时各脑区之间的联络方式和大小都在发生相当程度的变化。从而可以说冥想改变了修行者的思维、注意、学习和记忆方式，也改变了修炼者的行为方式。

二、练功者的脑断层图上的改变

20 世纪末开发出一系列研究脑内活动的无损伤探测技术，X - 断层图、功能性核磁共振图（fMRI）、正电子发射图（PET）等，大大推进了对于人脑的研究工作。泽丹（Zeidan）等人在神经科学杂志（*Journal of Neuroscience*）上发表的论文，就是用脉冲动脉自旋标记的磁共振成像技术（pulsed arterial spin labeled MRI, PASL MRI），这种技术比常规 fMRI 更合适于研究冥想者脑内的活动，因为它更好应对讯号强度的慢漂移。

泽丹等人（2011）的工作是测试冥想等训练是否会对痛觉有影响。被试者为 15 人，男 6 名女 9 名，平均年龄 26 岁，他们不像上节介绍的被试者有长期的练功经验，他们以往都没有冥想的经历，只是在实验前进行短期（四天，每天 20 分钟）的培训。训练方法也是极其简单，只是闭目养神注意自己的呼吸，即禅宗修行中最简单的调息法。痛觉刺激是用一个 $16 \times 16\text{mm}^2$ 电热刺激器来实现，安放在受试者右小腿腓骨上，刺激温度为两种：一种引起痛觉的温度——49°C，另外一种为中性温度——35°C，这两种温度随机交替出现。试验后受试者口头报告两种主观感受，一是痛觉的强度，二是痛觉的不舒服感（unpleasantness）。当然事先告诉受试者如何给出这两个主观感觉的模拟量。

试验结果相当惊人，仅仅四天训练（调息法）就使受试者降低主观疼痛感强度 11%—70%（平均 40%），降低主观痛觉不舒服感 20%—93%（平均 57%）（图 1-2）。

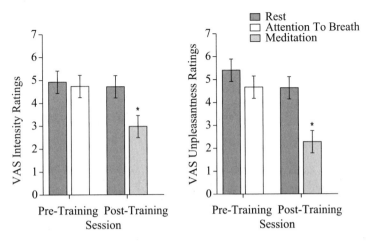

注：Pre-Training- 训练前，Post-Training- 训练后，Rest- 休息，Attention to Breath- 注意呼吸，Meditation- 冥想，Intensity Ratings- 强度率，Unpleasantness Ratings—不舒服感率。* 标出显著性差别小于 0.05。（引自 Lutz, Greischar, Rawlings, Ricard & Davidson, 2004）

**图 1-2　14 名受试者对于温度刺激的主观感觉强度和不舒服感（VAS）
在练功前后的变化**

　　然后，泽丹等人用 PASL MRI 技术对受试者进行多种条件下多层面的检测，取得一系列饶有兴味的结果。下面列举一二来说明冥想在头脑中哪些部位发生影响。图 1-3 是其中的一个结果。该图左边一列图形是不同方向切面和不同位置的切面在痛觉刺激时的脑活动，可以看到痛刺激影响到前扣带回（ACC）、双侧前脑岛（bilateral anterior insula）、后脑岛（posterior insular）及体感皮质 II（SII）。而冥想使得下列脑区兴奋（图 1-3 中间一列各图）：双侧前扣带回、前眼窝皮质（OFC），腹侧纹状体（striatum），前脑岛，体感皮质 I、II。更有，冥想使下列区域活动钝化：后扣带回（PFC）。图 1-3 右边一列给出痛觉和冥想同时进行时，它们产生的影响在脑内的重叠部分。可以看出它们在 ACC 和前脑岛（AI）有相当强度的重叠。这两个区域对于人的痛觉中枢调节起重要作用。

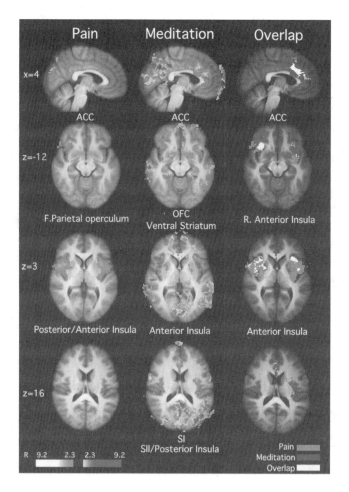

注：疼痛刺激（左列各图）和冥想时（中列各图）大脑各种切面上断层片图，右列各图是疼痛刺激和冥想两者交叠时各断层片上神经活动和钝化（deactivation）。疼痛刺激激活了前扣带回（ACC），双侧前脑岛（insula）和后脑岛及体感皮质Ⅱ（SII）。冥想则激活 ACC，腹侧纹状体（striatum），前脑岛及体感皮质Ⅰ & Ⅱ。同时，冥想使中扣带回（PFC），后扣带回（PCC）地区活性钝化．这两个活动在脑中许多地区是重叠的．左列英文字母和数字表示切面的方位和地点，右下角色标：红色代表疼痛刺激的活动区，蓝色代表冥想，黄色代表两种活动的重叠区。（引自 Zeidan，Martucci，Kraft，Gordon，McHaffie & Coghill，2011）

图 1-3

痛觉是机体对伤害性刺激的警戒系统，这个系统遍布身体各部分，但是在大脑中似乎找不到一个控制中心。现在流行的闸门理论（gate control theory）认为脊髓部位有一个控制疼痛进入的闸门。又有试验表明脑下垂体分泌一种 β 内啡肽（beta-endorphin），有对抗疼痛的作用。人的精神状态对于疼痛感觉有着极大影响。战士中弹后仍旧冲锋陷阵，这是大家共知的事实。作者年幼时在农村过元宵节亲眼看到，游行者把大锣的系带穿过下臂皮肤，流着血边敲边走，精神亢奋，并不感到痛苦。更有甚者，和尚自焚时仍端坐火中，表情淡然。可见精神作用非常强大。泽丹等人的工作表明，仅用四天的简单训练，仅用最简单的冥想（调息法）即可大大降低受试者的痛感，一系列无损伤脑部断层片记录表明，冥想练功时，脑内与意识有关区域（例如：扣带回等），与痛觉有关区域（如：脑岛），都有兴奋性活动，使得痛感强度大为降低。

三、讨论

上面我们引用两个研究报告，利用现代神经科学的实验技术研究冥想时受试者脑内发生的脑电变化和兴奋性改变。在第一个报告中说明受试者仅是"心怀慈悲"，即在脑内多个脑区产生强烈的 γ 节律，功率谱显示随着时间增加 γ 节律强度增加，多个脑区之间有强烈共振产生。这似乎表明，虽然练功者表面看来闭目养神、静坐不动，但是在脑内进行激烈变化，这些电讯号是人在学习记忆过程时神经电活动的宏观表现。第二个研究报告说明，仅仅四天的培训，练习极简单调息法，即取得疼痛的强烈压制。东方世界中锻炼身心的方法极多，印度教中以瑜伽为主，内中也有各种门派。中国佛教以禅宗为主，禅分五种：外道禅、凡夫禅、小乘禅、大乘禅、最小乘禅。修行方法也不同，有：数息法、观心法门、圆觉法门等等。此外，藏传佛教、道教、气功等等，门类颇为繁多。它们对于人脑和意识的影响都是一样的吗？它们的作用原理都一样的吗？等等问题都尚待研究。

禅宗的特点，即所谓：直指人心，见性成佛，不立文字，教外别传。佛教中的佛即谓觉者，就是自觉、觉他的大智慧者。人要感知环境情况相对比较容易，要自觉却是件很难的事。禅宗在传授过程中"不立文字"，主张实践，静心修炼。而人类的语言皮层是所有动物中最大最强的区域。而且人类现代文明是建立在语言文字之上的，但禅宗偏偏不立文字，真使人感到匪夷所思。禅宗追求的大智慧是什么？是隐嵌在大脑内除语言皮层的外区域吗？西方文明中的智慧，偏重知识和逻辑，都是直接有关语言文字的，现代借助于电子计算机建立专家系统，可以把知识形式化，不妨称之为"数值化"知识。因此，西方文明可以想象为左脑的文明。而东方文明中的智慧，无法用语言文字表达，则可以想象为右脑的文明。这种简单化的概括，是否正确，也留待研究考证。

参考文献

Davidson, R., Lutz, A. 2008. Buddha's brain: neuroplasticity and meditation[J]. IEEE Signal Process Magazine, 25(1): 174—176.

Koch, C. 2013. The brain of Buddha: scientific American mind[J]. July/Aug: 28—31.

Lutz, A., Greischar, L., Rawlings, N., Ricard, M., Davidson, R. 2004. Long-term meditators self-induce high-amplitude gamma synchrony during mental practice[J]. PNAS, 101(46): 16369—16373.

Thompson, E (eds). 2006. *The Cambridge Handbook of consciousness*[M]. Cambridge: Cambridge University Press.

Zeidan, F., Martucci, K., Kraft, R., Gordon, N., McHaffie, J., Coghill, R. 2011. Brain mechanisms supporting the modulation of pain by mindfulness meditation[J]. Journal of Neuroscience, 31(14): 25540—5548.